日本先史学考古学論集

―― 市原壽文先生傘壽記念 ――

市原壽文先生傘壽記念論文集刊行会 編

六一書房

1992年12月2日　研究室にて

千葉県館山市稲原貝塚の発掘調査（2列目右から二人目，1950年4月16日）
吉田格，江坂輝弥，直良信夫，酒詰仲男らが参加

東京大学人類学教室西廊下における資料整理（手前から二人目）
田辺義一氏（手前），山内清男先生（右奥）

静岡県登呂遺跡の発掘調査

静岡県清水天王山遺跡の第2次発掘調査(1951年9月2日)

清水天王山遺跡の第1次発掘調査（1951年5月14日）

清水天王山遺跡の第2次発掘調査終了後，興津海岸に憩う（前列左端）

静岡大学の大谷時代の考古学研究室にて（中央）

静岡県原添遺跡の発掘調査

静岡大学考古学研究室にて

静岡県磐田市西貝塚の発掘調査時,磐田駅ホームにて(右)
麻生優氏(左),岡本勇氏(中央)

香川県喜兵衛島遺跡の発掘調査(左端)

静岡県西貝塚の資料の荷造り

神奈川県横浜市南堀貝塚の発掘調査（1955年8月）

南堀貝塚発掘のひとこま（右奥）
手前から岡田清子さん，大沢静江さん（甘粕夫人），
古牧久代さん（市原夫人）

南堀貝塚発掘調査での市原先生ご夫妻

刊行にあたって

　市原壽文先生は，戦後まもなく考古学の道に進まれ，和島誠一，山内清男という性格の異なる二人の先生に師事された。当時の人間関係は，現代のわれわれには考えられないほど濃密であり，お二人をはじめとする個性的な先生方の間で人格をみがかれたことが，本論集に掲載した先生との座談会の記録で知ることができる。

　先生は，縄文時代の共同体論で学界にデビューし，その後先史地形，古環境の問題へと関心を移されていった。先史時代の自然環境をめぐる問題は，現在重要な研究課題としてクローズアップされているが，その重要性に早くから気づいておられた結果と拝察される。この分野では，80年代以降に学際的な共同研究を組織して調査研究をおこなうのがごく普通になるが，文部省科学研究費による「古文化財（略称）」の低湿性遺跡の研究において指導的な役割を果たされた先生は，そこに至る過程を含めて斯界の草分け的存在といっても過言ではない。

　これは，和島誠一氏のお勧めで参加された静岡市登呂遺跡の総合調査や井関弘太郎氏による愛知県豊橋市瓜郷遺跡などのボーリング調査による先史地形研究において身につけられ，継承された学問の方向性であった。静岡市清水天王山遺跡への取り組みも，登呂遺跡の調査に端を発している。先生が静岡大学に赴任され，東海地方をフィールドに培われた先史時代研究は，学史的にみても戦後の日本考古学の歩みの大きな部分をなしているといえよう。

　本論集は，これまで先生が考古学に力を尽してこられたことに感謝を申し上げるとともに，ご長寿を寿いで静岡大学考古学研究室の卒業生有志が企画したものであるが，先生の親友のお一人であった麻生優氏門下の岡本東三，白石浩之両氏，岡山大学生のころより先生に私淑された清水芳裕氏より玉稿を賜った。早くにお原稿を頂戴しながら寝かせてしまい，出版が遅れたことをお詫びしたい。

　本論集の編集は，武井則道，羽二生保両氏の多大なご助力を賜った。出版は，六一書房の八木環一氏が引き受けてくださった。記して感謝申し上げる次第である。

　先生のご健康をお祈りするとともに，末永く不敏な私たちを見守ってくださることをお願いして，刊行のご挨拶としたい。

　　2013年4月吉日

編集委員会代表

設　楽　博　己

目　次

刊行にあたって …………………………………………………………… 設楽博己　i

旧石器時代における局部磨製石斧の特徴とその意義
　　―主として関東地方からみた局部磨製石斧の様相― ………………… 白石浩之　1
西部押型紋土器文化圏への旅立ち
　　―細久保2式押型紋を携えて― ………………………………………… 岡本東三　29
金雲母と植物繊維痕 ……………………………………………………… 羽二生保　67
広域編年構築のために
　　―「一括遺物」に基づく東西比較― …………………………………… 千葉　豊　77
群馬県前橋市上沖町西新井遺跡の土製耳飾り ………………………… 設楽博己　101
吉備の古式土師器に関する一考察 ……………………………………… 平井泰男　131
渥美窯にみる中世刻文陶器の諸相
　　―静岡県内出土例から― ……………………………………………… 柴垣勇夫　155
黒絵・赤絵土器の装飾技術と還元焰焼成 ……………………………… 清水芳裕　165
平城宮跡・京跡保存の現状と課題
　　―平城遷都1300年祭が終わって― …………………………………… 杉田　義　177

座談　先史考古学50年 …………………………………………………………… 193

市原壽文先生年譜 ………………………………………………………………… 229

市原壽文先生著作目録 …………………………………………………………… 233

執筆者一覧 ………………………………………………………………………… 240

旧石器時代における局部磨製石斧の特徴とその意義
― 主として関東地方からみた局部磨製石斧の様相 ―

白　石　浩　之

はじめに

　約32,000年前の旧石器時代後半期は複数の遺物集中地点が環状に分布する特徴的な遺構が日本列島に広く分布している。私はその遺構を環状集落として捉えている[1]。環状集落から出土する遺物は狩猟具として用いられた縦長剥片を素材としたナイフ状石器や尖頭部を形成した基部調整尖頭石器，横長や縦長の剥片を素材とした台形様石器，加工具としての削器，石斧，砥石や剥片，砕片，石核等が認められる。とりわけ石斧は特徴的に刃部を研磨した局部磨製石斧である[2]。砥石はその局部磨製石斧を研摩するための道具として用いられ，セット関係を示すものである。

　局部磨製石斧の存在は，新石器時代の目安となっていた磨製技術がすでに旧石器時代にも使用されていたのか否かという点でひときわ注目されてきた[3]。そのような論議が盛んな頃は数点のみの局部磨製石斧しか日本列島で発見されていなかったが，皮肉にも開発に伴う緊急調査として発見例が次第に増加していく。2002年笠懸野岩宿文化資料館で開催した『最古の磨製石器』の企画展のパンフレットをまとめた小菅将夫氏は200遺跡650点以上の局部磨製石斧を確認した（小菅2002）。2004年橋本勝雄氏の調査では172遺跡475点の石斧が集成された（橋本2004）。そして2006年には橋本勝雄氏によって新たに222遺跡869点以上が周知化された（橋本2006）。

　このように北海道地方を除く本州から九州地方にかけて900点近い多数の局部磨製石斧が出土している点は注目すべきことであるが，九州地方はもちろんのこと南西諸島までその出土例が報告されている点で，この石器が北方から渡来したとするよりは南方から渡来して本州地方で発達した可能性を示唆するものかもしれない[4]。

　これらの局部磨製石斧は岩宿Ⅰ期に卓越するが，後田期では減少し，寺尾期では消滅する。岩宿Ⅰ期以前の状況はどうかというと，相模野台地では岩宿Ⅰ期に相当するB4層より下位のL5層の段階まで局部磨製石斧が確実に認められている（鈴木1984）。しかしそれより以前に位置する吉岡B5期の状況はどうも共伴するとは断定し難い[5]。それにしても岩宿Ⅰ期を中心として局部磨製石斧が卓越する点と該期のみに形成された環状集落は何らかの関わりがあったと考えるのがごく自然の考え方であろう[6]。

　本稿は第1点として先ず局部磨製石斧の研究がどのように行われてきたのか研究史を紐解こう。そして第2点としては各地域の局部磨製石斧の層位的出土例をとおして，石斧の変容を捉えよう。

第3点として局部磨製石斧がどのように製作されてきたのか考慮する。第4点としては旧石器時代の局部磨製石斧の意義を論じることにしよう。

1. 局部磨製石斧の研究の歴史

1865年イギリス人ジョン・ラボック（John Lubbock, Baron Avebury）は石器時代を旧石器時代と新石器時代に二分した。すなわち1846年ブーシエ＝ドウ＝ペルト（Jacques Boucher De Perthes）によるソンム川での旧石器時代が絶滅動物と打製石器が共伴するとした説が傍証されるにつれて、新石器時代には絶滅動物に代わって現生動物と磨製石器が共伴するものとした。そしてエドワード・ラルテ（Edouard Armand, Lartet）によるオーリニャック洞窟やラ・マドレーヌ岩陰等の旧石器時代の層位的な発掘調査が行われ（1860〜1864），1883年のガブリエル・モルテイエ（Gabriel De Mortillrt）によるモルテイエ編年として確立していくのである（角田1971）。このようにヨーロッパでの旧石器時代の編年が成就するわけであるが，今日に至っても磨製石器が旧石器時代まで遡らない点でラボックの区分は今なおヨーロッパでは生きているのである。

一方日本では群馬県みどり市岩宿遺跡で関東ローム層中から縦長剥片と共に石斧2点が出土し，岩宿Ⅰ石器文化の特徴的な石器として，日本の始原文化のみならずヨーロッパの前期旧石器時代に特有なハンドアックスに対比されたことがある（芹沢1956，杉原1956）。そのために1965年日本で初めて杉原荘介氏によって体系化された『日本の先土器時代』では最も古い石器の一つとして『握槌』として命名され，その文化を真剣に探ろうとした（杉原1965）。その間長野県諏訪市茶臼山遺跡では石斧2点が出土しており，そのうちの1点は石斧の表裏面が研磨された蛤刃をした局部磨製石斧であったことから，慎重にも資料の増加を待って検討するとした（藤森・戸沢1962）。その後栃木県真岡市磯山遺跡の暗色帯中から台形様石器や基部加工のナイフ状石器，ペン先形ナイフ形石器（以下基部調整尖頭石器と呼称）に伴って楕円形の破損した局部磨製石斧が出土することによって，楕円形石器とも呼ばれるようになり，当初は「下部ローム期，中部ローム期におけるチョッピング・トゥールや握槌からの伝統的形態」と考慮したのである（芹沢1967）。しかしその出土層位が上部ロームの下部に認められることが分かると，当然のことながら，握槌との対比が難しいことが分かり，日本独特の現象として捉えていくのである（芹沢1962）。長野県上水内郡信濃町杉久保遺跡では杉久保Ⅰ石器文化とした局部磨製石斧を杉久保型ナイフ形石器の一群の中でもA1石器群に位置づけたわけだが（森嶋1970），湖底から検出されたナウマンゾウとどのように関わりを持つのかという点で強い関心がもたれた[7]。

以上の点から芹沢長介や杉原荘介両氏による旧石器時代に磨製石斧の存在を認める説に対して，ドイツ人J.マリンガー神父は群馬県伊勢崎市権現山遺跡Ⅰ・Ⅱの石器をインドネシアのパジタニアン，岩宿Ⅰの石器をベトナムのホアビニアンに相当させる論文を矢継ぎ早に発表し，日本における旧石器時代の石器をアジアの中で位置づけたのである（J.マリンガー1956・1957）。山内清男や佐藤達夫両氏はラボックの説に準拠して，マリンガー説を取り入れて磨製石斧が共存する岩宿

I石器文化を無土器新石器時代として，東南アジアに系統を求めていくのである（山内・佐藤 1962）。

このように相対する意見の基になった局部磨製石斧は，その後地質学的所見，高精度の年代測定によって大凡 30,000 年前の旧石器時代後半期の石器群として位置づけられていくのである[8]。

2. 関東地方における局部磨製石斧の層位的出土例

先に環状集落が発達した一時期に局部磨製石斧が特徴的に出土している点を述べたが，関東地方の局部磨製石斧の出土例を細かく見ると，時期の異なる局部磨製石斧が層位的に認められるので，局部磨製石斧の発展過程を探ることことにしよう。

(1) 武蔵野台地

東京都杉並区高井戸東遺跡では石器がⅩ層→Ⅸ下層→Ⅸ中層から層位的に出土している（小田・重住 1977）。そのうち局部磨製石斧はⅩ層とⅨ中層から出土している。上層のⅨ中層からは 2 点の局部磨製石斧が出土している（第 1 図）。1 は表裏面に礫面を大きく残した扁平な粘板岩の河原石を素材にしたもので，突刃（偏刃）である。正面刃部に近い右側縁と裏面右側縁に近い礫面を残した一部に斜位の研磨を施している。凸刃は再生というより，礫面の摩痕から当初からの目的的な形態に近いのではあるまいか。2 は透閃石製（中村 2011b）の小型定角式の石斧で，

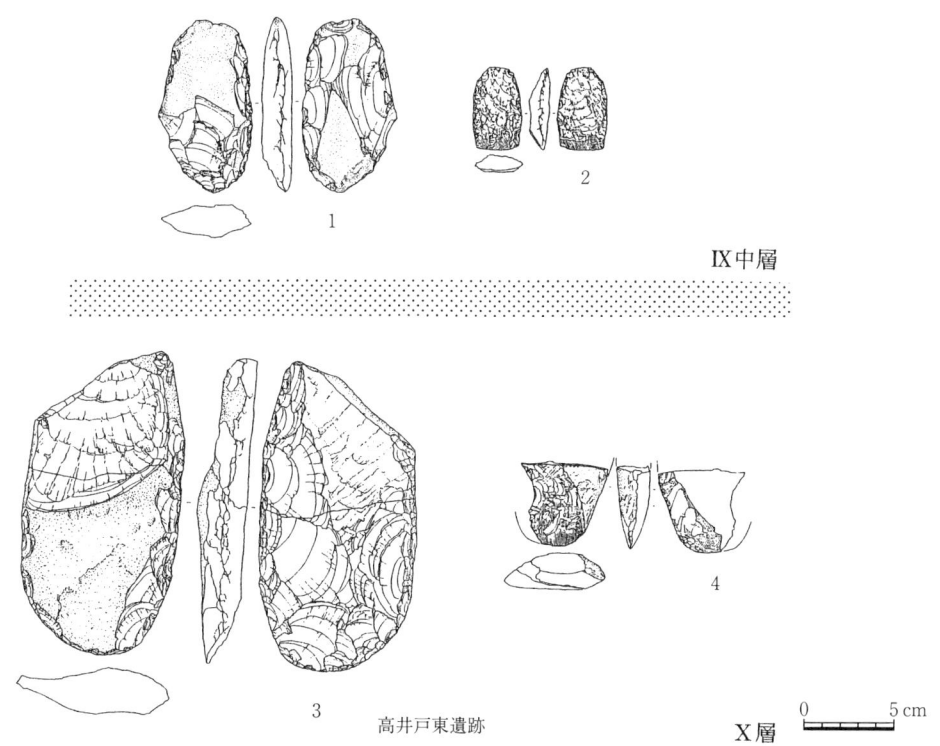

第 1 図　武蔵野台地における局部磨製石斧の層位的出土例 (1)

両面とも刃部を研磨し，直刃としている。縦断面を見ると「く」の字形を呈す。

下層の X 層出土例は 3 の砂岩製の大形曲刃製の打製石斧である。正面に礫面を大きくとどめ，裏面は両側縁ないし刃部方向から大まかに平坦剥離を施してその後に細部加工を施している。したがって上段から半割された素材を用いたものであろう。4 は凝灰質粘板岩製の局部磨製石斧の刃部片で，表裏面から入念に研磨され刃線は楔状をなす。使用によって縦位に破損したものであろう。

以上高井戸東遺跡では X 層から IX 中層にかけて大形から小形の定角式の局部磨製石斧が製作されるようになる反面，左右非対称形の石斧も有していたのであり，形状が多様になる。

東京都府中市武蔵台遺跡では Xb 層→ Xa 層の層位的出土例がある（第 2 図）（横山・川口 1984）。

上層の Xa 層の 1 は黒曜石を用材として撥形に作りだしている（第 2 図 1）。研磨痕のようなスレが表裏面に施されている。佐藤宏之氏は局部磨製石斧とは別にへら形石器として区分している（佐藤 1992）。筆者は神奈川県津久井城馬込地区 B4 層から出土したへら形石器に類似している点を指摘し，併せて黒曜石製の局部磨製石斧は皆無であることからへら形石器とした（白石 2011）。

下層の武蔵台遺跡 Xb 層の石斧は量的にまとまっており，接合資料から石斧の再生が顕著である（第 2 図 7・8）（横山前掲・長崎 1990）。5・7・8 は両側縁が平行する短冊形ないし長楕円形とも言える形態で，石材は砂岩が目立っている。とりわけ 7 は典型的な短冊形である。5・8 の石斧は短冊形というよりは長楕円形に近い。後者の接合する資料から類推すると同様の形態を保持しようとして再生が試みられている。石斧の素材は片面に礫面を大小残しているが，側面まで礫面を一部残し，裏面は側方からの剥離面で覆われている。比較的厚い扁平礫を半截にして素材としたものかもしれない。5 は厚手の打製石斧で，刃部の調整は入念である。6 は撥形の打製石斧で，片面は礫面を大きく残している。正面は礫面を大きく剥がした後に周辺加工によって調整が施されている。

武蔵台遺跡に隣接する武蔵台西地区では Xb 層と Xa 層から石斧が出土している（第 2 図 2〜4）（川島・大西 2002）。Xa 層から出土した 2 は礫面を大きく残したホルンフェルス製の撥形石斧である。Xb 層から出土した 3・4 は中粒凝灰岩製を用材としている。胴長の曲刃製の石斧で武蔵台遺跡例に類似している。

東京都国分寺市多摩蘭坂遺跡は武蔵台遺跡に隣接する（中村 2003）。Xb 層から出土した石斧は No. 5 地点と No. 8 地点からまとまって出土している。10 cm 以上の大形で表裏面に礫面を残した石斧が目立っている（第 3 図 No. 5-3，No. 8-1・No. 8-3，No. 8-4）。また No. 5-1・2，No. 8-2・5 は裏面に大きな第一次剥離面ないし両側縁からの剥離面で形成されている。No. 8-4・5 の刃部は表裏面から入念に研磨して曲刃に仕上げている。No. 5-3，No. 8-1 は打製の曲刃と No. 8-2 のような直刃の例よりなる。No. 5-4 は正面に礫面を残した大型凸刃製の打製石斧で，長さ 25.5 cm×幅 13.5 cm 厚さ 6.6 cm で 1,646.2 g を測る。素材はおそらく扁平な大型礫ないしは厚手の横長剥片を用いたもので，打面は正面左側縁に位置し，その後に表裏からの剥離により厚みを除去したものであろう。大形であるにもかかわらず正面は礫面を利用していることから，刃部は打製の凸

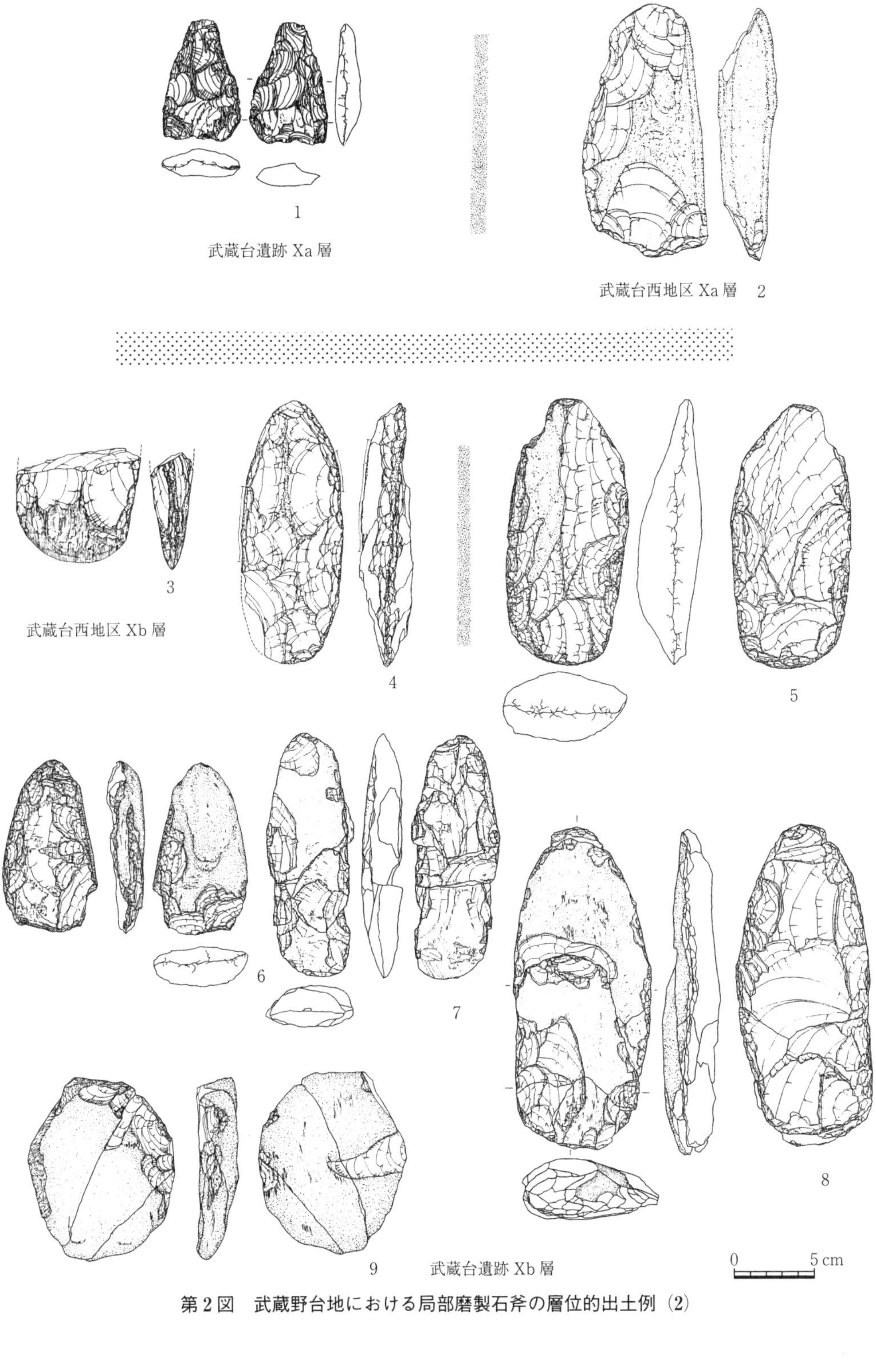

旧石器時代における局部磨製石斧の特徴とその意義　5

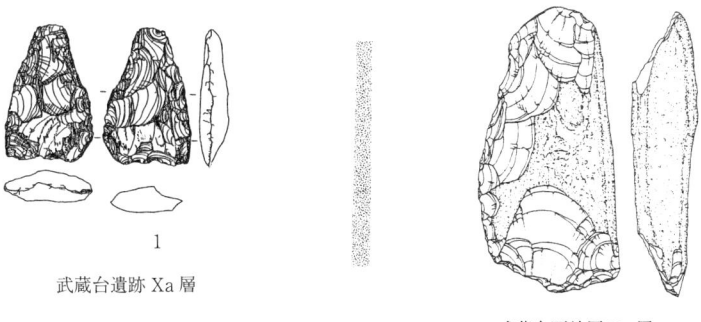

1
武蔵台遺跡 Xa 層

武蔵台西地区 Xa 層　2

3
武蔵台西地区 Xb 層

4

5

6

7

8

9　武蔵台遺跡 Xb 層

0　5 cm

第2図　武蔵野台地における局部磨製石斧の層位的出土例 (2)

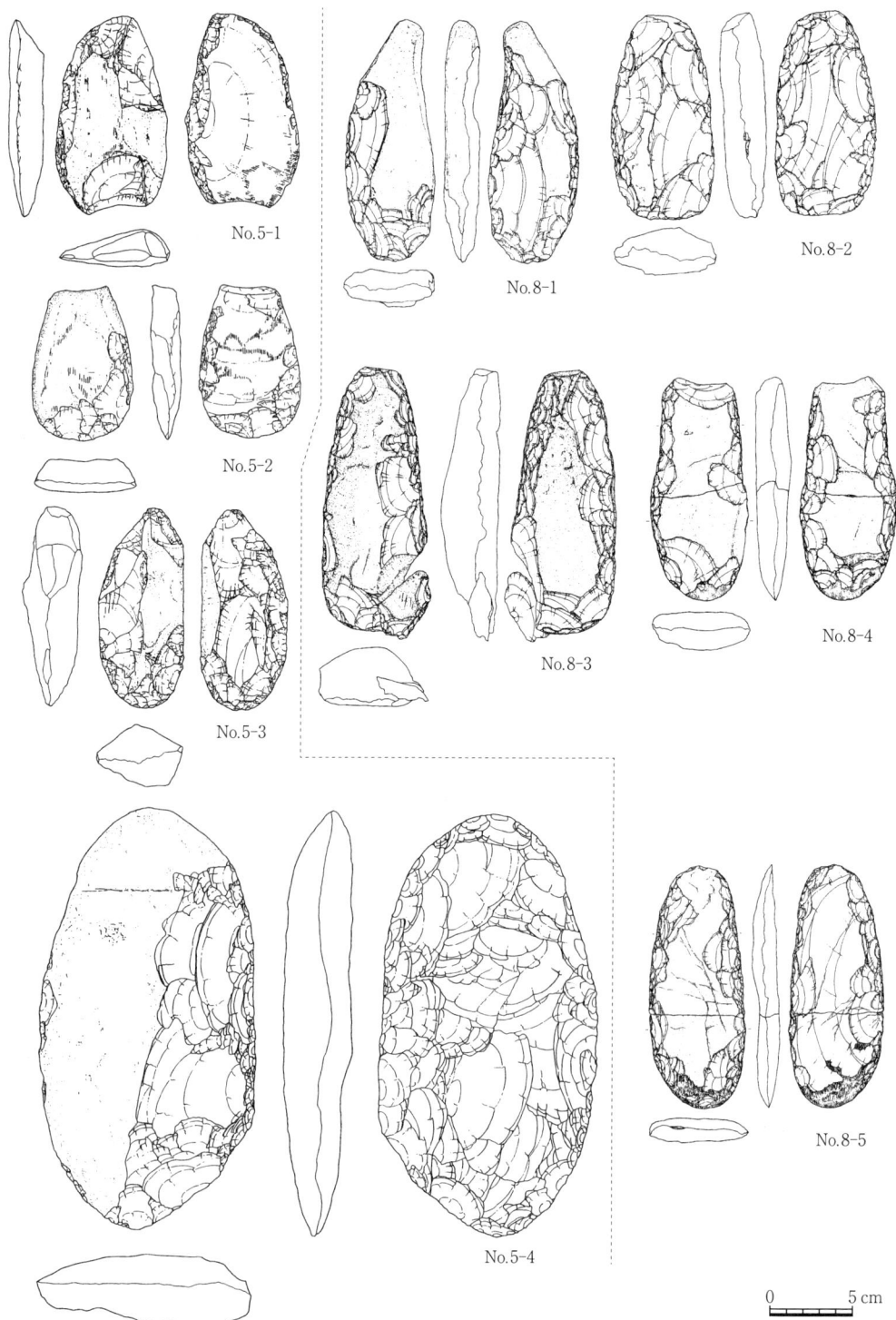

第3図　武蔵野台地における多摩蘭坂遺跡 Xb 層の局部磨製石斧

刃のように見える。石材は緑色凝灰岩が多い。

　第8地点は第5地点の石斧と比較すると比較的細身で，重厚な例は少ない。石斧は緑色凝灰岩と輝緑岩製の短冊形状で表裏面に研磨を施した曲刃の局部磨製石斧2例が認められる。表裏面に礫面を大きく残した例は周辺加工が施され，刃部の近くがやや幅広になっている（第3図 No. 8-4）。No. 8-3はホルンフェルス製で撥形を呈す。正面は礫面，裏面は節理面が広く覆う。側縁には微細な加工がところどころ認められる。この石斧は「石斧素材」としているが完成品として用いられた可能性があろう。

　以上武蔵野Xb層に位置づけられる武蔵台遺跡と多摩蘭坂遺跡では石斧の石材が大きく異なっている。武蔵台遺跡では砂岩，多摩蘭坂遺跡は緑色凝灰岩，輝緑岩が中心なっている。したがって同一集団が残したものとは考えづらい。また武蔵台遺跡の石斧は多摩蘭坂遺跡第8地点に形態的に類似するが，5地点とは異なっている。

　東京都小平市鈴木遺跡ではIX層からX層にかけてまとまった量の石斧が出土している（小平市鈴木遺跡調査会1975，加藤ほか1976，舘野・堀井・砂田1980，織笠・金山・桑野・織笠1980，加藤・戸田1982，織笠昭・織笠明子・金山1981）。IX層とX層の区分は黒色帯とその下位層ということで明瞭である。

　上層のIX層例は打製の例，刃部に研磨が施された例がある（第4図）。正面に礫面を大きく残した1～6は横長剥片製の打製石斧で，最大幅が中央に位置している。中には刃部修正のため左右非対称形の凸刃を形成しているように見える。楕円形の石斧は相対的に小形が目立ってくる。1・2のように石斧の縦断面は正面中央より肩をつけながら刃部方向に交わる刃先を作りだした石斧もある。このような例は比較的厚みをもち，切っ先状の刃先を呈している。また3・5のように縦断面が刃先方向に向かってますます細身になっていくような例もある。6の基部はすぼみ，刃部が最大幅となる厚みのある撥形である。中には刃部近くが欠損するので全形は不明だが，表裏面に礫面を大きく残し，周辺加工の撥形と推定される石斧も存在する。7は両側縁が並行し，中央に「Y」字状の稜線が走る断面台形の石刃の端部に研磨が施された例が認められる。石材は緑色岩や凝灰岩，ホルンフェルス製が目立っている。

　下層のX層例（第4図）で目立つのは8のような大形わらじ形の楕円形の打製石斧である。正面中央に礫面を残すためか，その部位が一番厚くなっている。9・10のように表裏面の礫面を残した扁平な礫を素材とした寸づまりの楕円形に近い石斧は刃部を中心として研磨が目立っている。石材は緑色岩や凝灰岩，ホルンフェルスが多い。このことから武蔵台遺跡Xb層に近い。

　鈴木遺跡から出土した石斧はX～IX層にかけて層位的に出土している。上層のIX層例は全体として多様な形態の局部磨製石斧が出土するようになる。6のように撥形石斧が目立っている。また前述したように，7の石刃を素材とした局部磨製石斧の存在は石刃技法による石刃製作が既に認められており，基部加工のナイフ状石器の存在などはその点を裏付けている。

　武蔵野台地では多くの石斧が出土している。しかし出土層位の認識が一様であったのか否か課題を残している。おそらく大形の楕円形の石斧はX層に多く位置づけられるが，IX層例はそれ

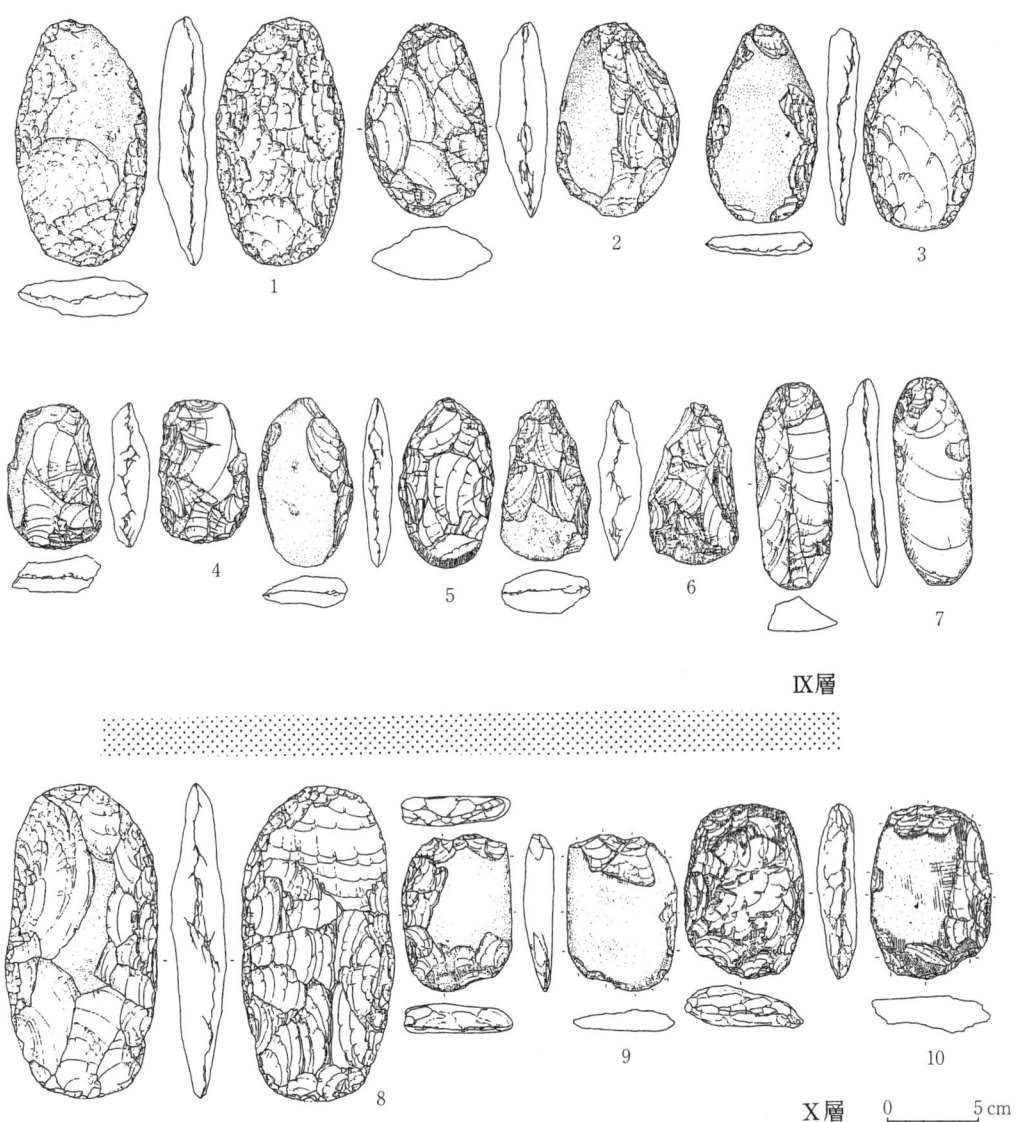

第4図 東京都鈴木遺跡の局部磨製石斧の層位的出土例

ほど大形ではない。またIX層になると撥形が顕著となり,石刃状の石斧も見られるようになる。局部的な磨製を施さない例もある。刃部を曲刃状に磨製化している例があるが,基部のみならず刃部周辺にも若干の研磨が施されていたことが接合資料から理解される。

(2) 相模野台地

　神奈川県綾瀬市吉岡遺跡群C区・D区の出土層位から,B4層下部とB4層上部で石斧が層位的に出土している(白石・加藤1996)。またB4層中部では神奈川県相模原市津久井城馬込地区(畠中2000),L5層では神奈川県大和市上草柳遺跡群大和配水池内遺跡(麻生1999),同県座間市栗原中丸遺跡(鈴木1984)からそれぞれ石斧が出土している(第5図)。

旧石器時代における局部磨製石斧の特徴とその意義 9

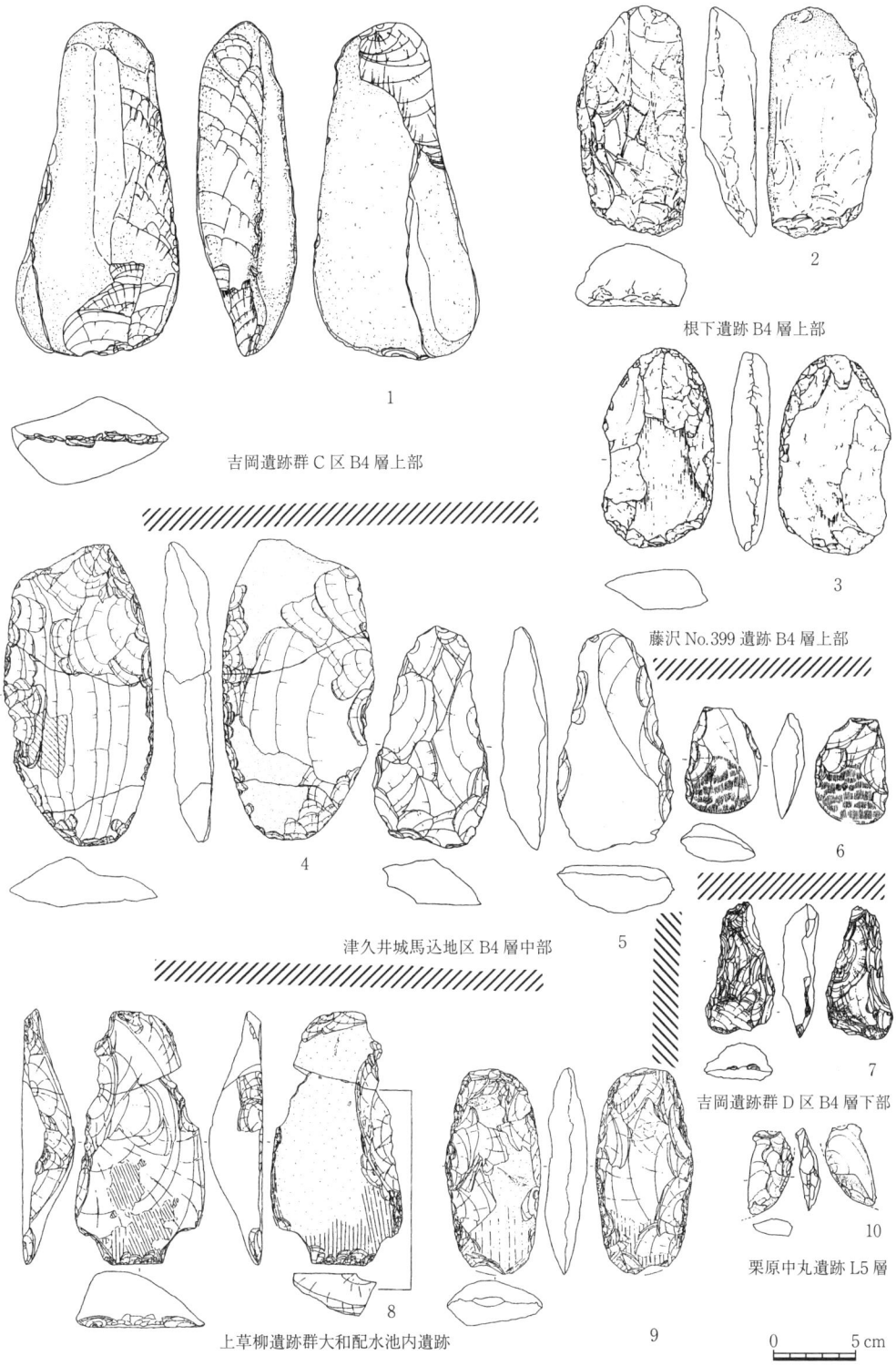

第5図 相模野台地における局部磨製石斧の層位的出土例

上層のB4層上部出土の1は吉岡遺跡群C区から出土した大形の硬質細粒凝灰岩製の打製石斧で，表裏面に大きく礫面を残したもので，下端方向からの剝離面によって刃部を形成した足の形に類した石斧である。神奈川県藤沢市根下遺跡第IV文化層から出土した2は，凝灰岩製で一面が平坦な礫面，正面は甲高の剝離面で形成された分厚い左右非対称形の短冊形の打製石斧である（麻生1987）。3は同県藤沢市No. 399遺跡第II文化層（桜井1995）から出土した頁岩製の局部磨製石斧である。表裏面に礫面を大きく残したもので平坦に研磨している。刃部ないし基部周辺には細かい二次加工を施している。

　B4層の中部から出土した津久井城馬込地区の中粒凝灰岩製の4は基部が礫面で構成され，表裏面とも第一次剝離面を大きく残したわらじ形の石斧が出土している。5のホルンフェルス製の撥形石斧は裏面に礫面を大きく残し，片面のみ多方向からの平坦剝離によって施された打製石斧である。6は小形で身が厚く表裏面を顕著に研磨した粗粒凝灰岩製の石斧である。横長剝片を素材としたもので，曲刃の局部磨製石斧で，切っ先状の刃部とする。

　B4層下部の吉岡遺跡群D区で出土した7は左右非対形の硬質細粒凝灰岩製の撥形石斧で，刃部から右側辺にかけて大きく折損して再加工したものと思われる。刃部を中心に研磨が施されている。

　大和市上草柳遺跡群大和配水池内遺跡ではB4層の下位に位置するL5層から楕円形と思われる石器が5点出土している（麻生2012）。いずれも石材は凝灰岩製である。8は断面かまぼこ形の礫面を残した横長剝片を用いたもので，直状の刃部や両側縁の粗い加工状況から楕円形に近かった形態を再加工したものであろう。9は長楕円形の石斧で，正面に礫面を大きく残している。刃部は一部欠損しているが，曲刃を呈す。表裏面の刃部周辺は研磨が施される。図示していないが，9に類似した長楕円形の石斧が2点出土している。直角に近い刃部となっているが，もともとは楔状の刃部であったのであろう。その破片が接合している。刃部周辺は表裏面に研磨が施されている。ただし縦断面は刃部方向が益々細くなる。もう一例は片面が礫面で形成された横長剝片による楕円形石斧が出土している。部分的な周辺加工が施され，胴部中位の両側は部分的に磨痕が見られる。またもう一例は基部と刃部共に左右非対称形を呈し，寸詰まりをした打製石斧である。正面には多方向からの剝離，裏面は両側縁から粗い剝離面後に，表裏両側縁に細部加工を施している。斜刃部にも細部加工が認められる。

　10の栗原中丸遺跡では細粒凝灰岩製の曲刃をした局部磨製石斧の破片が出土しているが，上草柳遺跡群大和配水池内遺跡同様楕円形石斧の可能性が高い。

　相模野台地での吉岡遺跡群C区B4層下部とB4層上部出土の石斧から見るかぎり武蔵野台地の事例のように大形から小形化の変遷を辿るというより，真逆のように見える。L5層ではやや細長い例もあるが，楕円形が卓越している。そしてそのような様相はB4層中部までは確実につながっている。B4層上部の石斧はその片鱗が藤沢No. 399遺跡でも見られないこともないが，短冊形や撥形が発達するようである。

(3) 北関東地方

　北関東地方では群馬県で石器の層位的な出土例があるが（第6図），一遺跡から局部磨製石斧が層位的に出土した例は認められない。利根郡みなかみ町後田遺跡から出土した1の石器は黒色頁岩を用材として横長剝片を素材とした短冊形の打製石斧である（麻生1987）。AT層を含むⅥ層から石器群が出土しているので，ATの上位または下位なのか明確でなかったが，麻生敏隆氏はナイフ形石器の形態から武蔵野Ⅶ層に対比した。群馬県伊勢崎市下触牛伏遺跡第Ⅱ文化層から出土した2〜4はATを含むⅥ層からⅧ層にかけて出土した緑泥片岩ないし石墨片岩製の短冊形石斧である。形態から見ても武蔵野台地の武蔵台遺跡Xb層の局部磨製石斧に類似している点は注意される。須藤隆司氏は7の群馬県利根郡みなかみ町善上遺跡（三宅1986）の局部磨製石斧をⅩ層，3〜5の下触牛伏遺跡第Ⅱ文化層（岩崎1986）の石斧をⅨ層に対比している（須藤2007）。善上遺跡の局部磨製石斧は輝緑岩製で，表裏面に礫面を残した大形の楕円形石斧である。東京都多摩蘭坂遺跡Xb層や鈴木遺跡X層例の武蔵野X層に対比されよう。そうであるならば善上遺跡→下触牛伏遺跡第Ⅱ文化層となり，後田遺跡Ⅵ層から出土した石斧がその後に続こう。

　群馬県みどり市岩宿遺跡A地点第Ⅰ文化層では楕円形石斧が岩宿暗褐色粘土層（岩宿層）から5・6の2点が出土している（杉原前掲）。薄青色の頁岩製の石斧である。形態的にはやや胴部が幅広であることから短冊形というよりは楕円形の石斧に相当しよう。刃部は研磨されている。善上遺跡の石斧は長さ約18cm，幅約10cm以上あり，岩宿Iの石斧と比較すると倍近い大きさがある。武蔵野台地の事例からみると善上遺跡→岩宿遺跡第Ⅰ文化層の変遷が考えられようか。そして岩宿遺跡第Ⅰ文化層と下触牛伏遺跡Ⅸ層との新旧関係は同時期ないし岩宿遺跡第Ⅰ文化層の方がやや後出かもしれない。

(4) 下総台地

　千葉県市原市草刈六之台遺跡で立川ローム層Ⅹ層上部，Ⅸ層下部，Ⅸ層上部から局部磨製石斧が層位的に出土している（第7図）（島立・宇田川1994）。1のⅨ層上部の石斧は稜上調整により，横断面は三角形を呈す。大形肉厚の撥形の石斧で緑色岩・苦鉄凝灰岩を用いた曲刃の局部磨製石斧である。2のⅨ層上部〜中部にかけての石斧はホルンフェルス火成岩起源で，正面は礫面を残す。最大幅は胴部にあり，左右非対称形の撥形の石斧である。刃部に研磨面を一部に残している。3のⅨ層下部〜Ⅹ層上部の石斧は扁平な角閃岩の礫面を大きく残したもので，緩い曲刃を施した短冊形で，刃部のみに表裏面から研磨した局部磨製石斧である。このように下総台地の局部磨製石斧は短冊形から撥形になっていることがわかる。なおのⅪ層の石器群を武蔵野ローム層上部として位置付けている（島立2000）。

　千葉県成田市東峰御幸畑西遺跡（空港No. 61遺跡）では第1文化層のⅩ層上部で5のホルンフェルス製の短冊状の打製石斧と6の表裏面に礫面を大きく残した緑色岩・玄武岩質凝灰岩製のやや最大幅が刃部になる撥状の局部磨製石斧が出土している（第5図5・6）。その上部に位置するⅨ層上部では4の粗粒玄武岩製の大形の撥形をした細長の打製石斧で，裏面は平坦であることから，断面形態はかまぼこ形を呈す（永塚2000）。東峰御幸畑西遺跡Ⅸ層上部から出土した4の

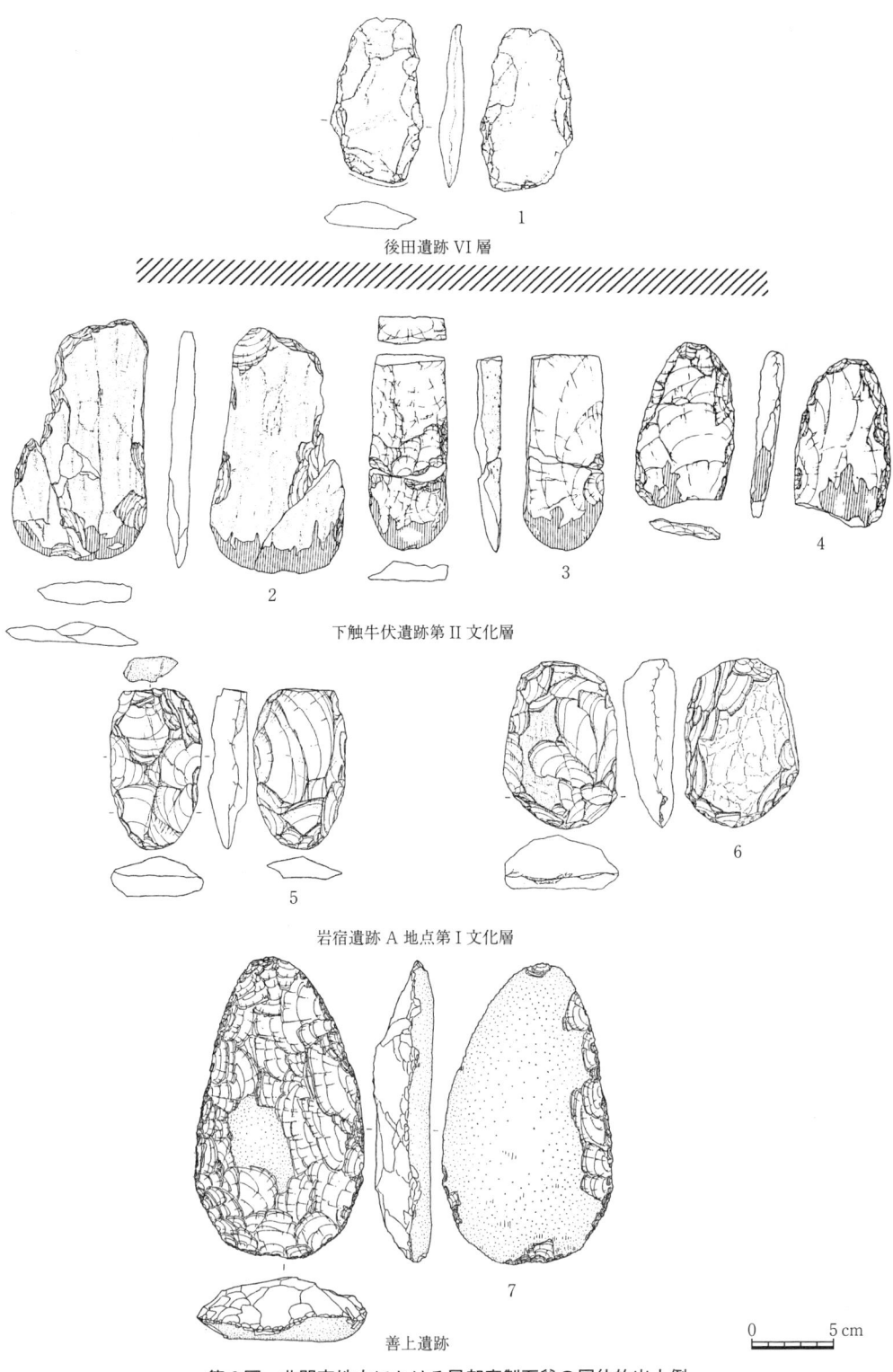

第6図 北関東地方における局部磨製石斧の層位的出土例

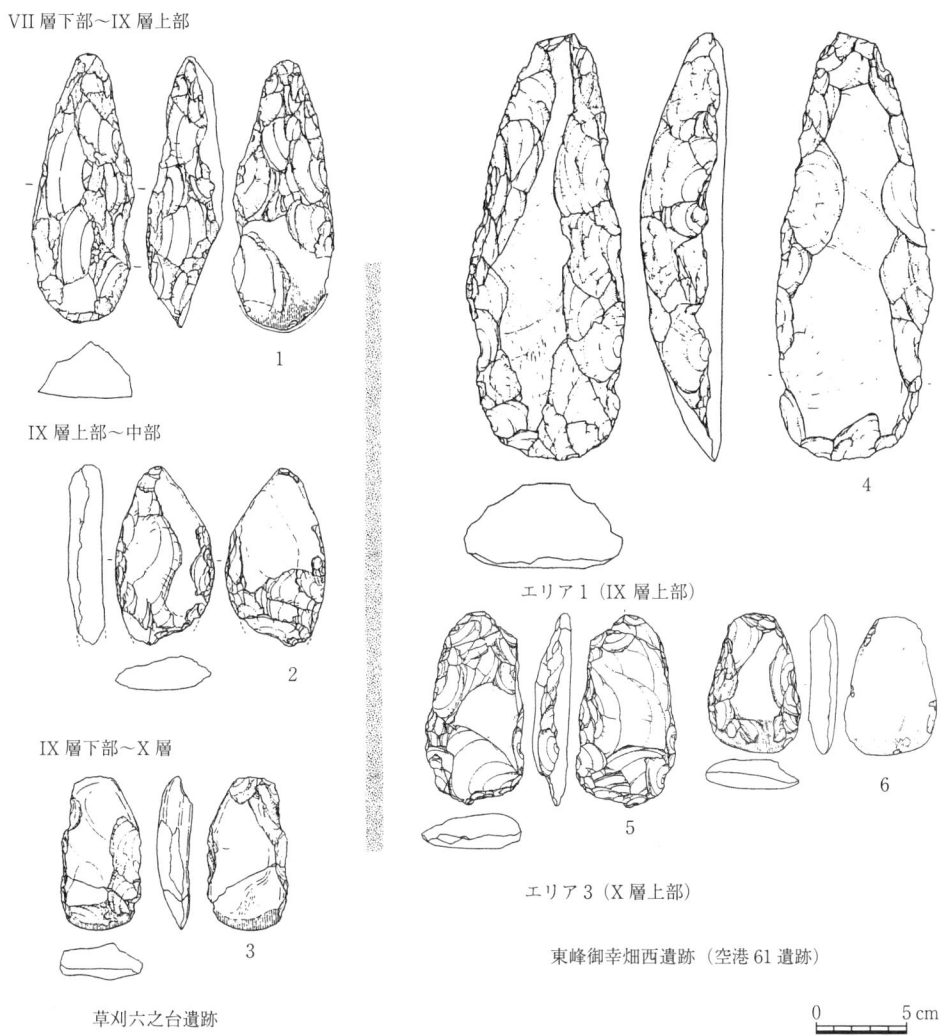

第7図 下総台地における局部磨製石斧の層位的出土例

長大な撥形の石斧は草刈六之台遺跡Ⅵ～Ⅸ層上部の出土例に酷似している（第7図1・4）。

なおⅩ層上部の角閃岩・緑色岩製の局部磨製石斧は千葉県成田市南三里塚宮原第1遺跡の緑色凝灰岩製の石斧に類似している（宇井・布施2004）。

以上各地域で出土した局部磨製石斧を層位的に見てみると，傾向として相模野台地と下総台地では長大な撥形ないし人の足のような形態が発達するように見られるが，武蔵野台地ではそれほど顕著とは言い難い。しかしそれに替わるかのようにして撥形や石刃状の局部磨製石斧が出土している点は注目される。

3. 石材から見た局部磨製石斧

　ヨーロッパの前期旧石器時代のハンドアックスは切截や敲打の機能をあわせもつ万能石器と考えられている。フランスのアブヴィル遺跡他から出土したアシュール文化のハンドアックスは有名だ。ハンドアックスは敲打器として利用されたもので、剝片石器と同じ材料であるフリントで製作されている点は注意を要する。この点日本の石斧は剝片石器の石材とは大きく異なり、透閃石岩蛇紋岩や凝灰岩、緑色岩、砂岩を主に頁岩、サヌカイト、ホルンフェルスのように剝片石器と同様の石材もまま見受けられるが、多くは剝片石器と別の石材を選択して用いていることが多い。

　このことからハンドアックスとは機能や用途は異なっていた可能性があろう[9]。

　瀬戸内方面では泥質片岩や緑色片岩、結晶片岩が目立つ。北関東地方の緑泥片岩や石墨片岩等の利用なども考えると、片岩を好んで利用されていたというよりは片岩を形成する緑色が石斧のイメージに合っていたからであろうか。このような傾向は北陸地方で多用された蛇紋岩、信越地方では長野県信濃町日向林B遺跡（谷2000）、同町貫ノ木遺跡（大竹2000）、同町大久保南遺跡（谷2000）のような透閃石岩を主に凝灰岩の使用（中村前掲）がある。また長野県飯島町針ケ平遺跡（伊藤1987）や諏訪郡原村弓振日向遺跡（大竹1989）では緑色岩製が目立っているし、上越地方の新潟県津南町正面ケ原遺跡では緑色凝灰岩、プロピライト、安山岩を用いており（佐藤・古谷・中村2001）、糸魚川や姫川の蛇紋岩[10]が広く分布する地域に比較的近いにもかかわらず緑色系の石材を用いている点は蛇紋岩のみが用材でなかった点に注目すべきであろう（第7図）。

　関東地方でも緑色凝灰岩や緑色岩、輝緑岩、砂岩、透閃石岩、ホルンフェルス、千枚岩等を用材とした局部磨製石斧が製作されている[11]。

　久保田健太郎氏は「感性や美への考古学的アプローチ —問題遺跡の整理と展望—」の中で石器製作に美や感性を取り上げ、石材の色調、光沢の質感・量感が石器を形作る形状とあいまって石材選択されている点を指摘している（久保田2009）。石斧がもつフォルムと緑色の色合い[12]を高めるために研磨することで、その美しさを倍加させることによって、各地域に広まっていったといえよう。

　かつて赤堀英三氏は「磨製石斧の形態と石質との関係に就いて」を論述する中で、縄文時代中期に相当する遠州式と呼ばれた乳棒状石斧[13]について全国的にその分布を調査した。その結果、緑泥片岩質のものが45％、次いで砂岩質のもの15.6％、安山岩質13.3％、閃緑岩12.8％で緑色系の石材が多いことから、緑泥片岩と乳棒状石斧が不可離の関係であることが指摘された（赤堀1931）。この点八幡一郎氏も「すなわち乳棒状斧は用材の性質に従って生じたものではなく、その形態が最初に約束されており、その形が作りやすい岩石として、緑泥片岩等を選択したとすることができる。」と指摘している（八幡1938）。加えて磨製石斧は擦切技法とグラウコフェンシストと呼ばれる濃緑色堅緻の石が関係するとして蛇紋岩が擦截に適したものとした。北海道や奥

旧石器時代における局部磨製石斧の特徴とその意義

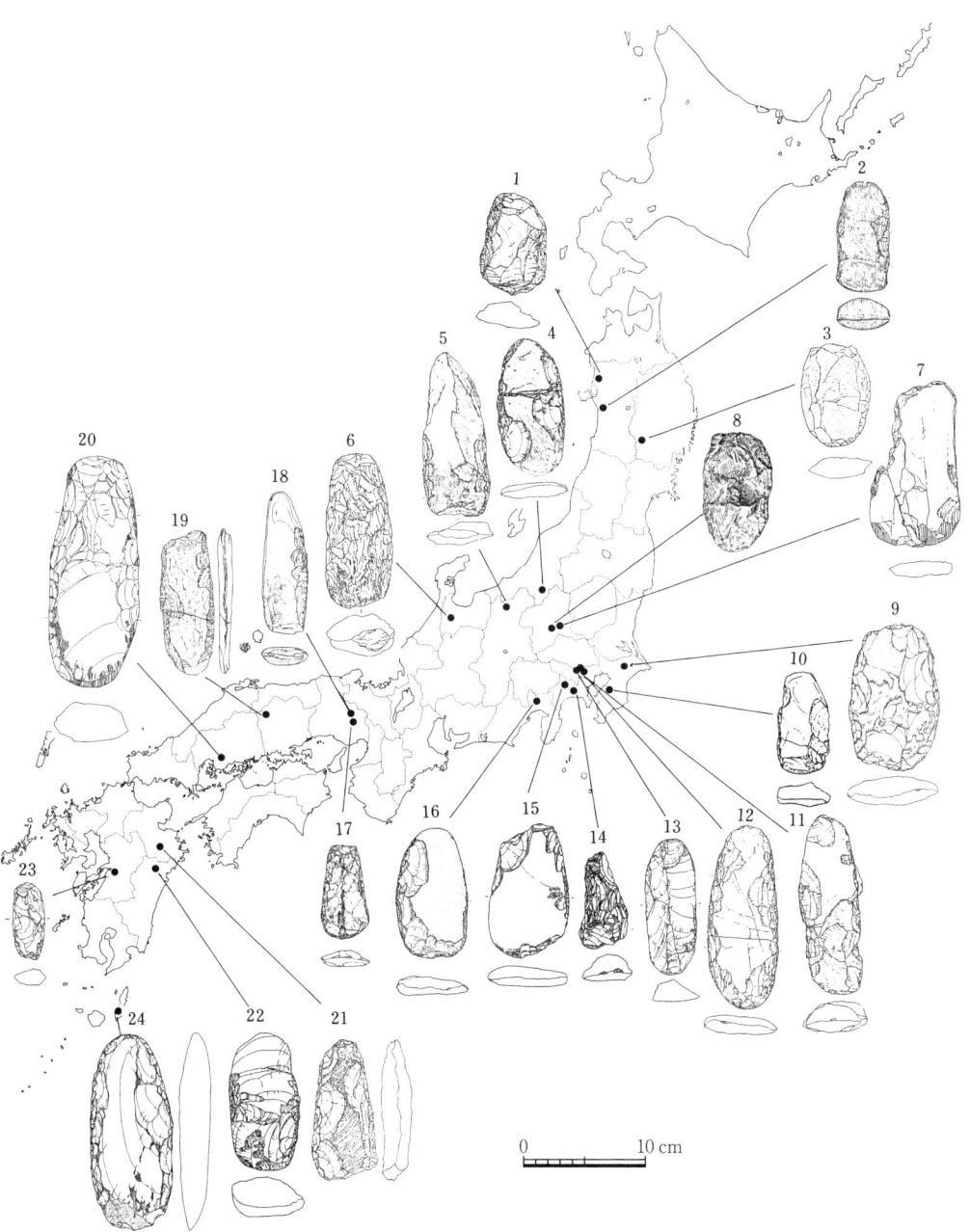

1. 秋田県此掛沢遺跡（泥板岩），2. 秋田県地蔵田遺跡（透閃石岩），3. 岩手県大台野遺跡（シルト岩），4. 新潟県正面ケ原D遺跡（フロピライト），5. 長野県日向林B遺跡（透閃石岩），6. 富山県ウワダイラI遺跡（透閃石岩），7. 群馬県下触牛伏遺跡（緑泥片岩），8. 群馬県岩宿遺跡A地点（頁岩），9. 千葉県南三里塚宮原第1遺跡（蛇紋岩），10. 千葉県草刈六之台遺跡（角閃岩），11. 東京都武蔵台遺跡（砂岩），12. 東京都多摩蘭坂遺跡（緑色凝灰岩），13. 東京都鈴木遺跡（砂岩），14. 神奈川県吉岡遺跡群D区（硬質細粒凝灰岩），15. 神奈川県津久井城馬込地区（細粒凝灰岩），16. 静岡県中身代第I遺跡（緑色凝灰岩），17. 兵庫県七日市遺跡（粘板岩），18. 兵庫県板井寺ケ谷遺跡（凝灰岩），19. 岡山県野原遺跡群早風A地点（緑色片岩），20. 広島県鴻の巣遺跡（流紋岩），21. 大分県車礼越遺跡（緑色片岩），22. 宮崎県山田遺跡（ホルンフェルス），23. 熊本県曲野遺跡（緑色片岩），24. 鹿児島県立切遺跡（硬質砂岩）

第8図　各地域の主な局部磨製石斧と石材利用

羽北部に多く，グラウコフェンシストを産出しない地方では緑色の石を選択している点を認めている（八幡 1936）。このことは八幡が乳棒状石斧の用材の中で記したように，緑色片岩が北海道や奥羽で利用している点と合致する（八幡前掲）。なお大野雲外氏はかって「石斧の形式に就て」の中で「…製作が一定であって，両面から擦り切って作られている。石質は畧ぼ同一で多くは濃淡緑色の光澤ある石にて拵へ，これはおおくないから或いは貴重の石であったかと考えられる」とし，石斧が擦切によって製作されている点と石材の色や光沢についての関連性を指摘している点を看過すべきではないであろう（大野 1906）。

　旧石器時代は未だ擦切技法は知られていないので擦切技法よりグラウコフェンシストに対する魅力が大きかったのであろう（八幡 1948）。その石材や類する緑色の岩石に対する着眼力は少なくとも 32,000 年前まで遡り，縄文時代まで脈々と伝統が受け継がれていったのであろう。

4. 局部磨製石斧の製作技術

　局部磨製石斧は一面に礫面を大きく残す例が目立っている。石斧の側縁の状況は直線的なものもあるが，外側に緩く湾曲している例が多い。また石斧の表裏面に礫面が残存している例もあることから，扁平な礫を素材に用いていたものが多かったのであろう。類例は東京都鈴木遺跡，同練馬区尾崎遺跡（蟹江 1982），同高井戸東遺跡 IX 中（織笠・熊川・松村 1977）が砂岩製，多摩蘭坂遺跡第 1 文化層（舘野 1980）が千枚岩製，千葉県草刈六之台遺跡が緑色砂岩製，千葉県八千代市権現後遺跡が粘板岩製（橋本 1981），群馬県善上遺跡が輝緑岩製（三宅 1986）等の例がある。しかし片面は礫面を残し，裏面は剥離面で覆われている例が多い。この場合やや分厚い身の一面を両側縁から礫面を除去し，平坦な剥離を何回も施して身の厚さを減じている。また裏面は礫面で覆われ，湾曲しながら頭部や側面まで礫面が認められる石斧もある。このような例はそれほど大きな礫片のついた剥片を利用したものではなく，扁平礫を利用した礫核素材を用いている。さらに大きな剥離面を表裏面に残した扁平な石斧も見られる。この場合剥片を素材にした可能性があろう。

　東京都調布市野水遺跡の石斧例のように中粒岩，ホルンフェルスなどの扁平礫ないしは棒状礫であるが，ごろつとした厚みのあるものが目立っている（小池 2006）。未製品が多いのであろう。

　棒状礫の類例は砂岩製の東京都世田谷区下山遺跡（坂入 1982）や千葉県草刈六之台遺跡でも認められている。

　他方群馬県下触牛伏遺跡第 II 文化層では緑泥片岩を主に石墨片岩を利用している。石斧の両側端が礫面で構成されている例があることから，板状の剥片を用いているのであろう。それ故身の厚さは薄く，縦断面も横断面も極端に薄い。それでも刃部は先端部を中心に入念に研磨され，曲刃状をなす（岩崎 1986）。東京都鈴木遺跡では一部礫面が残るものの一条の縦位に垂下する稜線をもつ定形的な縦長剥片を素材としたものもある。定形的ではないが，縦長状に用いた類例は東京都杉並区塚山遺跡 X 層でも認められる[14]（下高井戸塚山遺跡調査会 1988）。

これらの点から局部磨製石斧はいくつかの製作過程に区分することができる（第9図）。その素材は円礫と角礫の使用よりなる[15]。全体的には扁平な円礫を用いて製作した例が多いように見受けられる。それは石斧の表裏面に残存する礫面やその横断面の形状から理解される。これらの扁平な円礫を素材としたものは片面加工の例から半截して製作したものもある。その多くは周辺加工による打ち欠きと面的な加工よりなる。面的な加工は片面加工，半両面加工，両面加工といったヴァラエテーがある。素材の形状によって断面形態は三角形，台形，凸レンズ状となる。他方角礫使用では自然礫の正面は幅広であるが，やや薄い扁平礫の一端からほぼ直角に加撃を加え，分割した素材を用いて局部磨製石斧に加工している。また正面が幅広でかつ厚みのある台形状の角礫は鈍角の剥離によって分割して横長の剥片を製作する。角礫使用の場合には基本的には分割剥片を素材とするが，製作過程はほぼ扁平の円礫同様の過程を辿る。しかし素材の多くは厚みを持つので，両面加工を主に半両面加工が製作され，研磨されるものと思われる。角礫使用による分割は比較的製作に手間がかかるので，手ごろな扁平円礫を用いたものが多かったのであろう。ただしこの点についても扁平円礫ならば，いかなる石材でもいいかというと前述したように，緑色化した石材を選択していたので，そう容易に選択できるものではなかったであろう。

　以上の点をまとめると次のようになる。

　(1) 表裏面に礫面を多く残したもので，素材の縁辺部のみに周辺加工を施したものである。最終的には両側縁の細部調整と表裏面の刃部を縦位に研磨を施して形態を決定している。

　(2) 扁平な礫を用いたもので，礫の一端から半截してその一つを利用する。片面は剥離面をそのまま用いるが，正面は周囲から面的な剥離を施すが，中央には一部礫面を残している。その後表裏面の刃部に研磨を施している。

　(3) 正面が多方向からの平坦剥離により面的に施される。裏面は両側縁からの平坦剥離により面的に施されるが，中央部には第一次剥離面を残した半両面加工としている。最終的には両側縁の細部調整と研磨を施して形態を決定している。横断面はかまぼこ形ないし凸レンズ状に近い。

　(4) (3)同様であるが，表裏面に多方向から剥離を施して両面加工とし，横断面は凸レンズ状を呈す。その後に刃部を中心に研磨を施している。

　第9図上段の角礫例は東京都調布市野水遺跡にみられるように，比較的大形の扁平礫を分割して製作した例があり，分割された礫（剥）片の周辺に部分的な加工を施し，その後に礫面の上から研磨を施して局部磨製石斧を作り出した例（小池 2006）がある。このような例は多摩ニュータウン遺跡群 No.72 遺跡（原川 1999），武蔵台遺跡でも認められる（横山ほか前掲）。また多摩ニュータウン遺跡群 No.72 遺跡では礫塊状の原礫の端部頂点から側縁を剥がし，その剥片を素材として石斧を製作している例がある（原川前掲）。

　このように石核から大形扁平礫を分割して複数の礫片を素材としたものと，礫塊状の石核の頂部から素材を剥がしていく方法よりなる。また中には縦長剥片の使用も存在したのであろう。塚山遺跡や鈴木遺跡で出土した石刃様の石斧は極めて少ないが該期の石刃石器の製作と密接に絡んでいるものかもしれない。

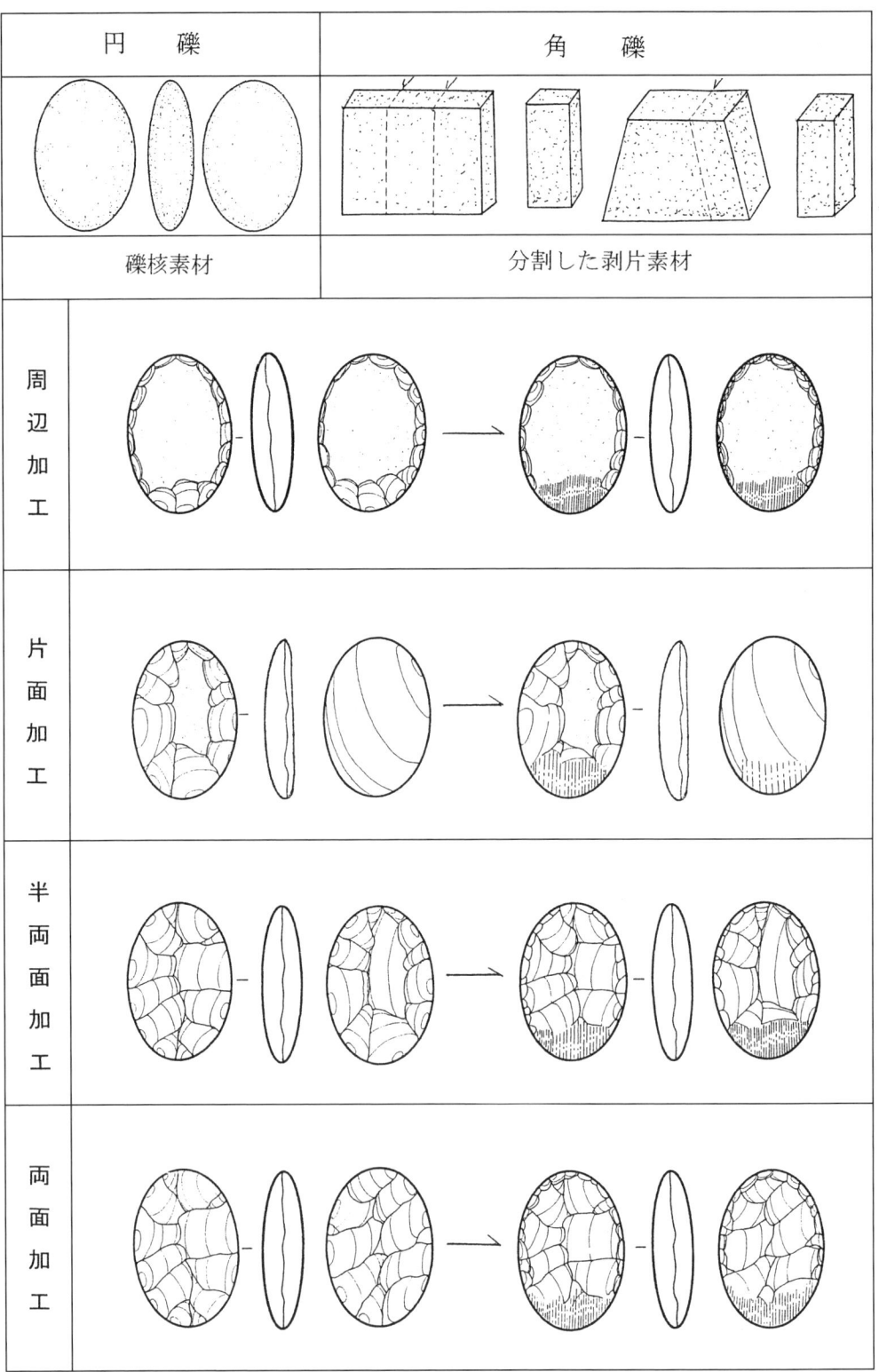

第9図　局部磨製石斧の製作

なお石斧の再生は製作技術と大いに関係する。東京都武蔵台遺跡の局部磨製石斧は再生が顕著である。そのことは接合資料を通して多いことから理解することができる（早川・横山・川口 1984）。長崎潤一氏はこの点に着目し，再生が顕著な石斧である点を指摘した（長崎 1990）。鈴木遺跡では刃部再生が刃部方向から器体方向に向けて剥離され，新たなる刃部を形成している。このような再生は千葉県成田市南三里塚宮原遺跡第2遺跡の刃部片と側縁調整剥片の接合資料から「刃部側から再生が行われ，次に側面に移っていく点が指摘されている（宇井・布施 2004）。そして武蔵台遺跡 Xb 層の石斧に見られるように研磨面をもつ側辺調整剥片と胴部との接合資料から器体の厚みを減じるための調整剥離のように見える（早川・横山・川口前掲）。

石斧の刃部の磨り替えについては南三里塚宮原遺跡出土の局部磨製石斧の刃部を宇井義典，布施仁両氏によって複数の磨り面で構成された石斧の観察によって注意された。注目する点は磨り面が一面のみならず複数の磨り面で構成されている点に留意している。複数の磨り面をもつ石斧は神奈川県栗原中丸遺跡 L5 層出土の正面刃部右端の二面の磨り面をもつ局部磨製石斧片や津久井城馬込地区 B4 層中部から出土した小形撥形の粗粒凝灰岩製の石斧は磨り面が二面の刃部で構成されている。東京都多摩蘭坂遺跡 Xb 層の短冊形の局部磨製石斧や鈴木遺跡 X 層から出土した隅丸方形の局部磨製石斧は刃部端部が異なる磨り面を有している。このような行為は刃部破損や片減りによる刃部再生，刃部を蛤刃にするための急角度調整などが推定されるところである。したがって石斧の再生は主たる機能部である刃部損傷が軽易な場合，形状をそこなわない範囲で刃部の磨り替えによって再調整するが，製作過程や使用中による思わぬ破損によっても石斧を小形にし，形状を変えることによって素材の有効利用したのであろう。そのような意味では局部磨製石斧は集落内での管理的な石器として扱われたのであろう。なお磨り面の先後関係や接合資料を通して刃部再生が明らかになるであろう。

5. まとめ

以上関東地方の局部磨製石斧についてまとめると次のとおりである。

第1点として層位的出土例をもとにしてその様相を見てみると，局部磨製石斧の様相はかって筆者が指摘した点も含めて（白石前掲），①武蔵野台地の石斧は大形から小形化を呈すが，相模野台地や下総台地では後出につれてやや大形化する。②楕円形や短冊形から撥形が目立ってくる。③後出に石刃状ないし縦長剥片を素材とした石斧も製作される。このことから局部磨製石斧の形状は多様化してくる。そのことは必ずしも形態と機能が合致しなくなり，機能性が飽和状態となり，石斧の崩壊を促進させていったものと思われる。

第2点として，局部磨製石斧が最も卓越するのは岩宿I期である。しかし次の後田期は激減し，衰退していくようである。限られた時期に製作され，使われた局部磨製石斧の特異性がうかがわれる。

第3点として，局部磨製石斧の素材は一見して緑色化した石材を好んで用いている。このこと

は局部磨製石斧と緑色化した岩石が石斧出現当初から深く結びついいたものと思われる。縄文時代では擦切技法にも適合する石材として再評価されるが，旧石器時代ではむしろ用材の美的，質感，機能性が重んじられたのであろう。

　第4点として，局部磨製石斧の製作技術について見てきた。その結果，局部磨製石斧は扁平な礫と角礫をそのまま直接打ち欠きまたは分割して製作されている。その細部調整は側縁加工と面的な加工によるが，周辺，片面，半両面，両面の加工技術で木葉形尖頭器と同様の技術が既にこの段階に駆使されていた。つまり剝片生産と周辺加工の結びつきに対して局部磨製石斧の製作は礫核石器と面的剝離の石器製作を発達させることになったのである。

　第5点として，石斧の形態は楕円形（わらじ形），短冊形，撥形等に製作される。その刃部は曲刃や直刃，凸刃があり，機能が分化していた蓋然性が高い。曲刃製は伐採具で，縄文時代や弥生時代に用いられた大木を伐採するような大がかりに用いたものではなく，簡易な小屋掛けに用いるようなせいぜい中木を伐採するためのものであったのであろう。また直刃製は手斧のように手前に掻きとる木工具として使用されたものであろう（白石前掲）。

　第6点として，石斧の再生は言うまでもないことだが，製作による事故による再生と使用による損傷や消耗の度合いによって行使される。刃部の磨り替えは後者の一例であり，この点山中一郎氏が主張する動作連鎖の適応を通してさらに理解が深まろう（山中2009）。

　須藤隆司氏は日本列島から出土した石斧をⅩ層とⅨ層に区分して体系化した（須藤2007）。石斧の技術構造が大型・中型・小型といった用途に応じて作り分けられ，かつ形状や石材と大きく結びついていた点を指摘している。また石斧の技術構造が連鎖して礫器やスクレブラ，大型削器のみならず，台形様石器にも影響している点で石斧と連動していることを強調している。石斧が該期石器群の一員としてとらえるならば，その他の石器との相関関係を捉える必要があろう。その点で須藤が指摘する石斧革命の意義を見出そうとしたのであろう。確かに技術連鎖については注目すべきであり，高い評価を与えられる。筆者は石斧が他の加工具と異なって，緑色系の用材を求めていた点で局部磨製石斧の実態を探ることを先決として論じた次第である。

　なお冒頭表題の局部磨製石斧の意義については若干展望しておこう。

　局部磨製石斧は石材選択や研磨など他の剝片石器と比較して等質には扱えない特異な様相を有している。八幡一郎氏が指摘したように，後代で発達する磨製石斧は石材と擦切技法が強く結びついている（八幡前掲），しかし該期の局部磨製石斧は未だそのような斬新な技術は活かされていない。加えて磨製石器の工程の一過程としてよく見られる敲打技術も顕著とは言えない。したがって石斧のフォルムに合わせて緑色の美を浮き立たせるために研磨が施されたのであろう。そのような中で蛇紋岩は緑色系の石材の中でも一等資料であったのであろう。しかし旧石器時代では蛇紋岩に限らず緑色化した石材を広く開拓し，研磨技術がどの程度効果が得られるか，そこに醸し出される緑色の光沢に魅せられた結果，局部磨製石斧が各地域に広まっていったものと考えられる。まさに様々な石材が局部磨製石斧の用材になるかどうか，研磨をとおしてその輝きが試されたのであろう。その結果研磨技術によって蛇紋岩と遜色のない緑色の輝きを有していたことか

ら多様な材質が局部磨製石斧として利用されるに至ったのであろう。ところで環状集落の規模と局部磨製石斧の数はどうも比例しないらしい。例えば長径約80 m×短径約50 mの規模をもつ日本最大の環状集落である栃木県上林遺跡からは局部磨製石斧は1点であり，打製石斧を含めても3点しか出土していない（出居2004）。対して千葉県三里塚宮原第1遺跡第3環状ブロック群の径約20 m級の環状集落では20点の打製石斧を含む局部磨製石斧が出土していた（宇井・布施2004）。また長野県日向林B遺跡でも長径約50 m×短径約40 mの環状集落に60点の局部磨製石斧を保有していた（谷前掲）。このように環状集落の規模が大きければ局部磨製石斧の数量が多いということではないらしい。

おそらく局部磨製石斧が数量的に多く出土している遺跡では原産地で粗割された石斧を加工して半製品とし，他の消費地遺跡に搬出していた可能性が高い。本来的には消費地的な集落では局部磨製石斧は通常は1点ないし数点の局部磨製石斧を保持していればこと足りていたと理解するのである。しかし他の狩猟具のように使用して破損すれば廃棄し，また新しく生産して代用石材を利用して臨機的にでも弊害がないようにすれば良しとする道具とは異なっている。石斧に見合う石材入手，手間のかかる製作，加えて再生させようとする意図がより多く反映している点を考え合わせると，集落の中でも極めて管理的な石器として扱われる所以があろう。その背景は黒曜石や頁岩を搬入するルートとは異なり，特定の集団つまり石斧石材の原産地に精通している集団が関与していた可能性が高いことがうかがわれる。つまり局部磨製石斧の流通過程は地域性に捉われず，遺跡間のネットワークによって急速に広まったものと考えられよう[16]。

おわりに

市原壽文先生傘寿をお迎えになり，誠におめでとうございます。市原先生とは私の先生でありました麻生 優先生をとおしてお近づきになれました。市原先生のことにつきましては学生時代に麻生先生からいろいろお聞きしておりましたが，初めてお会いした時に，君が白石君かと声をかけていただいたことを今でも覚えています。その後麻生先生から愛知学院大学を進められ，麻生先生がお亡くなりになられた以後も今日に至るまで市原先生から常に温かい励ましのメッセージをいただき感謝しているところです。

どうぞこれからも益々ご健康に留意され，大所高所からご指導いただければ幸いです。

局部磨製石斧の論稿はこれで三編になります。ご批評，ご叱正いただければ大きな喜びです。今後は全国的な視点で該期の局部磨製石斧について検討をしたいと考えています。

本稿を草するに当たり小田静夫氏，鈴木次郎氏をはじめとして麻生順司，石堂和博，大竹憲昭，小栗康寛，小池聡，小菅将夫，品川裕昭，鈴木次郎，畠中俊明，須藤隆司，谷和隆，鶴田典昭，戸田哲也，長佐古真也，中村由克，橋本勝雄，比田井民子，宮田栄二の各氏に感謝します。また愛知学院大学大学院生の研究会で本概要を述べました。その際長澤有史氏をはじめとした院生諸君から適切な批評を得ました。記して感謝いたします。

（本稿は西本豊弘氏による科研A「霞ヶ浦沿岸花室川流域の旧石器文化の研究」の共同分担者としての成果の一部である。）

註
1) 筆者は該期に形成された環状ブロックが卓越し，環状ブロック以外の形態をもつブロックが認められないことから，『環状集落』として理解している（白石2002）。
2) 石斧は局部磨製石斧のみならず，打製の石斧も少なからず出土している。打製石斧が局部磨製石斧の原形であるならば，局部磨製石斧と呼んでも差し支えないが，両石斧が機能，用途が異なるようであるならば，今後厳密に用語を用いなければならないであろう。しかし形態的には両石斧は類似していることから，本稿では研磨を重視して局部磨製石斧と呼称して論議を進めることにする。
3) 山内清男，佐藤達夫両氏は「縄紋土器の古さ」『科学読売』で磨製石斧を伴う石器群を無土器新石器の所産として扱い，旧石器時代は群馬県権現山遺跡，不二山遺跡そして大分県丹生遺跡の資料とした（山内・佐藤1965）。対して芹沢長介氏は『歴史教育』の中で「旧石器時代の磨製石器」と題して，旧石器時代にも磨製石器が存在するものとして反駁し（芹沢1965），意見が対立した。
4) 長崎潤一氏は北海道で局部磨製石斧が発見されない理由として北海道の環境が石斧を必要としなかったのではないかと示唆している（長崎2010）。鹿児島から瀬戸内方面のいわゆる西日本のみならず関東・中部地方，東北地方まで局部磨製石斧の分布が認められることを考慮すると，北方からの影響とは考えづらい。

　　鹿児島県種子島立切遺跡では本州地方に通有な局部磨製石斧が出土している（田平1999）。加えて奄美諸島で土浜ヤーヤ遺跡IIIC層から台形様石器と共に磨製石斧？と思わる研磨痕ある石器が出土している。この点について鎌田洋昭氏が「南九州の後期旧石器時代前半期石器群について」と題して日本旧石器学会第7回の『南九州の旧石器時代石器群 ―「南」の地域性と文化の交錯―』で発表している。
5) 相模野台地での局部磨製石斧についてL5層には確実に認められるが，B5層では明瞭ではない。筆者は吉岡遺跡群D区B5層の出土例から，石斧の調整剥片の可能性を含めて，このB5層の段階まで局部磨製石斧が遡る可能性を言及したことがあるが，2011年6月に開催された『ヒトが住みはじめたころの関東地方 ―南関東最古の旧石器時代遺跡を求めて―』のシンポジウムではB5層には局部磨製石斧は伴わない可能性を言及するに至った。なお印刷物は3月31日付だが，東日本大震災により，延期して6月5日神奈川県相模原市博物館で開催された（比田井編2011）。
6) 環状集落と局部磨製石斧の関連については「旧石器時代における石斧の様相 ―関東・中部地方を中心として―」と題して環状集落内から出土する石斧の出土状態について分析した。搬入品については単独分布ないしは分布域の縁辺部に認められる点を指摘したことがある（白石2006）。
7) その後ナウマンゾウが検出された野尻湖の近くの日向林遺跡B地点では60数点もの蛇紋岩（透閃石岩）製の局部磨製石斧が出土したことにより，ますます絶滅動物との関わり方が論議されるようになる。谷和隆氏が主張する局部磨製石斧のナウマンゾウ解体具説はその一つでもある。
8) 該期以外にも神奈川県橋本遺跡第III文化層（金山1984），同県下九沢山谷遺跡第IV文化層（中村1976）等で石斧の類品が出土しているが，例外的な存在である。
9) 筆者は2006年の『旧石器時代における石斧の様相 ―関東・中部地方中心として―』の中で，局部磨製石斧の刃部を曲刃と直刃に区分し，曲刃を伐採具，直刃を木工具に用いるものと推定した（白石2006）。

なお伐採具としてしばしば弥生時代や縄文時代の蛤刃石斧と対比されるが，当時の居住施設は移動生活を勘案するならば，それほど堅固の建物を必要とせず，したがって伐採対象の樹木は大きな幹を必要としなかったであろう。

10) 埼玉県大里郡寄居町末野遺跡のように頁岩やガラス質黒色安山岩（西井 1999），静岡県駿東郡長泉町梅ノ木沢遺跡ではガラス質黒色安山岩（前嶋 2002），千葉県成田市東峰御幸畑西遺跡（永塚 1997）では玄武岩などの用材も散見されるが，量的には限られる。

11) 中村由克氏は石斧の石材を再検討して，従来中部地方で蛇紋岩と認定してきた石材を透閃石岩―角閃岩とした（中村前掲）。また下総台地から出土した蛇紋岩も角閃岩や緑色岩である蓋然性を指摘している（中村前掲）。なお本稿は中村氏が再分析した石材名に変更して記述した。

12) 安斎正人氏は神子柴遺跡の神子柴型尖頭器について，石材の色に注目して白，黒の色彩を意識して用いていた可能性を民族的な視点から推定している（安西 1999・2004）。

13) 大野雲外氏は乳棒状石斧について「身が紡錘形又は乳棒状をなし，従って身の横断面が円形又は楕円形，一端に幅広くない刃を有する石器」としてＡ種とＢ種に区分する中で，Ａ種の「身が細長く，頭端が細くなるもの」を縄文時代の特徴とした（大野 1906）。大場磐雄氏は定角式と遠州式（無）角式に大別し，厚手式遺跡に遠州式が多い点を指摘している（谷川 1926）。赤堀英三氏が発表するのはちょうどその頃である（赤堀 1931）。

14) 両側辺が平行する縦長剥片を素材に用いた例が該期に存在する点は石刃技法の出現を考える上で看過すべきではないであろう。局部磨製石斧の厚い素材は局部磨製石斧を作りだすために厚くしたのか，あるいは剥片剥離技術が未発達であったから結果として厚くなったのか検討すべき課題であろうが，筆者は前者と考えている。このように考えると岩宿Ｉ期の段階に出現する縦長剥片を素材として作り出されるナイフ状石器の素材を作り出す基盤があったからこそ，石刃状の素材による局部磨製石斧が作りだされたのであろう。

15) かつて筆者は局部磨製石斧が円礫や楕円礫などの礫素材と横長剥片ないしは大形の原材を分割した剥片，または縦長剥片（石刃）を用いている点を指摘したことがある（白石前掲）。この点谷和隆氏もほぼ同様な見解を長野県日向林Ｂ遺跡の豊富な資料を基にして述べている。

16) 谷口康浩氏は神子柴遺跡の石斧を「財としてのトランスファー」と称して石斧を婚資して捉えている。それ故製品の譲渡や交換が広い範囲にわたって行われていた可能性を指摘している（谷口 2004）。旧石時代の局部磨製石斧も交流ないしは交換をとおして地域間に広がっていった可能性が高いが，遠隔地の貴重な石材のみが搬入されているわけではない。むしろ在地ないし近在地の緑色系の石材を利用したものとみなすべきであろう。

引用・参考文献

赤堀英三 1931「磨製石斧の形態と石質との関係」『人類学雑誌』46-3　81-89 頁

麻生順司 1999「（仮）大和市大和配水地内遺跡」『第 6 回石器文化研究交流会発表要旨』

麻生順司 2008「第Ⅱ章後期旧石器時代」『神奈川県大和市上草柳遺跡群大和配水池内遺跡Ⅰ発掘調査報告書 ―本文編―』 10-330 頁

麻生敏隆 1987「第 3 章　検出された遺物」『後田遺跡（旧石器編）』関越自動車道（新潟線地域埋蔵文化財発掘調査報告書 15）　11-108 頁

安斎正人 1999「狩猟採集民の象徴的空間」『長野県考古学会誌』89　1-20 頁

安斎正人 2004「神子柴石器群の象徴性」『長野県考古学会誌』107　51-56 頁

伊藤修他 1987『埋蔵文化財緊急発掘調査報告書　針ケ平第 1 遺跡』

岩宿博物館 2006『第 42 回企画展　岩宿時代はどこまで遡れるか』パンフレット

岩崎泰一 1986「第 II 文化層の調査」『下触牛伏遺跡』（財）群馬県埋蔵文化財調査事業団　78-148 頁

岩谷史記 1999「石斧覚書」『先史学・考古学論究』III　1-28 頁　龍田考古会

宇井善典・布施　仁 2004「千葉県成田市南三里塚宮原第 1 遺跡」『財団法人印旛郡市文化財センター発掘調査報告』206

江本　直・浦田信智 1985『曲野遺跡 III』熊本県文化財調査報告 75

大竹幸恵 1989「原村弓振日向遺跡の石器群」『第二回長野県旧石器文化研究交流会』発表要旨

大野雲外 1906「石斧の形式に就いて」『東京人類学会雑誌』2-240　213-217 頁

大野憲司 1984『此掛沢 II 遺跡』秋田市文化財調査報告書 114

小田静夫 1976「日本最古の磨製石斧」『どるめん』11　96-109 頁　JICC 出版

小田静夫 1980「V 先土器時代の遺構と遺物」『小金井市西之台遺跡 B 地点』東京都埋蔵文化財調査報告 7　10-42 頁

小田静夫・伊藤富士夫・重住　豊 1977『高井戸東遺跡』高井戸東遺跡調査会

小田静夫・C. T. キリー 1973「日本先土器文化の磨製石斧」『物質文化』22　1-26 頁　物質文化研究会

織笠　昭・熊川英子・松村明子 1977「第 III 章　遺構と遺物」『高井戸東（駐車場西）遺跡』

笠懸野岩宿文化資料館 2002『第 35 回企画展　最古の磨製石器 ―岩宿時代 I 期の石斧の謎―』パンフレット

加藤有次・戸田正勝 1976『鈴木遺跡・遺跡範囲確認調査報告書』　小平市鈴木遺跡調査会

加藤有次・戸田正勝編 1981『鈴木遺跡 IV 都市計画道路小平 2・1・3 号線内』　小平市鈴木遺跡調査会

加藤有次・戸田正勝編 1982『鈴木遺跡 ―住宅都市整備公団用地緊急発掘調査報告』　小平市鈴木遺跡調査会

金山喜昭 1984『橋本遺跡　先土器時代編』　相模原市橋本遺跡調査会

蟹江康子 1982「第 1 節　先土器時代の遺物」『東京都練馬区尾崎遺跡』

鹿又喜隆 2011「附編 3　地蔵田遺跡出土の機能研究と環状ブロック群形成の解釈」『秋田市地蔵田遺跡 ―旧石器時代編―』182-189 頁

上敷領久 1999「第 III 章　旧石器時代の調査」『多摩蘭坂遺跡 III ―都営内藤 1 丁目 4 団地建設に伴う事前調査―』　国分寺市遺跡調査会　40-66 頁

川島雅人・大西雅也 2002「武蔵国分寺関連遺跡（武蔵台西地区）」『第 8 回石器文化研究交流会発表要旨』17-20 頁

久保田健太郎 2009「研究ノート　感性や美への考古学的アプローチ問題意識の整理と展望―」『利根川』31　1-5 頁

小池　聡 2006「第 3 章　旧石器時代の調査　第 5 節第 4 文化層」『都立武蔵野の森公園埋蔵文化財調査 ―野水遺跡第 1 地点― 報告書』　調布市遺跡調査会

小菅将夫 2002『第 35 回企画展最古の磨製石器 ―岩宿時代 I 期の石斧の謎―』

坂入民子 1982「第 4 章　先土器時代」『下山遺跡 I』42-50 頁

佐藤宏之 1992「へら形石器の機能論的考察 ―後期旧石器時代成立期の研究（1）―」『東北文化論のための先史学歴史学論集』93-109 頁

佐藤宏之 1992『日本旧石器文化の構造と進化』柏書房

佐藤雅一・小谷雅彦・中村真理 2001『正面ケ原D遺跡』津南町文化財調査報告書34

佐原　真 1977「石斧論 —横斧から縦斧へ—」『考古学論集 —慶事町松崎寿和先生六十三歳論文集』 45-86頁

島立　桂・宇田川浩一 1994「千原台ニュータウンVI　草刈六之台遺跡（第1分冊）」『千葉県文化財センター調査報告』241

白石浩之 1990「旧石器時代の石斧 —関東地方を中心として—」『考古学雑誌』75-3　1-23頁

白石浩之 2002『旧石器時代の社会と文化』日本史リブレット1　山川出版

白石浩之 2006「旧石器時代における石斧の様相 —関東・中部地方を中心として—」『ムラと地域の考古学』 1-20頁

白石浩之・加藤千恵子 1996『吉岡遺跡群II　旧石器時代1』かながわ考古学財団調査報告7

杉並区立郷土博物館 1989『企画展旧石器時代の杉並長 —高井戸東遺跡を中心として—』パンフレット

杉原荘介 1956『群馬県岩宿発見の石器文化』明治大学文学部考古学研究室報告1　考古学第一冊

鈴木遺跡調査団編 1978『鈴木遺跡I』 小平市鈴木遺跡調査会

鈴木次郎 1984「第IX文化層」『栗原中丸遺跡』神奈川県立埋蔵文化財センター調査報告3　308-311頁

鈴木美保 1995「関東南部の石斧と石斧製作址」『考古学ジャーナル』385　9-14頁

須藤隆司 2007「石斧革命 —日本島の後期旧石器時代革命—」『旧石器研究』3　59-84頁

諏訪間順 2003「南関東地方における立川ローム層基底部の石器群」『日本旧石器学会第1回シンポジウム予稿集』 42-53頁

芹沢長介 1956「日本における無土器文化」『人類学雑誌』64-3　31-43頁

芹沢長介 1965「旧石器時代の磨製石斧」『歴史教育』13-3　10-14頁

芹沢長介 1967「日本の旧石器（4）」『考古学ジャーナル』2　7-11頁

芹沢長介 1983「（特集1）日本の旧石器　旧石器時代の磨製石器」『歴史教育』13-3　10-14頁

高杉尚宏・田中勝之他 1997『瀬田遺跡II』 世田谷区教育委員会

高尾好之 1988「第5節　第V文化層」『中見代第I遺跡調査報告書』沼津市文化財調査報告書45　95-159頁

舘野　孝・堀井晶子・砂田佳弘 1980『鈴木遺跡III —小平市鈴木小学校内—』 鈴木遺跡調査会

谷　和隆 2000『日向林B』長野県埋蔵文化財調査報告書18　20-106頁

谷　和隆『大久保南I石器文化』上越自動車道埋蔵文化財発掘報告15　長野県埋蔵文化財発掘調査報告書48　107-123頁

谷川磐雄 1926「武蔵國橘樹郡箕輪貝塚発掘報告（三）」『考古学雑誌』16-4　213-235頁

谷口康浩 2004「財としての大型石斧とそのトランスファー」『長野県考古学会誌』107　37-43頁

田平祐一郎 1999「立切遺跡」『中種子町文化財発掘調査報告書（3）』 64-80頁

角田文衛 19717「ヨーロッパ」『新版考古学講座10 —特論（下）—』 6-31頁　雄山閣出版

中村喜代重 1979「神奈川県相模原市下九沢山谷遺跡の石器群」『ナイフ形石器文化終末期の問題』神奈川考古7　89-116頁

中村真理 2003「第III章　旧石器時代の調査　第2節第1文化層」『多摩蘭坂遺跡 —東京建物株式会社協同住宅建設に伴う事前調査—』IV　21-99頁

中村由克 2011a「石斧石材としての「蛇紋岩類」—「蛇紋岩類」は石斧に用いられなかった—」『一般社団法人日本考古学協会第77回総会研究発表要旨』 22・23頁

中村由克 2011b「旧石器時代における石斧の石材鑑定」『野尻湖ナウマンゾウ博物館研究報告』19 31-54頁

長崎潤一 1985「石斧の形態変化について —接合資料を中心として—」『早稲田大学大学院文学研究科紀要』14 71-78頁

長崎潤一 1990「後期旧石器時代前半期の石斧 —形態変化論を視点として—」『先史考古学研究』3 1-33頁

長崎潤一 2010「石斧研究の基礎的整理 —後期旧石器時代前半期—」『早稲田大学大学院文学研究科紀要』56 67-78頁

永塚俊司 2000「東峰御幸畑西遺跡（空港 No.61 遺跡）」『千葉県文化財センター調査報告』385-1 分冊

西井幸雄 1999「末野Ⅲ」『埼玉県埋蔵文化財調査事業団報告書』211

野口 淳 2005「立川ローム層下部の石斧 —武蔵野台地南部野川流域を中心として—」『明治大学校地内遺跡調査団年報 2』88-100頁

橋本勝雄 1984「第1部 旧石器時代」『八千代市権現後遺跡』1-156頁

橋本勝雄 2004「後期旧石器時代前半期の石斧に関する一考察」『印旛郡市文化財センター研究紀要』3 1-27頁

橋本勝雄 2006「環状ユニットと石斧の関わり」『旧石器研究』2 35-46頁

畠中俊明 2000「第5章 発見された遺構と遺物 —第7節旧石器時代—」『津久井城跡馬込地区』かながわ考古学財団調査報告 249 339-532頁

早川 泉・横山祐平・川口 潤 1984『武蔵台遺跡Ⅰ』都立府中病院内遺跡調査会

原川雄二他 1999「第4地点」『多摩ニュータウン遺跡 No.72・795 遺跡』東京都埋蔵文化財センター調査報告書 50 24-98頁

比田井民子編 2011『研究集会「ヒトが住み始めたころの関東地方 —南関東最古の旧石器時代遺跡を求めて—」「多摩川における後期洪積世初頭の人類文化の成立と地形環境を考える研究会」要旨』1-41頁

平井 勝 1979『野原遺跡群早風A地点』岡山県埋蔵文化財発掘調査報告 (32)

藤野次史 2007「第2章 鴻の巣遺跡の調査 —第2節旧石器時代—」『広島大学東広島キャンパス埋蔵文化財発掘調査報告書Ⅳ —アカデミック西部地区の調査—』52-129頁 広島大学環境保全委員会埋蔵文化財調査室

藤森栄一・戸沢充則 1962「茶臼山石器文化」『考古学集刊』4-4 1-20頁

北陸旧石器文化研究会 1989『旧石器時代の石斧（斧形石器）をめぐって』資料集

前嶋秀張 2002「第二東名 No.143-2 地点梅ノ木沢遺跡」『第8回石器文化研究交流会発表要旨』3-6頁

麻柄一志 1989「局部磨製石斧を伴う石器群について」『旧石器考古学』31 61-75頁

松村和男 1988「先土器時代の局部磨製石斧について」『群馬の考古学創立十周年記念論集』31-50頁

松本 茂・藤木 聡 2009「宮崎県」『九州旧石器』13 36-38頁

森嶋 稔 1970「A-Ⅰ群石器」『杉久保A遺跡緊急発掘調査報告』長野県考古学会誌 8 18-19頁

安田忠市・神田和彦 2011『秋田市地蔵田遺跡 —旧石器時代編—』秋田市教育委員会

山口卓也 1991「第Ⅳ章 下位文化層の調査 —第2節 下位文化層の遺物」『多紀郡西紀町板井寺ケ谷遺跡』兵庫県文化財調査報告書 96-1

山中一郎 2009「動作連鎖の概念を巡って」『日本考古学協会2009年度山形大会研究発表資料集』3-16頁

山内清男・佐藤達夫 1962「縄紋土器の古さ」『科学読売』14-13 21-26頁

山本 誠 2004「4章 七日市遺跡第Ⅱ文化層の遺構と遺物」『兵庫県氷上郡春日町七日市遺跡 —旧石器時

代の調査―（Ⅲ）』
八幡一郎　1936「石斧における擦截手法」『東京人類学会日本民族学会連合大会第 1 回記事』
八幡一郎　1938「第二章　石器・骨角器の研究 ―日本の乳棒状石斧―」『人類学雑記』53-5　216-229 頁
八幡一郎　1948『日本の石器』　彰考書院

西部押型紋土器文化圏への旅立ち
― 細久保 2 式押型紋を携えて ―

岡　本　東　三

はじめに

　西部押型紋文化圏[1]に接した初めての契機は，1969（昭和44）年の兵庫県神鍋遺跡の発掘調査である。著者，院生時代のことである。その後，関西で研究者として自立し始めて以降，本務の傍ら神鍋山の和田長治コレクションのもとに通うこととなる。当時，ネガティヴ押型紋は刺突紋の仲間とみられ，草創期の爪型紋との関連が取り沙汰されていた。また神宮寺式が古く，大川式が新しいと考えられた時代である。これらのネガティヴ紋が廻転施紋であることを検証できたのも，神鍋遺跡の押型紋土器の観察の成果である（岡本1980）。
　1981（昭和56）年の長野県樋沢遺跡の再発掘を契機に，信州最古の押型紋土器が「樋沢式か，立野式か」という議論が再び活発化する。その後，見慣れた中部押型紋文化圏の世界に戻って以来，1986（昭和61）年岐阜県沢遺跡の再発掘，立野式の分析を通して両押型紋文化圏の在り方を検討することになる。ネガティヴ押型紋をもつ立野式は，西部押型紋文化圏の系統の土器群であることは明らかである。
　信州における立野式は西部ネガティヴ押型紋土器の影響を受けた異系統の型式であるとの認識をもつべきであり，たんに最古性を主張しても意味はない。本来的な中部押型紋文化圏は，樋沢式をはじめとしたポジティヴ押型紋の世界である。こうした視点から立野式と樋沢式を横の関係，すなわち両文化圏の対峙・併行関係とみなす二系統論[2]の立場をとったのである（岡本1987・1989）。このような東西二朝論的解釈は，立野式を最古と主張する万世一系論者によって不敬な考え方として却下されることになる。
　しかし，立野式を中部押型紋文化圏の最古型式と仮定したとしても，西部ネガティヴ押型紋の出自を立野式に求めることはできない。一系論者は立野式押型紋・西部ネガティヴ押型紋の起源を関東の撚糸紋土器の起源（井草式）に併行するかのように論じているが，なんの保証もない。編年上の空白のドグマに陥るだけである。
　木に竹を接ぐ一系統論では，北海道島の一部から，本州島，九州島の広域に分布する押型紋文化を再構成することは難しいであろう。こうした考えは30年を経た今でも変わっていない。今回，改めて西部押型紋文化圏への旅立ちを決意した。まずは，旅支度とその心構えについて述べることにしよう。

1. 東部押型紋文化圏への交差の旅

　縄紋時代早期初頭における沈線紋土器の成立に関連し，埼玉県大原遺跡・神奈川県三戸遺跡の分析から三戸式土器三細分案を提示したのは，ちょうど20年前のことである（岡本1992）。当時，沈線紋土器は関東地方から東北地方にかけて広く分布し，三戸式─大平式─大新町式の交差関係は，多くの研究者が認めるところであった。この交差基準となる細別型式は，三戸3式の段階である。しかし，沈線紋土器の出自をめぐっては東北地方に求めるのか，関東地方に求めるのか相対立した見解となっていた（林1965，岡本・戸沢1965）。

三戸式と日計式　　沈線紋土器の出自と日計式押型紋土器の関係を探るため，東北地方への交差編年の旅に出たのは1997（平成9）年のことであった（岡本1997）。東北への旅の途中，北関東の茨城県ムジナ遺跡・刈又坂遺跡に立ち寄り，沈線紋＋日計式押型紋の併用土器に遭遇し，三戸2式と日計式押型紋が交差する事実を確認した。更に東北北部の岩手県大新町遺跡でも沈線紋＋日計式押型紋の併用土器の存在を確認した。大新町式と呼ばれる沈線紋土器には，日計式押型紋の土器製作に由来する一群と三戸式の土器製作に由来する一群とがある。前者が古く大新町a式（三戸2式），後者が新しく大新町b式（三戸3式）に細分することができる。大新町a式に伴う沈線紋＋日計式押型紋の併用土器は，胎土・器形・技法とも在地の日計式押型紋文化圏の伝統の上に製作された土器[3]である。東北北部でも三戸2式段階と日計式押型紋が交差するとの確証を得ることができた。この併用土器は日計式押型紋文化圏に波及した沈線紋土器の初出の姿であろう。

　東北地方北部では最古の沈線紋土器である三戸1式段階の資料は見当たらない。日計式押型紋土器の上限はこの三戸1式段階にあり，下限は三戸3式段階に終焉[4]を迎えたと考えられる。言い換えるならば，沈線紋土器の出自は関東地方の三戸式沈線紋文化圏にあり，それに対峙した東北地方は，日計式押型紋文化圏であったことが想定できる。沈線紋土器の波及は，関東→東北南部（竹ノ内式）三戸1式段階→東北北部（大新町a式）三戸2式段階→（大新町b式）三戸3式段階の道程をへて，東北地方にも沈線紋土器が定着した。その後，東北独自の貝殻・沈線紋土器文化圏（寺の沢式・白浜式）の世界が花開くのであろう。この東北地方の旅によって，沈線紋土器の出自や日計式押型紋土器の編年的位置づけについての見通しを立てることができたのである。

三戸式と細久保式　　東部押型紋文化圏における残された課題は，中部地方の押型紋土器と関東地方の三戸式沈線紋土器の交差関係である。東北地方の日計式押型紋文化圏と関東地方の三戸式沈線紋文化圏の緩衝地帯には，中部地方の樋沢・細久保式押型紋が異系統土器として流入している。こうした状況は，福島県竹ノ内遺跡・塩喰岩陰遺跡・石橋遺跡，群馬県八木沢遺跡・普門寺遺跡，埼玉県向山遺跡などに現れている。

　そして会津から越後を抜けて日本海廻りで，信州の樋沢・細久保式押型紋文化圏への旅を始めたのは2010（平成22）年のことであった（岡本2010）。越後には，扉山遺跡・室谷洞穴・通り山遺跡などで少量の日計式押型紋も認められる。松ヶ峯No.237遺跡・おざか清水遺跡・八斗蒔原

遺跡・関川谷内遺跡では，日計式から変容した異形押型紋がある（第1図）。しばしば楕円紋と併用して用いられ，信州側では「塞ノ神式」と呼ばれる一群の異形押型紋である。その原体の特徴は両端を加工しないこと，縦刻原体であること，原体が太いことなどである。中部押型紋文化圏で用いられる原体や文様とも異なる。「異形押型文」と呼ばれる所以もここにある。この異形押型紋を手がかりに信越線で野尻湖に向かう。

市道遺跡には異形押型紋とともに，三戸3式の文様構成をもつ押型紋が存在している。これらの押型紋は信州編年では細久保2式段階である。すなわち細久保2式押型紋が三戸3式沈線紋と交差することは明らかである。こうした検証作業を通して，関東地方に戻り再び三戸遺跡出土の押型紋土器をみると，そこには異形押型紋が存在し，三戸3式に共伴した可能性が高い（岡本2010）。

以上のように，三戸遺跡の沈線紋土器の分析を出発点として，東北地方の日計式押型紋文化圏へ，つづく信州地方の樋沢・細久保式文化圏への交差編年の旅を終え，関東地方の三戸遺跡まで帰り着くことができた。三戸式土器を媒介とした東部押型紋文化圏の前半期の編年は，ほぼ確定したといえよう。

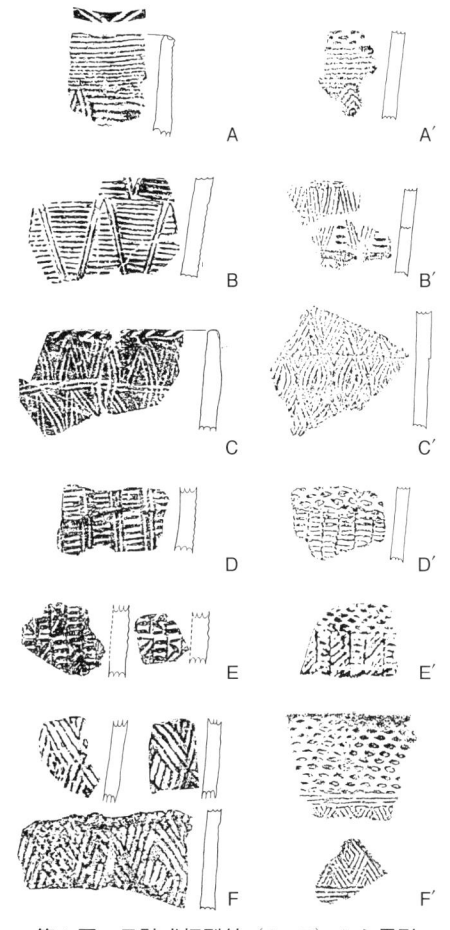

第1図　日計式押型紋（A～F）から異形押型紋（A′～F′）

2. 旅立ちの前に─そのガイドライン─

押型紋土器は，彫刻棒を廻転することによって文様を作りだす施紋方法である。押型紋による廻転手法は元来，縄紋原体に由来するものと考えられる。こうした廻転文様の制約は，変化のない繰り返しの表出であり，一廻転したら同じ文様がA＋A…，A＋B…と展開する。

単純な文様を補う方法として，原体の撚り方・彫り方，施紋方向，複数原体の併用によって工夫がなされる。これとて限界があり，縄紋人の心性や表出された文様から「型式」を読み取ることはなかなか難しい。これら廻転施紋は縄紋土器文様発達史上，縄紋人の意志で自由に文様を描くことのできる描線手法を獲得する前段階の手法といえよう。縄紋はその後，地紋あるいは装飾紋として継続的に使用されるのに対し，押型紋は北海道島の前期・中期，稀に本州島の晩期の一部に「先祖帰り」したかのように用いられるに過ぎない。

「早期」の枠組　撚糸紋土器を草創期とする山内説，早期とする小林説が対立する。山内が予告した『日本先史土器図譜』第二期一二輯，「縄紋式早期―稲荷台式」が刊行されていたら，その事情は違っていたかもしれない（山内1941）。大別区分ついては山内説を採るが，これは「山内原理主義」の立場からだけでなく，廻転施紋型式群から描線施紋型式群の画期―沈線紋土器の成立―に大きな画期を求めるからである。

　小林説をとる谷口康浩は，100例を超える「早期」初頭 ^{14}C 年代を補正・整理し，その較正歴年代と「早期」のガイドラインを提示する（第1表）。

第1表　「早期」初頭の較正歴年代（谷口2011）

早期初頭全体	10,580 ± 580 cal B. P. (n = 139)
関東・甲信越の撚糸文系土器	10,500 ± 840 cal B. P. (n = 20)
中部地方の沢式・樋沢式土器	10,640 ± 670 cal B. P. (n = 14)
近畿・東海地方の大川・神宮寺式系土器	10,890 ± 570 cal B. P. (n = 31)
北・中九州の無文・条痕文土器	10,660 ± 390 cal B. P. (n = 22)
南九州の貝殻文円筒土器	10,470 ± 480 cal B. P. (n = 52)

　これら日本列島各地の「早期」初頭の較正歴年代は，概ね11,000～10,000 cal B. P. に収まり，完新世の始まりとも一致するのだという。まさに通説どおりということになる。このガイドラインと異なる年代は，「原子力ムラ」の事情によって弾き飛ばされ，抹殺されていく。

　「高精度化」と「較正歴年代」いうキャッチフレーズは，その信頼性を保証し実年代であるかのように振る舞われる。しかし，安全基準 Int Cal が更新されれば，その年代はまた変わる。自転車操業である。較正歴年代も仮数年代であることを知るべしである。ここでは年代に関する議論はしない。

　重要な問題は，提示された「早期」初頭とされる各地の土器文化の同時代性の検証である。年代的に併存するのであれば，文物や人は交流しているはずである。これを検証することが考古学者の任務であり，考古学的方法すなわち比較年代法によって，その交差を証明するしかない。九州島や東北地方の「早期」初頭の事情はしばらく措くとして，本州島における関西地方のネガティヴ押型紋文化，中部地方のポジティヴ押型紋文化，関東地方の撚糸紋文化の三者の併存関係を検討してみよう。

押型紋の上限　押型紋文化の起源をネガティヴ押型紋に求めようとする研究者は，その願望の分だけ，やや古い年代を示している。これもご愛敬である。また，立野式押型紋を沢・樋沢式押型紋より古く位置づける研究者は，立野式押型紋から畿内のネガティヴ押型紋が派生したことを証明しなければならない。しかし，立野式押型紋が最古のネガティヴ押型紋に成り得ないことは型式学的に明らかである。次に撚糸紋土器と押型紋土器の関係である。古くして今日的課題でもある。

　撚糸紋土器は井草式→夏島式→稲荷台式と変遷した後，つづく稲荷原式以降，撚糸紋土器の規

範（器形・施紋・文様）は崩壊過程を辿る。木の根式にみられるような多様な施紋や描線手法，羽状縄紋をもつ花輪台式，横走撚糸紋をもつ大浦山式など多様で複雑な終末期を迎える。この時期に押型紋の姿が顕在化してくる。異系統の押型紋土器が搬入したというより，撚糸原体を彫刻原体に持ち替えて撚糸紋の流儀・作法でつくられた押型紋土器である。東京都二宮神社境内遺跡にみられるように，撚糸紋のキャンパス地に押型紋を転写した「撚糸紋土器」といった方が適切かもしれない。山形紋・格子目紋がみられるが，独自な文様と彫刻原体をもっている。全面縦位施紋をもつのは，撚糸紋の施紋流儀に起因するためであろう。

　問題は撚糸紋土器に伴う押型紋の系統をどこに求めるのかである。縦位施紋や大ぶりな山形紋の存在から，立野式土器との交差関係を求める見解が多い。果たしてそうであろうか。撚糸紋土器に伴う押型紋には，立野式の主文様であるネガティヴ紋は認められない。不思議なことである。関東地方の撚糸紋土器文化圏から沈線紋が出現するように，絡条体原体を彫刻原体に持ち替えた撚糸紋人がいたといったら，撚糸紋土器至上主義に陥るであろうか。押型紋土器の出自は撚糸紋土器を基準とするならば，稲荷台式以降の後半期に求めることができる。押型紋土器の上限は，決して撚糸紋土器前半期にまで遡ることはない。

　また，押型紋の起源が西のネガティヴ押型紋にあるのか，東のポジティヴ押型紋にあるのか，^{14}C年代では決められない。それは谷口が示したガイドラインをみても明らかであろう。

押型紋の下限　押型紋土器の年代的範囲（起源・終末）を示す^{14}C年代が，上黒岩岩陰遺跡の報告書の中で，提示されている（遠部2009）。初現期の大川式から，終末期の高山寺式・手向山式にいたる11データである。これらの較正年代は大川式が9,150-8,750 cal B.C.，神宮寺式が8,650-8,450 cal B.C.，神並上層式が8,300-8,250 cal B.C.，山形紋期（山芦屋式）が8,250-7,950

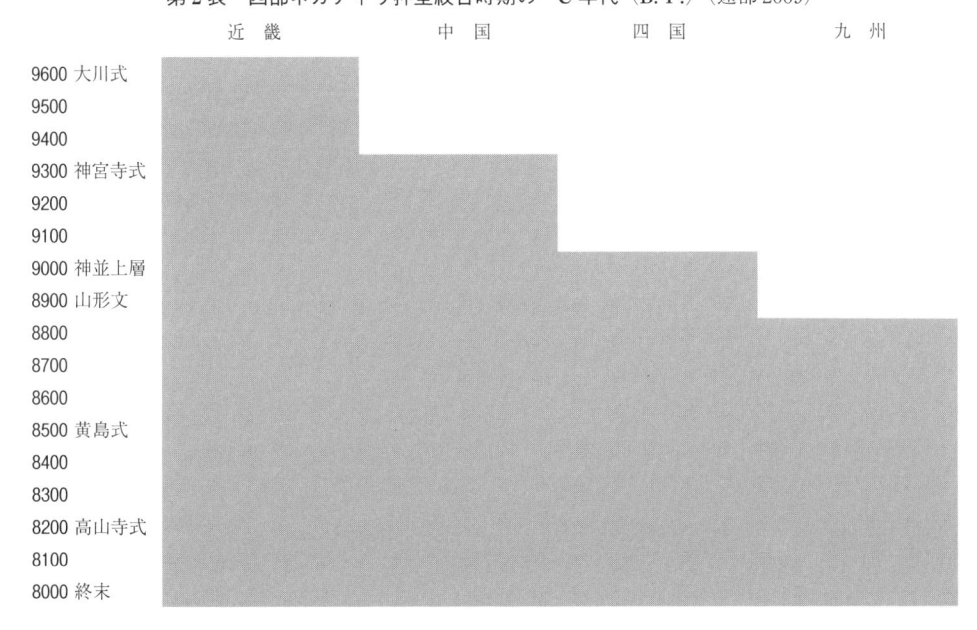

第2表　西部ネガティヴ押型紋各時期の^{14}C年代（B.P.）（遠部2009）

第3表　測定押型紋土器の ^{14}C 年代と暦正年代（遠部 2009）

試料記号	遺跡名	測定対象	土器型式	器種	付着状況	付着部位
GF-30	富田清友遺跡	土器付着物	大川式	深鉢	焦	胴部内面
NRNR-3	別所辻堂遺跡	土器付着物	神宮寺式	深鉢	焦	胴部内面
MEIG-6	川上中縄手遺跡A地区	土器付着物	神並上層式	深鉢	焦	胴部内面
FMT-8	鳥浜貝塚	土器付着物	神宮寺～神並上層式	深鉢	焦	胴部内面
FMT-9	鳥浜貝塚	土器付着物	神宮寺～神並上層式	深鉢	焦	胴部内面
FMT-10	鳥浜貝塚	土器付着物	山形文盛行期	深鉢	煤	胴部外面
OKSE-1	黄島貝塚	土器付着物	黄島式	深鉢	焦	胴部内面
GFEN-1	東千町遺跡	土器付着物	高山寺式	深鉢	煤	胴部外面
GFEN-3	東千町遺跡	土器付着物	高山寺式	深鉢	煤	胴部外面
GFEN-4	東千町遺跡	土器付着物	高山寺式	深鉢	煤	胴部外面
MIMB-39	妙見遺跡	土器付着物	手向山式	深鉢	煤	胴部外面

試料番号	測定機関番号	$\delta^{13}C$ （‰）	^{14}C炭素年代 (BP)	暦年較正年代 (cal BC)	（2σ）
GF-30	MTC-9881	(-28.7±0.8)	9650±50	9250-9110	44.5%
				9085-9035	6.1%
				9030-8835	44.8%
NRNR-3	PLD-6296	(-26.22±0.18)	9305±25	8630-8530	76.7%
				8520-8470	18.8%
MEIG-6	PLD-6297	(-28.59±0.18)	9065±25	8295-8250	95.4%
FMT-8	PLD-6467	(-29.12±0.22)	9470±40	9115-9075	5.6%
				9055-9010	5.3%
				8910-8905	0.5%
				8845-8630	84.0%
FMT-9	PLD-6468	(-27.91±0.20)	9380±40	8755-8555	95.5%
FMT-10	PLD-6469	(-23.48±0.24)	8900±40	8240-7945	95.4%
OKSE-1	MTC-08968	(-23.3±1.3)	8480±60	7600-7450	94.0%
				7395-7380	1.5%
GFEN-1	MTC-09207	(-29.2±0.5)	8040±140	7445-7435	0.4%
				7425-7410	0.40%
				7355-6600	94.70%
GFEN-3	MTC-09208	(-25.5±1.4)	8060±90	7300-7220	5.90%
				7195-6690	89.60%
GFEN-4	MTC-09209	(-24.2±0.6)	8320±60	7520-7235	87.50%
				7235-7185	8.00%
MIMB-43	MTC-10302		8040±50	7135-7100	2.70%
				7085-6770	92.80%

cal B.C., 黄島式が7,600-7,400 cal B.C., 高山寺式が7,400-7,200 cal B.C., 終末期（手向山式）が7,100-6,800? cal B.C. となる（第2・3表）。報告者は「流れは極めて調和的である」ことを強調する（遠部2009）が，これは型式学の正しさを証明しているのであって，必ずしも年代を保証するものではない。

報文中，^{14}C 年代のB. P. 年と較正年代のcal B. C. 年が混用して論じられているため，やや煩雑であり，かつ恣意的である。押型紋土器の存続期間を論じる場合は，9,600～8,000 B. P. と^{14}C 年代を用いるが，「高精度化」された較正年代に直すと押型紋土器の上限年代は12,000-11,000 cal B. P., 下限年代は9,000-8,000 cal B. P. となるはずである。統一した年代表記[5]（B. P., cal B. P., cal B. C.）で示さない限り，混乱は増すばかりである。

また，較正年代をあたかも「実年代」であるかのように振る舞うのは止めてほしい。いずれにしても，押型紋土器の年代的範囲は，おおよそ3,000年と長期存続となる。型式学的にみると押型紋土器の存続期間は概ね10型式ほどであり，1型式が300年間と極めて長編年である。果たして，そうであろうか。

押型紋土器の終末期は，本州島においては高山寺式→穂谷式・相木式と考えられている。大粒の楕円紋主体の高山寺式と大形の山形紋主体の穂谷式・相木式の関係は，前段階の黄島式からの変遷を考えると前者（高山寺式）が古く，後者が新しくみることができる。穂谷式・相木式は九州島の手向山式と型式的にも形態的にも類似点があり，九州島と本州島に広く分布した押型紋文化は，ほぼ一様に終焉を迎えるのであろう。その時期は田戸上層式あるいはその直後であり，東部沈線紋文化圏の終焉ともほぼ一致する。

九州島の事情　終末期の手向山式と穂谷式・相木式との交差関係は，後続の平栫式や塞ノ神式が本州島西部に分布することにも関連するのであろう。もう一つの交差を検証する文物にトロトロ石器がある。九州島全域に分布し，本州島東部文化圏にいたる広範囲に広がった押型紋文化を特徴づける石器である。この石器の交差時期を限定することができれば，九州島における押型紋の出現期を解明する手がかりになろう。

九州島の押型紋を理解するためには，終末期の手向山式にいたる押型紋の変遷や編年を確立しなければならない。いわゆる「大分編年」川原田式→稲荷山式→早水式→下菅生式→ヤトコロ式を軸に論じられるが，充分な型式学的根拠が示されている訳でもない。その変遷は，本州島の編年に照らしてみれば黄島式以降の押型紋後半期に対比される。本州島西部押型紋文化圏の前半期ネガティヴ押型紋は，九州島では欠落している。九州島における押型紋の前半期の空白をどのように埋めていくのか，その出現期を如何に捉えるかという問題は，解決しなければならない今日的課題である。

出現期の押型紋を究明する上で重要なのは，押型紋土器の前段階に位置づけられる二つの土器群との関連である。一つは岩下洞穴遺跡（IX層）・泉福寺洞穴遺跡（4層），大分県二日市洞穴遺跡（9・8層）から出土する条痕紋土器，もう一つが南九州の貝殻円筒土器である。出自や型式は異なるが，大局的には条痕紋土器の仲間である。前者の条痕紋土器には貝殻条痕を有するものも

認められる。後者は「一野式」あるいは「条痕紋円筒土器」とも呼ばれ，北九州にも分布する。長崎県一野遺跡や福岡県白木西原遺跡・本堂遺跡などから出土する。こうした貝殻紋とは別に，北九州では貝殻腹縁紋を口縁部近くに連続刺突する一群の土器が分布している。古くは「政所式」と認識されていたものである。長崎県岩下洞穴遺跡，佐賀県白蛇洞穴遺跡・中尾岳洞穴遺跡[6]，宮崎県内城跡遺跡・中薗原遺跡まで及んでいる。福岡県白木西原遺跡では貝殻円筒土器と貝殻腹縁刺突紋が出土している。

このほか連続刺突紋の仲間に円形刺突紋をもつ一群がある。しばしば地紋に貝殻条痕紋？や円形刺突紋の直下に瘤付を有し，条痕紋土器とも関連する。福岡県大原Ｄ遺跡・柏原遺跡（Ｅ・Ｆ・Ｋ）・原遺跡，佐賀県今町共同山遺跡，岩下洞穴遺跡，大分県中原遺跡から出土する。いずれも押型紋に絡む土器群とみられる。

九州島における押型紋の出現を考える上で，こうした土器群を分析・整理し，共伴関係を検討することが肝要であろう。取り分け重要なのは，原遺跡の円形刺突条痕紋とともに出土した円形刺突をもつ山形押型紋や帯状横位施紋の押型紋土器の存在である（第2図）[7]。大分県中原遺跡でも，円形刺突条痕紋や条痕紋土器に伴い帯状横位施紋の山形紋が出土している。こうした横位密接施紋や横位帯状施紋を有する押型紋が，九州島における押型紋土器の出現期と関連してこよう。

西部押型紋文化圏への最終章を飾る九州島への旅は，まずは福岡県原遺跡をめざして計画を立てることにしよう。しかし辿り着けるのは，何時のことであろうか。

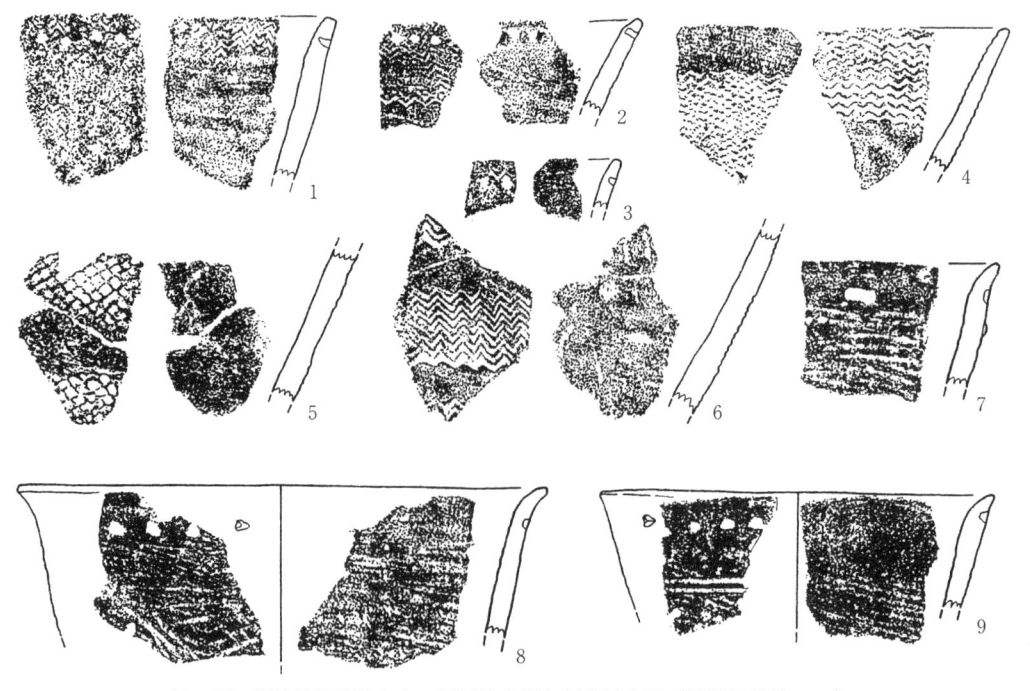

第2図　福岡県原遺跡出土の押型紋土器と刺突紋土器（福岡県教委1994）

3. 細久保2式からの旅立ち

　細久保式は，樋沢式の施紋流儀を継承した細久保1式と横位密接施紋の細久保2式に細別できる[8]。細久保2式には，片岡肇が「異形押型文」と呼んだ異種原体を併用した押型紋を含んでいる（片岡 1988）。細久保2式は，前述したように三戸3式と交差する。また「異形押型文」の出自が，東北の日計式押型紋からの影響により成立した異系統の文様であることを検証した（岡本 2010）。片岡が「異形押型文」と呼んだ由縁は「ネガ」でも「ポジ」でもない押型紋，まさに「異系押型紋」であったからに他ならない。前回の信州の旅では「塞ノ神型」押型紋と呼んだが，提唱者の呼称を尊重し「異形押型紋」と記述する。あわせて異形押型紋を大まかに，5種2細別（A〜E）の基本形に分類する（第3図）。

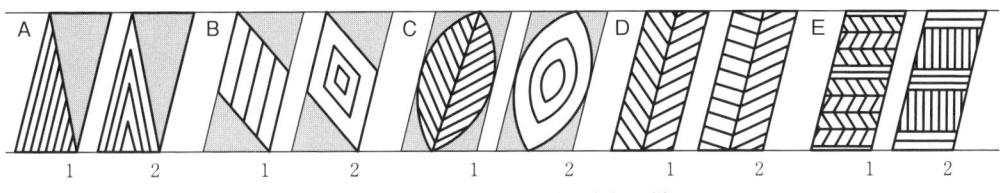

第3図　異形押型紋の基本単位文様

　準備万端，まずは上越線に乗り，細久保2式から旅を始めてみたい。

越後の押型紋　通り山遺跡・扉山遺跡からごく少量の日計式押型紋が出土するものの，中部押型紋文化圏の一画をなす。押型紋を代表する遺跡は卯ノ木遺跡であろう。菱目紋・格子目紋・山形紋の横位帯状施紋を主体とする押型紋で，この仲間は小瀬が沢洞穴遺跡・室谷洞穴遺跡・干満遺跡・鷹之巣遺跡・宮林B遺跡で出土する。越後特有の押型紋で，隣接する会津の石橋遺跡にもみられる。これとは別に，室谷洞穴遺跡からは縦位密接施紋の山形押型紋が出土する。これらの押型紋は細久保2式以前と考えられる（小熊 1997）。

　卯ノ木遺跡には，横位帯状施紋とは異なる楕円＋山形紋[9]併用の横位密接施紋の押型紋である。岩原I遺跡でも楕円紋主体の押型紋とともに，同様の併用紋が出土する。これらの併用紋土器は細久保2式段階である。八斗蒔原遺跡では楕円紋を主体とし，楕円＋山形紋，楕円＋格子目紋，楕円＋異形紋（A1・B1・D1）併用の押型紋が出土している（第4図A）。同じく関川谷内遺跡A地点でも，楕円＋山形紋併用，楕円＋異形紋（B2・D1）が認められる（第4図B）。松ヶ峯 No. 237遺跡では楕円＋山形紋，楕円＋異形紋（A1・A2・C2）が採集されている。おざか清水遺跡でも楕円紋とともに，異形紋（D1）が出土する。異形押型紋は出土していないが，小丸山遺跡の横位密接施紋の楕円紋もこの時期のものであろう。

信州の細久保2式　上越の松ヶ峯遺跡を越えて，信州に入ると野尻湖の南に塞ノ神遺跡・市道遺跡が展開する。細久保2式を代表する遺跡である。塞ノ神遺跡は楕円紋に楕円＋異形紋（A2・B2・D2・E2）が伴う。

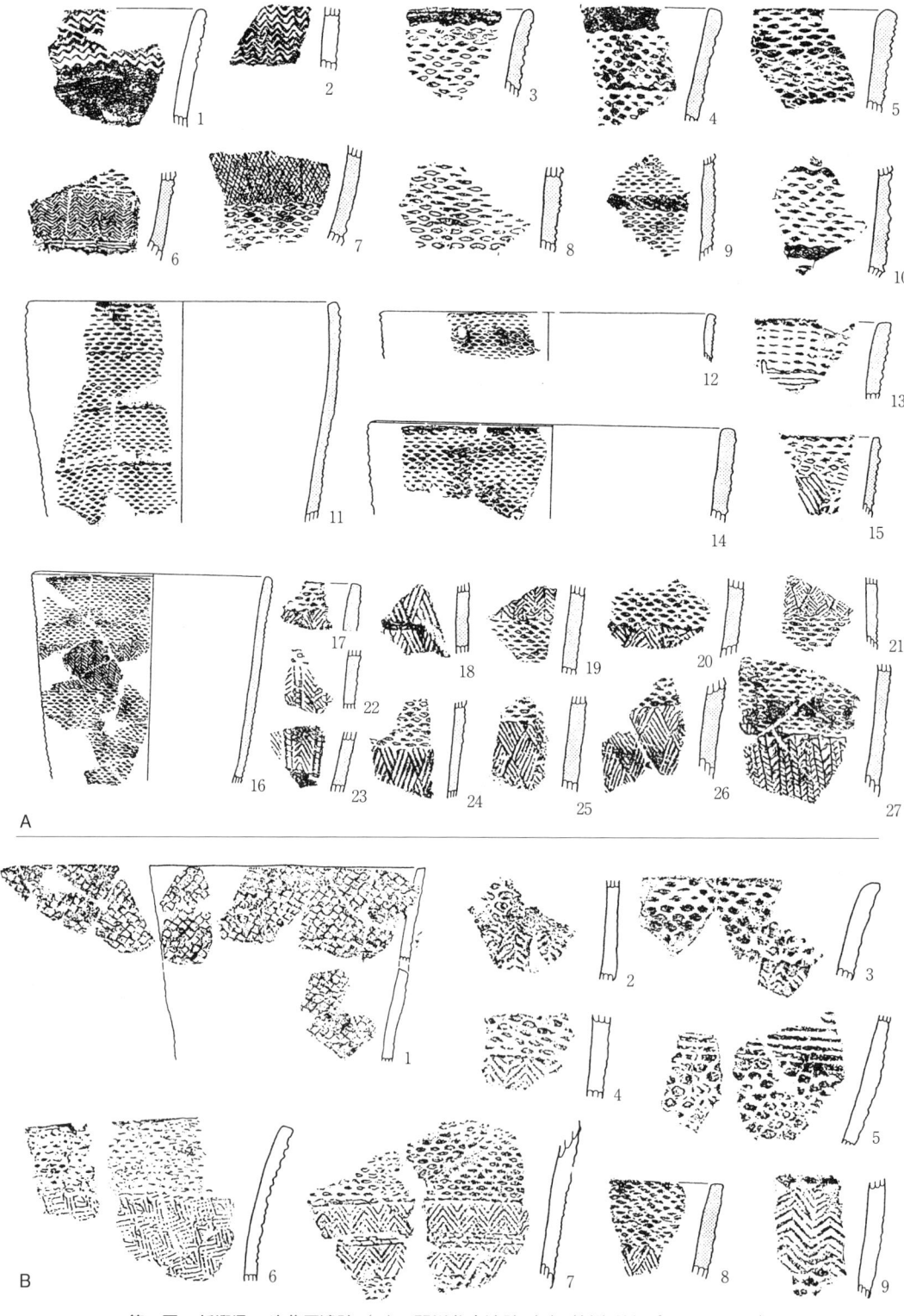

第4図　新潟県八斗蒔原遺跡（A）・関川谷内遺跡（B）（新潟県教委2004, 1998）

第5図　長野県市道遺跡（信濃町教委 2001）

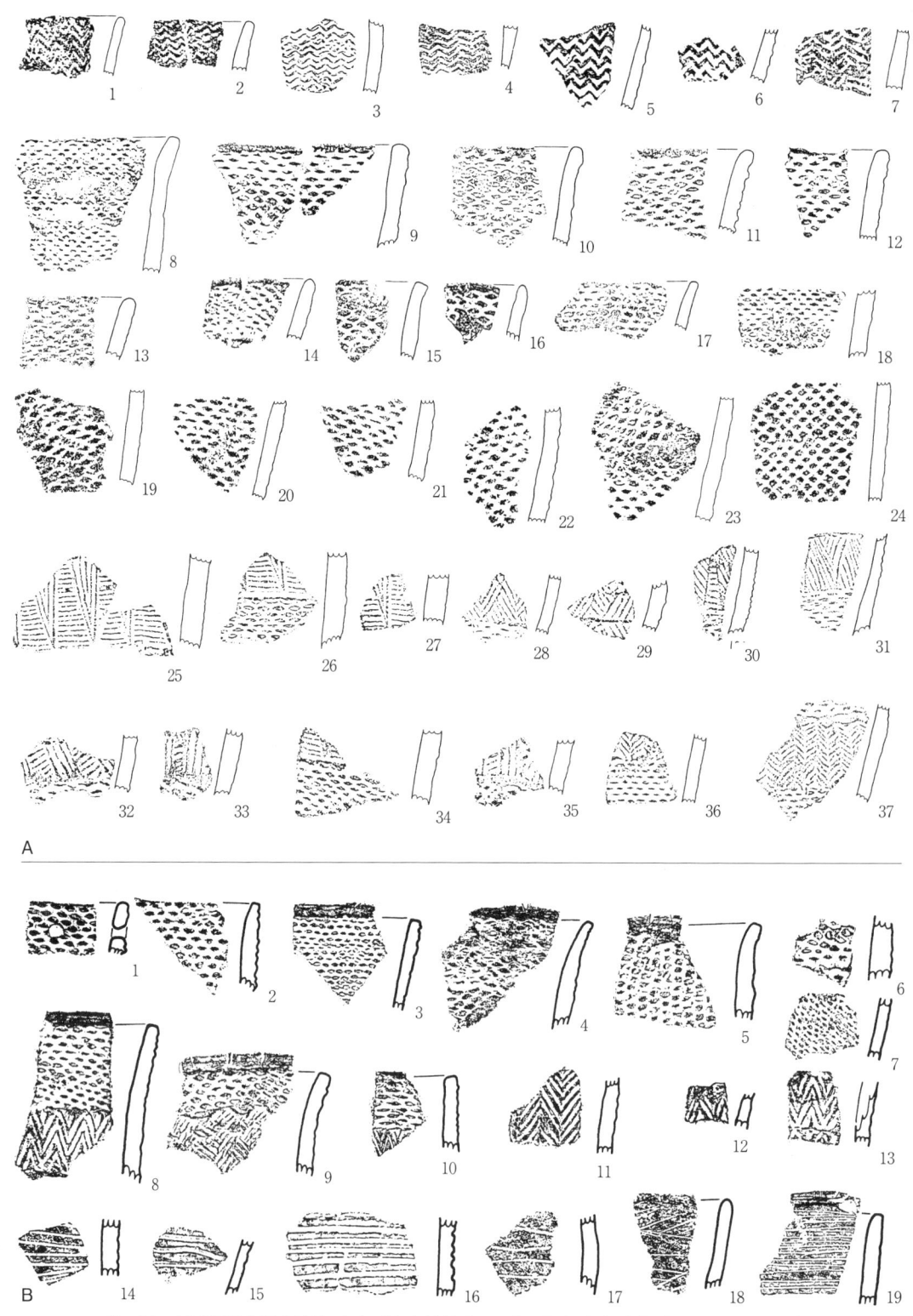

第6図　長野県湯倉洞穴遺跡（A）（高山村教委 2001）・戻場遺跡（B）（中沢・贄田 1996）

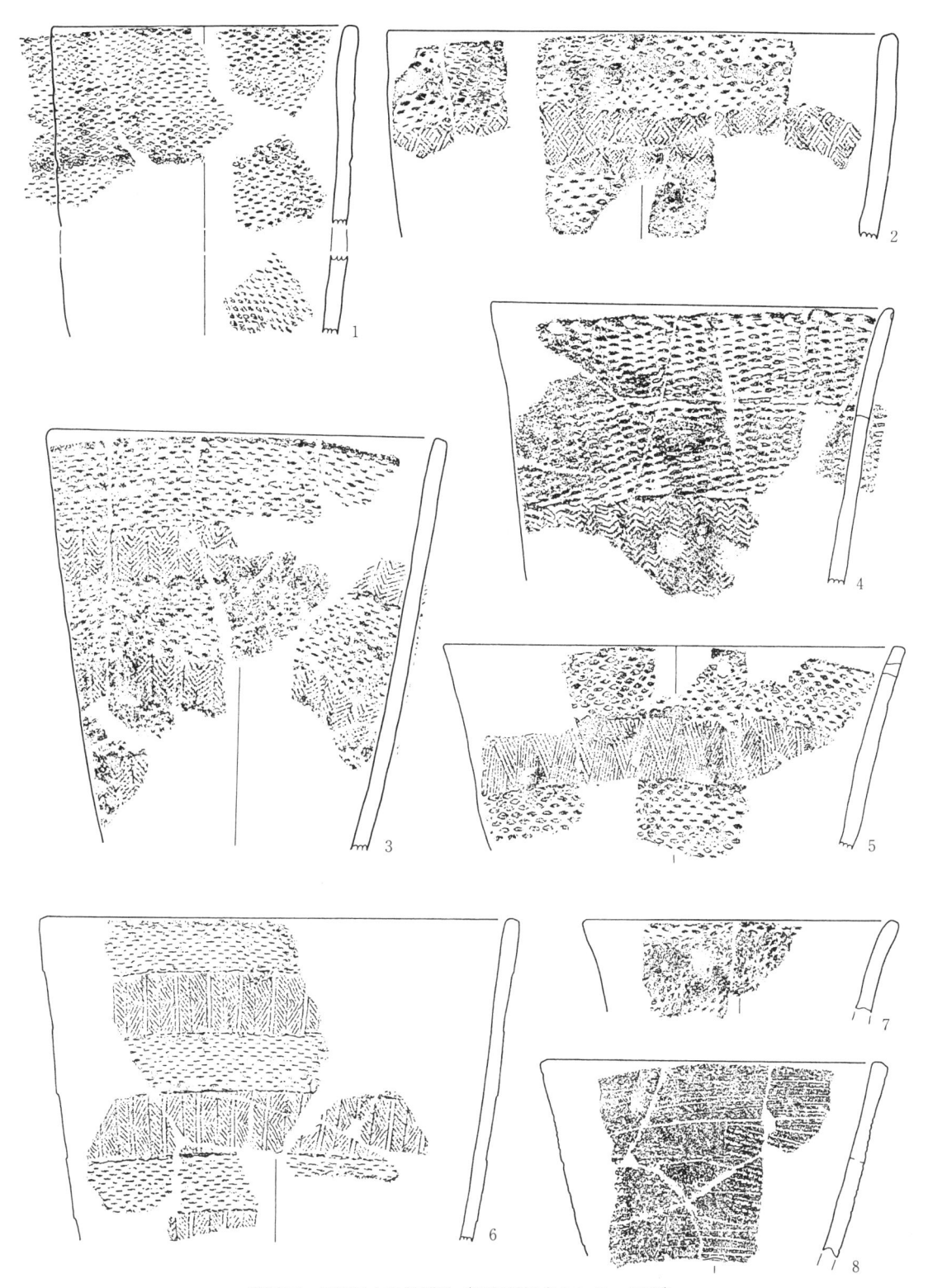

西部押型紋土器文化圏への旅立ち　41

第7図　長野県山の神遺跡（長野県埋文センター 2003）

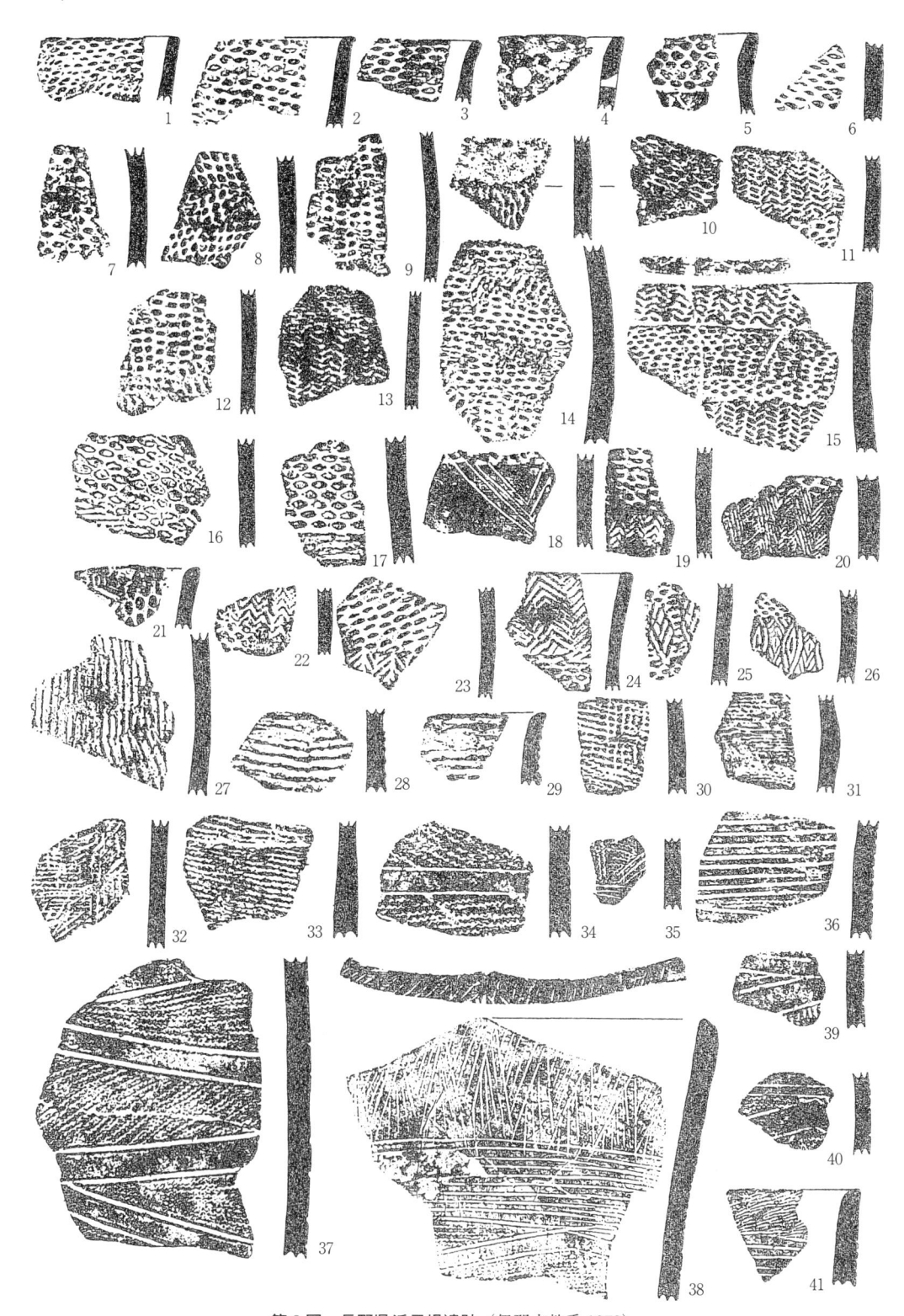

第8図　長野県浜弓場遺跡（伊那市教委1973）

市道遺跡はこの地域の拠点的な遺跡である。楕円＋山形紋の併用紋の細久保2式には横位密接施紋ではなく，三戸3式の文様構成をもつ特異な併用紋がある（岡本2010）。楕円＋格子目紋，楕円＋異形紋（A1・A2・D1・D2），楕円＋綾杉沈線紋と，その構成は多彩である。楕円紋が主体であるが，山形紋も伴うとみられる（第5図）。

千曲川沿いの湯倉洞穴遺跡では，楕円紋を主体に山形紋や楕円＋異形紋（A1・A2・D1・D2）が出土する（第6図A）。陣の岩陰遺跡（A1）や池尻遺跡（B2）でも異形紋がみられる。その上流域右岸，碓氷峠に向かう戻場遺跡からは，細久保2式の良好な資料が採集されている。楕円紋を主体とし，楕円＋山形紋，楕円＋異形紋（A2?・B1・D1）が出土する（第6図B）。

一方，糸魚川を遡って信州に入る大糸線沿いの信濃大町には，細久保1式・2式の押型紋を伴う山の神遺跡が所在する。市道遺跡同様，押型紋文化の拠点的遺跡の一つである。広域に分布するトロトロ石器が多量（41点）に出土し，その製作年代や広がりの時期を決める手がかりとなっている。併用紋には楕円＋山形紋，楕円＋格子目紋，楕円＋異形紋（A1・B1・B2・D1・D2）がある（第7図）。楕円紋の中には市道遺跡でみられたような斜位方向の施紋構成をとるものもみられ，同様，異形紋にも斜位構成のものがある。

信濃大町から松本で伊那路に入った浜弓場遺跡は，沈線紋の田戸下層式（古）が伴う押型紋遺跡として古くから注目されてきた。楕円紋が主体で，山形＋楕円紋，楕円＋異形紋（B1・B2・C2・D1）が出土する（第8図）。

ほかに諏訪湖周辺や伊那谷や木曽谷では，異形紋を併用する押型紋が散見される。高出遺跡（C2），明星屋敷遺跡（B1），細久保遺跡（B1・D1），棚畑遺跡（B1），澄心寺下遺跡（C2），百駄刈遺跡（E2），養命酒工場内遺跡（A1），大原遺跡（A2），小野遺跡（B1・C2・D1）などである。養命酒工場内遺跡例は唯一，山形＋異形紋で構成されるもので，その山形紋は縦位施紋をとる特異な一例として注目される。

飛・濃の細久保2式　野麦峠や長峰峠を越えた飛騨には，戦前から知られた著名な高山市ひじ山遺跡がある。横位施紋の山形紋もあるが，楕円紋が主体で，楕円＋格子目紋，異形紋（B2）が存在する（第9図B）。細久保2式段階であろう。

同地域の細久保式期を代表する遺跡として，西田遺跡が知られる。細久保1式が主体であるためか，異形紋（A1）はごく僅かである（第9図E）。牛垣内遺跡では沢式や立野式も出土しているが，楕円紋主体に山形紋，楕円＋異形紋（A1）が出土する（第9図C）。

岡前遺跡では沢式も出土するが，楕円紋を主体とし，山形紋・格子目紋のほか，楕円＋山形紋，楕円＋異形紋（A1・D1・D2）が出土する（第9図D）。その下流の宮川村宮ノ前遺跡には楕円紋を主体に，楕円＋山形紋，楕円＋異形紋（A1），異形紋（D1）が出土する（第9図A）。

美濃では塚原遺跡でネガティヴ紋，細久保1式のほか細久保2式の山形＋斜格子紋，楕円＋異形紋（A1），山形?＋異形紋（A1）などが出土する。中でも山形の斜位紋が注目される（第10図B）。九合洞穴遺跡は沢式・ネガティヴ紋など古段階の押型紋も出土するが，異形押型紋の存在も古くから知られていた。異形（E1）＋楕円紋，山形＋異形紋（A1），異形紋（A1）を口縁部に配

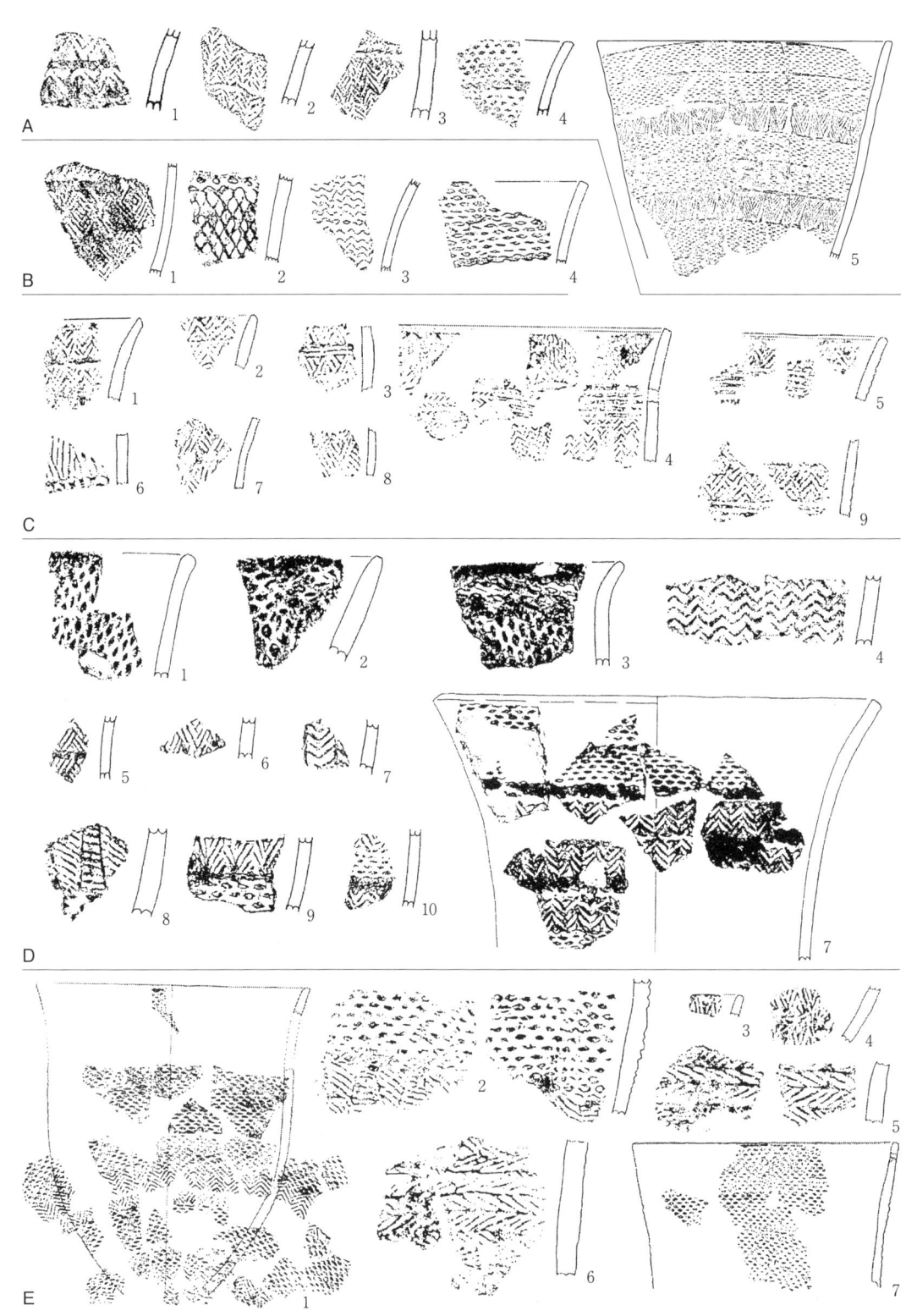

第9図　岐阜県宮ノ前遺跡（A）（宮川村教委 1998）・ひじ山遺跡（B）（吉朝 1990）・牛垣内遺跡（C）
（岐阜県文化財保護センター 1998）・岡前遺跡（D）（岐阜県文化財保護センター 1995）・西田
遺跡（E）（岐阜県文化財保護センター 1997）

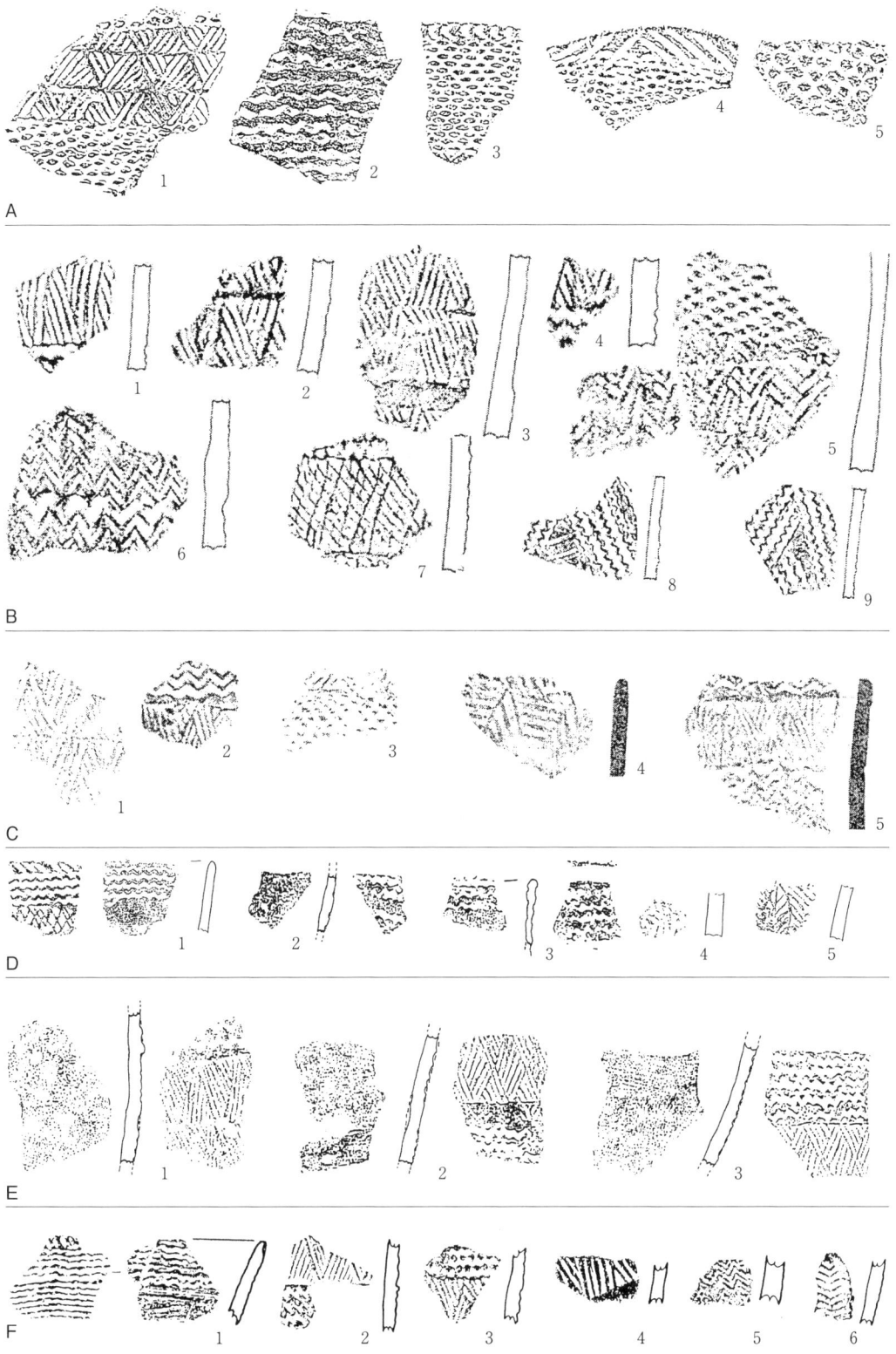

第10図　岐阜県諸岡遺跡（A）（坂内村教委1989）・塚原遺跡（B）（関市教委1989）・九合洞穴遺跡（C）（名古屋大学1956），愛知県嵩山蛇穴洞穴遺跡（D）（岩瀬1993），三重県川上中縄毛遺跡（E）（伊賀市教委2009），滋賀県粟津湖底遺跡（F）（滋賀県教委2000）

するものもある。異形紋との併用紋は通常，楕円紋であるが山形紋との併用が認められる（第10図C）。

このほか西ヶ洞遺跡（E1），諸岡遺跡（A1・E1）から異形押型紋が出土する（第10図A）。信州において異形押型紋は，その殆どのものが楕円紋と組み合っているのに対し，飛・濃では山形紋との併用が多くなる。

ここで，ひとまず中部押型紋文化圏の細久保2式の旅を終えることにしよう。一旦，関東に戻り準備を整え，今度は東海道沿いに西部押型紋文化圏の旅に向かいたい。

関東の細久保2式　相模の三戸遺跡出土の三戸式と細久保式の関係について，再度確認しておこう。出土した沈線紋土器は三戸2式と三戸3式の二段階があり，押型紋土器も細久保1式と細久保2式の二段階のものがある。共伴関係は明らかでないが，それぞれ三戸2式―細久保1式，三戸3式―細久保2式が交差すると考えられる。細久保2式に伴う異形紋（B1?）は，山形紋と併用している（第12図A）。

上総の上長者台遺跡では細久保1式の押型紋が出土している。共伴関係は明らかでないが，三戸2式の沈線紋も出土する（原田・新井1992）。同じ下根田A遺跡では三種の異形紋（B2・C1・D1）が山形紋と併用している。復元できる一個体はやや変形のB2類の異形押型紋であるが，口唇部に刻みをもち，文様構成は（△+B2+△+B2+△）となる（第12図B-13）。こうした異形紋のほかに斜格子紋や縦位山形紋が出土している。三戸3式・田戸下層1式も出土していることは暗示的である（第12図B）。

下総台地には東北の日計式押型紋が三戸式沈線紋の時期に出土する事例が多い（第11図）。細久保2式の異形押型紋と文様の上では区別ができない。しかし，胎土・器厚が異なり，両者を弁別することは安易である。出自を同じくする両者は「搬入品」と「模倣品」の関係にある。

上野の飯土井二本松遺跡で出土した山形+楕円紋の密接横帯施紋は，細久保2式の時期であろう（第13図A）。石畑岩陰遺跡からも，楕円+異形紋（B2・D1）の併用紋が出土する（第13図B）。

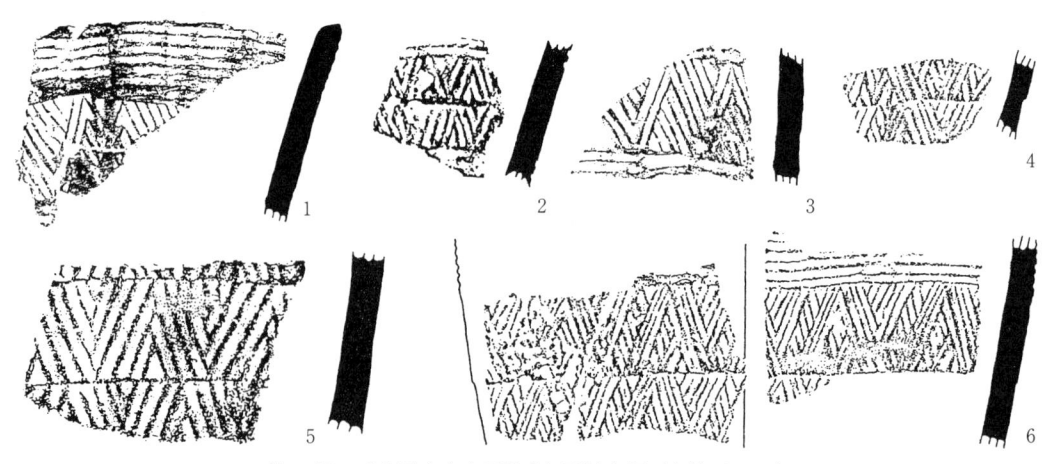

第11図　千葉県内出土日計式押型紋土器（小笠原2009）
1・3今郡カチ内遺跡　2布野台遺跡　4・6青山甚太山遺跡　5鵯崎天神台遺跡

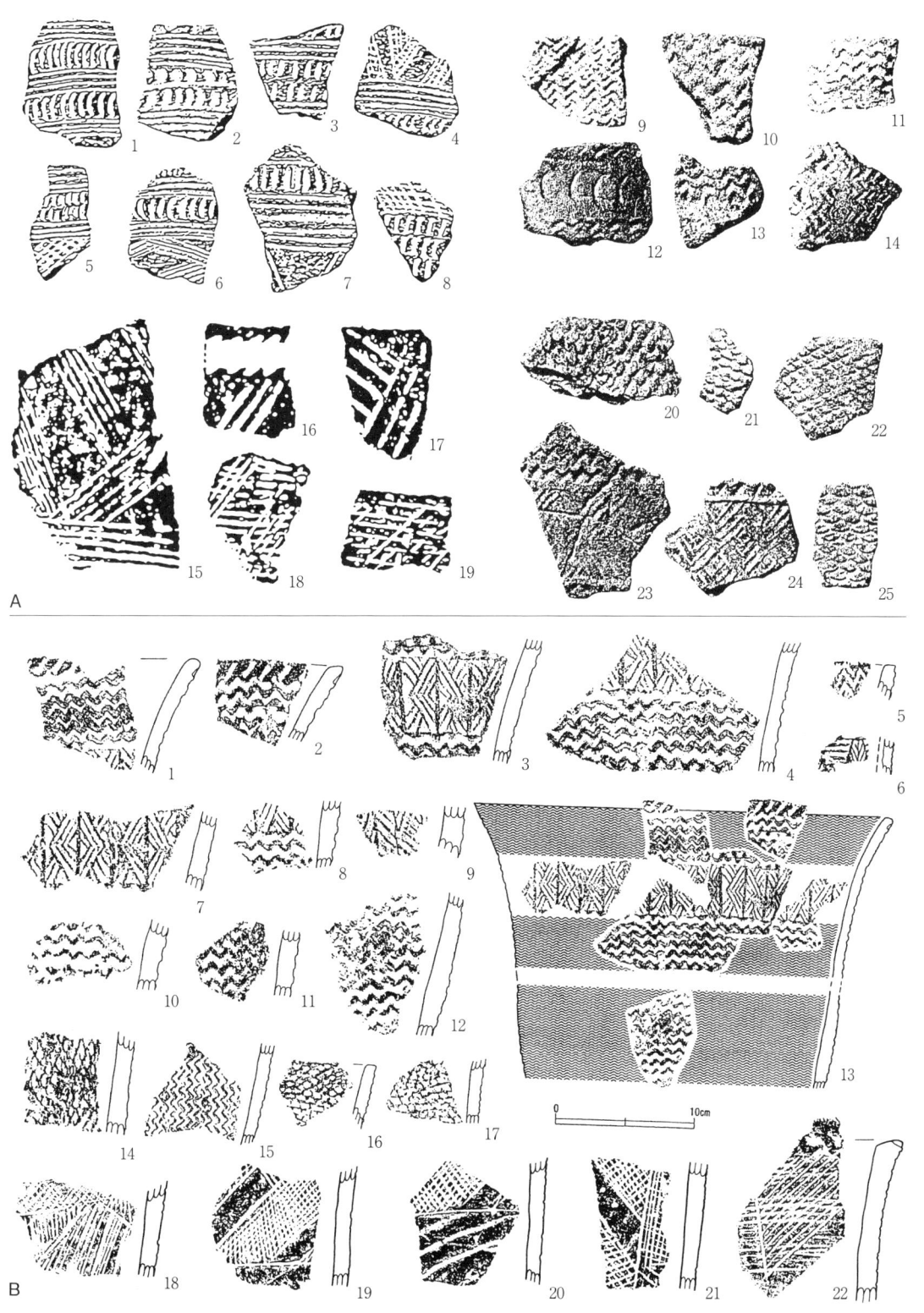

西部押型紋土器文化圏への旅立ち

第12図　神奈川県三戸遺跡（A）（岡本2010），千葉県下根田A遺跡（B）（君津郡市文化財センター1996）

48

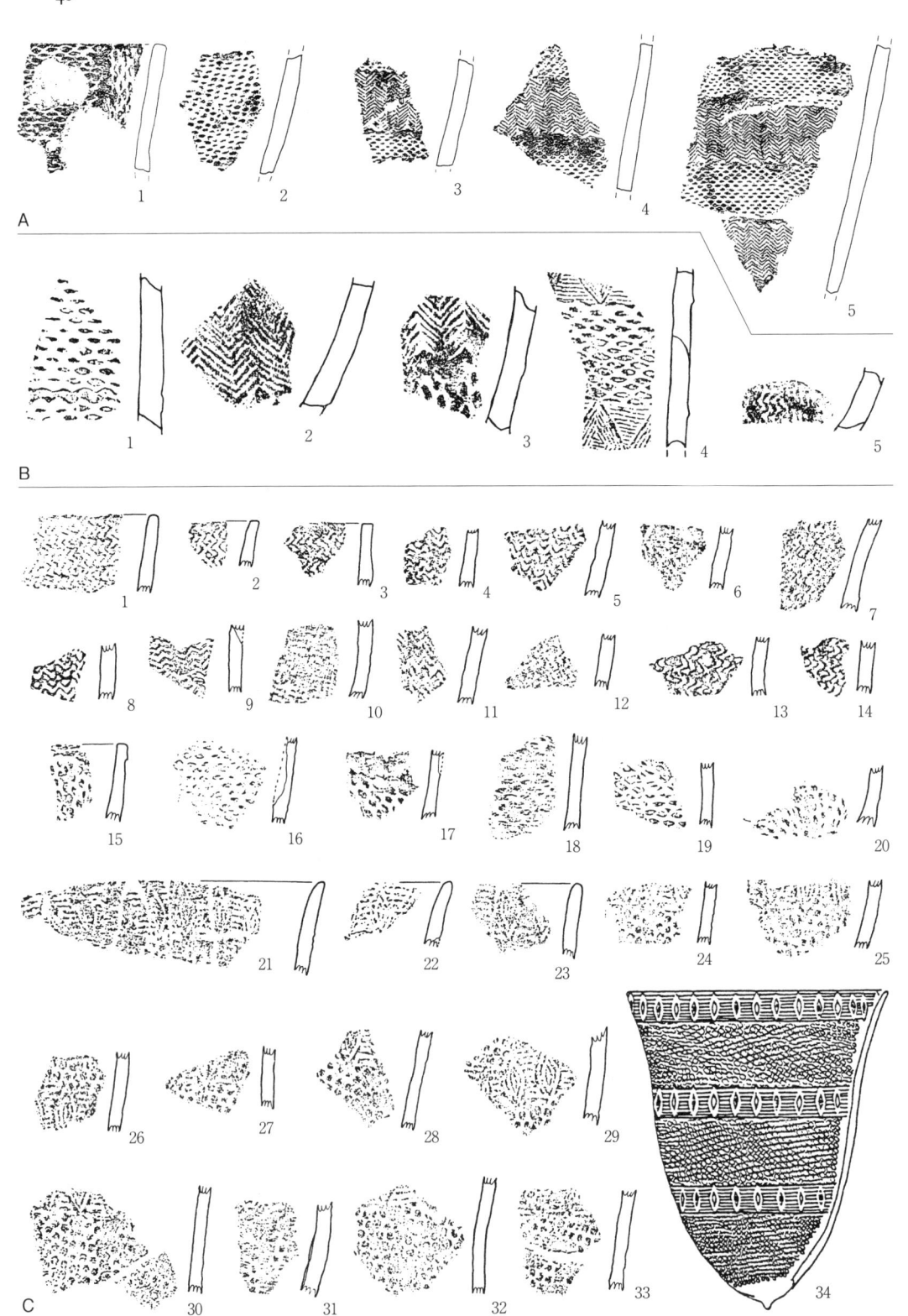

第13図　群馬県飯土井二本松遺跡（A）（群馬県埋蔵文化財事業団1991）・石畑岩陰遺跡（B）（群馬県
　　　　史編さん委員会1988）・中棚遺跡（C）（昭和村教委1985）

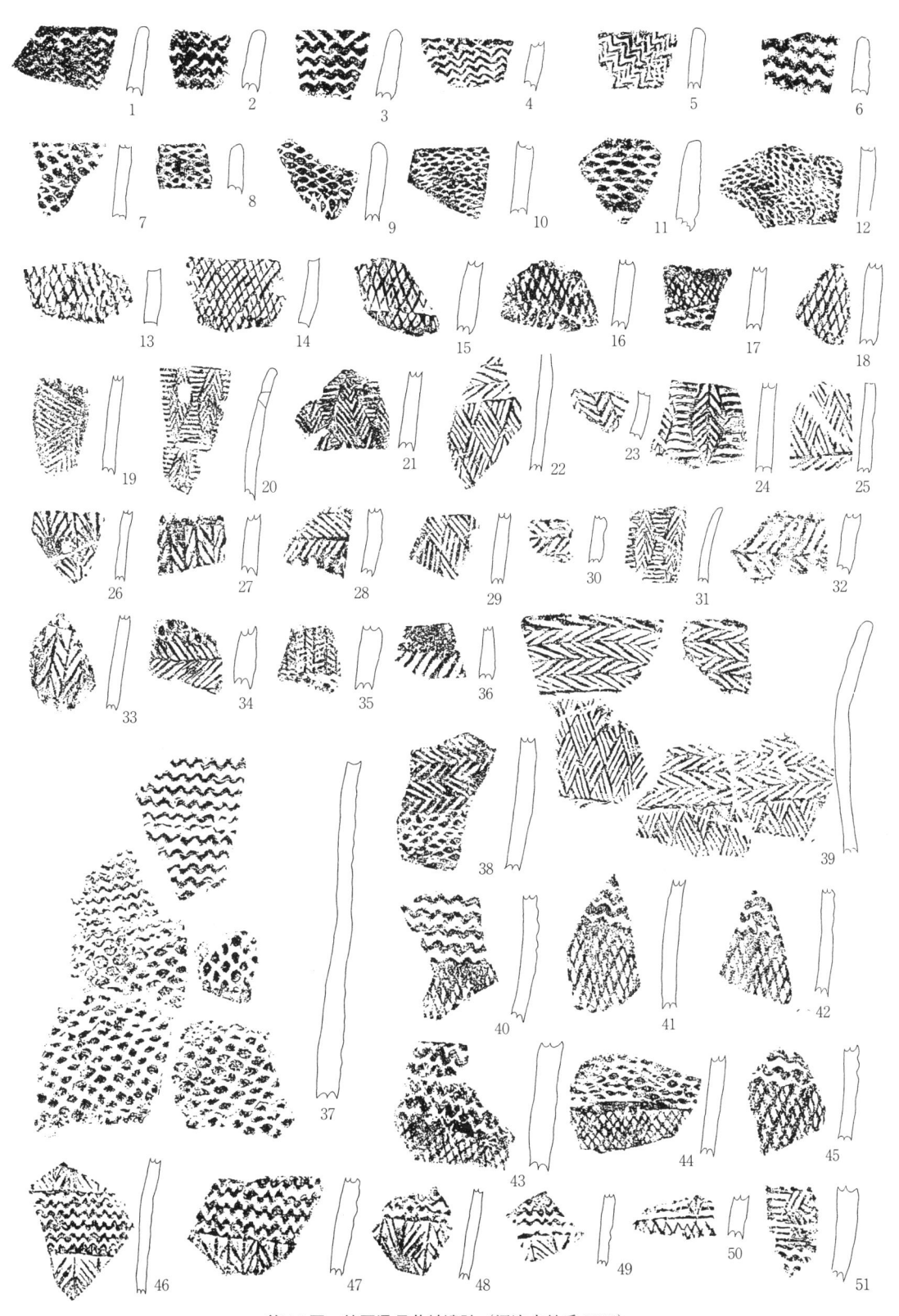

西部押型紋土器文化圏への旅立ち　49

第14図　静岡県長井崎遺跡（沼津市教委 1980）

50

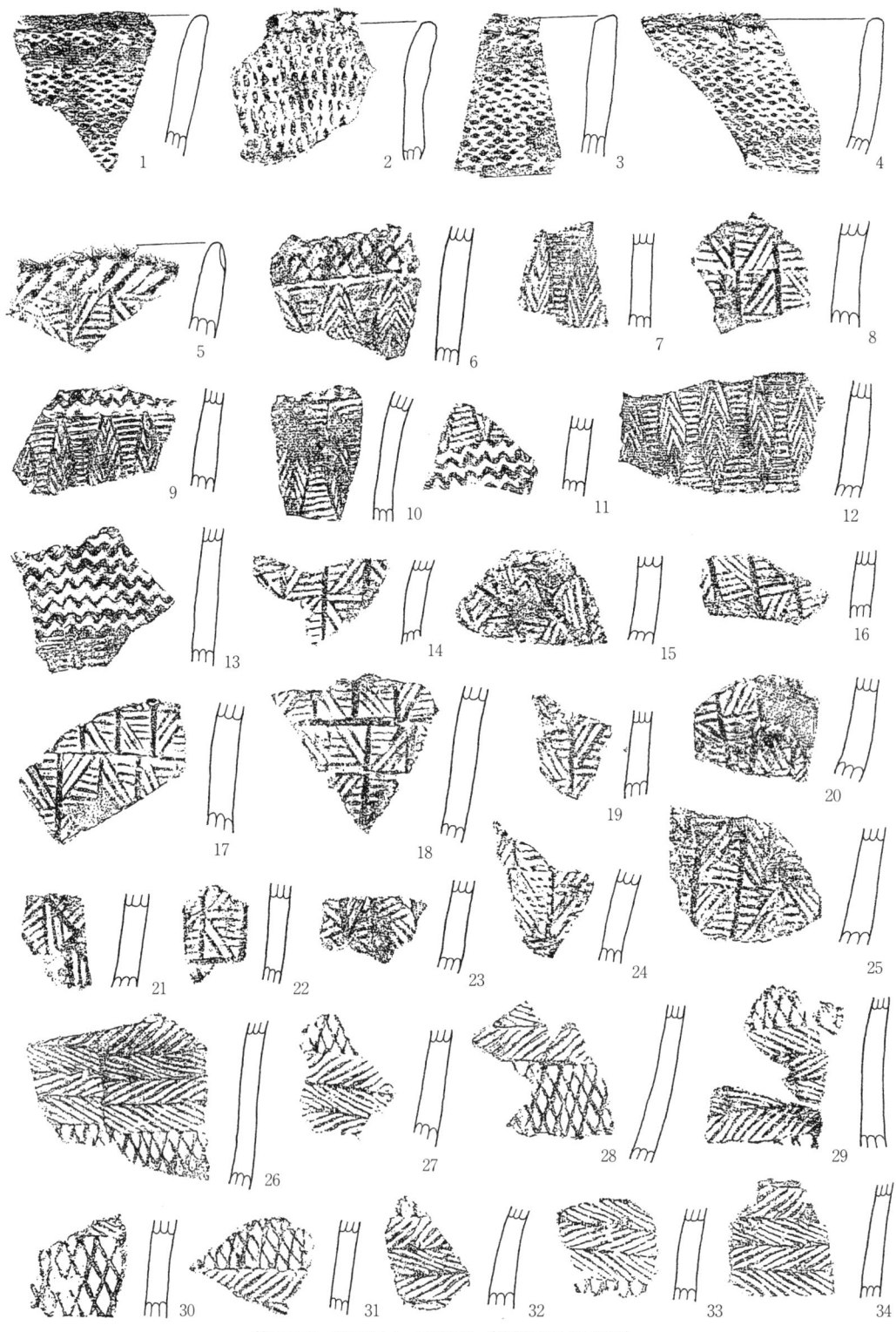

第15図　静岡県上ノ段遺跡（沼津市教委 2005）

中棚遺跡では，楕円＋異形紋（C2）の併用土器が出土している（第13図C）。通常の構成とは異なり，異形紋を口縁部に配し，楕円紋を挟む（C2＋O＋C2＋O＋C2＋O）の三段構成となる。楕円紋のほか縦位や横位の山形紋，田戸下層1式の沈線紋も出土する。上野の異形紋は楕円紋と併用しており，信州的ともいえる。

東海の細久保2式　駿河の長井崎遺跡からは，山形紋，楕円紋，格子目紋に混じって多様な異形押型紋が出土する。併用紋も山形＋楕円紋，山形＋格子目紋，楕円＋格子目紋，異形紋との併用は山形＋異形紋（D1），山形＋異形紋（B2），山形＋異形紋（E1），格子目＋異形紋（C1），楕円＋異形紋（E1），異形紋同士の併用紋（E1＋B1）もある。異形紋も多彩（D2）で，異形紋（C1）を口縁から施紋するものもある（第14図）。

上ノ段遺跡からは楕円紋が主体であるが，細久保2式の横位施紋の山形紋や格子目紋に伴って，山形＋異形紋（C1），格子目＋異形紋（C1・E1）の併用紋のほか，特殊な異形紋も出土する（第15図）。駿河の楕円紋を出土する遺跡からは異形押型紋がみられ，その種類も多様で，好んで用いられることが多い。

ところが，駿河を過ぎると遠江・三河・尾張・伊勢・伊賀には，古いネガティヴ押型紋と新しい高山寺式押型紋の狭間に隠れ，異形押型紋を含む細久保2式の実体はよく判らない。僅かに三河の嵩山蛇穴洞穴遺跡で，山形＋格子目紋の併用紋，異形押型紋（C1）が出土する（第10図D）。

伊勢・伊賀は西部押型紋文化圏の一画であるが，伊賀の川上中縄手遺跡では横位施紋の山形紋を主体に，山形＋異形紋（B1），異形（E1）＋山形紋の併用紋がみられる（第10図E）。伊勢の釜生田遺跡出土の楕円紋土器は細久保2式段階のものであろう。

4．細久保2式から北白川廃寺下層式へ

細久保2式をめぐる旅は，いよいよ西部押型紋文化圏に突入した。大きな問題の第1はネガティヴ押型紋の変遷と編年的位置，第2が異形押型紋を含む北白川廃寺下層式の位置付け，第3が楕円紋の出現時期についてである。第1の課題については今はふれない。第2・3の課題は，中部押型紋文化圏との関連や後続の黄島式の成立に係わる重要な問題を含んでいる。

北白川廃寺下層式　山形紋を主体とし，山形＋格子目紋・山形＋異形紋（B2）の併用紋，山形＋併行押型紋を格子状に施紋した併用紋，これらに混じって僅かに楕円紋が出土している。山形紋はネガティヴ押型紋にみられる山形紋とは異なり，条数も単位も増え密度の高い山形紋となっている。また口縁部外縁に刻みをもつものと，内縁に刻みをもつ二種がある（第16図）。

復元された異形押型紋土器は外縁に刻みをもち，山形紋を二段施したのち異形紋（B1）と山形紋で四段構成（△△＋B1＋△＋B1＋△＋B1＋△＋B1＋△△）の併用紋土器である。胎土には多量の繊維を含んでいる。数は少ないが楕円紋も含めて，「北白川廃寺下層式」[10]と呼ぶことに異論はない。

しかし，在地型式として位置づけることには問題があろう。細久保2式と交差する良好な資料である。異形押型紋の存在や繊維を含んでいることから，研究者の多くは細久保式に関連する資

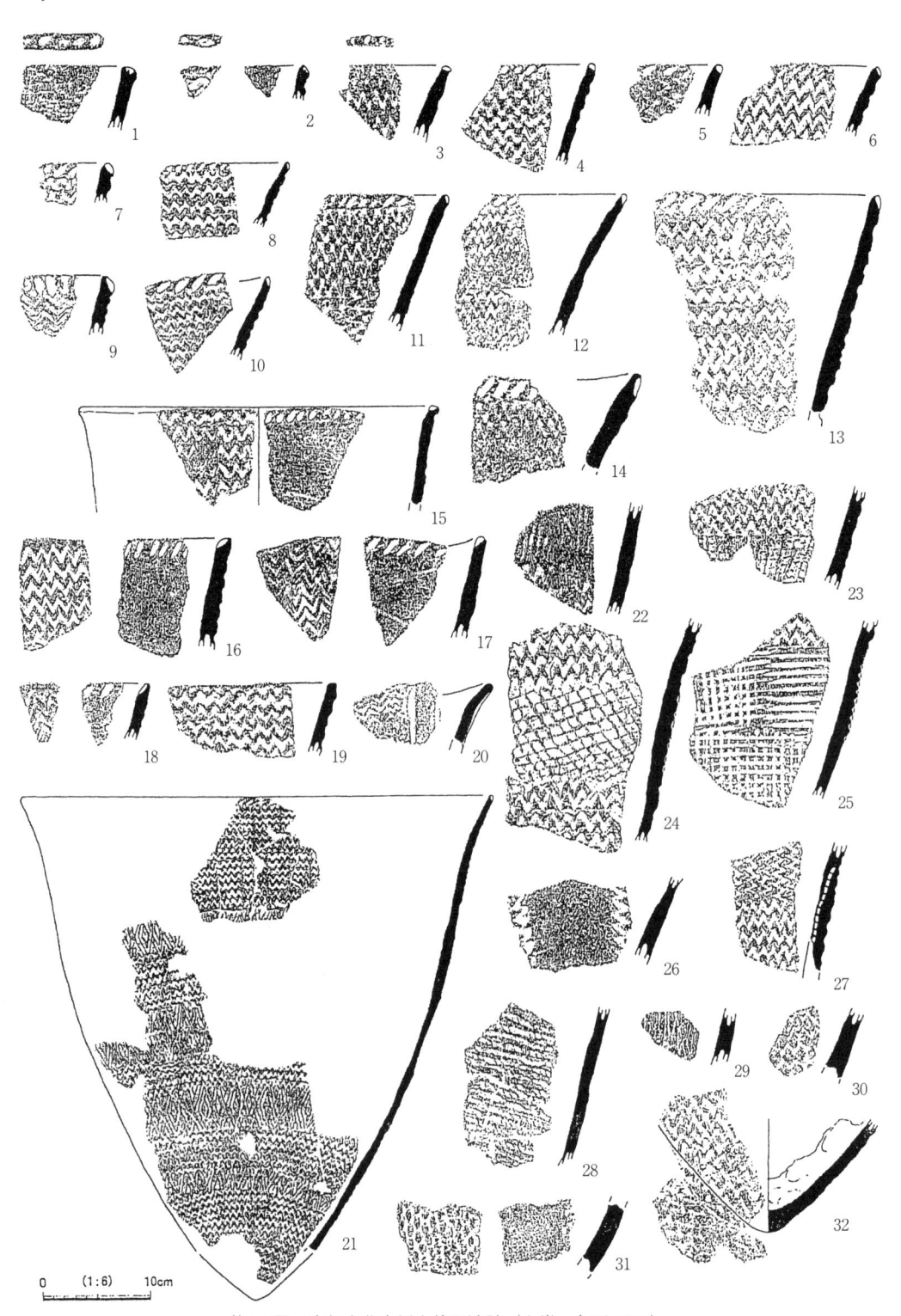

第 16 図　京都市北白川上終町遺跡（上峯・矢野 2011）

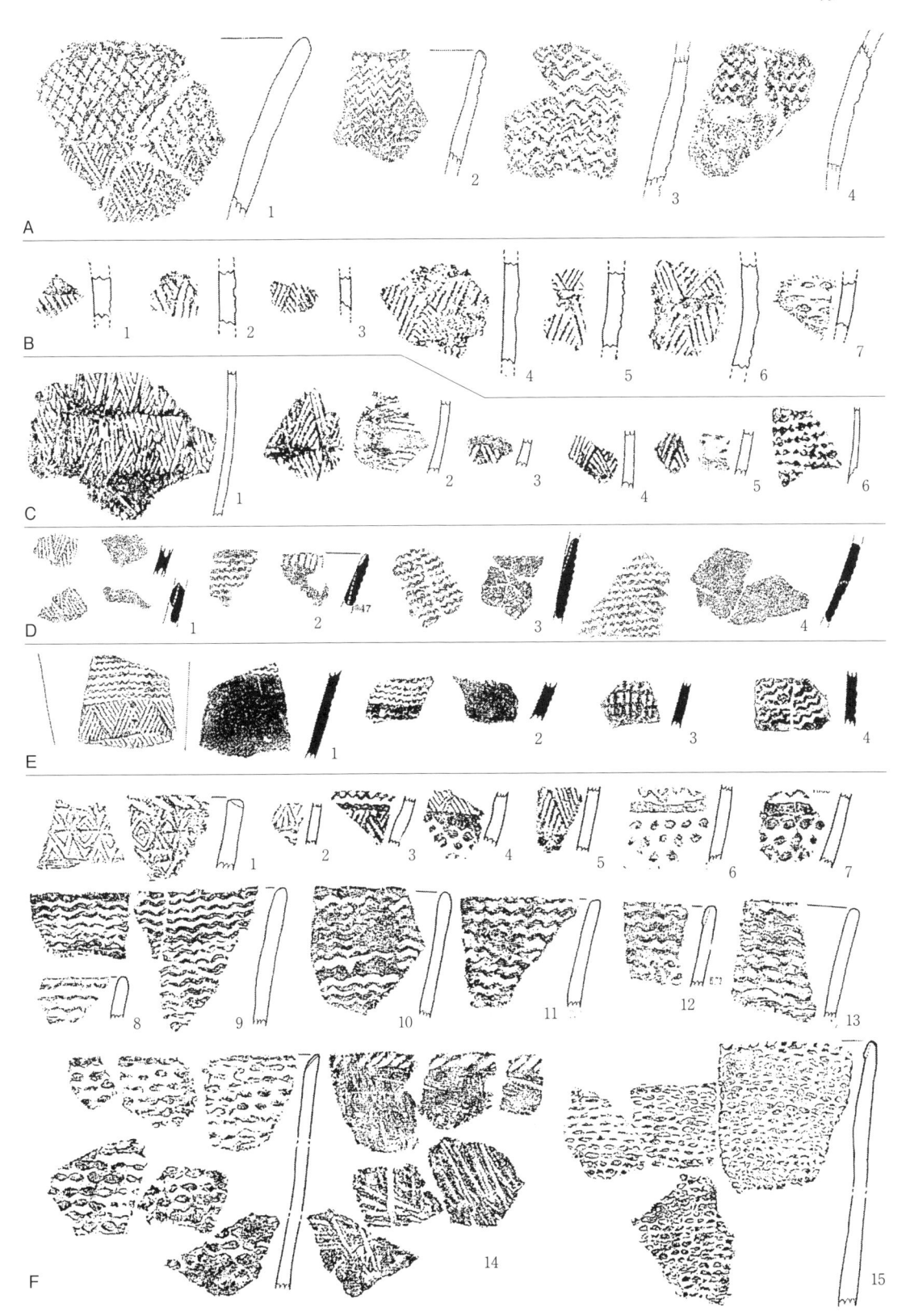

西部押型紋土器文化圏への旅立ち　53

第17図　奈良県宮ノ平遺跡（A）（奈良県立橿原考古学研究所 2003）・高塚遺跡（B）（奈良県立橿原考古学研究所 1983）・布留遺跡（C）（埋蔵文化財天理教調査団 1988）・別所大谷口遺跡（D）（奈良市教委 2007）・越町遺跡（E）（山添村教委 2006）・大川遺跡（F）（奈良県立橿原考古学研究所 1989）

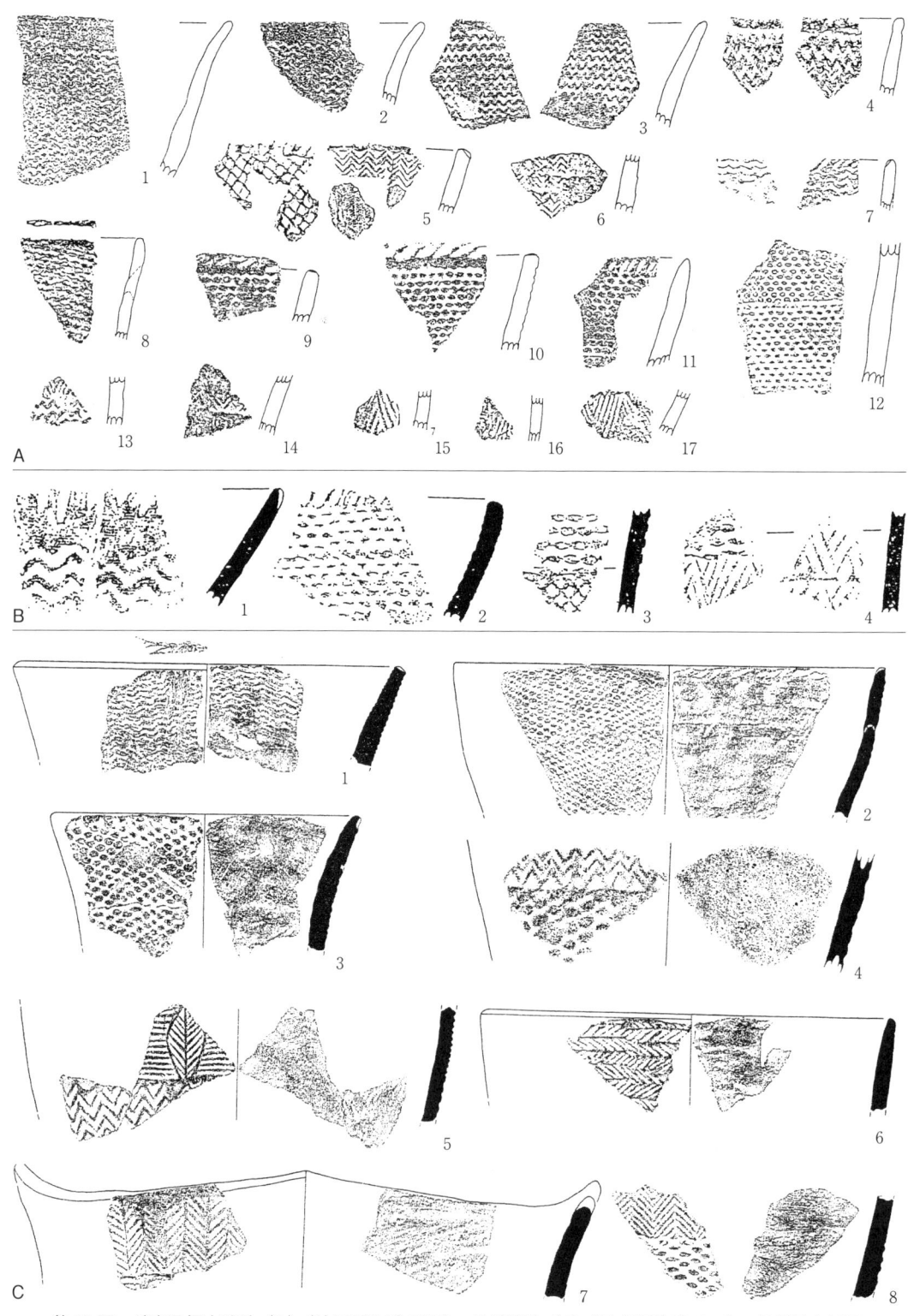

第18図　兵庫県福本遺跡（A）（神河町教委2008）・神鍋遺跡（B）（日高町教委1970），福井県鳥浜貝塚（C）（熊谷2011）

料であることを認めている（熊谷 2011b，上峯・矢野 2011）。まさに中部押型紋文化圏の影響を受けた異系統の押型紋土器である。

畿内とその隣接地域の異形押型紋は，近江の粟津湖底遺跡（A1）（第 10 図 F），大和の宮ノ平遺跡（A1）（第 17 図 A）・高塚遺跡（A1）（第 17 図 B）・布留遺跡（A1）（第 17 図 C），別所大谷口遺跡（A1）（第 17 図 D）・越町遺跡（A1）（第 17 図 E）・大川遺跡（A1・A2）（第 17 図 F），播磨の福本遺跡（A1）（第 18 図 A），丹波の神鍋遺跡（A1）（第 18 図 B），若狭の鳥浜貝塚（A2・C1・D1）（第 18 図 C）などから出土している。多くは A1 類であり，山形紋や楕円紋を併用するものがある。宮ノ平遺跡では格子目紋と併用する。大川遺跡・別所大谷口遺跡では山形紋併用と楕円紋併用の両者があり，楕円紋も伴うことは明らかである。福本遺跡の口縁に刻みをもつ楕円紋もこの時期のものであろう。

細久保 2 式の異形押型紋をもつ「北白川廃寺下層式」は，ネガティヴ押型紋文化圏に現れた異系統土器[11]である。例えば関東の沈線紋文化圏おいては，押型紋土器は異系統の土器として捉えられている。型式として「普門寺式」が設定されるが，沈線紋土器の編年に三戸 1 式→「普門寺式」→三戸 2 式と直線的に組み込むことはしない。異系統型式として，在地の沈線紋型式との対比・併行関係を検証するための補完的型式名として用いられている。同じように「北白川廃寺下層式」を異系統の土器とみるならば，それに対比するネガティヴ押型紋の在地型式は，何であろうか。

その時期は，おそらく矢野が神宮寺式から神並上層式の移行期，熊谷が「桐山和田式」とした押型紋の一群であろう（矢野 1993a，熊谷 2011b）。ネガティヴ押型紋の伝統である異方向施紋の規範は神宮寺式で変容し，つづく「桐山和田式」[12]に至り横帯密接施紋のネガティヴ押型紋に変容する。横帯密接施紋は細久保 2 式の施紋流儀とも共通している。

また「北白川廃寺下層式」同様，前段階の「神並上層式」も細久保 1 式の異系統押型紋と認識すべきであろう。これらの関係は決して一方的な交差ではない。ネガティヴ押型紋との関係によって生まれたのが立野式であり，中部地方における細久保式に伴う異系統土器である。神宮寺式から「桐山和田式」にいたる西部押型紋文化圏前半期のネガティヴ押型紋は，中部押型紋文化圏（細久保式）との交差関係によって終焉を迎えるのであろう。これを契機として，西部・中部共通の広域的押型紋文化圏（黄島式・高山寺式）に再編されていく。大局的には押型紋文化の九州島への波及も，この時期であろう。

ネガティヴ押型紋の伝統や規範が崩壊しつつある西部押型紋文化圏の変動期は，多様で複雑な様相を呈している。関東の撚糸紋文化圏や東北の日計式押型紋文化圏の崩壊過程と同様，他地域の文化が流入する激動期である。何時までも西部押型紋文化圏と中部押型紋文化圏の間にバリアーを作っていても，絡み合った複雑な様相を解き明かすことはできないであろう。

西部押型紋文化圏で設定された「神並上層式」・「山芦屋 S4 式」・「桐山和田式」については，次回の旅で改めて型式学的検討を加えることとしたい。

楕円紋の成立時期　　中部押型紋文化圏における楕円紋の成立は樋沢式に出現し，後続の細久保

式にも継承される。同一の縄紋原体だけを使用する遺跡がないように，山形紋だけ，格子目紋だけ，楕円紋だけ，異形紋だけで構成される遺跡はない。山形紋や楕円紋が主体となる遺跡でも，それぞれの押型紋原体は併用される。異種原体併用の押型紋は，そのことを如実に物語っている。

山形紋の凹線部をネガティヴ紋とみるか，凸線部をポジティヴ紋とみるのかは作った押型紋人に聞いてみなければ判らない。格子目紋についても然りである。ネガティヴ押型紋と呼ばれる所以は，楕円紋（独立単位紋）のネガ紋であることに他ならない。ネガティヴ押型紋の施紋規範では，決して楕円紋を採用することはない。頑なに楕円紋を拒否しているようにみえる。その意味においてもネガティヴ楕円紋なのである。それは原体にポジティヴ楕円紋を用いていることに由来するのであろうか。

ネガがポジに反転し，楕円紋が出現するのは何時のことであろうか。黄島式を口縁裏面の「柵状紋」と呼ばれる柵状押型紋を型式表象と規定するならば，福本遺跡には口縁部に刻みをもつ横位密接施紋の楕円紋がある。これらの楕円紋は山形紋，格子目（表）＋山形（裏）の併用紋，山形＋異形紋（A1）の併用紋に伴うと考えられる。おそらく細久保2式段階であり，黄島式以前に楕円紋が出現していたと考えられる。

こうした黄島式以前とみられる楕円紋には，神鍋遺跡の口縁外縁に刻みをもつ楕円紋，楕円紋と格子目紋を併用するもの，山宮遺跡の楕円（表）＋山形（裏）の併用紋，大川遺跡の口縁内縁に刻みをもつ楕円紋，釜生田遺跡の横帯密接施紋楕円紋，鳥浜貝塚の口縁外面・内面に刻みもつ楕円紋，楕円（表）＋楕円（裏），山形＋楕円の併用紋などを挙げることができる。

西部押型紋文化圏の楕円紋出現にも細久保2式が関与していると考えられる。検討に耐えうる資料は少ないが，楕円紋は黄島式成立以前に出現していた可能性が極めて高い。

中・四国の異形紋　中国・四国地方はネガティヴ押型紋文化圏である。量的には少ないが，大川式は馬取貝塚（安芸）・取木遺跡（伯者），神宮寺式は郷上遺跡（出雲）・帝釈峡弘法滝洞穴遺跡（備後）・小屋飼岩陰遺跡（土佐）で確認される。弘法滝洞穴遺跡からは異形押型紋も出土し，これらの地域にも異形押型紋が広がっていることが判る。

異形押型紋を出土する遺跡は，帝釈弘法滝洞穴遺跡・豊松堂面洞穴遺跡（備後），犬島貝塚（備前），箱E遺跡・六番丁場遺跡（美作）（第19図A），小蔦島遺跡（讃岐），宝伝岩陰遺跡（阿波），刈谷我野遺跡（土佐）などが挙げられる。現在のところ山陰地方では見つかっていない。これらの異形押型紋の特徴は，いずれもA1類に限られている。また口縁部裏面にも施紋する例がみられる[13]。楕円紋と併用するもの，山形紋と併用するのものがあり，宝伝岩陰遺跡では両者の併用紋が出土している。

問題は異形押型紋の時期である。言い換えるならば黄島式との関係である。異形押型紋にも口縁裏面に刻みをもつものがあるが，「柵状紋」にはなっていない。共伴する山形紋や楕円紋からみても，その出現は黄島式以前であろう。

宝伝岩陰遺跡では山形紋を主体に，楕円紋，楕円＋異形紋，山形＋異形紋が出土しており，いずれも口縁裏面に刻みを有している。比較的まとまった資料で，黄島式以前に位置づけることが

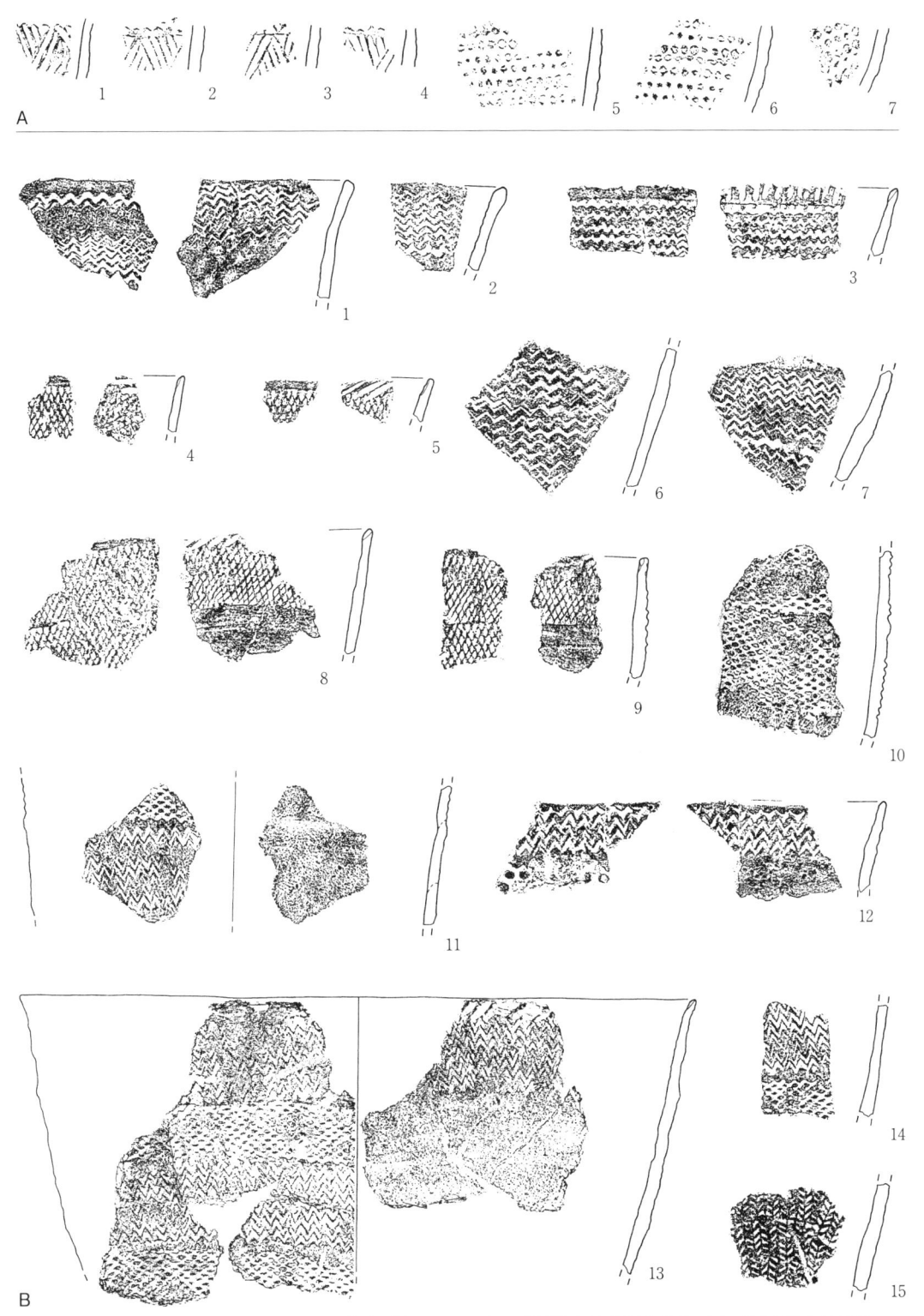

西部押型紋土器文化圏への旅立ち 57

第19図　岡山県六番丁場遺跡遺跡（A）（鏡野町 2000），愛媛県上黒岩岩陰遺跡（B）（国立歴史民俗博物館 2009）

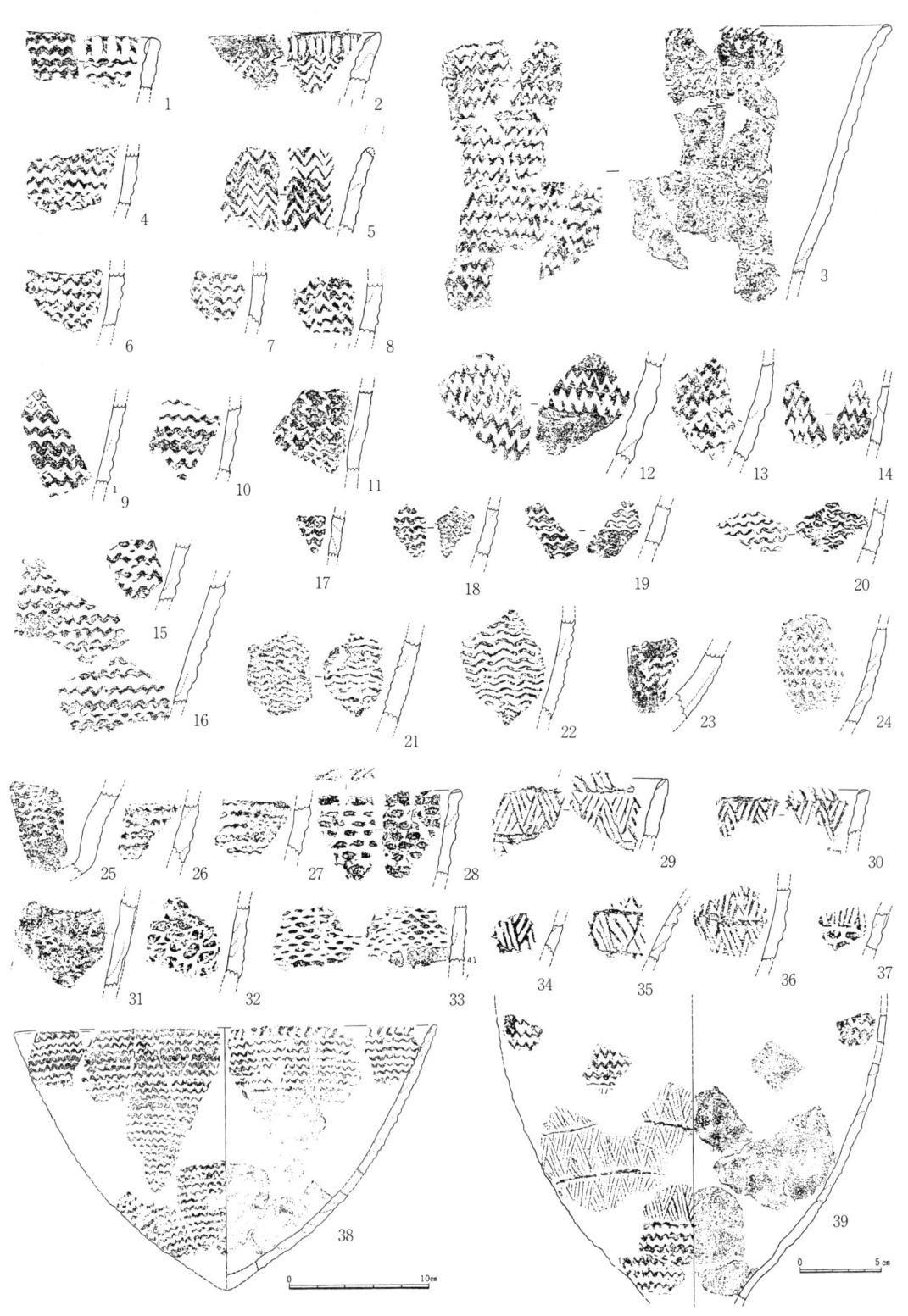

第 20 図　徳島県宝伝岩陰遺跡（同志社大学 1999）

できる（第20図）。上黒岩岩陰遺跡からは多くの押型紋が出土しており，黄島式とそれ以前の押型紋がある。山形＋楕円の併用紋は細久保2式の文様構成の特徴でもある。また異形押型紋に似た矢羽根状（D1）をとる押型紋も出土する（第19図B）。

中・四国の異形押型紋は検討に耐えうる資料は少ないが，その波及時期を近畿地方でいえば「北白川廃寺下層式」すなわち細久保2式段階と交差すると結論づけておきたい。九州島では，現在のところ異形押型紋は発見されていない。しかし押型紋前半期終末の列島レベルでの細久保2式段階の大きな胎動が，九州島の押型紋土器の成立・出現に係わったと想定するに難しいことではないであろう。

おわりにかえて

細久保2式を携え，異形押型紋をナビゲーターとした中部押型紋文化圏から西部押型紋文化圏を巡る旅はようやく終わろうとしている。両文化圏を貫く細久保2式の胎動は，西部のネガティヴ押型紋の終焉を告げるとともに，九州島における押型紋土器出現の契機ともなった。

また，この画期は押型紋文化を前半期と後半期に二分するに留まらず，列島全体おける早期の再編成をもたらすことになる[14]。すなわち，西日本は九州島（早水台式～手向山式）から西部（黄島式～穂谷式）・中部（黄島式併行～相木式）の斉一化された広域の西部押型紋文化圏に再編される。

一方，東日本は東北の日計式押型紋文化圏が崩壊し，関東（田戸下層式～田戸上層式）・東北（寺の沢式～鳥木沢式）・北海道島（住吉町式）に至る貝殻・沈線紋文化圏が形成される。早期における西の押型紋と東の貝殻・沈線紋の二大文化圏の成立である。

今回の西部押型紋文化圏への旅を通して，ネガティヴ押型紋とポジティヴ押型紋の世界を俯瞰してきた。その視点は地域の異なる異系統の押型紋を如何に把握するかに係わっている。搬入か模倣かという問題もあるが，何時の時代でも在地だけで完結した社会はない。押型紋人は行き交い，文物も動くのである。他地域の型式があっても不思議なことではない。二系統論の視点から，「神並上層式」および「北白川廃寺下層式」を異系統の型式として捉え，細久保2式との交差関係を論じた。最後にまとめにかえて，その要約と押型紋文化全体のガイドラインを提示しておきたい（第4表）。

1. 細久保2式とは，山形紋・楕円紋および異種原体（山形＋楕円紋）を用い，横位密接施紋を施紋規範とする。この段階に異形押型紋が出現する。細久保2式は関東地方の沈線紋土器三戸3式と交差する。
2. 異形押型紋は原体の形態・大きさ・彫刻・文様からみて，東北地方の日計式押型紋に出自をもつ。中部押型紋文化圏で採用され，広く西部押型紋文化圏にも分布する。しかし九州島には，現在のところ発見されていない。
3. 異形押型紋は単独で施紋されることはない。楕円紋・山形紋と組み合い，併用紋として構成される。信州では楕円紋との併用紋が殆どであるのに対し，美濃や東海では山形紋との組み

第4表 押型紋文化の枠組みとその編年

		条痕紋土器										
押型紋文化	後半	手向山式		穂谷式		相木式		田戸上層式		鳥木沢式	貝殻・沈線紋文化	早期
		〈＋〉		高山寺式		高山寺式		〈＋〉		〈＋〉		
		早水台式		黄島式		〈＋〉		田戸下層式		寺ノ沢式		
	前半	〈＋〉	宝伝岩陰	桐山和田式	〈北白川廃寺下層式〉	〈立野2式〉	細久保2式	〈＋〉	三戸3式	〈大新町b式〉	日計式（新）	
			貝殻刺突文	〈＋〉	神宮寺式	〈神並上層式〉	〈立野1式〉	細久保1式	〈＋〉	三戸2式	〈大新町a式〉	日計式（中）	
				〈＋〉	大川2式	〈＋〉		樋沢2式	〈普門寺式〉	三戸1式	〈竹ノ内式〉	日計式（古）	
					大川1式			樋沢1式				撚糸紋	草創期
		九州	中・四国	近畿		中部		関東		東北		

合わせが多くなる。

4. 異形押型紋を伴う「北白川廃寺下層式」は在地型式ではなく，ネガティヴ押型紋文化圏における異系統（中部押型紋文化圏）の型式である。「北白川廃寺下層式」に対応する在地型式は「桐山和田式」であろう。

5. 西部押型紋文化圏におけるネガティヴ押型紋は，異系統としての「北白川廃寺下層式」つまり細久保2式段階をもって終焉を迎えた。この画期をもって前半期（ネガティヴ押型紋）と後半期（黄島式〜穂谷式）に大別することができる。

6. 西部押型紋文化圏における楕円紋の出現は，後半期の黄島式以前に求めることができる。楕円紋の横位密接施紋や楕円＋山形紋の併用紋，口縁内外・上端の刻みをもつ楕円紋などの一群である。この段階に異形押型紋が伴う。

7. 九州島の押型紋文化は，異形押型紋を伴う細久保2式段階の広域的なインパクトによって成立したと考えられる。九州島でも多くみられ，列島西部・東部を越えて広域に分布する「トロトロ石器」は，これを契機として拡散したのであろう。

8. 九州島や中部をも含めた後半期の押型紋文化は斉一性をもって変遷し，列島は西部押型紋文化圏と東部貝殻・沈線紋文化圏に再編される。長らく続いた押型紋文化は九州島〜中部（手向山式—穂谷式—相木式）でほぼ同時に終わりを告げることになる。それは田戸上層式直後[15]である。東部貝殻・沈線紋文化圏も終焉し，早期後半の条痕紋土器の世界が広がって行くのである。

付 記

　市原壽文先生は，麻生優先生の学問と人となりを良く知る古くからの友人である。千葉大学文学部考古学研究室の創設にあたり，市原先生からは国立大学の先輩として数々の相談や助言を賜ったと聞いている。同時に，数年にわたり静岡からご出講をいただき，創設時の教育にも直接携わって頂いた。麻生先生の逝去後も千葉大学の考古学研究室や発掘者談話会の行く末を案じ，後見役として貴重なアドバイスを賜ることができた。おかげで本年，千葉大学文学部考古学研究室も30周年を迎えることができ，また麻生先生の13回忌を発掘者の多くの教え子とともに執り行うことができた。そして今，市原先生も無事に傘寿を迎えられた。

　これからも健康に留意され，温かいまなざしで後進を見守っていただきたいと願うのは私だけではない。この場を借りて，これまでの多岐にわたる先生の学恩とご厚情に感謝申し上げたい。

　なお，本攷の作成にあたり，会田進・宇土靖之・辻田直人の諸氏から多大なご協力を得た。また，校正にあたっては，いつものことながら千葉大学大学院の小林嵩・松嶋沙奈の両氏の校閲を受けた。深謝。

註

1) 西部押型紋文化圏はその前半期がネガティヴ押型紋の分布域であり，九州島に及んでいない。これに対し東部押型紋文化圏前半期には，中部押型紋（樋沢・細久保式）と東北押型紋（日計式）の二つの地域が含まれる。その間に関東沈線紋（三戸式）の分布域があり，東部には三つの地域性が認められる。後半期になると西部押型紋文化圏は，九州島や中部押型紋にまで拡大し，斉一的に変化する。東部押型紋文化圏は消滅し，貝殻・沈線紋文化圏に変化する。

2) 系統とは型式の連鎖であり，押型紋にはポジとネガの二系統の規範が存在する。これは実体であり，矢野が批判するように「実体不明」・「実体忘失」の議論から二系統論が提示されている訳ではない。「戦前の二系統論を想起させる」との批判はお門違いであろう（矢野1993a）。むしろ，一系統論の方が，実体のない撚糸紋文化と対比する点で「戦前の二系統論」に近い。

3) 通常の沈線紋土器は石英などの砂粒を含んでいるが，この併用紋土器は胎土に繊維を含み，器形，口縁部形態・刻みとも日計式押型紋の製作技法を受け継いでいる。

4) 日計式押型紋の起源と終末については，三戸式沈線紋とほぼ交差するとみられるが，その前段階についてはよく判らない。

5) C^{14}年代に関わる年代表記については，生のC^{14}年代B.P., 較正年代としてのリビー起源（1950年）cal B.P., 西暦起源cal B.C.の三通りで表記される。現在，用いられるIntCal 09が更新されると年代が変わる。著者は比較年代による較正曲線をもっているので不自由はないが，年代表記だけでも統一してほしい。歴年代ではないのだから，リビー起源でB.P.で統一すべきと考える。ところが，最近では較正年代をもとに「1000」年を単位とするka法の表記もみられるようになった。「ka12」とは今から12000年前ということであり，「今」とはリビー起源（1950年）を切り上げて，A.D. 2000を基準とするものである。仮数年代と考えれば，単純で合理的な表記法ともいえる。

6) 著者が中尾岳洞穴遺跡と呼ぶのは，「盗人岩洞穴遺跡」のことである（森ほか1969）。佐藤達夫は最下層出土の連続刺突紋土器を草創期・最古の箆紋土器の仲間として位置づけている（佐藤1971）。

7) 図版の作成にあたり原報告にあたることを心掛けたが,『押型文土器期の諸相』(関西縄文文化研究会 2011) によったものもある。拓本資料はほぼ1/3に揃えたが,復原資料は任意である。なお,図版の引用文献については,所在地が判るように教育委員会名を記した。

8) 熊谷博志は細久保式3細分案を提示し,異形押型紋をもつものを3段階に位置づける(熊谷2008)。しかし,異形押型紋だけで構成される型式はない。

9) 本文中で異種併用紋土器について楕円＋山形紋と表記した場合,楕円紋と山形紋の横位密接施紋を表している。

10)「北白川廃寺下層式」という型式名称は,学史的に前期「北白川下層式」,中期「北白川上層式」が存在し,やや紛らわしいと考えるのは著者だけであろうか。関西縄文文化研究会で検討してほしい。

11) 異系統あるいは非在地系土器は,縄紋時代各時期にわたって存在している。縄紋人が動き,文物が交流する証である。畿内でいえば前期の「北白川下層式」と「諸磯式」の関係をみても然りである。ネガティヴ押型紋の世界にも異系統土器の理解が必要である。

12)「桐山和田式」とは同遺跡出土の2群C類を中心とした横帯施紋の土器群である。熊谷が「神並上層式」にした鳥浜貝塚の横帯施紋の土器も,「桐山和田式」の仲間であろう(熊谷2011b)。「桐山和田式」→「神並上層式」→「北白川廃寺下層式」への直線的な編年観には,大きな問題があろう。次回,改めて提示したい。

13) 裏面に異形押型紋を施紋する例は,宝伝岩陰遺跡のほか,豊松堂面洞穴遺跡・刈谷我野遺跡にみられ,口縁内面に刻みをもつ。

14) 中部押型紋文化圏後半期の黄島式に併行する型式については早急に検討しなければならない重要な課題である。黄島式の特徴である裏面に棚状紋をもつものは見当たらない。

15) 押型紋文化の終焉については,高山寺式を検討した関野哲夫によって田戸上層式(関野1988)に,また阿部芳郎は信州の沈線紋土器の判ノ木山西式(古段階)に相木式が共伴することから,その時期を田戸上層式として位置づけている(阿部1997)。押型紋土器と沈線紋土器の終焉はほぼ一致する。

引用・参考文献

会田　進　1970「長野県南安住郡奈川村学間遺跡発掘調査報告書」『信濃』第22巻2号

会田　進・中沢道彦　1997「中部高知の早期中葉土器編年の課題」長野県考古学会縄紋時代(早期)部会編『シンポジウム押型文と沈線文』

赤司善彦編　1994『原遺跡』福岡県教育委員会119集

赤星直忠　1929「相模三戸遺跡」『考古学雑誌』第19巻11号

赤星直忠　1936「古式土器の一形式としての三戸式土器に就いて」『考古学』第7巻9号

秋山真澄ほか　1992『東大室クズレ遺跡』　加藤学園考古学研究所

芦沢玲子ほか　2005『上ノ段遺跡(2) 市道230号線関連遺跡(縄文)』沼津市文化財調査報告第87集

阿部芳郎　1997「判ノ木山西遺跡出土器の分類と編年」『シンポジウム　押型文と沈線文』

安藤道由ほか　1996『上ノ山A・上ノ山B・下根田A・下根田B・御所塚遺跡』(財)君津郡市文化財センター発掘調査報告書第115集

池田大助　1984「北総台地における沈線文土器群の出現」『千葉県文化財センター研究紀要』8

伊庭　功ほか　2000『粟津湖底遺跡　予備調査・南調査区(粟津湖底遺跡Ⅳ)』

岩瀬彰利　1993「嵩山蛇穴遺跡再考」『三河考古』第5号

岩花秀明 1989『諸岡遺跡発掘調査報告書』 坂内村教育委員会
上峯篤史・矢野建一 2011「京都府の押型文土器の概要・集成」『押型文土器期の諸相』 第12回関西縄文研究会
浦田和彦編 1992『一野遺跡』有明町文化財報告書第11集
宇土靖之ほか 2001『一野遺跡II』
遠藤 左 2005「新潟県における沈線文系土器の様相」『早期中葉の再検討』 第18回縄文セミナー
岡崎正雄ほか 2008『福本遺跡II』 神河村教育委員会
小笠原永隆 2003「千葉県下における押型文土器出現期の研究展望」『利根川』24・25号
小笠原永隆 2009「早期の非在地系土器 —押型文土器について—」『研究紀要』26 千葉県教育振興財団
岡本 勇・戸沢充則 1965「縄文文化の発展と地域性 関東」『日本の考古学』II
岡本東三 1980「神宮寺・大川式押型紋土器について」『考古学論叢 藤井祐介君追悼記念』
岡本東三 1987「押型文土器」『季刊考古学』21号
岡本東三 1989「立野式土器の出自とその系統をめぐって」『先史考古学研究』2号
岡本東三 1992「埼玉県・大原遺跡第3類土器をめぐって」『人間・遺跡・遺物』2
岡本東三 1997「関東・北の沈線紋と関・東北の押型紋」『人間・遺跡・遺物』3
岡本東三 2001「縄紋土器における曲線紋土器の成立」『千葉県史研究』第9号
岡本東三 2010「関東・中の沈線紋と関・中部の押型紋」『土器型式論の実践的研究』人文社会科学研究科プロジェクト報告書第128集
岡本東三ほか 1994『千葉県城ノ台南貝塚発掘調査報告書』千葉大学文学部考古学研究報告 第1冊
小熊博史 1997「新潟県における押型文系及び沈線文系土器群の様相」『シンポジウム 押型文と沈線文』
置田雅昭・矢野健一 1988「奈良県天理市布留遺跡縄文時代早期の調査」『考古学調査研究中間報告』14
恩田 勇 1991「沈線文土器群の成立と展開 (1)」『神奈川考古』27号
恩田 勇 1994「沈線文土器群の成立と展開 (2)」『神奈川考古』30号
遠部 慎 2004「九州における押型文土器出現期（予察）」『古代』第114号
遠部 慎 2009「上黒岩遺跡の押型文土器の炭素14年代測定」『愛媛県上黒岩遺跡の研究』国立歴史民俗博物館研究報告第154集
遠部 慎編 2009『犬島貝塚』 六一書房
鏡野町史編集委員会 2000『鏡野町史 考古資料編』 鏡野町
片岡 肇 1988「異形押型文土器について」『朱雀』京都文化博物館研究紀要 第1集
川崎 保 2003「神村論文を読んで押型文土器の編年を考える」『利根川』24・25号
川崎 保ほか 2003『山の神遺跡』国営アルプスあづみの公園埋蔵文化財発掘調査報告書2
関西縄文文化研究会 2011『押型文土器期の諸相』 第12回関西縄文文化研究会
九州縄文研究会 1998『九州の押型文土器 —論攷編—』
熊谷博志 2008「樋沢・細久保式小考」『文化財学としての考古学』
熊谷博志 2011a「鳥浜貝塚出土の押型紋土器」『福井県立若狭歴史民俗資料館 館報 平成22年度』
熊谷博志 2011b「前半期押型文土器編年の再検討」『押型文土器の諸相』 第12回関西縄文研究会
熊谷博志 2012「鳥浜貝塚出土押型文土器の再検討」『信濃』第64巻4号
小池義人ほか 1998『上越自動車道関係発掘調査報告書IV 関川谷内I』新潟県埋総文化財調査報告書第90集
河野典夫ほか 1998『宮ノ前遺跡発掘調査報告書』 宮川村教育委員会

小島正巳・早津賢二 1992「妙高山麓松ヶ峯 No.237 遺跡採集の押型文土器」『長野県考古学会誌』64 号
坂上有紀 2004『上越自動車道関係発掘調査報告書 XI 八斗蒔原遺跡』新潟県埋蔵文化財調査報告書第 129 集
坂本嘉弘 1998「東九州の押型文土器研究の現状と課題」『九州の押型文土器 ―論攷編―』
笹澤　浩・小林　孚 1966「長野県上水内郡信濃町塞ノ神遺跡出土の押型文土器」『信濃』第 18 巻 4 号
佐藤達夫 1971「縄紋式土器研究の課題」『日本歴史』277 号
佐藤達夫・大野政雄 1967「岐阜県沢遺跡調査予報」『考古学雑誌』第 53 巻 2 号
縄文セミナーの会編 2005『早期中葉の再検討』資料集・記録集
氏平昭則 2005『苫田ダム建設に伴う発掘調査 4 箱 E 遺跡』岡山県埋蔵文化財発掘調査報告 193
白崎高保 1941「東京稲荷台先史遺跡」『古代文化』第 12 巻 8 号
杉原荘介・芹沢長介 1958『神奈川県夏島における縄文文化初頭の貝塚』明治大学文学部研究報告　考古学　第 2 冊
鈴木道之助 1979「押型文土器と撚糸文土器」『考古学ジャーナル』No.170
澄田正一・大参義一 1956『九合洞窟遺跡』　名古屋大学文学部
西藤清秀 1983「高塚遺跡」『奈良県遺跡調査概報 1982 年度』　奈良県立橿原考古学研究所
関野哲夫 1988「高山寺式土器の編年」『先史考古学研究』第 1 号
関野哲夫ほか 1980『長井崎遺跡発掘調査報告書』沼津市文化財調査報告書第 18 集
芹沢長介 1954「関東および中部地方における無土器文化の終末と縄文文化の発生とに関する予察」『駿台史学』4 号
高橋　誠ほか 2001『湯倉洞窟』　高山村教育員会
舘　邦典ほか 2009『川上ダム建設事業内埋蔵文化財発掘調査報告書 II』　伊賀市教育員会
谷口和人ほか 1998『牛垣内遺跡』（財）岐阜県文化財保護センター
谷口和人ほか 1997『西田遺跡』（財）岐阜県文化財保護センター
谷口和人ほか 1995『岡前遺跡』（財）岐阜県文化財保護センター
谷口康浩 2011『縄文文化起源論の再構築』　同成社
田部剛士 2006『越町遺跡・小切山遺跡』　山添村教育委員会
土井義夫ほか 1974『秋川市二宮神社境内の遺跡』　秋川市教育委員会
利根川同人 2003『特集：押型文土器とその周辺』『利根川』24・25 号
富沢敏弘・黒沢文夫 1985『中棚遺跡』　昭和村教育委員会
富沢敏弘・黒沢文夫 1988「中棚遺跡」『群馬県史』資料編 1 原始古代 1
友野良一ほか 1973『浜弓場遺跡』　伊那市教育委員会
中沢道彦 2005「長野県における早期沈線文土器群の様相」『早期中葉の再検討』　第 18 回縄文セミナー
中沢道彦・贄田　明 1996「長野県北佐久郡御代田町戻場遺跡採集の縄文土器について」『縄文時代』第 7 号
中島　宏 1991「細久保遺跡第 2 類 a 群土器についての覚書」『縄文時代』第 1 号
中村信博 2003「撚糸文最後の土器群」『利根川』24・25 号
中村由克 2001『市道遺跡発掘調査報告書』　信濃町教育委員会
長野県考古学会縄文時代（早期）部会編 1997『押型文と沈線紋』資料集・本編
奈良市教育委員会 2007『県営圃場整備事業田原東地域における埋蔵文化財発掘調査概要調査報告書 II』
西川博孝 1980「三戸式土器の研究」『古代探叢』I
野内秀明ほか 1982『長井内原遺跡』横須賀市文化財調査報告書第 9 集

橋本　淳　2005「北関東における沈線紋土器の様相」『早期中葉の再検討』第18回縄文セミナー
橋本裕行・南部裕樹　2003『宮の平遺跡Ⅱ』奈良県立橿原考古学研究所調査報告書第86集
巾　隆之　1988「石畑岩陰遺跡」『群馬県史』資料編1原始古代1
林　謙作　1965「縄文文化の発展と地域性　東北」『日本の考古学』Ⅱ
原田昌幸　1988「押型文土器について」『東金市久我台遺跡』（財）千葉県文化財センター
原田昌幸　1988「花輪台式土器論」『考古学雑誌』第74巻1号
原田昌幸・新井和之　1992『上長者台遺跡』　上長者台遺跡調査会
春成秀爾・小林謙一　2009『愛媛県上黒岩遺跡の研究』国立歴史民俗博物館研究報告第154集
兵藤　薫　2008「押型文系土器（黄島式土器）」『綜覧　縄文土器』
藤井祐介・阿久津久　1970『神鍋遺跡』　日高町教育委員会
松沢亜生　1957「細久保遺跡の押型文土器」『石器時代』4号
松田真一　1989『大川遺跡　―縄文時代早期遺跡の発掘調査報告書』　山添村教育委員会
松田真一　2002『桐山和田遺跡』奈良県文化財調査報告書第91集　奈良県立橿原考古学研究所
松藤和人ほか　1999『加茂谷川岩陰遺跡群』同志社大学文学部考古学調査報告　第10冊
水ノ江和同　1998「九州における押型文土器の地域性」『九州の押型文土器　―論攷編―』
宮崎朝雄・金子直行　1991「撚糸文土器群と押型文土器群の関係（素描）」『縄文時代』第1号
宮崎朝雄・金子直行　1995「回転文様系土器群の研究」『日本考古学』第2号
森醇一朗ほか　1969『佐賀県西松浦郡西有田町縄文遺跡』佐賀県文化財調査報告書　第18集
守屋豊人　1995「平坂貝塚出土土器の再検討」『考古学博物館報』No.10
八木光則ほか　1983『大館遺跡群　大新町遺跡　―昭和57年度発掘調査概報』　盛岡市教育委員会
矢野健一　1993a「押型文土器の起源と変遷」『考古学雑誌』第78巻4号
矢野健一　1993b「押型文土器の起源と変遷に関する新視点」『研究紀要』第2号　三重県埋蔵文化財センター
矢野健一　2003「北部九州地方における押型文土器出現時期」『立命館文学』第578号
矢野健一　2007「押型紋土器出現以前の九州地方と本州地方との地域間関係」『九州における縄文時代早期前葉の土器相』　第17回九州縄文研究会
矢野健一　2008a「押型文系土器（大川式・神宮寺式土器）」『綜覧　縄文土器』
矢野健一　2008b「押型文系土器（高山寺式・穂谷式土器）」『綜覧　縄文土器』
矢野健一　2011「押型文土器編年の現状と課題」『押型文土器期の諸相』
柳浦俊一　2007「山陰の縄文早期土器」『島根県考古学会雑誌』第24集
山内清男　1941『日本先史土器図譜　―茅山式・子母口式―』第XII輯
山内清男　1964「縄紋式土器・総論」『日本原始美術』第1巻
吉朝則富　1990「高山市の縄文遺跡　二ひじ山遺跡」『飛騨春秋』第35巻9・10号
吉田英敏・篠原英敏　1989『塚原遺跡・塚原古墳群』　関市教育委員会
領塚正浩　1985「三戸式土器の再検討」『東京考古』5号
領塚正浩　2008「貝殻・沈線文土器」『歴史のものさし』縄文時代の考古学2　同成社
渡邉康行　1999「長崎県における縄文早期研究の現状」『西海考古』創刊号

金雲母と植物繊維痕

羽二生　保

はじめに

　ほとんどの発掘調査報告書には，出土土器の胎土に関する記述がみられる。比較的目立つ金雲母や植物繊維痕が認められると，それらはほぼ記載されるとみてよいであろう（本論では土器の表面に認められる金色に輝く雲母片を金雲母とする）。この両者は混和材と考えられているが，植物繊維はよしとしても，金雲母については慎重でなければならない。というのは，金雲母は土器の原材料となる粘土中に自然に混じり込んでいる場合があり，そのような粘土が使われたとすると，意図的に混入した場合と区別し難いと思われるからである。また，土器の胎土分析によって地元の粘土や砂が使われていることが判っても，製作地を特定することはできないようである。つまり，遺跡から金雲母混入土器が出土しても，それがその遺跡で製作されたという確証は無く，周辺の地質との関係で金雲母混入行為の有無を判定することはできそうにない。

　したがって，混和材とするにはその根拠がより問われることになる。金雲母を混和材とする有力な根拠は，関東地方の縄文中期の阿玉台式土器に多量の金雲母が認められ，その型式の重要な要素になっていることにある。つまり，特定の型式の土器に限って認められることから，意図的に混入された可能性が高いと考えられているのである。ところが，同型式の土器でも胎土に金雲母を含むものと含まないものが存在するのであって，そのような場合は他の根拠を示さざるを得ないだろう。土器に認められる金雲母が人為的に混入されたものなのかどうか，地域的・時期的な違いも考慮に入れながら検討すべきなのかもしれない。

　本論では，静岡県東部地方出土の縄文時代早期の土器に認められた金雲母について，植物繊維痕と関連させながら混入行為の有無を検討した。特に，金雲母と植物繊維痕の両者が認められた土器片に注目し，それが金雲母混入と植物繊維混入という両製作技法の結合した姿として捉えられるのかどうか，両者に関する先学の研究成果を導きとして考察してみた。

1. 研究史

(1) 植物繊維混入に関する山内清男氏の見解

　植物繊維の混入に関しては山内清男氏による一連の研究がある。山内氏は繊維土器が最古の土

器ではないかと考え，それを追求しながらそれ以前の無繊維土器の存在を明らかにされた。その間，縄文土器の編年研究を進展させるとともに，植物繊維を混入する意義やその期間，発生や分布についての見解を示している（山内1928・1929・1930・1932・1935）。本論に関わる研究成果を列記すると以下のようになる。

I　繊維の混入は，器に横走して加えられていることから，成形を容易にするためであると考えられる。

II　繊維の混入は，早期の三戸期からわずかに行われるようになり，次の子母口期以降盛行し，前期の諸磯期以降行われなくなる。（このことは，後に次のように総括された。「繊維の混入は早期中葉では微量であるが早期終末頃から前期に多量となり，一時代の全土器に通有である。従って繊維の混入があれば大体の時期が定まるという鑑定に甚だ便利な特徴となっている」（山内1964）。）

III　繊維混入手法は中部地方以東に発生し，分布したと思われる。

(2) 植物繊維混入に関する岡本勇氏の見解

岡本勇氏は，植物繊維の混入を土器の平底化や器形の大型化と密接に関連するものとしてとらえ，その出現期の土器型式についても以下のように言及している。

　　「田戸上層式土器は，先行する田戸下層式の流れを汲みながら成立したと思われるが，両者の器形の違いは，際だっている。田戸上層式の底部は丸底を主体とし，それに近い尖底，並びにごく僅かの平底から成り立っているが，これは当然その上に続く全体の器形とも関連しているわけである。…（省略）…田戸上層式土器には，器形が大形化したことや，製作の際に繊維を混入するなどの新しい要素が加わっている。段とくびれ，器形の大形化，繊維の混入といった各現象は，個々ばらばらのものではなく，相互に関連した統一的な出来事であったと理解される。大きな土器を製作しようとするためには，まず粘土のつなぎをよくしなければならず，その目的に沿って生まれたのが，繊維の混入という新しい技術であったと考えられる」（岡本1966）。

　　「繊維痕を持つ高山寺式の粗大押型文は，直径約1cm，長さ5cmほどの原体を用いているが，これはそれ以前の押型文土器の原体よりはるかに大きい。この文様の上にあらわれた差は，土器の大きさともある程度関連している。つまり，高山寺式土器には，あたかも田戸上層式に呼応するかのように，土器の大型化が進行するのである」（岡本1982a）。

このように，器形の大型化と結び付けて田戸上層期に植物繊維混入の時期を求めたが，それはあくまで盛行する時期であり，「土器の製作にさいして，胎土に禾本科植物の繊維を混入させるという技術は，すでに隆線文土器その他にも，わずかながらおこなわれてきた。しかし，それが一般的に，かつ多量にみられるようになるのは，早期の後葉のことである」（岡本1982a）と述べている。

(3) 金雲母混入に関する諸先学の見解

佐原真氏は，金雲母を含めた混和材全般の混入意義について，「混和材を多量に入れると土器の胎土の気孔が増大する。このことは，同じ粘土を用い，混和材を加えた素地と加えない素地と

を同時に同時間焼成すると，前者は芯まで赤く焼けているのに後者はまだ芯が黒いままであるという実験によってもよくわかる。混和材の多くは素地作成の工程で粘土の粘性を弱める働きをもつが，さらに乾燥・焼成によるひび割れを防ぎ，また耐火度を増すなどの目的を果たしている」（佐原1972）と述べている。以下においては，阿玉台式土器の金雲母に関する見解を示す。

　山内清男氏は，「関東中期の阿玉台式土器に，雲母片が混入され表面が金色にちりばめられたようにみえる例がある。これは雲母片だけが混入されたのではなく雲母片の多量に混じた砂が特に混入されたものらしい」（山内1958）と述べ，金雲母そのものよりむしろ砂に注目している。

　小林達雄氏は「雲母を多量混入する関東地方中期の阿玉台式土器様式は光線の具合で器面をキラキラ輝かす。…（省略）…つまり，混和剤の選択と配合が単なる素地土の物理的性質を調整することにのみあるのではなく，むしろ土器製作の流儀・作法としての伝統・約束を背景にもつものであることが理解されよう。そうしたなかには，視覚的・触覚的な効果もあらかじめ意識的に目論まれた様式もあったのである」（小林1983）と述べ，金雲母は意識的に混入されたものであるとし，その背景として物理的調整以外にも伝統や約束などを考えている。後藤和民氏は

　　「雲母の全くない千葉県南部からも，かなり多量の阿玉台式土器が出土しているのである。この場合，粘土は現地のものを使ったが，雲母だけは霞ヶ浦周辺や筑波山系から取り寄せたと考えるべきなのであろうか。しかし素地土の中に，なぜ雲母を入れるのであろうか。雲母の性質は，水を含むと膨張し，乾燥すると収縮してぱさぱさになるので，粘土の欠点を助長するようなもので，素地土の混入物としては決して好ましい素材ではない。その美的な効果をねらうにしても，わざわざ遠方から取り寄せてまで混入しなければならないほどのものではない。むしろ，土器の機能性を尊重するならば，極力避けるべき要素である。これは，縄文人が作意的に混入したものと考えるよりは，ある地域には，雲母が自然に混入した粘土しかなかったために仕方なくそれを使ったものと考える方がはるかに必然性がある。もし，雲母の産出しない地域で，それをわざわざ取り寄せてまでつくったとするならば，なぜ混入物だけが流通していたのに，製品としての土器そのものは決して流通しなかったと断言できるであろうか。その根拠はどこにもないのである」（後藤1983）。

と述べ，混入行為の有力な根拠になっている阿玉台式土器の金雲母に対し，疑問を投げかけた。

(4) 植物繊維の混入や金雲母混入に関する諸先学の見解のまとめ

　まず植物繊維の混入に関してであるが，山内氏と岡本氏の研究成果を総合すると次のようになろう。植物繊維が混入され始めた時期について，両者ともその盛行し始める時期を早期の終わり頃としている。土器型式名で言うならば山内氏が子母口式，岡本氏が田戸上層式ということになる。昭和12年に示された山内氏の編年表では両式が並列して記されており，ほぼ同時期と考えていたことがわかる（山内1937）。岡本氏が示された編年表（岡本1982b）では，田戸上層式を子母口式の前段階に位置づけているので，編年研究の進展を考慮すれば，その盛行し始める時期を田戸上層式期としてよいであろう（第1表）。また，両者とも植物繊維の混入はそれ以前からわずかながら行われていたと述べており，それは隆線文土器にまで遡るようである。岡本氏は田戸上

第1表 関東地方の編年表（岡本編年（岡本 1982b）の一部に山内編年（山内 1937）の一部を対比させた）

時期	山内編年	岡本編年
早期	三戸・田戸下	三戸（細久保）
		田戸下層
	子母口・田戸上	田戸上層（高山寺）
		子母口
		野島
		鵜ヶ島台
	茅山	茅山下層
		茅山上層
		下吉井
		神之木台
前期	花積下	花積下層
		二ツ木
	関山	関山
	黒浜	黒浜　植房
	諸磯 a, b	諸磯 a　浮島1
		諸磯 b　浮島2
		諸磯 c　浮島3
	十三坊台	十三菩提　興津

層式やそれと並行する高山寺式に出現する大型土器をその盛行の要因であるとした。混入行為の終期については，山内氏が前期の諸磯期と明言され，それに対する異論は未だに無いようである。混入行為の意義については，山内氏が成形を容易にするためであるとし，岡本氏は大型土器を製作するために粘土のつなぎをよくするためであるとしたように，両者とも成形に関わる技法であると考えた点共通している。発生と分布については，山内氏は中部地方以東に発生し分布したと考えている。

次に金雲母に関してであるが，金雲母を混入する目的として，乾燥や焼成によるひび割れを防いだり耐火度を増すことが考えられる。また，器面をキラキラ輝かす視覚的効果を目論んだ可能性も考えられる。しかし，粘土の粘性を弱める働きがあり，水を含むと膨張し，乾燥すると収縮してぱさぱさとなって粘土の欠点を助長してしまうような，混和材としてふさわしくない面も持つようである。このように長所や短所が示されているが，いずれにしても土器の素地土の調整に関わる技法と言える。

阿玉台式土器の金雲母については，混和材としての砂に金雲母が混じり込んでいたと解釈できる見解や，金雲母の混じり込んだ粘土しか無かったので仕方なくそれを使ったとする見解もあり，阿玉台式土器の金雲母が必ずしも混入行為の根拠になり得ないことを確認しておきたい。

以下においては，金雲母や植物繊維を含む土器の，遺跡における在り方を確認することとする。

2. 静岡県東部地方の2遺跡から出土した土器

(1) 静岡県沼津市植出遺跡（北神馬土手遺跡他）出土の縄文土器

本遺跡は静岡県東部の愛鷹山南麓に位置し（第1図），縄文時代の遺物としては早期～中期の土器片が出土し，遺構としては早期後半の多数の落し穴が検出された（羽二生 1997）。

早期前半の土器片は，押型文土器 24 点（楕円文 17・格子目文 1・山形文 5・楕円＋山形文 1），撚糸文土器 3 点，縄文土器 2 点が出土し，これらは出土状態等からほぼ同時期のものと考えられ，中部地方の土器編年の細久保期に比定できそうである。これらの土器片の胎土は，金雲母と植物繊

維に注目すると，金雲母のみが認められるものと，繊維痕のみが認められるものとに二大別できた。総数わずか29点の資料ではあるが，楕円押型文土器の一部（6点）と縄文土器（2点）に金雲母が認められ，他の押型文土器すべてと撚糸文土器に繊維痕が認められた（21点）。最も数の多かった楕円押型文土器片17点で見るならば，金雲母6点，繊維痕11点であった。

　早期後半の土器片は，60点出土し，その内訳は関東地方の土器編年の鵜ケ島台式16点，茅山下層式43点，中部地方の入海2式1点であった。すべてのものに繊維痕が認められたが，鵜ケ島台式の4点と茅山下層式の1点に，金雲母と繊維痕の両方が認められた。

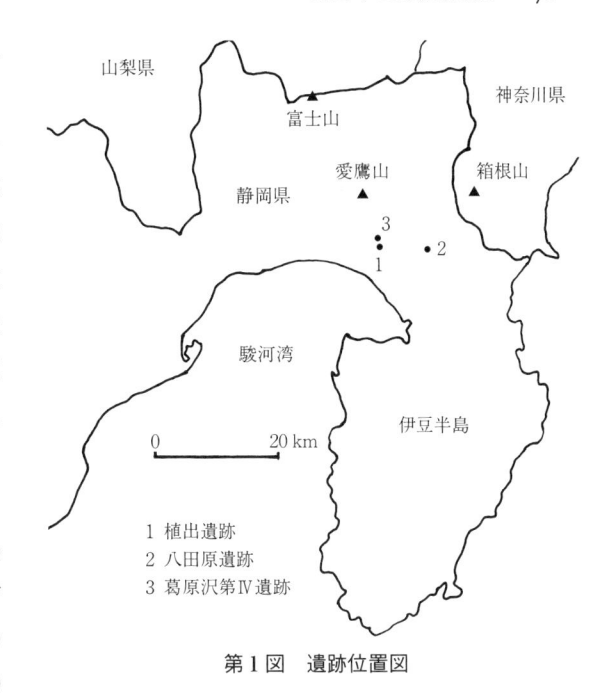

　前期の土器片は，関東地方の諸磯b式に比定できるものが1点のみ出土し，胎土は金雲母も繊維痕も認められなかった。

　中期の土器片は，中部地方の勝坂式に比定できるものが2点出土し，そのうちの1点に金雲母のみ認められた。

　以上が出土縄文土器片の様相である。金雲母と植物繊維痕については，以下のようにまとめることができる。

　①縄文早期前半の細久保式に比定できる土器片は，金雲母のみが認められるものと，植物繊維痕のみが認められるものとにはっきり区分できた。

　②早期後半の鵜ケ島台式と茅山下層式の土器片に，金雲母と植物繊維痕の両者が認められるものがある。

　③前期後半の諸磯b式以降の土器片には，植物繊維痕は認められない。

　④中期の土器片に金雲母が認められるものがある。

第1図　遺跡位置図

1　植出遺跡
2　八田原遺跡
3　葛原沢第Ⅳ遺跡

(2) 静岡県三島市八田原遺跡出土の縄文土器

　本遺跡は静岡県東部の箱根山西麓に位置し（第1図），縄文時代の遺物としては早期～中期の土器片が出土し，遺構としては時期の特定できない土坑群が検出されている（笹原1997）。

　早期前半の土器片は，細久保式に比定できる押型文土器が24点（山形文16・楕円文8）出土。その内胎土に金雲母のみ認められたものは6点（山形文3・楕円文3）で，金雲母と繊維痕の両方が認められたものは18点（山形文13・楕円文5）であった。繊維痕のみが認められたものは無かった。また，撚糸文土器片が3点出土し，その内の1点に金雲母のみが認められている。

第2表　植出遺跡・八田原遺跡出土土器における金雲母・植物繊維痕の確認状況

時期	型式	植出遺跡			八田原遺跡		
		金雲母	植物繊維	金雲母+繊維	金雲母	植物繊維	金雲母+繊維
早期(前)	細久保	○	○		○		●
早期(後)	鵜ヶ島台 茅山下層		○	●			
前期(前)							
前期(後)	諸磯b				○		
中期		○			○		

　前期の土器片は，諸磯b式に比定できるものが35点出土している。そのうち金雲母を含むものが21点あり，繊維痕が認められるものは無かった。

　中期の土器片は，11点出土している。そのうち金雲母を含むものが3点あり，繊維痕が認められるものは無かった。

　以上が出土縄文土器片の様相である。金雲母と植物繊維痕については，以下のようにまとめることができる

　①縄文早期前半の細久保式に比定できる押型文土器片は，金雲母のみが認められるものと，金雲母と植物繊維痕の両方が認められるものとに区分でき，植物繊維痕のみが認められるものは無かった。

　②前期後半の諸磯b式以降の土器片には，植物繊維痕は認められない。

　③前期後半の諸磯b式の土器片や中期の土器片には金雲母のみが認められるものがある。

(3) 両遺跡出土土器の主な共通点と相違点

　共通点としては，第1に，植出遺跡の諸磯b式の土器片が1片しか採集されなかったことを考慮すれば，金雲母を含むものはどの時期にも存在しそうであること。第2に，前期の諸磯b式以降の土器片には植物繊維痕が認められないということである。後者は，山内清男氏が指摘しているように，植物繊維の混入が諸磯a式以降行われなくなるからであろう。

　相違点としては，金雲母と植物繊維痕の両者を含む土器片が，植出遺跡においては早期後半の時期に，八田原遺跡においては早期前半の時期にすでに認められるということである（第2表）。この出現時期のずれに，金雲母混入行為の有無を検証する鍵があると思われる。

3. 2遺跡出土土器の解釈

(1) 前提事項

　これら2遺跡出土土器に認められた現象を解釈するにあたり、前提として以下の2点を確認しておきたい。まず出土した土器片がどこで製作されたかということである。植出遺跡については、当遺跡や他の同一場所で製作された可能性が低いと思われるので、植物繊維混入土器も金雲母混入土器も、それぞれ他の場所で製作されて当遺跡に搬入されたものと考えておきたい[1]。八田原遺跡においても類似した土質でもあり、同様に考えて差し支えないと思われる。次に、金雲母混入行為があったとした場合の、両製作技法の性格についてである。金雲母混入や植物繊維混入という製作技法は、それを採用した集団にとってはそれを特徴づけるような重要な文化的要素であり、安易に他の技法と結合するような性格のものではない、と考えておきたい。

(2) 植出遺跡出土土器の解釈

　金雲母混入行為があったとすると、早期前半の細久保式期には、植物繊維混入技法を有する集団と金雲母混入技法を有する集団が存在していたと考えられる（両技法とも有さない集団も存在しただろうが当遺跡の資料では確認できない）。そして、それぞれの集団が製作した土器が当遺跡にもたらされたことになる。その後両技法の結合があり、早期後半の条痕文系土器に、金雲母と植物繊維の両者を含むものが存在するのである。両技法結合の要因は、岡本勇氏の研究成果から大型土器の出現に求めることができるであろう。結合時期については、器形の大型化とともに植物繊維混入が盛行しだす田戸上層期（高山寺期）と推測できる。伝統的に金雲母を混入してきた集団が、器形の大型化に伴い、新たに植物繊維混入技法を取り入れたのであろう。その後、山内清男氏の研究から前期の中頃（諸磯a期）以降植物繊維の混入が無くなるので、当遺跡においては諸磯b式期以降の土器に繊維痕が認められなくなる。そして、金雲母混入技法のみが残り、中期に金雲母のみ認められる土器片が存在するのである。以上、植出遺跡出土の土器については、金雲母混入行為があることを前提とした解釈が可能といえる。

(3) 八田原遺跡出土土器の解釈

　植出遺跡との主な相違点は、細久保期に金雲母と植物繊維の両者を含むものが存在するところにあった。したがって、この現象を、金雲母混入行為があったとして解釈できるかどうかが焦点となる。器形の大型化と植物繊維の混入を関連付ける岡本勇氏の見解からすれば、この時期に金雲母混入技法を有する集団が、さらに植物繊維混入技法を受け入れる必要性を見出すことはできない。

　それではどう解釈すべきなのか。2つの製作技法の結合とすることに無理がある以上、金雲母混入行為が無かったとして解釈せざるを得ないことになる。この場合、金雲母は人為的に混入さ

第3表　静岡県東部地方における金雲母と植物繊維痕の消長（金雲母は中期以降も存続）

時期	型式	金雲母（自然混入）	植物繊維（人為的混入）	金雲母＋繊維
草創期				
早期	細久保 田戸上層			八田原遺跡 植出遺跡
前期	諸磯a			
中期				

れたものではなく，自然状態で原料粘土に混じり込んでいたものということになる。したがって，早期前半の細久保期には，植物繊維混入技法を有する集団とそれを有さない集団が存在したことになり，金雲母を含んだ土器を焼成した集団は後者の集団に属したことになる。

　山内清男氏も岡本勇氏も，植物繊維混入が一般化する前に繊維の混入がわずかながら行われてきていることに言及している。八田原遺跡や植出遺跡において，細久保式期の土器に植物繊維混入土器が認められるのは，このことに関わる現象と思われる。植出遺跡の周辺には植物繊維を混入する土器が伝統的に供給されていたようで，愛鷹山の南麓で植出遺跡のすぐ北に所在する葛原沢第IV遺跡（第1図）出土の，報告者が「葛原沢I式」と命名した草創期の土器は，器厚が厚く繊維を多量に含み，底部が例外なく平底であったという（池谷2001）。金雲母が混入している粘土を使用した集団の一部に，集団どうしの交流の過程で植物繊維混入技法を取り入れたものがあったと考えれば，八田原遺跡の細久保式期の現象は説明がつく[2]。つまり，細久保式期に両者が認められることは，植物繊維混入技法が徐々に普及していく様子を物語っているのである（第3表）。

(4) 結　論

　八田原遺跡出土土器に認められた現象が，金雲母混入行為が無かったとした場合に解釈可能であることが判明した。植出遺跡においても，無かったことを前提とした解釈も可能であることは明らかである。金雲母と植物繊維の両者を含む土器の両遺跡での出現時期のずれは，植物繊維混入技法の普及度の違いにあると考えられる。両遺跡出土土器の解釈が可能となった以上，静岡県東部地方の縄文時代早期の土器に認められる金雲母は，人為的に混入されたものではなく，自然状態で原料粘土に混じり込んでいたものということになる。

おわりに

　静岡県東部地方で出土した縄文時代早期前半の細久保期の土器片に，金雲母と植物繊維の両者を含むものが存在し，その現象を解釈した結果，金雲母が人為的に混入されたものでないという結論に達した。あくまで地域と時期を限定しての結論であるが，土器に含まれているすべての金雲母もそうではないのかという妄想を抱いている。いずれ技術が発達し，人為的に混ぜたものと自然に混ざったものの判別が可能となる時が来るであろう。

　拙論は全面的に山内清男氏と岡本勇氏の研究成果に負ったもので，両氏には心から敬意を表する。15年前，北神馬土手遺跡（植出遺跡）の調査報告書を書いた折には，金雲母混入技法と植物繊維混入技法とが存在し，それらは細久保式期には相入らざる関係にあるが，後に結合すると考えた。市原壽文先生にご意見を求めたところ，かろうじて「そういう考え方も必要かも知れないな」というお言葉をいただいたが，首を縦に振ってもらえなかった。それ以来気にかけてきた問題であり，この機会に再考した次第である。図らずも金雲母混入技法を否定する結論に至ったが，今度は先生が何とおっしゃって下さるか審判を待つ思いである。

註

1) 愛鷹山の土器に関しては瀬川裕市郎氏による次のような所見がある。

　「増島淳教諭はここ10数年間にわたって，土器の胎土，土器をつくる土の分析を試みている。その分析結果をみると，愛鷹山麓の縄文土器の土には，愛鷹山麓の土が余り利用されていないという。…（省略）…この増島教諭の分析結果と私たちがここ10数年にわたって行ってきた，愛鷹山麓の粘土での土器作りの結果が，奇妙に一致することが分かってきた。私たちの土器作りは，結果的にはことごとく失敗であった。…（省略）…結論的には愛鷹山麓の土―粘土では土器は「できない」と考えている。「できない」を「できにくい」等としても結果は同じと思っている」（瀬川1992）。

　また，河西学氏は早期の土器の胎土分析を行い，次のような見解を示している。

　「愛鷹山麓の縄文早期遺跡において雲母を多量に含有する縄文土器・押型文土器が存在するが，これらは搬入土器の可能性が高い」（河西1992）。

　「愛鷹山麓において在地的土器が製作されていた可能性を指摘できる。ただしここで「在地的」が示す範囲は，南関東をおおう玄武岩質スコリアで特徴づけられる富士テフラ分布域を包含する。したがって南関東で製作された搬入土器か愛鷹山麓製作された狭義の在地土器かはあきらかではない」（河西1996）。

　河西氏は愛鷹山麓で土器が製作された可能性があることを指摘しているが，出土遺跡で製作されたかどうかは明らかにできないようである。したがって，両者の見解を総合すると，植出遺跡で出土した土器は他の場所で製作され当遺跡に搬入されたと考えておくのが妥当かと思われる。

2) 位置的にやや離れてはいるが，植出遺跡周辺には金雲母が混入した粘土を使用した土器も伝統的に供給されていたようである。葛原沢第IV遺跡で検出された草創期の住居跡から出土した，報告者が「葛原沢II式」と命名した土器には，金雲母が多量に含まれているとのことである（池谷2001）。

引用・参考文献

池谷信之 2001「葛原沢第Ⅳ遺跡の調査成果と課題」『葛原沢第Ⅳ遺跡（a・b区）発掘調査報告書1』 沼津市教育委員会

岡本 勇 1966「尖底土器の終焉」『物質文化』8（『縄文と弥生』未来社1998年所収）

岡本 勇 1982a「関東・中部地方」『縄文土器大成 1 早・前期』 講談社

岡本 勇 1982b「縄文土器の生成から発展へ」『縄文土器大成 1 早・前期』 講談社

河西 学 1992「尾上イラウネ遺跡出土土器の胎土分析」『尾上イラウネ遺跡発掘調査報告書Ⅱその2』 沼津市教育委員会

河西 学 1996「西洞遺跡出土縄文早期土器の胎土分析」『西洞遺跡（a区）・葛原沢遺跡発掘調査報告書』 沼津市教育委員会

後藤和民 1983「製作実験Ⅰ」『縄文文化の研究 5 縄文土器Ⅲ』 雄山閣出版

小林達雄 1983「総論 ―縄文土器の生態―」『縄文文化の研究 5 縄文土器Ⅲ』 雄山閣出版

笹原千賀子 1997「縄文時代の遺構と遺物」『八田原遺跡』 静岡県埋蔵文化財調査研究所

佐原 真 1972「土器の製作」『原色陶器大辞典』 淡交社（『縄文土器と弥生土器』学生社2008年所収）

瀬川裕市郎 1992「愛鷹山の土器」『見る読む 沼津歴史年表』 羽衣出版

羽二生保 1997「縄文時代の遺物 土器」『北神馬土手遺跡他Ⅱ（遺物編）』 静岡県埋蔵文化財調査研究所

山内清男 1928「下総上本郷貝塚」『人類学雑誌』43巻10号雑報（『先史考古学論文集（一）』示人社1997年所収）

山内清男 1929「関東北に於ける繊維土器」『史前学雑誌』第1巻第2号（『先史考古学論文集（一）』示人社1997年所収）

山内清男 1930「繊維土器に就て 追加第三」『史前学雑誌』第2巻第3号（『先史考古学論文集（一）』示人社1997年所収）

山内清男 1932「縄紋土器の起源」『ドルメン』第1巻第5号（『先史考古学論文集（一）』示人社1997年所収）

山内清男 1935「古式縄紋土器研究最近の情勢」『ドルメン』第4巻第1号（『先史考古学論文集（一）』示人社1997年所収）

山内清男 1937「縄文土器型式の細別と大別」『先史考古学』第1巻第1号 先史考古学会（『先史考古学論文集（二）』示人社1997年所収）

山内清男 1958「縄紋土器の技法」『世界陶磁全集 1』 278-282頁 河出書房（『先史考古学論文集（一）』示人社1997年所収）

山内清男 1964「縄紋式土器・総論」『日本原始美術 1 縄文式土器』 148-158頁 講談社（『先史考古学論文集（二）』示人社1997年所収）

広域編年構築のために
―「一括遺物」に基づく東西比較―

千 葉　　豊

1. 課題の設定

　縄文後期初頭中津式に後続する福田K2式の広域編年上の位置については，かねてから問題となってきた。細部を別にすれば，関東の称名寺II式併行説（今村1977，泉・玉田1986，千葉1987，山崎2003・2007）と堀之内1式併行説（柳澤1980・2006，鈴木1993，加納1994，木下1997）に大別できる。これには，福田K2式と初期縁帯文土器の関係（年代差なのか地域差なのか）という問題も連動してくるが，この課題については年代差という理解で整理が進行しつつある（千葉編2010）。しかし，前者の課題，福田K2式と関東の型式との併行関係については，いまだ定見を見ない状況が続いている，といえよう。

　各地域に展開する諸型式の広域編年上の位置，すなわち横の関係を正確に確定していくことは，各地域間での文物の流通をはじめとした地域間の交流・関係を詳細に描いていくための基本的な課題となる。そのためには，どのような作業が必要になるであろうか。仮に問題となる地域間の型式が系統の全く異なる，すなわち型式間に相互の影響が認められない型式であれば，その編年位置は両地域においてどの型式と共伴するのか，交差編年で決定するほかはない[1]。ここでの課題に則して言えば，関西地方で福田K2式に伴出する関東の型式は何か，逆に関東地方では在地型式の何と福田K2式が伴うのかの検討である。両地域で同じ型式どうしの組み合わせが見られるのなら，その編年位置はかなりの確かさをもって決定することが出来るであろう。

　かつて筆者は，良好な資料が乏しい状況の中で，おもに口縁部の形態変化に基づいて，福田K2式の3段階区分を試みたが（千葉1990），近年，文様構成の判別できる資料の急増を受けて，おもに文様意匠から系統的変遷を追究した（千葉・曽根2008）。その結果，口縁部に基づく3段階区分と文様意匠の変遷は，おおむね矛盾がないことが確認できたほか，さらに細かく段階区分が可能であること，従来，「中津III式」（＝福田K2式古段階）に編年されてきたボウル形鉢は福田K2式の末期ごろに位置づけられることなどが新たにわかってきた。

　また東西の編年を結ぶ鍵となる地域である東海西部で，関東系の土器を伴った重要な資料が近年報告されている。本稿では，このような型式学的検討の進展とともに，新たに出土した資料も検討することで，福田K2式～縁帯文成立期の広域編年に再度取り組んでみたい。

2. 一括遺物について

個別事例を検討する前に,「一括遺物」そのものをめぐる議論をしておきたい。

「同時に埋没したと推定できる状態で発見された一群の遺物」(田中 2002)である一括遺物が複数の型式の同時性を検証する上で重要であることは,議論を重ねる必要はないだろう。

問題は事例研究の場において,①その出土状況を「一括」とみなすか「混在」とみなすか,議論の分かれる場合があるということ,②「一括」とみなされる場合の一括度すなわち一括の質の問題が等閑視されているのではないかということ,である。

①の場合では,型式論的判断を優先して,「一緒に」出土した遺物を「混在」とみなす場合がある。しかし,「一括遺物」が「一括遺物」であるかどうかの判断は,一緒に出土した型式が何であるのかとはかかわりなく,出土状況そのものの吟味で決定すべき事柄である（詳細は,千葉 2008a を参照願いたい）。

それでは②の場合はどうか。「一括遺物」と報告された資料は,その信頼性は同じであるといえるのだろうか。先の定義にある「同時に埋没」とある「同時」を厳格に捉えれば,デポのような埋納遺物,墓の副葬品など「一括遺物」と認定しうる遺構はかなり限られたものとなろう。しかし現実的には,もう少し幅広く「ある程度の時間幅」が見込まれる場合でも,「一括遺物」として報告されている。この「ある程度の時間幅」をどれほど許容するかで「一括遺物」のとらえ方も変わってくる。要するに,「一括遺物」とされる資料のその共伴の様相はさまざまであることから,「一括遺物」の信頼度にもレベルがあると考えるべきではないだろうか。

たとえば,西日本の縄文研究では,住居内から出土した遺物を住居一括遺物として重要視する。しかしそれらが床面上から出土したのか,あるいは覆土から出土したのか,あるいはその両者を含んだものなのか,それぞれの場合でその評価が大きく異なることは明らかである。しかし現状では,床面出土の遺物と覆土出土の遺物を一括しての認識なのか分離しての認識なのか,不明瞭なまま「一括遺物」として議論されている場合も多いのが実状である。あるいは,溝内で共伴した遺物を重視した議論もおこなわれているが,弥生土器の研究では,溝から出土した遺物は一括遺物としての評価は大きくない。遺構や遺物に乏しい西日本縄文土器研究の現状といってしまえばそれまでだが,「一括遺物」という認識を与えることで等閑視されてしまうデータの質の側面に,もっと注意を向けるべきであると考える。

同じく「一括遺物」として報告される資料の様相は多様であるし,それに対する評価も多様であることが想定できる。そこで,編年研究のための「一括遺物」という観点からは,共伴の様相を仮りに以下のようなランクに分けて考えておくことも,多様な「一括遺物」を評価するという点で重要であろう[2]。

　Sランク：窯跡内あるいは生産遺構内で,焼成失敗によりその場に残された遺物。
　Aランク：合口になっている土器棺,入れ子状態で埋納された土器,副葬品と判断できる

土器など，縄文人によって複数の完形の個体が同時に扱われたことが疑いない状態で出土したもの。

Bランク：住居跡の床面直上から出土した遺物。一つの住居内に構築された複数の埋甕。

Cランク：「吹上パターン」を示す住居跡出土遺物や廃棄土坑出土遺物のうち折り重なるように出土した一群など。そこには，製作から使用を経て，廃棄にいたるまでの時間的懸隔が想定しうるが，廃棄という行為においては時間的一括性が推測できる。

Dランク：「吹上パターン」を示さない住居跡覆土出土遺物。土坑出土でも出土位置に上下関係の認められる一群。流路内出土遺物など。単一の包含層出土遺物。出土位置が記録されていない遺構出土遺物もここに含めておくべきか。

Eランク：一つの遺跡からでた土器群。かりに，その遺跡の営みが短期間（1型式内）で終了している場合には，一つの遺跡から出土した土器群も一括遺物として議論の対象とすることが出来る。遺跡の営みが短期間であるのかどうかは，先見的には分からない事柄であるから，論理的には，あらゆる遺跡の出土遺物を一括遺物として扱いうる。あるいは，火山災害で「瞬時に」埋没したような遺跡の生活面（被災面）に残されているような遺物は，Bランクに相当するような一括遺物ともいえる[3]。

製作時の同時性に限りなく近いSランクの「一括遺物」がもっとも理想的なものであるが，縄文土器では，Sランクの一括遺物は見つかっていない。ここで注意が必要なのは，Sランクの遺物の同時性は明瞭であるものの，Aランク以下では，ランクが高い資料ほど年代的同時性が高いということには必ずしもならない，ということである。Aランクとした合口土器棺に使われている2つの土器の時間差が20年あり，Dランクとした流路内遺物の時間差が5年以内であることも現実にはありうるだろう。しかしながら，Sランクの一括遺物が見つからない限り（すなわち製作時の同時性が確定できない限り），Aランクで示される一括性とDランクで示される一括性とでは，製作時の同時性により近いと評価すべきなのが前者であることは説明の必要はないだろう。それゆえ仮に両者のあいだで矛盾する事実が示された時には，前者の一括性を優先的に取り上げ，データとしての信頼度が高いと考えることになる。

しかしこの場合にも，さらなるデータの蓄積（一括遺物の事例の収集）が必要となろう。新たなデータがAランクで示したあり方を支持するのであれば，最初想定した蓋然性はさらに高まった，といえる。もし仮に，最初にAランクで示されたデータとは矛盾し，最初のDランクのデータを支持するようなデータが増えるのであれば，そうしたデータの質（ランク）の検討とともに，当初の想定が誤りであった可能性を考え，新たな合理的な説明をする必要に迫られるであろう。Aランクのデータが「いつでも正しい」わけでないのと同様，ランクの低いデータが「いつでも信頼度が低い」わけではない。

「一括遺物」が重要であることは間違いないが，それは絶対的なものではなく相対的なものである。それゆえ，型式論における議論で新たなデータ（資料）を重視するのと同様，「一括遺物」における議論においても新たなデータ（事例）による不断の見直しが必要である。

3. 個別事例の検討

　以下，福田K2式と関東系土器が「伴出」した資料を中心に検討を加える。なお，福田K2式の細分については，「○○段階」（第1段階／第2段階／第3段階）はおもに口縁部形態による細分（千葉1990）で時期差を示す。○付数字は，文様意匠による細分に基づいて設定した類型（千葉・曽根2008）である。33に細分しているが，必ずしも時間的前後関係を示さないので，注意願いたい。縁帯文土器の編年は，千葉2008bによる。

（1）和歌山県海南市亀川遺跡（第1図）

　沖積平野の微高地上に立地する遺跡である。調査は数次にわたって行われているが，ここで検討する資料は，第5次調査で出土した遺物である（前田ほか1985）。

　10点の土器（有文7点，無文3点）が報告されたが，ここには6点を図示した（1～6）。このうち，2は弥生時代の竪穴住居SB51に上層から掘り込まれた攪乱坑を精査しておりその底部から出土し，下層に縄文時代の遺物包含層が存在することを確認する契機となった土器である。SB51は現状保存されたため，下層の調査は住居の南側に住居部分を避けるようにトレンチが設定された（北トレンチ）。東西約10m，南北は最大約6m，最小約2mの範囲である。包含層出土と報告された土器8点は，この北トレンチ北西部から出土した。SB51内から出土した2も，その西部の攪乱坑の底から出土している。したがって報告資料は，4×3m前後の比較的狭い範囲（斜線部分）の単一の包含層から出土している。Dランクの一括遺物と理解する。

　1～4は頸部のくびれる有文の深鉢。1・4は口縁端部を内外に肥厚させ，1条の沈線をめぐらし，1は沈線と外側端部のあいだにRL縄文を施文する。ともに突起をもつ。1は頸胴部とも無文で，4は突起部下から，2本沈線による帯縄文が垂下する。沈線は欠損部で左右に折れ曲がっており，頸胴部の境となる界線につながるようである。2・3は頸胴部片。胴部は鉤状文を斜め帯がつないでおり，頸部にも斜め帯が認められる。福田K2式⑭類型。

　5は口縁部がく字形に屈曲し横走沈線とその下側に刺突列をもつ。頸胴部にかけて，沈線間を条線文で充塡して，J字やR字状の文様を描いている。関東の称名寺Ⅱ式末～堀之内Ⅰ式初頭に比定できる資料として，従来より注目されてきた土器である。口縁部文様帯が確立している点から，堀之内Ⅰ式初頭と理解する。

　6はボウル形の浅鉢。格子状の構成の中に巴文をネガ（素文部）表現する。福田K2式㉜類型。

（2）京都府京田辺市薪遺跡SK18（第1図）

　扇状地上に立地する遺跡である。数次にわたる発掘調査がおこなわれているが，ここで検討する資料は第7次調査の土坑SK18出土土器である（増田・柴2007）。

　土坑SK18は，長辺1m，短辺0.7m，深さ0.28mを測る隅丸長方形の土坑で，「破片を重ね

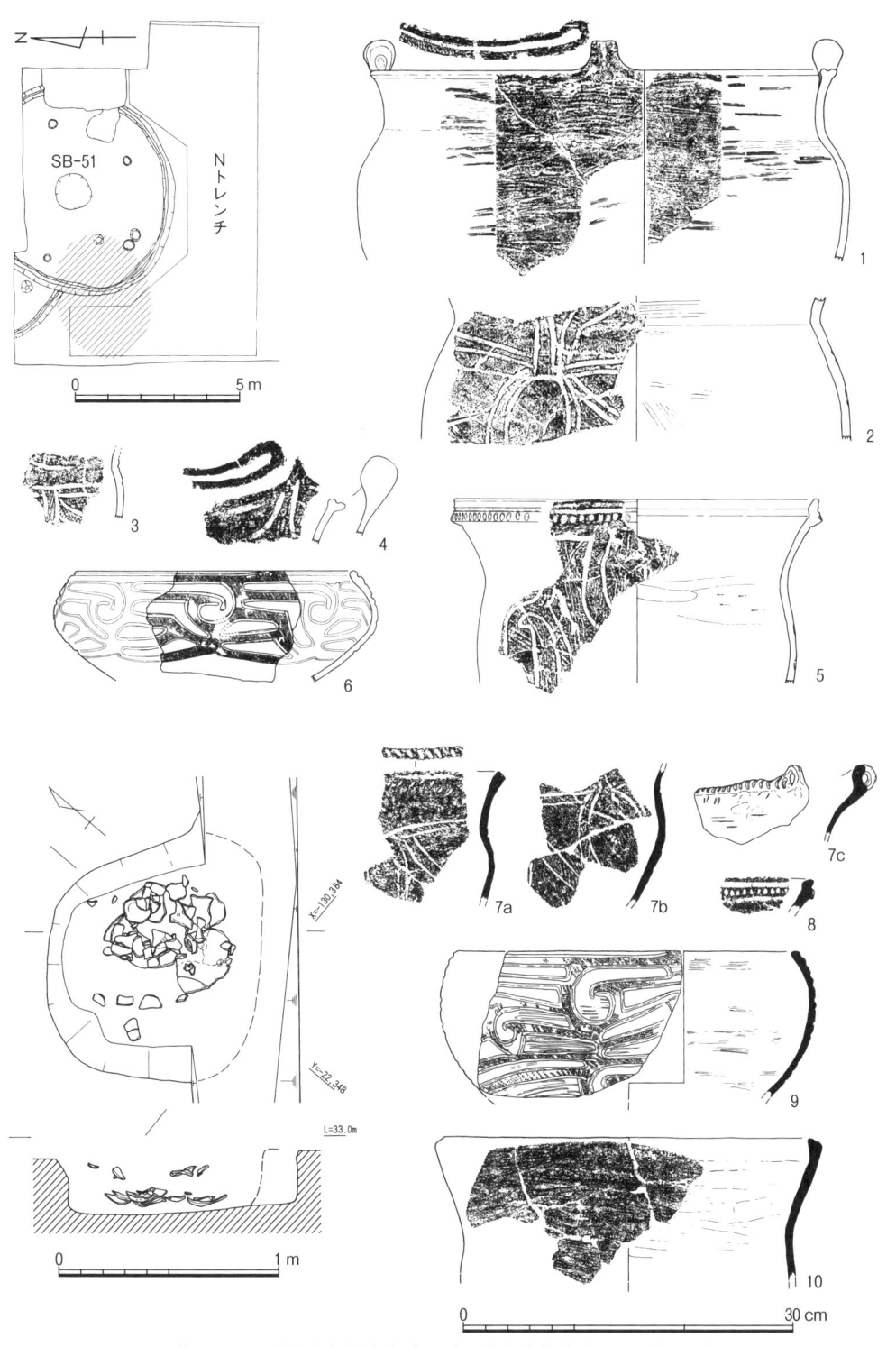

第1図　和歌山県亀川遺跡（1〜6），京都府薪遺跡 SK18（7〜10）

たような状態」で遺物が出土している。報告者は廃棄土坑の可能性を指摘する。折り重なるように土器が出土していることから，Cランクの一括遺物と理解する。

有文深鉢3点，無文深鉢4点，有文鉢1点，深鉢底部2点の合計10点の土器が図示報告されている。なお，流路SR15出土資料に接合資料があるので，これを加えて検討する。

7a・7b・7cの3点は同一個体。7cはSR15より出土で，7bと接合する。頸部のくびれる深鉢である。口縁端部を刻み，胴部は鉤状文を斜め帯がつなぐ。頸部は口縁部突起の下部に垂下する帯が見えるほかは無文化している。文様構成は亀川2と類似するが，頸部がより簡素化している。⑮類型であり，福田K2式と縁帯文成立期のあいだに編年される。

8は内側に屈曲する口縁部に一条沈線と刻みを施す。小破片であるが，内側への肥厚の特徴などが亀川5と酷似する。堀之内1式。

9はボウル形浅鉢。格子状の構成の中に，巴文を多段に配置している。福田K2式㉜類型。

(3) 大阪府和泉市仏並遺跡71-OD（第2図）

中位段丘下面上に立地する遺跡である。後期前葉の北白川上層式1期～2期を主体に，住居跡や土坑・埋設土器などの遺構とともに多量の遺物が出土した（岩崎編1986）。ここで検討する遺物は，住居跡71-OD出土遺物である。報告書刊行後，調査担当者の岩崎二郎によって，未報告資料も含めて改めて詳細が報告されたので（岩崎1988），それによって検討する。

71-ODは，東西5.9m南北5.1mを測る楕円形を呈する住居である。屋内埋甕が1基確認されている。埋甕以外の多量の遺物（コンテナ約30箱）は，住居内埋土から出土していて床面上で原位置を保って出土したものはない。

報告書では，「遺構廃絶時に一括廃棄されたような状況」（岩崎編1986, p.21）と記載されたが，のちの検討では，住居中央部分でも遺物が床面から浮いた状態で出土していることを重視して，「住居跡廃絶後一定の時間が経過した時点からある範囲の時間内に投棄されたもの」と想定し，さらに埋土（最大厚30cm）が肉眼では分層できなかったこと，および遺物の接合関係の検討から，「投棄は極めて短い連続した時間内になされた可能性が大きい」と解釈された（岩崎1988, p.13）。この想定が正しければ，Cランクの一括遺物と理解できる。

211点の出土土器が図示されているが，ここには行論上必要なもののみを掲げる（1～10）。

1～3は福田K2式。2本沈線による帯縄文が体部を横走する。3では鉤状の沈線が見えるので，巴文の構成を取る可能性が高い。3は内面に稜をもつ。口縁部分類の第3段階で，文様類型では㉝類型。4～6は縁帯文土器で，出土資料の主体を占める。4・5は縁帯文1期，6は縁帯文2期。出土資料の大半は，縁帯文2期に比定できる。7～9は関東系。9の口縁部は，在地の縁帯文的な作りをしているが，頸部の垂下隆帯や胴部の文様構成は堀之内1式とみてよい。これらは，堀之内1式でも新しい段階に比定できる。10は胴部が算盤玉形に折れ曲がる鉢。愛媛県文教遺跡などに類例が求められ（宮本編1990, 図45），平城II式の新しい段階に対比できる。

広域編年構築のために 83

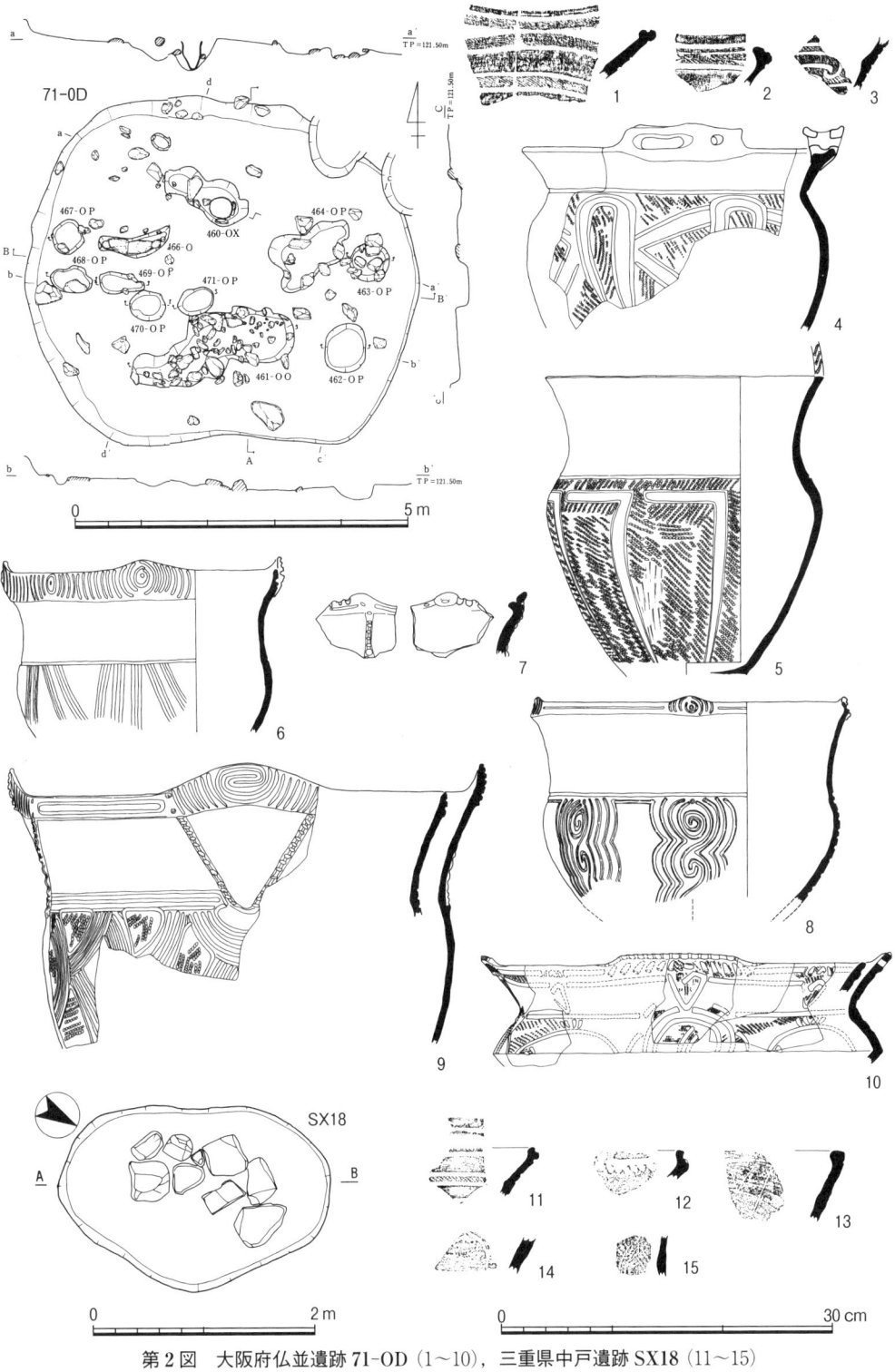

第2図 大阪府仏並遺跡 71-OD（1～10），三重県中戸遺跡 SX18（11～15）

(4) 三重県名張市中戸遺跡 SX18（第2図）

　低位段丘に接する低地部に立地する遺跡である。後期前半に属する住居跡，埋設土器，土坑などが出土しているが，ここでは配石土坑 SX18 を検討する（仁保・千葉 1989）。

　SX18 は長径1.2m 短径0.7m 深さ5cm の楕円形の土坑の内部に人頭大の川原石と磨石の可能性のある扁平な礫が2個配置された土坑である。「石材に交じって，縄文土器片が数点出土」と記載されるが，出土状況に関するそれ以上の記載はない。Dランクの一括遺物と考える。

　出土土器は5点図示されたが，いずれも小片である（11〜15）。型式比定できるのは，11と12。11は前出の仏並と同タイプの福田K2式浅鉢。第3段階で，文様分類では㉝類型。12は内折する口唇部に沈線文をめぐらし刻みを加える。形状は，亀川5や薪8に類似する。堀之内1式に比定しておきたい。

(5) 三重県多気町新徳寺遺跡 SK201（第3図）

　櫛田川の自然堤防上に遺跡は立地する。竪穴住居跡6棟，埋設土器6基などをはじめ，後期初頭〜前葉にかけての大量の遺物が出土している（田村ほか 1997）。重要な遺構出土遺物が多いが，ここでは関東系土器を伴なった第2次調査土坑 SK201 出土土器を検討する。

　SK201 は一部が調査区外へと続くため，全形は不明である。検出規模は南北2m，東西1.3m，深さ0.4m。埋土は2層に分離できると記載されるが，遺物がどの層から出土したのかの記載は見られない。Dランクの一括遺物と理解する。

　有文深鉢8点，無文土器の胴部1点の9点が図示報告されている（第3図1〜9）。

　4・5は口辺部に3本沈線による帯縄文が横走する。小片だが，福田K2式第2段階に比定できる。1はJ字文やスペード文がネガ表現される。称名Ⅱ式。石井編年（石井 1992）の第5〜6段階ごろか。2・3・6は小破片で断定できないが，中津式か。7は屈曲する口縁部に2本沈線が横走する。断定は困難だが，縁帯文1期の可能性もある。

(6) 愛知県岩倉市権現山遺跡 SK31（第3図）

　木曽川左岸に広がる自然堤防帯に立地する遺跡である。後期初頭〜前葉に編年される竪穴住居跡12棟，土坑104基のほか，小河川状の落ち込みなども見つかっている（早野編 2003）。ここでは，竪穴住居 SK31 から出土した資料を検討したい。

　SK31 は一部攪乱されているが，径3.1m 前後の円形住居跡。遺物は「床面より10〜20cm 浮いた状態で出土したものが多いが，埋土が単純であることから，住居の廃絶後に一括して廃棄された状況が想定される」と報告されている。Cランクの一括遺物と理解する。

　有文深鉢・鉢，条線地深鉢，無文深鉢，双耳壺など22個体（44点）が図示される。このうち，型式比定できるものを掲げる（第3図10〜17）。10・12・13は中津式か。15は2本沈線の帯縄文で胴部に鉤状の文様を描く。文様構成が判然としないが，福田K2式⑪あるいは⑫類型に属する可能性が高い。16は口縁部にC字形貼付文をもつ。口縁部は内折する。頸部は無文となり頸部

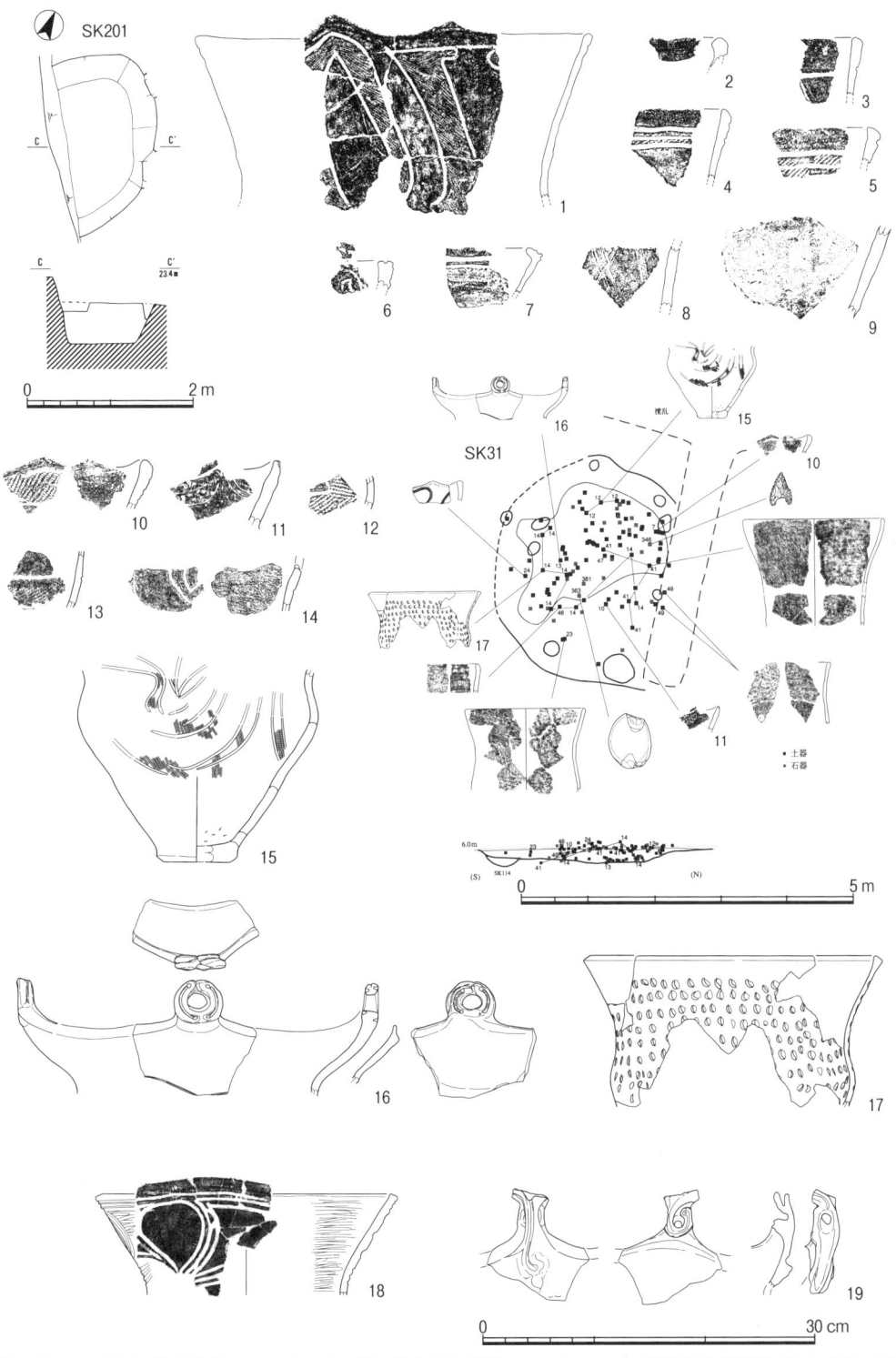

第3図 三重県新徳寺遺跡 SK201（1〜9），愛知県権現山遺跡 SK31（10〜17），愛知県吉野遺跡 SK16（18・19）

の境に沈線が横走する。称名寺Ⅱ式。17は口縁部が外反する形態で，胴部を花弁状の刺突文で充塡している。橋状把手や加飾隆帯をもたないので，そのものではないが，新潟県を分布の中心とする三十稲場式に対比できる資料である。

(7) 愛知県瀬戸市吉野遺跡SK16（第3図）

　沖積地の微高地上に立地する遺跡である。ここで検討する資料は，02A区のSK16出土土器（永井編2004）。SK16についての詳細な記載はないが，遺構全体図から判断すると，径1.2～1.3m前後の不整円形の土坑のようである。出土状況の詳細が不明であるので，Dランクの一括遺物と理解しておく。

　SK16出土として，2点の土器が図示されている（第3図18・19）。18は水平口縁の口頸部資料。口縁直下に3本の沈線束（部分的に2本か）が横走し，そこから3本単位の沈線が曲線的に垂下する。口縁端部は面取りを施し，沈線施文後，内外面とも磨いて仕上げている。縄文の施文はない。小破片で文様意匠の全体は不明であるが，沈線帯が口唇部上に位置しない点から，福田K2式第2段階に比定できる。19は波状口縁の突起部。左右方向に貫孔し，頂部および内面には盲孔をうがつ。突起外面には，縦に長い逆S字状の隆帯を貼り付け，下部にボタン状の貼り付けを施している。逆S字隆帯の縁には沈線を沿わしている。内面には，末端を刺突した沈線を施したC字状の隆帯を貼り付けている。口縁端部は内側に折れ曲がっている。称名寺Ⅱ式に比定できる。

(8) 千葉県市原市武士遺跡711号・712号土坑（第4図）

　養老川中流域の台地上に立地する遺跡である。この資料については，速報（加納1994）がなされた段階で検討したことがあるが（千葉1995），その後，正式報告書も刊行されたので（加納1998），改めて検討してみたい。

　711号土坑と712号土坑は約70cmの間をあけて隣接している。711号が径1.2m深さ1m前後，712号が径2m深さ70cm前後の不整円形の土坑である。同一個体の福田K2式が両土坑から別れて出土した。リン・カルシウム分析の結果は，711号は「人体の埋納を明確に指摘することは難しい」，712号は「人体を埋納した可能性が指摘される」（p.1775）というものであったが，埋土が人為堆積であることから，報告者はともに墓坑の可能性を考えている。また，福田K2式の突起を主体とする大型破片が711号，それ以外の小破片が712号から出土していることから，「大きい破片／小さい破片，良好な部分／良好でない部分，に選別されて投棄された可能性が極めて高い」（p.1577）と報告者は考えている。この想定が正しければ，両土坑はほぼ同時に埋め戻された墓坑で，そのさいに一つの土器を破砕して埋土に混ぜ込んだということになろう。埋土から出土したこれ以外の土器も同じ行為に伴ったものかは不明であるが，副葬品的な意味合いを考えさせる出土状況といえるだろう。Cランクの一括遺物と理解する[4]。

　両土坑から出土した土器が78点報告されているが，ここでは主なもののみ図示しておく。1は両土坑から破片が別れて出土した福田K2式。6単位の波状口縁に復元されている。胴部は鉤

広域編年構築のために 87

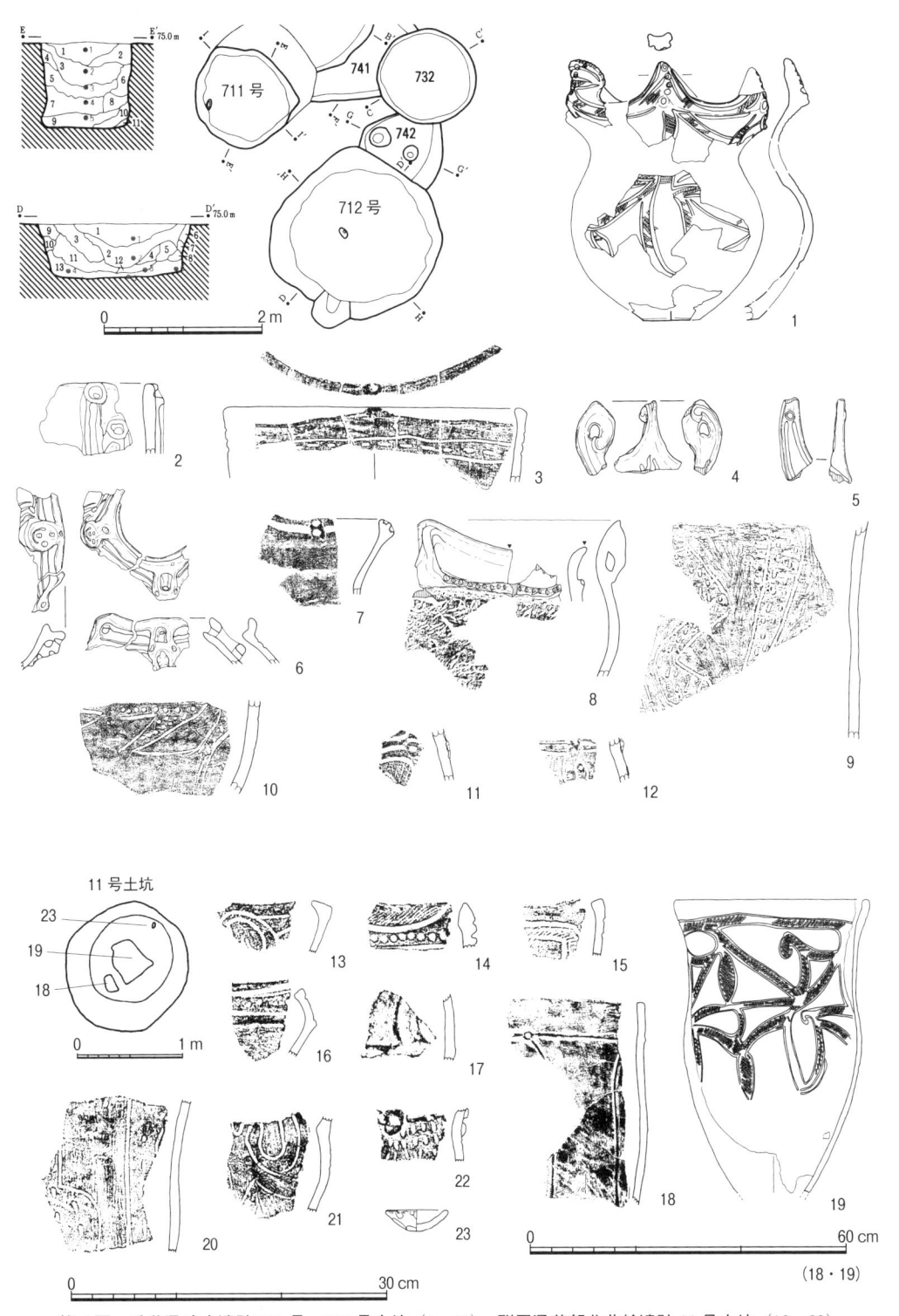

第4図 千葉県武士遺跡711号・712号土坑 (1〜12), 群馬県芳賀北曲輪遺跡11号土坑 (13〜23)

状文を斜め帯でつないでおり，口縁部直下を横走する帯と波頂部下を垂下する帯およびそれらを斜めにつなぐ帯で三角形状の文様を構成する。⑪類型。

在地系統の土器については，加納実による詳細な分析がある（加納 1994）。それによれば，3～5・9・10 は称名寺Ⅱ式。2 は東北南部の綱取Ⅰ式類似。6 はひさご形注口土器で，称名寺式最終末段階。11・12 は称名寺Ⅱ式～堀之内 1 式の端境期ごろに見られる土器。8 は橋状把手をもち，頸胴部の境に刺突を加えた隆帯，胴部に撚りの弱い縄文を施した鉢で，新潟県を中心とする三十稲場式の古い部分に対比可能とし，「明瞭な堀之内 1 式土器を含まない，称名寺式最終末段階＝第 7 段階」(p.7) としている。

(9) 群馬県前橋市芳賀北曲輪遺跡 11 号土坑（第 4 図）

舌状台地上に立地する遺跡である。関西系土器を伴った 11 号土坑を検討する（金子・長島 1990）。11 号土坑は径 115 cm，深さ 50～76 cm の円形の土坑。13 点の土器が図示報告されており，そのうち 3 点の土器（18・19・23）の出土状況が平面図に記される。この 3 点が土坑底面からの出土で，残りは土坑埋土出土と記載から読み取ることも可能であるが，断定は出来ない。したがって，D ランクの一括遺物と理解しておく。

19 は大型の深鉢。細長い形態は在地の称名寺式的だが，文様構成は福田 K2 式の構成である。胴部の鉤状文など，前出の千葉県武士例に類似するが，副文部のコブ状文が縦長化して縦帯状となっている点がやや異なる。福田 K2 式⑫類型。17・18 はともに微隆起線をもち，縄文施文はない。17 は口縁部の区画隆起線に逆 U 字文が接しており，その部分にボタン状貼付文をもつ。「加曽利 EV 式」（石井 1992）でも，新しい様相である。列点刺突をもつ 20 や沈線で J 字文を描く 21 は称名寺Ⅱ式に比定できる。22 は頸胴部の境に貼付文をもち，胴部に刺突文を施す。胴部刺突文は三十稲場式の系統であろうか。おおむね，千葉県武士例に類似する様相をもつと理解する。

4. 考　察

第 1 表は，前章で解説した個別データをまとめたものである。以上のデータから，福田 K2 式の広域編年上の位置に関して，どのように考えるのがもっとも妥当な推論となるであろうか。前章で扱わなかった資料にも言及しつつ考えてみよう。

まず 2 章で検討した「一括遺物」のランク分けに基づく，各資料のランクについてみてみよう。9 つの検討資料のうち，C ランクが 4，D ランクが 5 であると理解される。C ランク資料の中身は，土坑密着出土（薪 SK18），土坑墓への意図的投棄？（武士 711・712 号），住居廃絶後の一括廃棄（仏並 71-OD，権現山 SK31）であり，D ランク資料の中身は，狭い範囲の包含層（亀川），配石土坑（中戸 SX18），土坑（新徳寺 SK201，吉野 SK16，芳賀北曲輪 11 号）である。

このように整理してみると，「一括遺物」といっても，完形の個体が共伴するような A ランクや，時間的近接性が保証されるような B ランクのような出土状況を示す例は存在せず，製作か

第1表　検討資料一覧

資料名	ランク	出土型式	備考
亀川	D	福田K2式⑭・㉜，堀之内1式初頭	狭い範囲の包含層資料
薪SK18	C	福田K2式⑮・㉜，堀之内1式	土坑資料，密着出土
仏並71-OD	C	福田K2式㉝，縁帯文1期・2期，堀之内1式，平城Ⅱ式系	住居跡覆土資料
中戸SX18	D	福田K2式㉝，堀之内1式	配石土坑資料
新徳寺SK201	D	中津式？，福田K2式第2段階，称名寺Ⅱ式，縁帯文1期？	土坑資料
権現山SK31	C	中津式，福田K2式⑪ないし⑫，称名寺Ⅱ式，三十稲場式系	住居跡覆土資料
吉野SK16	D	福田K2式第2段階，称名寺Ⅱ式	土坑資料
武士711・712号	C	福田K2式⑪，称名寺Ⅱ式，三十稲場式	隣接する2土坑，土器接合
芳賀北曲輪11号	D	福田K2式⑫，称名寺Ⅱ式，加曽利EⅤ式，三十稲場式系？	土坑資料

ら廃棄までの時間的懸隔が想定されるCランク資料，あるいは廃棄行為における時間的一括性も保証し得ないDランク資料から構成されていることが理解できる。現状においては，このような資料群に基づいて，出土状況からの議論を立ち上げなくてはならないことを確認しておきたい。

さて，第1表を一瞥すると，福田K2式と共伴する関東の型式に2種類あることに気がつく。称名寺Ⅱ式に伴う例（新徳寺SK201，権現山SK31，吉野SK16，武士711・712号，芳賀北曲輪11号）と堀之内1式に伴う例（亀川，薪SK18，仏並71-OD，中戸SX18）である。この状況から，福田K2式は称名寺Ⅱ式から堀之内1式にかけて，型式が存続しているのではないかという推論が容易に導かれるが，その場合，称名寺Ⅱ式，堀之内1式に伴出した福田K2式に時間的差異が認められるのかどうか，既存の型式論的分析と矛盾が生じないのかどうか，縁帯文土器との編年的関係はどうなのか，こうした点が問題となってこよう。

まず，称名寺Ⅱ式を伴出した福田K2式を検討してみよう。全体の構成がわかる資料は，武士例（第4図1），芳賀北曲輪例（第4図19）と，いずれも関東地方の資料である。波状口縁と水平口縁，頸部のくびれの強弱など，両者には形態上の差異があるものの，文様構成は類似する。武士例は鉤状文を連結している横帯が増加した段階（⑪類型），芳賀北曲輪例は副文部のコブ文が縦長化して縦帯状を呈しはじめた段階（⑫類型）で，前者の類例は三重県高瀬B（第5図1），岡山県福田（第5図2），後者の類例は岡山県津島岡大（第5図3），三重県新徳寺（第5図4）などに認められる。文様変遷上では福田K2式中段階に位置づけることが出来るであろう。

新徳寺例（第3図4・5）は口縁部，吉野例（第3図18）は口頸部の破片資料。権現山例（第3図

15）は，逆に口頸部が欠損する胴部資料。ともに全体の文様構成を把握できないが，口縁部文様帯（新徳寺例，吉野例）や鉤状の意匠（権現山例）からみて，武士例や芳賀北曲輪例とほぼ同じ頃，すなわち福田K2式中段階と判断して大過ないと理解する。

　伴出した称名寺Ⅱ式の様相はどうであろうか。新徳寺SK201（第3図1）は，2段J字文構成がしっかりしており縄文施文もあることから，Ⅱ式のうちでも古い様相（3段階区分では中段階まで遡る可能性も）をもつと理解するが，それ以外の資料は，突起やくびれが強く頸部無文化の傾向など，Ⅱ式のなかでも新しい様相を示していると理解する。

　権現山SK31（第3図17），武士711・712号（第4図8）では，北陸の三十稲場式に系譜を求められる土器が伴出していることも注目しうる。吉野例は橋状把手や加飾隆帯をもたず，そのものではないので対比が難しいが，花弁状刺突や器形から刺突文の盛行する三十稲場式2期～3期（石坂2008）までに対比しておきたい。武士例は刺突文のかわりに縄文施文であるが，把手や加飾隆帯からみて，三十稲場式2期に対比できるであろう。

　三十稲場式系は，滋賀県赤野井湾遺跡（第5図5・6）や和歌山県大水崎遺跡（和歌山県文化財センター1991，図4-19）にも類例がある。赤野井湾例は口頸部と胴部，大水崎例は頸胴部の破片資料であるが，花弁状の刺突が密接して施されている。形状からみてそのものではなく吉野例と類似することは，東海西部から近畿東部にかけて三十稲場式の土着変容タイプが成立していると理解することができる。東海東部の静岡県滝戸遺跡ではそのものともいえる三十稲場式が出土しており（第5図7），この型式の広域浸透性がうかがわれる[5]。

　三十稲場式の分布圏では，新潟県城之腰遺跡のR24-P30土坑[6]で三十稲場式2期に称名寺Ⅱ式が伴出している（第5図8・9）。この状況は上述の出土状況と整合的であろう。

　以上の推論が正しければ，福田K2式中段階ごろが称名寺Ⅱ式，そのなかでも新相ごろと年代的に交差している可能性が導かれる。また北陸の三十稲場式2期（石坂2008）もこのあたりに編年されることになる。

　つぎに堀之内1式を伴出した福田K2式を検討してみよう。

　最初に注目したいのは，亀川と薪SK18の様相である。胴部に鉤状文をもつ深鉢（第1図2と7），ボウル状の浅鉢（第1図6と9），堀之内1式（第1図5と8）。よく似た組み合わせである。このような組み合わせが偶然生じたとは考えがたいので，この組み合わせはそれぞれの土器の年代的近似性すなわち一括性の高さを示していると見てよいだろう。

　胴部に鉤状文を描く亀川例は⑭類型，薪例は⑮類型。文様構成に両者でほとんど差異がないが，薪例のほうが頸部の無文化が進行している。亀川例の類例は福井県北寺（第5図10），薪例の類例は滋賀県竜ヶ崎A（第5図11）などにみられる。⑭類型は福田K2式の新相と理解してよいが，頸胴部を区別する意識が見られるようになる⑮類型は⑭類型に後出する。福田K2式から縁帯文土器へは連続的に変遷するので，こうした資料を福田K2式の末期に位置づけるのか，あるいは縁帯文1期の古い段階とするのか，型式論的には課題が残る。現状では断定せずに，福田K2式最末～縁帯文1期古段階あたりとしておこう。

広域編年構築のために 91

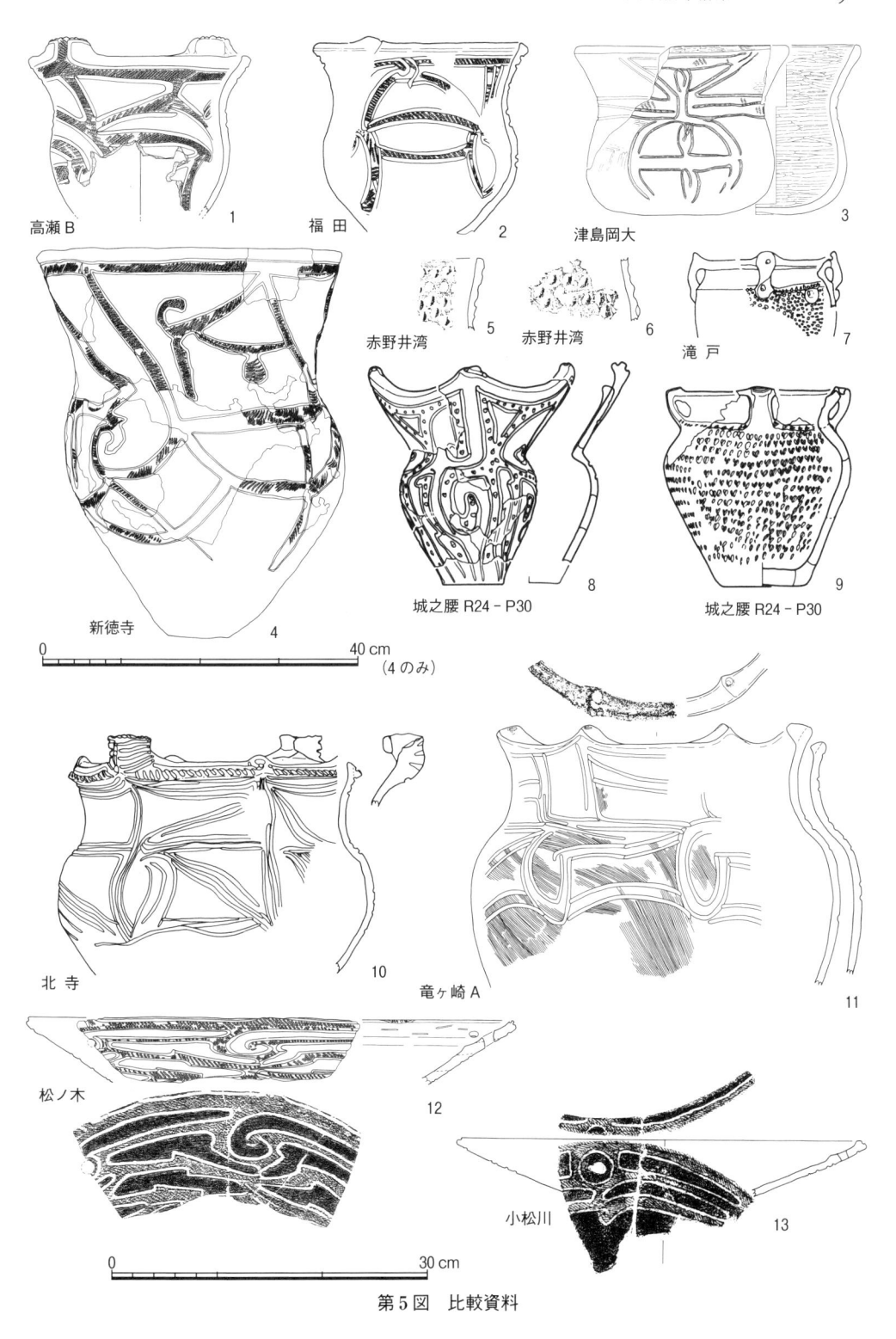

高瀬B 1
福田 2
津島岡大 3
新徳寺 4
赤野井湾 5
赤野井湾 6
滝戸 7
城之腰 R24-P30 8
城之腰 R24-P30 9
北寺 10
竜ヶ崎A 11
松ノ木 12
小松川 13

0　　　　　　40 cm
（4のみ）

0　　　　30 cm

第5図　比較資料

巴文を描く浅鉢はともに㉜類型。このタイプは福田K2式の古段階（中津Ⅲ式）と理解されることが多かったが，巴文の系譜を辿ると，福田K2式中段階ごろに編年される，島根県東部を主たる分布域とする暮地式を経ないと成立しないことが明らかになった（千葉・曽根2008）。したがって，福田K2式新段階に編年される。高知県松ノ木遺跡では，巴文をもつと推定できる深鉢と土坑SK40で「共伴」している（出原・前田1996，第40図）。この深鉢を宿毛式と理解するなら，南西四国の宿毛式が福田K2式新相と年代的に交差していることが推測できる。

堀之内1式系については，前述したように亀川例は堀之内1式初頭してよいだろう。すなわち，亀川・薪例からは，堀之内1式初頭ごろと福田K2式新段階〜縁帯文1期古段階ごろが年代的に交差していることが導かれるのである。

最後に，仏並例と中戸例を検討してみよう。仏並71-OD，中戸SX18で伴出した福田K2式はともに㉝類型である。㉝類型は皿形の器形で，2本沈線（3本の場合もあるが，少数）による帯縄文が体部を横走し，しばしば内面に稜をもつ。類例は高知県松ノ木（第5図12），愛媛県小松川（第5図13）などにみられる。巴文を描く松ノ木例の文様構成は，前出の亀川例や薪例のボウル形浅鉢の文様構成に近く，ほぼ同時期に編年できるが，小松川例のように巴文が形骸化しているものも多く，それらは㉜類型よりは後出と理解することもできる。仏並例，中戸例ともに小破片で，全体の文様構成は分からないが，仏並例（第2図3）では，沈線の末端が小さく入り組んでいるのがみえる。これが巴文の退化形であるなら，㉜類型より後出のタイプとみることもできる。

中戸SX18では伴出した土器は小破片のみで，第2図12が堀之内1式に比定できるが，それ以外の型式比定は困難である。一方，仏並71-ODでは多量の土器が出土している。量的な主体を占めるのは縁帯文土器で，2期（第2図6）が多く1期（第2図4・5）も含まれるが，3期以降は出土していない。第2図7〜9は関東系である。多重沈線文で弧線文を描く8・9は堀之内1式新段階ごろに比定したい。また，第2図10は，より西の系譜をひく土器であり，平城Ⅱ式新（千葉2002）に対比することができる。

以上，仏並例，中戸例からは，福田K2式新段階あるいは直続する浅鉢（㉝類型）が，縁帯文1〜2期および堀之内1式新相，平城Ⅱ式新前後と年代的に交差している可能性が導かれた。兵庫県小森岡遺跡土坑1からは，関東系土器は出土していないものの縁帯文1期に福田K2式㉝類型が「共伴」しているが（千葉・大下1990），上記のあり方とは整合的であると言いうる。

以上が前章で検討した「一括遺物」から推論できる内容であるが，関東・東海東部では，ここで検討した以外の福田K2式が報告されているので，簡単に見ておきたい（第6図）。

神奈川県大岳院例を除くと，いずれも鉢ないしは浅鉢であることが注意される。大岳院例（秋田・宮原編2003, p.8）は深鉢。文様構成は変容していて理解しにくいが，胴部のJ字文（鉤状文）のあり方などから判断して，先述した千葉県武士例や群馬県芳賀北曲輪例とそれほど時間的懸隔がない，福田K2式中頃の資料と判断される。

口縁部資料である千葉県菊間手永例（第6図1），神奈川県池端椿山例（第6図2），神奈川県華蔵台例（第6図3），静岡県滝戸例（第6図4），千葉県武士SB374号例（第6図5）のいずれもが拡

張する口縁部に2本ないし3本沈線による文様帯をもつ点で共通する。体部の文様構成には，横位方向に文様をつなげてゆく滝戸例，池端椿山例，華蔵台例，菊間手永例と帯縄文が口縁端から垂下する武士例の2者があり，後者の縦構成は，体部破片である武士SB389号例（第5図6）と千葉県堀之内例（第5図7）と共通している。滝戸例と菊間手永例では，内面に稜ももっている。

体部破片の堀之内例と武士SB389号例は，3本沈線による帯縄文が垂下しており，武士例では途中で入り組む状況がみてとれる。堀之内例は，残存最上部に口縁部直下に施されたと推定できる沈線が1本横走しており，口縁端から帯縄文が垂下する構成であることが明らかである。

これらは，今述べたような特徴から判断して，福田K2式の植木鉢形の形態をとる㉖・㉗類型（滝戸例・池端椿山例・菊間手長例・武士例・堀之内例）あるいは皿形の形態を呈する㉝類型（華蔵台例）とみなしてよい。㉝類型については先に記したので，鉢形の㉖・㉗類型について，付言しておく。

㉖・㉗類型は，福田K2式中段階ごろ出現し，新段階に盛行する器種で，とくに3本沈線で飾るものは福田K2式の典型として理解されることが多い。ここで注視が必要なのは，かつて述べたこともあるが（千葉1990），㉝類型同様，この類型には明らかに縁帯文1期まで下るものが存在する，ということである。鳥取県布勢例（第6図8）や兵庫県見蔵岡例（第6図9）は，植木鉢形の器形を呈し胴部を3本沈線で飾っており，福田K2式と理解されることが多いが，鳥取県布勢例（第6図10）の胴部文様と構成を同じくする。これは山陰東部の縁帯文1期を代表する深鉢（布勢式）であり，3本沈線で飾る鉢が文様構成を簡素化しつつ縁帯文1期まで残存していること

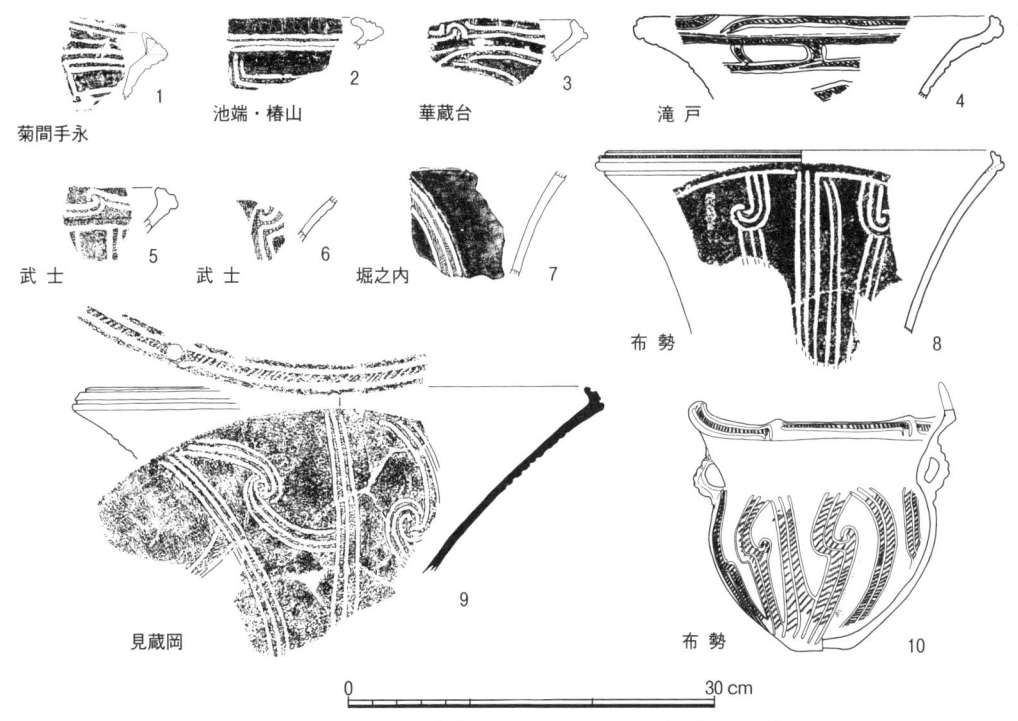

第6図 関東・東海東部で出土した福田K2式と比較資料

を示す好例とみるべきであろう。

　東海東部・関東で出土している福田K2式の鉢・皿類は，全体の文様構成が不明なので，細かな位置づけには苦慮するが，鉢形の㉖・㉗類型は，先に述べた㉝類型同様，縁帯文1期まで存続期間をもつ類型であることに注意したい。西での出土状況や⑪・⑫類型が称名寺Ⅱ式と交差している点からあえて類推すれば，これらは堀之内1式期（縁帯文1期～2期併行）に伴なった可能性が高い，と考えることができる。

　検討結果を簡約し，若干の展望を記して稿を閉じよう。

　福田K2式中段階ごろが称名寺Ⅱ式と年代的に交差し，福田K2式新段階から福田K2式末期ないしは縁帯文1期古段階とすべき段階が堀之内1式初頭ごろと併行関係になる。さらに，福田K2式の鉢・皿の一部（㉖・㉗・㉝類型）は出土状況を重視すれば，縁帯文1期，場合によっては2期まで下る可能性も想定された。この場合，ある特定の器種だけが編年的に下るのか，あるいは器種としての製作期間が長いのか，器種の組み合わせの問題として議論する必要が生じてくる。縁帯文1期の基準資料である奈良県広瀬遺跡土坑40（松田1983）や高知県松ノ木第1次資料（出原1992）の「一括遺物」は福田K2式を含まないので，上記資料は「混在」であると解釈することも可能であるが，特定器種が縁帯文期のある段階まで継続している可能性は型式論的には上記のように否定できない。今は結論を保留して，あらたな資料の出現をまって検討したいと考える。以上の推論結果に前後の型式の編年的関係を加えて整理すると，関西と関東との広域編年は第2表のように整理できる。

　最後に，後期初頭～中葉にかけての東西の土器型式の相互関係のなかに今回の成果を位置づけてみよう。この時代，両地域において強い関係が認められる時期が2時期ある。ひとつは，後期の初頭。中津Ⅰ式と称名寺Ⅰ式の関係である。とくにその成立期における強い類似性は関西に系譜をもつ同一の母胎から生成したことを示すとともに，関東で在地消化した型式（称名寺Ⅰ式）が今度は逆に近畿東部まで強い影響を及ぼすなど，土器系統が東西広域にわたって振り子のような激しい動きを見せた時期である。もう一つは，後期前葉の縁帯文期（1期～3期）である。この時期には，関東系の器種が安定的に導入され，器種組成の一翼を構成した。

　今回の議論の対象となった時期は，こうした2つの強い関係（具体的な中身は異なるが）のあった時期にはさまれた時期で，東西の型式に強い関係の認められない時期，それゆえに型式の併行関係の把握が困難であった時期である。地域間関係が相対的に希薄にな

第2表　関西（近畿）と関東の編年対比

関西（近畿）	関　東	推定暦年代 calBC
中津Ⅰ式	称名寺Ⅰ式（古）	2470～
中津Ⅱ式	称名寺Ⅰ式（新）	～2350
福田K2式（古・中）	称名寺Ⅱ式	2350～2300
福田K2式（新）～縁帯文1期（古）	堀之内1式（古）	2290～2250
縁帯文1期（新）	堀之内1式（中）	2240～2080
縁帯文2期	堀之内1式（新）	2080～2030
縁帯文3期	堀之内2式	2030～1870
縁帯文4期	加曽利B1式	1870～1730

備考：推定暦年代は関東の型式に付されたもの（小林2006に拠る）[7]。

った時期といってもよい。炭素14 較正年代では，50 年～100 年間ほどの期間と考えられる（小林2006）。そうした時期を経て，称名寺II式（おそらくその新相）ごろを境に，ふたたび東西間で土器型式の移動が認められるようになる。この現象には北陸の三十稲場式も関係しており，その後の地域間関係につながる先駆け的な動きであるとみてとることができる。

そしてこうした先駆け的な動きを経て，関西（近畿地方）の縁帯文期では，関東系器種を継続的に型式に取り込むことよって，型式構造を転換させた。こうした転換の背景には，東の地域社会と安定的なネットワークを構築し，物質文化から精神世界にいたる，さまざまな情報のやりとりを可能にする戦略を関西（近畿地方）の住民が採用した可能性が考えられる。炭素14 較正年代では，それは縁帯文1 期から3 期までの400 年間前後継続したと推定できる（小林2006）。一方，関東では，関西系土器の存在は認められるものの，それらが在地の型式構造に強い影響を及ぼした形跡は見られない。双方向的なやりとりはあったものの，その受容のあり方には，それぞれの地域社会における事情や戦略が働いたというべきであろう。

　　　　　　　　　　　　　　　　　　　（2011 年7 月28 日脱稿，2012 年5 月補訂）

謝　辞

　資料見学および文献収集の過程で，以下の機関・諸氏に大変お世話になるとともに有益な御教示もいただきました。記して感謝します。

　愛知県埋蔵文化財センター　大阪府文化財センター　京都府埋蔵文化財調査研究センター　奈良県立橿原考古学研究所　三重県埋蔵文化財センター　石井寛　加納実　木下哲夫　小濱学　小山雅人　鈴木徳雄　曽根茂　田村陽一　千葉毅　冨井眞　出原恵三　西村美幸　早野浩二　前田敬彦　前田光雄　柳澤清一　山崎真治

註
1) 福田 K2 式と関東の型式（称名寺式あるいは堀之内式）とのあいだに，型式論的な影響関係が認められるのかどうか，認められるとすればそれはどのような関係なのか，こうした問いかけ自体も重要な論点となる。筆者はかつて福田 K2 式の文様構成に称名寺式の影響を示唆したことがあり（千葉1997），山崎真治は具体的に称名寺式の 1 類型である関沢類型などの影響を推定した（山崎2007）。一方で，柳澤清一（2006）らは，堀之内式 1 式の福田 K2 式への影響を論じ，それを東西の編年構築の一つの根拠としている。型式論的な分析はさらに進める必要があるが，現状ではこのように見解が分かれる部分も多い。また，福田 K2 式に先行する中津式と称名寺式，あるいは後続する縁帯文土器と堀之内式には型式間の影響関係が明らかに認められるから，こうした検討も福田 K2 式の編年位置を確定する上で重要な論点を提供する。本稿では，終章においてこうした問題についても少しふれるが，深く追究することはせず，「一括遺物」という出土状況に基づいたデータから立ち上がる議論を中心におこないたい。
2) 南久和は，遺構を「閉鎖遺構」・「開口遺構」・「準開口遺構」に 3 分類して，一括遺物のなかでも，とりわけ「閉鎖遺構」出土の一括遺物に同時埋没の可能性の高さを指摘する（南1981）。視点はやや異なるが，「一括遺物」を相対化する試みとして注目する。また，近畿地方における弥生土器研究においては早くか

ら，遺構や出土状況に応じた「一括遺物」の等級化が試みられたり（森岡1977），「遺構内一括出土品」であってもそれが編年資料として絶対視できないことが論じられている（寺澤1980）。

3) 報告書や論文のなかで，「良好な一括遺物（資料）」というような表現が使用されることがよくある。この場合の「良好な」とは，どういう内容を指して使われているのか。「型式論的に」まとまりの良い資料を指しているのか，あるいは「出土状況」の純粋性を指しているのか。あるいは両者の視点が合致したから，「良好」なのか。こうした点があまり自覚されずに使われている場合が多いように感じる。「良好な一括遺物」があるなら，「良好でない一括遺物」も当然存在することになろう。本稿でのランク分けは，「一括遺物」を絶対視しないで相対化して理解しようとする試みであって，ランクそのものに固執する意図はない。遺物のライフサイクルという視点から整理するならば，Sランクは生産に関わる時間，AランクとBランクは使用に関わる時間，Cランクは廃棄に関わる時間，DランクとEランクは上記のような時間性をもたないものと整理できるかもしれない。こうした観点は，2012年5月に，京都大学考古学研究室の教室研究会で発表したおり，研究室諸氏からご教示を受けた。記して感謝する。

本稿で仮にCランクとした「土器が密着して出土した廃棄土坑」の遺物を検討した建石徹は，密着して出土した土器破片どおしであっても廃棄の同時性を示さない事例を指摘したという（大村2011, p.78）。これは個別事例について詳細な分析の結果導かれた結論として尊重すべきであるが，すべての事例に当てはまるかどうかは事例分析を積み重ねる以外にないから，相対的な評価と言うべきであろう。また，大村裕は竪穴住居一括遺物をもとに組み立てられた井戸尻編年の方法論的問題を詳細に検討している（大村2011, pp30-86）。出土状況をいかに読み取るか，出土状況から何を読み取るかについて，これらの議論からは学ぶべき点が多い。

4) 報告書第6表（p.1388）によれば，711号からは481点，712号からは869点の土器片が出土していて，群別が行われている。時期判別可能な土器片のうち，711号は約6割，712号は約7割が称名寺式に分類されているが，前者では約3割，後者では約2割が堀之内式〜加曽利B式に分類されている。遺構の帰属時期は，「出土している土器群のうち最新の時期」（p.1017）とする，という報告書の方針によれば，711・712号は「堀之内2〜加曽利B式」ということになるが，土坑一覧表（第3表，p.517）では，ともに「称名寺II式」に比定されている。「調査段階で認められた多数の攪乱を考えた場合，新しい時期の土器片が少量だけ混入する状況をどのように解釈するか，非常に迷うこととなった」（p.1377）と記しているように，「量的な主体」（p.1017）から，711・712号の堀之内式〜加曽利B式は「攪乱等による混入と判断」（p.1377）されたのであろう。筆者も報告者のこの解釈に従うが，速報段階から一貫して土坑の一括性に疑問を呈している柳澤清一（柳澤1995・2000）のように，関西系土器の帰属時期について，出土状況から別の解釈の余地も残されている。

5) 縁帯文1期の胴部文様に，少数例ながら刺突文で充填するものがある。この刺突文は，花弁状刺突文のような独特な形状ではないので，今まであまり注目されなかったが，土着変容タイプからの系譜あるいは三十稲場式3期の刺突文の影響などを考慮する必要があるかもしれない。

6) R24-P30は，長径108cm短径103cm深さ44cmを測る土坑で，多量の土器が出土した。埋土は人為的な埋め戻しと判断され，4層下部から「ほとんど折り重なるような状態」で土器が出土したことから，遺物は「一括投棄されたもの」と解釈されている（藤巻編1991, p.70）。Cランクの一括遺物と理解できる。

7) 関西の型式については，測定資料がまだ十分とは言い難く，細別時期の体系的な年代を知るまでには至っていない。注目すべきデータとしては，比較資料として掲げた滋賀県竜ヶ崎遺跡出土土器（第5図11）

の土器付着物の測定値があげられる（小林ほか2006）。内面付着物と外面付着物の2試料の測定値が3840±25BPと3815±30BPとなり，較正年代値（cal BC）では，ともに2350～2200年に収まる確率が約80％となる。中央値・最頻値は，前者で2300年・2290年，後者で2255年・2230年（いずれもcal BC）である。この年代を関東の推定暦年代と対比すれば，おおむね堀之内1式（古）ごろを中心とする年代と考えることができる。当該土器は，本文中で記述したように，型式論的に福田K2式末期～縁帯文1期（古）ごろと理解でき，一括遺物の検討から，堀之内1式（古）ごろに併行する可能性が高いという推論を導いた。炭素14年代値も，この推論と整合的であることを指摘しておく。

　なお，竜ヶ崎Aでは，福田K2式（小林ほか2006，第122図-954）の炭素14年代も測定されている。胴部を欠くので全体の文様構成が判然としないが，仮に胴部が鉤状文となるのであれば，福田K2式の⑪類型に比定できよう。この推定が正しければ，本文中の武士例（第4図1）とほぼ同期，福田K2式中頃の年代が与えられる。この資料の外面付着物の測定年代は，3925±30BPであり，較正年代値（cal BC）では，2490～2330年に収まる確率が約90％，中央値・最頻値は2415年・2465年（cal BC）となる。関東の推定暦年代に対比すれば，称名寺式のなかでもI式を中心とした年代値と考えられる。考古学的な検討とは，やや齟齬が認められるが，測定試料が増えていけば，こうした炭素年代との比較も可能になるものと期待される。

引用・参考文献

秋田かな子・宮原俊一編 2003『丹沢を仰ぐ縄文遺跡』秦野市・東海大学提携20周年記念特別展図録
石井　寛 1992「称名寺式土器の分類と変遷」『調査研究集録』第9号　横浜市ふるさと歴史財団
石井　寛 1993「堀之内1式期土器群に関する問題」『牛ヶ谷遺跡華蔵台南遺跡』　横浜市ふるさと歴史財団
石井　寛 2008『華蔵台遺跡』港北ニュータウン地域内埋蔵文化財調査報告41　横浜市教育委員会
泉　拓良 1989『福田貝塚資料』山内清男考古資料2　奈良国立文化財研究所
泉　拓良・玉田芳英 1986「文様系統論　縁帯文土器」『季刊考古学』第17号
今村啓爾 1977「称名寺式土器の研究」『考古学雑誌』第63巻第1・2号
岩崎志保編 2005『津島岡大遺跡16』岡山大学構内遺跡発掘調査報告第21冊
岩崎二郎 1988「仏並遺跡71-ODの縄文土器」『研究紀要』1　大阪府埋蔵文化財協会
岩崎二郎編 1986『仏並遺跡』大阪府埋蔵文化財協会調査報告書　第5輯
馬飼野行雄・渡井英誉編 1997『滝戸遺跡』富士宮市文化財調査報告書第23集
大村　裕 2011『縄紋土器の型式と層位』　六一書房
小川岳人・井辺一徳 2004『池端・椿山遺跡』かながわ考古学財団調査報告165
金子正人・長島郁子 1990『芳賀北曲輪遺跡』前橋市埋蔵文化財発掘調査団
加納　実 1994「縄文時代後期・関西系土器群の新例」『研究連絡誌』第39号　千葉県文化財センター
加納　実 1998『市原市武士遺跡2』千葉県文化財センター調査報告　第322集
木下哲夫 1997「福井県右近次郎遺跡の福田K2式土器と気屋式土器」『堅田直先生古希記念論文集』　真陽社
久保穰二朗 1987「鳥取県下における後期前葉から中葉にかけての縄文土器の変遷について」『森藤第1・森藤第2遺跡発掘調査報告書』東伯町文化財発掘調査報告書第10集
小島孝修編 2006『竜ヶ崎A遺跡』　滋賀県教育委員会・滋賀県文化財保護協会
小濱　学 2002「高瀬B遺跡「IV遺物2縄文時代中・後期の土器」」『研究紀要』第11号　三重県埋蔵文化

財センター
小林謙一 2006「関東地方縄紋時代後期の実年代」『考古学と自然科学』第 54 号
小林謙一・遠部　慎・春成秀爾・新免歳靖 2006「竜ヶ崎 A 遺跡出土土器付着物の ^{14}C 年代測定」『竜ヶ崎
　　　A 遺跡』ほ場整備関係（経営体育成基盤整備）遺跡発掘調査報告書 33-1　滋賀県教育委員会
近藤　敏 1987『菊間手永遺跡』市原市文化財センター調査報告書第 23 集
近藤　敏 1993「市原市内出土の非在地系土器」『市原市文化財センター研究紀要』II
縄文セミナーの会 2007『中期終末から後期初頭の再検討』第 20 回縄文セミナー
鈴木徳雄 1993「称名寺式の変化と中津式」『縄文時代』第 3 号
十亀幸雄 2004『小松川藤木遺跡』小松町埋蔵文化財調査報告書 2
田中　琢 2002「一括遺物」『日本考古学事典』　三省堂
田辺常博編 1992『市港遺跡　北寺遺跡』三方町文化財調査報告書第 11 集
谷藤保彦・関根愼二編 2007『中期終末から後期初頭の再検討 ―記録集―』　縄文セミナーの会
田村陽一ほか 1997『新徳寺遺跡』三重県埋蔵文化財調査報告 123-3
千葉　豊 1987「備前市新庄西畑田遺跡採集の縄文土器」『古代吉備』第 9 集
千葉　豊 1989「縁帯文系土器群の成立と展開」『史林』72 巻 6 号
千葉　豊 1990「近畿北部・山陰東部の成立期縁帯文土器」『小森岡遺跡』　兵庫県竹野町教育委員会
千葉　豊 1995「福田 K2 式再論 ―千葉県武士遺跡出土の「関西系土器」の評価―」『古代吉備』第 17 集
千葉　豊 1997「福田 K2 式と宿毛式・序論」『古代吉備』第 19 集
千葉　豊 2002「平城式について」『四国とその周辺の考古学』犬飼徹夫先生古稀記念論集
千葉　豊 2008a「土器編年の方法 ―型式学的方法①―」『縄文時代の考古学』2　同成社
千葉　豊 2008b「縁帯文土器」『総覧　縄文土器』　アム・プロモーション
千葉　豊編 2010『西日本の縄文土器　後期』　真陽社
千葉　豊・大下　明編 1990『小森岡遺跡』　兵庫県竹野町教育委員会
千葉　豊・曽根　茂 2008「型式論の可能性」『縄文時代』第 19 号
出原恵三 1992『松ノ木遺跡 I』　高知県本山町教育委員会
出原恵三・前田光雄 1996『松ノ木遺跡 IV』　高知県本山町教育委員会
寺澤　薫 1980「大和におけるいわゆる第五様式土器の細別と二・三の問題」『奈良市六条山遺跡』奈良県文
　　　化財調査報告書第 34 集
永井宏幸編 2004『吉野遺跡』愛知県埋蔵文化財センター調査報告書第 125 集
中村　徹ほか 1981『布勢遺跡発掘調査報告書』鳥取県教育文化財団調査報告書 7
仁保晋作・千葉　豊 1989「名張市赤目町　中戸遺跡」『昭和 61 年度農業基盤整備事業地域　埋蔵文化財発
　　　掘調査報告 I』三重県埋蔵文化財調査報告 79
濱　修ほか 1998『赤野井湾遺跡』琵琶湖開発事業団関連埋蔵文化財発掘調査報告書 2
早野浩二編 2003『権現山遺跡』愛知県埋蔵文化財センター調査報告書　第 110 集
藤巻正信編 1991『城之腰遺跡』新潟県埋蔵文化財調査報告書第 29 集　新潟県教育委員会
堀越正行・領塚正浩編 1992『堀之内貝塚資料図譜』市立市川考古博物館研究調査報告第 5 冊
前田敬彦ほか 1985『亀川遺跡 V』　海南市教育委員会
前田光雄編 2000『松ノ木遺跡 V』本山町埋蔵文化財発掘調査報告書第 11 集
増田孝彦・柴　暁彦 2007「薪遺跡第 7 次発掘調査概報」『京都府遺跡調査概報』第 121 冊　京都府埋蔵文化

財調査研究センター
松井敬代 1997『見蔵岡遺跡　其の二』竹野町文化財調査報告書第 11 集
松田真一 1983「山添村広瀬遺跡発掘調査概報」『奈良県遺跡調査概報（第 1 分冊）1981 年度』奈良県立橿原
　　考古学研究所
南　久和 1981「一括遺物について」『考古学研究』第 28 巻第 1 号
宮本一夫編 1990『文京遺跡第 8・9・11 次調査』愛媛大学文化財調査報告 II
森岡秀人 1977「畿内第 V 様式の編年細分と大師山遺跡出土土器の占める位置」『河内長野大師山』関西大
　　学文学部考古学研究報告第 5 冊
柳澤清一 1980「称名寺式土器論（結編）」『古代』第 68 号
柳澤清一 1995「西日本縄紋後期前葉〜中葉編年の再検討」『先史考古学研究』第 5 号
柳澤清一 2000「再び，武士遺跡における「関西系土器群」の編年について」『茨城県考古学協会誌』12
柳澤清一 2006『縄紋時代中・後期の編年学研究』千葉大学考古学研究叢書 3
山崎真治 2003「縁帯文土器の編年的研究」『紀要』第 18 号，東京大学文学部考古学研究室
山崎真治 2007「福田 K2 式をめぐる諸問題」『貝塚』63
和歌山県文化財センター 1991『大水崎遺跡』

挿図出典
第 1 図：亀川遺跡（前田ほか 1985），薪遺跡（増田・柴 2007），第 2 図：仏並遺跡遺構図（岩崎編 1986），仏並遺跡土器（岩崎 1988），中戸遺跡（仁保・千葉 1989），第 3 図：新徳寺遺跡（田村ほか 1997），権現山遺跡（早野編 2003），吉野遺跡（永井編 2004），第 4 図：武士遺跡（加納 1998），芳賀北曲輪遺跡（金子・長島 1990），第 5 図：1（小濱 2002），2（泉 1989），3（岩崎編 2005），4（田村ほか 1997），5・6（濱ほか 1998），7（馬飼野・渡井編 1997），8・9（藤巻編 1991），10（田辺編 1992），11（小島編 2006），12（前田編 2000），13（十亀 2004），第 6 図：1（近藤 1993），2（小川・井辺 2004），3（石井 2008），4（馬飼野・渡井編 1997），5・6（加納 1998），7（堀越・領塚編 1992），8（久保 1987），9（松井編 1997），10（中村ほか 1981）

群馬県前橋市上沖町西新井遺跡の土製耳飾り

設 楽 博 己

はじめに

　筆者が「前橋市上沖町西新井遺跡の表面採集資料（上）」と題する論文を『群馬考古通信』に掲載したのは，30年ほど前になる（設楽1984）。西新井遺跡は，1960年代前半の土地改良にともなって遺物が出土したことにより知られるようになった遺跡であり，遺物は十年近くにわたり筆者や旧友などによって拾い集めたものである。それらは縄文後期初頭～晩期終末におよび，土器，石器，土製品，石製品からなる。

　今回報告するのは，土製耳飾りを中心とした土製品である。遺物が分布していた二か所のうちの一か所はすでに群馬大学付属中学校の校庭の盛土の下になっており，周辺の田は市街化調整区域であるとはいえ近隣まで宅地が迫っている。早急に遺跡と遺物の重要性を報告することが採集者の務めであると（上）では書いたが，遅ればせながらここに続きを報告して再度重要性を喚起したい。本稿は本来であれば，「前橋市上沖町西新井遺跡の表面採集資料（中）」と題すべきであるが，土製品のうちでも耳飾りに特色があることと，論集という性格からこのような論題とした。

1. 遺跡の位置と立地

　前橋市域の地形は，東北から南西に流れる利根川に応じるように，北から赤城火山斜面，広瀬川低地面，前橋台地面に区分され，前橋台地を貫いて利根川が流れ，利根川氾濫原を形成している。このうちの広瀬川低地帯は，過去の利根川によって形成された低地である。広瀬川，桃ノ木川，白川などの旧利根川が合流しながら流下しており，表層は過去の利根川の氾濫によって堆積した沖積砂層からなっている。

　本遺跡は，市街の中心地から北東へおよそ2.5kmの場所に位置している（第1図）。赤城火山斜面と広瀬川低地帯の間には崖線に沿って道路が走っているが，本遺跡はそこからおよそ500m南西に離れた，広瀬川低地帯に立地する（第2図）。赤城火山斜面との比高差はおよそ15mである。縄文時代の遺跡は，多くが赤城火山斜面に立地しているのに対して，特異な立地を示す。遺跡の東およそ50mには竜の口川が流れ，東南に約700mで桃ノ木川に合流する。竜の口川は過去にたびたび水害をもたらしており，何度も流路をかえていたことが推定できるので，微視的に

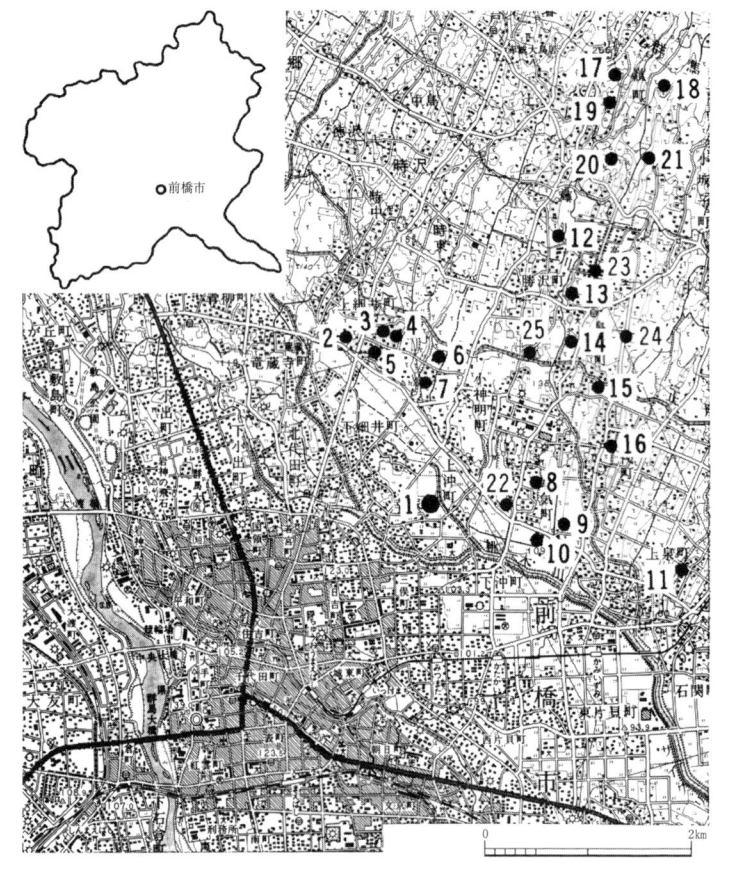

No.	遺跡名	所在地
1	西新井	上沖町西新井
2	薬師	上細井町薬師
3	天王	〃 天王
4	荒屋敷	〃 荒屋敷
5	新田上	〃 新田上
6	南田之口	〃 南田之口
7	南灰俵	〃 南灰俵
8	後原	端気町後原
9	大日	五代町大日
10	端気前	端気町端気前
11	太郎三前	上泉町太郎三前
12	市之進	峰町市之進
13	東曲輪	勝沢町東曲輪
14	北原	鳥取町北原
15	東原	〃 東原
16	天神	五代町天神
17	八幡前・藤小暮	峰町八幡前・藤小暮
18	下大平	小坂子町下大平
19	大林下	嶺町大林下
20	入替戸・十二原	〃 入替戸・十二原
21	白鳥	小坂子町白鳥
22	端気 I	端気町塚越・着帳
23	芳賀北部団地	勝沢町高花台
24	芳賀東部工業団地	鳥取町・小坂子町・五代町
25	子神明	子神明町富士塚下

第1図 前橋市西新井遺跡と周辺の遺跡

いえば本遺跡は竜の口川の氾濫原に立地しているといってよい。

本遺跡の遺物は、二か所に集中して分布している。すでに述べたように、遺跡の周辺は市街化調整区域であり、夏は水田に冬は麦や野菜を栽培する二毛作の田畑である。南の散布地は田畑のままであるが、北の散布地は現在校庭の下に埋もれている。南を第1地点、北を第2地点としておこう。2地点間の距離はおよそ60mであり、遺物は両地点ともおよそ30m四方の範囲にわたって分布していた。第1地点の方がおよそ1m低く、標高は104mである。

2. 土器と耳飾り以外の土製品と石製品

採集された遺物の内容は、第1地点も第2地点もほぼ同じ内容である。ここではすでに報告した土器のうち、代表的なものを示し、土製耳飾り以外の土製品と石製品を紹介する。

(1) 土器（第3図）

採集した土器は大型の天箱3箱ほどで、1点だけ弥生時代の可能性のあるものを除き、すべて縄文時代後期〜晩期のものである。報告の際にはこれらを18群に分類した。

もっとも古いのは縄文後期初頭の称名寺Ⅰ式であるが，わずか1片にすぎない。堀之内1式土器も1片だけである。破片数が増加するのは加曽利B2式からであり，主体をなすのは第7～14群の安行1式～安行3a式，高井東5式～天神原式（7～10・13～15・19～21・22～24・31・32・35～39）である。晩期後半は土器の量が減るようであり，終末の千網式土器（42）はごくわずか伴うにすぎず，それが最終末となる。1片弥生土器らしい口縁部破片があるがよくわからない。

東北地方の系統の第8・15群土器（16・18・25～28・40・41）が伴うのは関東地方通有のあり方であるが，第9群の中部高地から東海地方の土器（11・12）が伴うのは長野県域に隣接した本遺跡を特徴づけるものである。安行1・2式土器という南関東地方と共通の精製土器が展開する時期を間にはさみながらも，第6・7群の高井東式土器が存在し，晩期前半になると第13・14群の天神原式土器が主体を占めるようになるのは，群馬県地域の特質をよく示すものといえよう。

(2) 耳飾り以外の土製品と石製品 （第4図）

土製耳飾り以外の土製品には，土偶（1～10），土版（12），手燭形土製品（13）とミニチュア土器（11）がある。

土偶の1は山形土偶の腕である。6と7はミミズク土偶の脚であり，6が安行2式，7は安行2式もしくは安行3a式である。6は埼玉県真福寺出土の完形品と同じ類型同じ時期のものであり，7は埼玉県馬室遺跡の完形品に近い。そのほかの5・8・9・10は縄文晩期の土偶であるが，それ以外は時期がよくわからない。10には大洞C$_2$式以降に特徴的な長いレンズ状の装飾があるのでその頃のもの。8は文様のない，いわゆる省略土偶である。

12の土版は5.4×4.4cm，厚さ2.2cmの完形品。やや大きめの砂粒や0.5cm大の礫を含み淡褐色を呈するなど在地の土器と同じ特徴を示しているので，在地でつくられたものであろう。表面には三叉文を交互に配して肋骨状の文様をつけ，裏面の上部に小さな目と口を彫りくぼめている。顔のついた土版である。

13の手燭形土製品は，握りに相当する部分のみ残存している。先端部付近に孔があり，吊り下げられるようになっている。その延長線上には円形の浮文があるが，群馬県域の天神原式土器によくある文様要素である。

11のミニチュア土器は，大洞B式の注口土器を模したもの。無文である。

石製品は岩版（14）が一点採集された。9.1×6.8cm，厚さ2.8cm。上下が斜めに欠けており，上端部分は大きく欠損しているが，下端は表面右半分に欠けていない部分がある。復元するとややいびつな将棋の駒のような形になろうか。表面はやや丸みをおび，裏面は平らに成

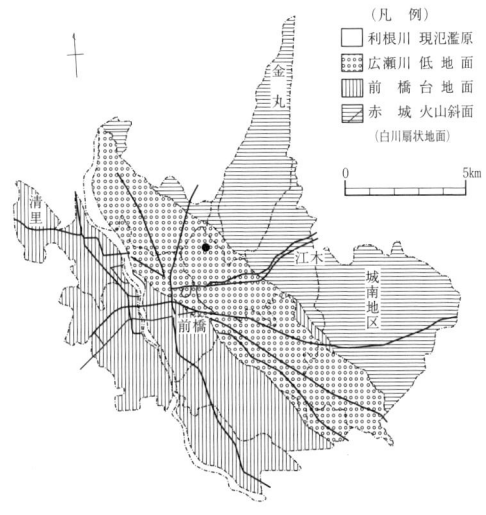

第2図　前橋市の地形区分

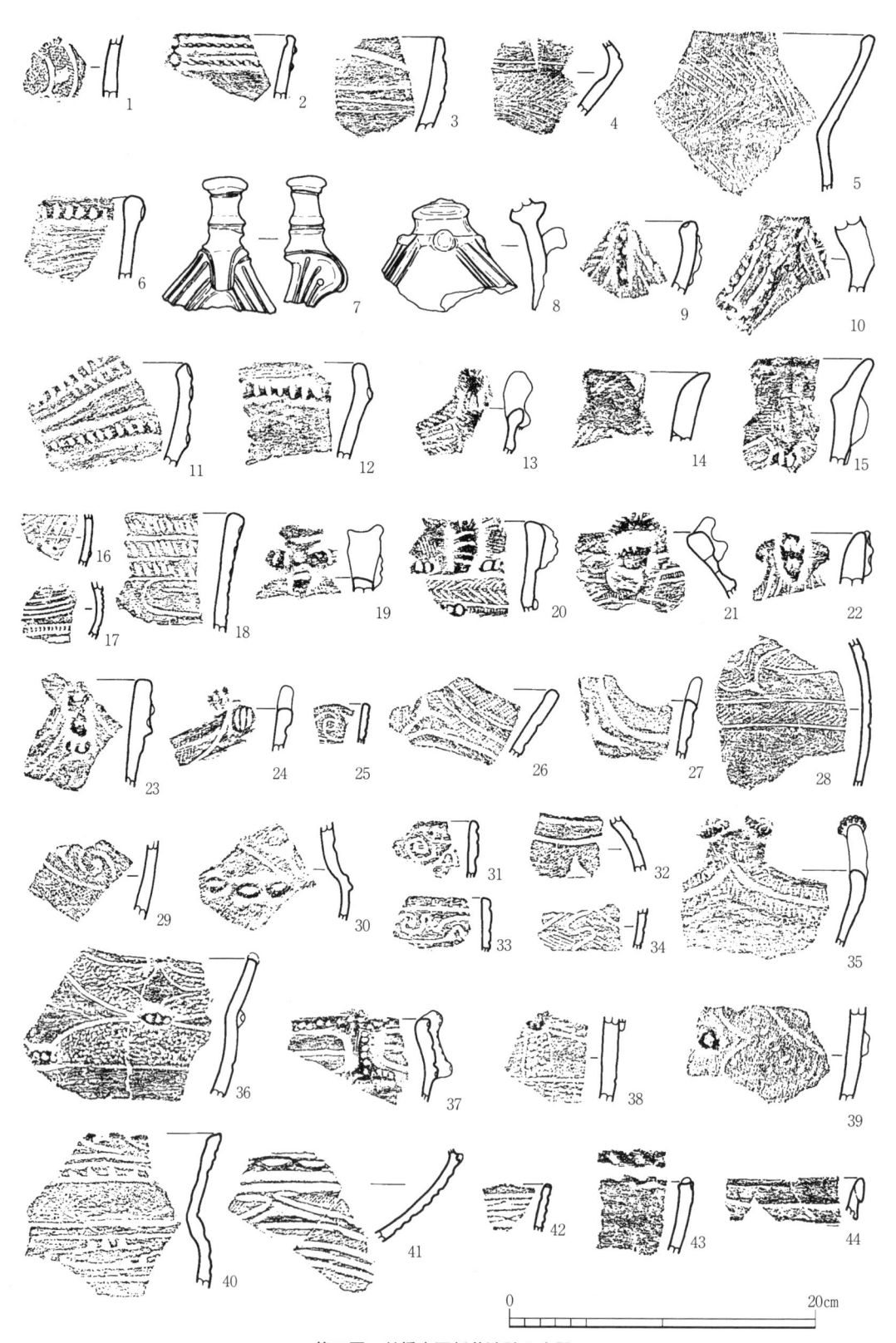

第3図　前橋市西新井遺跡の土器

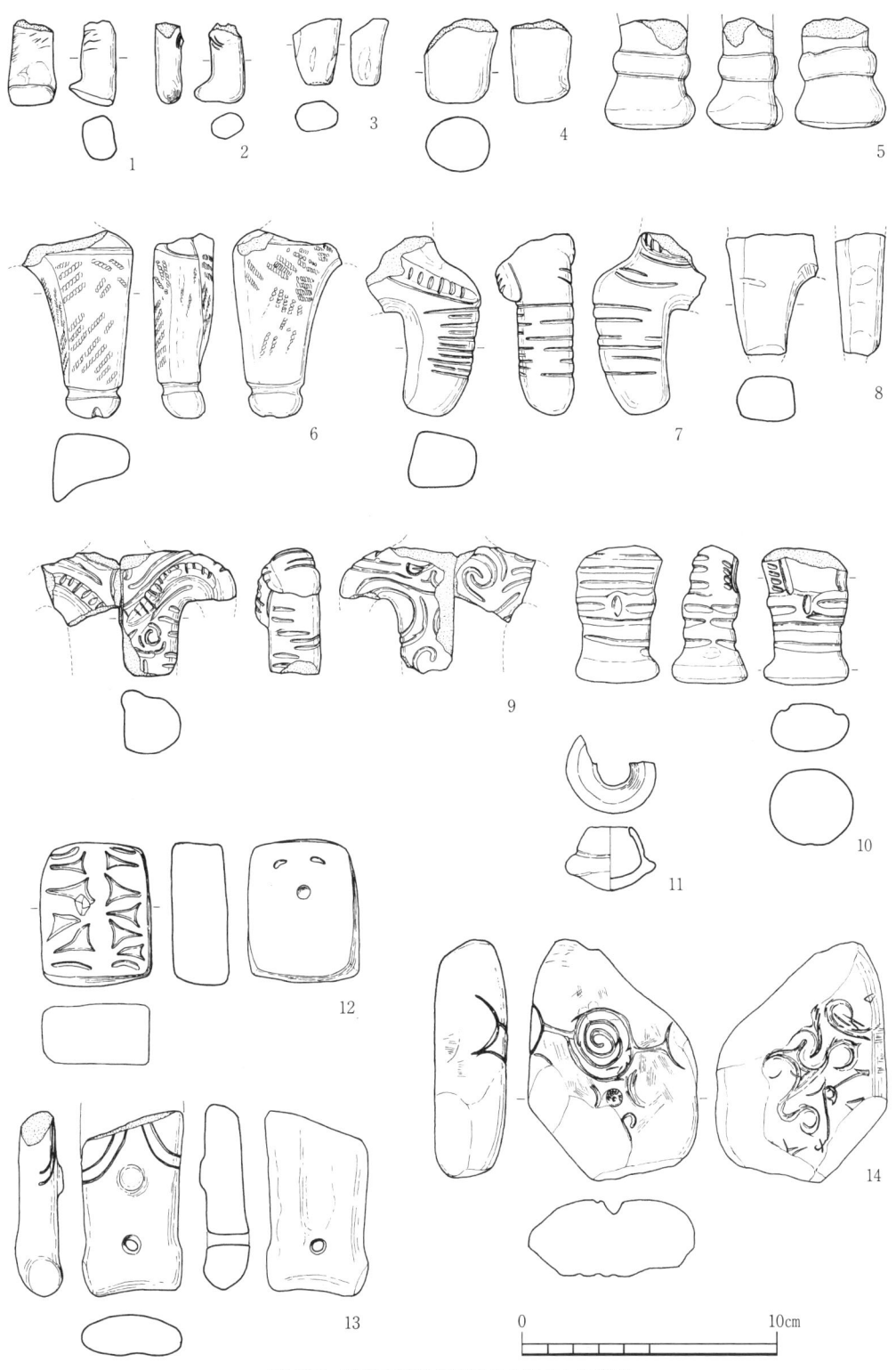

群馬県前橋市上沖町西新井遺跡の土製耳飾り 105

第4図 前橋市西新井遺跡の土製品と石製品

形される。側面は軽く研磨され，とくに下端は平らに成形されている。黄白色の柔らかい凝灰岩を用いているが，これは福島県域以北の東北地方亀ヶ岡式に通有の岩版の素材であり，搬入品か素材を搬入して文様をつけたものであろう。表面には両側に三叉の枝のある渦巻文を描き，その下には穴をえぐって両脇に弧線を加える。裏面は大洞 BC1 式の入組弧線文を加えている。

3. 土製耳飾りの形態と文様と大きさ

　土製耳飾りは，106 点採集した（第 6 図～第 12 図・第 1 表）。土製耳飾りの型式は，かつての分類（設楽 1983，206-209 頁）を改変した。なお，広い意味での土製耳飾りには玦状耳飾りを含むが，本稿で扱う土製耳飾りは，いわゆる滑車形あるいは栓状といわれているものである。

　土製耳飾りは，多様な形態と文様の組み合わせからなる。そこで両者の要素の複合からなる類型区分が分類の基礎になるが，断面形態の分類を中核として，それぞれを文様によって細分する方式をとる。かつての分類では，断面形態を細別しすぎた。逆に文様は刻みや沈線文といった要素によって分けたにすぎず，断面形態に応じて特徴的な文様がつけられ，そのことにより耳飾り全体として個性的な「型式」が生じていることをとらえきれていなかった。

　今回は，断面形態は従来の分類に従い，文様を加えてあらたに類型分類をおこなった（第 1 表）。この類型分類は大別であり，さらに細かい類型区分をおこない土製耳飾りの型式を確定していく必要があるが，今後の課題とする。なお，第 5 図に耳飾りの部位の名称を示したが，無文臼形には外面と内面の識別のむずかしいものが多い。

　耳飾りの大きさを第 13 図に示したが，これを用いて文様と形と大きさにどのような傾向があるのか摘要することにしよう。

(1) 形態分類

　1 類　臼形（1～20・22・24～27・30・31）

　　a) 内外が平坦ないし軽くくぼむもの。1 類はこれがほとんどである。

　　b) 内面が大きくくぼむもの（16・27）。

　　c) 内外両面が凸面状のもの（13）。

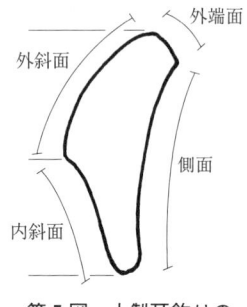

　　d) 有孔（14）ないし無貫通孔をもつもの（19）。

第 5 図　土製耳飾りの部位名称

　2 類　厚手素環（43～75）

　　ブリッジをもたない素環状のもので分厚くつくられている。外斜面はいずれも丸みをもっている。厚手と薄手の区分は類例を集めて数値化することもできようが，69・72 あたりがボーダーラインとなる。本稿ではこれを厚手に加えた。

　　a) 内斜面がくぼむもの。2 類はこれが圧倒的多数を占め，なかでもくぼみの強いものが多い。

　　b) 内斜面にくぼみをもたないもの。断面が正三角形に近いも

の（55）と二等辺三角形で環の幅の広いもの（74）がある。

3類　薄手素環（76〜95・97〜99・101〜103・105・106）

a）外斜面と内斜面の間が稜をなし，内斜面は軽くふくらむか平坦なもの（86）。3類はこれが多い。

b）aの内斜面がくぼみ，厚手環状を薄くしたようなもの（88）。

c）極めて薄く外斜面と内斜面の間の稜がほとんどないもの（77）。

d）外端面が水平で平坦なもの（103・106）。平坦面に文様がほどこされる。

4類　テラス付（28・29・32〜36・40）

2類ないし3類の内面にテラス状の張り出しをめぐらすタイプのもの。中央に円空ができる。テラスの部分におそらく四つの窓を開けたものがある（35・40）。28は窓がなく臼形cのようにみえるが，テラスの部分が側縁から下がっていることと，小さいながらも中央に円空をもつことからここに分類した。

5類　ブリッジ付（37〜39・41・42・96）

3・4類の内斜面にブリッジをもつもの。ブリッジ付の完全なものは41の1本だが，39もおそらく1本で，十字をなすものは見当たらない。96はおそらく3本が螺旋をなす特徴的なもの。42は4類の可能性もあるが，ここに入れておく。

6類　漏斗形（21・23・100・104）

内外面の径が異なるもののうち，側面上端，下端が段差をもってふくらむものとその仲間である。5類に含まれるが，特徴的な形態と文様の一群として独立して分類した。23はこの類の小型品であり，本来は透し彫りがなされるが小型のために1類に近い。

a）小型品（100）。

b）大型品（104）。

106点の形態別の内訳は，多い順に厚手素環33点，薄手素環28点，臼形27点，テラス付8点，ブリッジ付6点，漏斗形4点である。厚手素環と薄手素環，そして臼形が均衡した数になっているのが注目される。

(2) 文様

文様は細別すればきりがないが，形態と結びついた特徴的な文様類型が存在しているので，形態分類とからめながら区分を示しておく。文様のもっとも大きなカテゴリーは，無文と有文である。無文と有文の区別がつく105点のうち無文が47点，有文が58点とおよそ半々である。まず，無文と有文のそれぞれの特徴を記した後に，形態とあわせて類型化した個々の耳飾りの文様がどのように展開しているのか述べ，本遺跡の耳飾りの特徴を明らかにする。

無文　無文品は，臼形20点，厚手素環23点，薄手素環2点，漏斗形1点，ブリッジ付1点である。このうち臼形は欠損品を含めていずれも無文であることは間違いないが，厚手環状はすべてが無文だとは言い切れない。なぜならば，厚手素環のなかには三叉文などが単独で施されるものがあるので（68・70・72など），その部分を欠いたものは有文でも無文に編入されているかもし

れないからである。

21と42はブリッジ付と漏斗形で無文の唯一の例であり，これらは有文が基本であるが，ほかの類型が無文と有文からなることからすると，無文と有文のセット関係がここにも認められるわけである。群馬県桐生市千網谷戸遺跡には無文の漏斗形が認められ，長野県飯田市中村中平遺跡には無文のテラス付がかなりの量ともなっていることも，この関係性の意味を考えるうえで注目すべきであろう。

21は亀ヶ岡文化の土製耳飾りの模倣品であり，関東地方の有文漏斗形耳飾りが亀ヶ岡文化の耳飾りの影響関係のなかで生まれてきたことを傍証する例でもある。21の外端面がふくらんで湾曲している点は，有文漏斗形よりもよりよく亀ヶ岡風の特徴をとどめている。

有文 有文品の数の内訳は，薄手素環25点，厚手素環10点，テラス付8点，臼形7点，ブリッジ付5点，漏斗形3点である。各類型の総数のうちの無文品との比率（無文：有文）を示せば，厚手素環33（10：23）点，薄手素環27（2：25）点，臼形27（20：7）点，テラス付8（0：8）点，ブリッジ付6（1：5）点，漏斗形4（1：3）点である。臼形に無文が圧倒的に多いのに対して，素環のとくに薄手に有文が圧倒的に多く，テラス付き，ブリッジ付，漏斗形など派手なものはやはり文様をつける傾向がはっきりしている。

主となる文様を抽出すると，同心円文，渦巻文，貼瘤文，隆線文，三叉文，玉抱三叉文，雲形文，弧線文，入組弧線文，沈線文，刻目文帯などであり，埋め草として列点文が用いられる。

① 同心円文・渦巻文（24〜27・30・31）

　6点にみられるが，文様の特性からすべて臼形に施される。渦文（24）と同心円文（27・30・31）とその組み合わせや変化をもたせたもの（25・26）がある。26や30などは列点文を加えており，その特徴から安行3b式併行期と考えられる。

② 貼瘤文・隆線文（22・31・38・70・75・92・98・103）

　隆起させて文様を表現する貼瘤文と隆線文は8点につけられる。貼瘤文は臼形の小型品（22），大型品（31）の同心円文に付随し，薄手環状（92），ブリッジ付（38）などにみられ，隆線文は薄手素環（98）と厚手素環（70）の2点だけである。このうち70は流麗な流水状の隆起文を外斜面の一部にアクセントとしてつけている。92は豚鼻状の貼瘤であり，安行3a式の可能性がある。

③ 三叉文・入組三叉文・玉抱三叉文（23・34・37・68・73・86・89・100・101・104）

　三叉文の系統の文様は，10点につけられる。このうち厚手素環（68）は単独で，あるいはアクセント的に沈線の末端を飾ったり（101），弧線の末端を三叉状にしておそらく入組三叉文を展開させたものもある（86・89）。86と89はおそらく同一個体である。本遺跡の耳飾りは淡黄褐色や白っぽいものが多いなかでいずれも赤褐色であり，南関東地方からもたらされたものの可能性がある。

　玉抱三叉文はテラス付きに典型的な例があり（34），安行3a式であろう。ブリッジの根元に玉を渦巻きにかえて同じ装飾効果を高めた渦抱三叉文と呼べるもの（37）や，漏斗形に細か

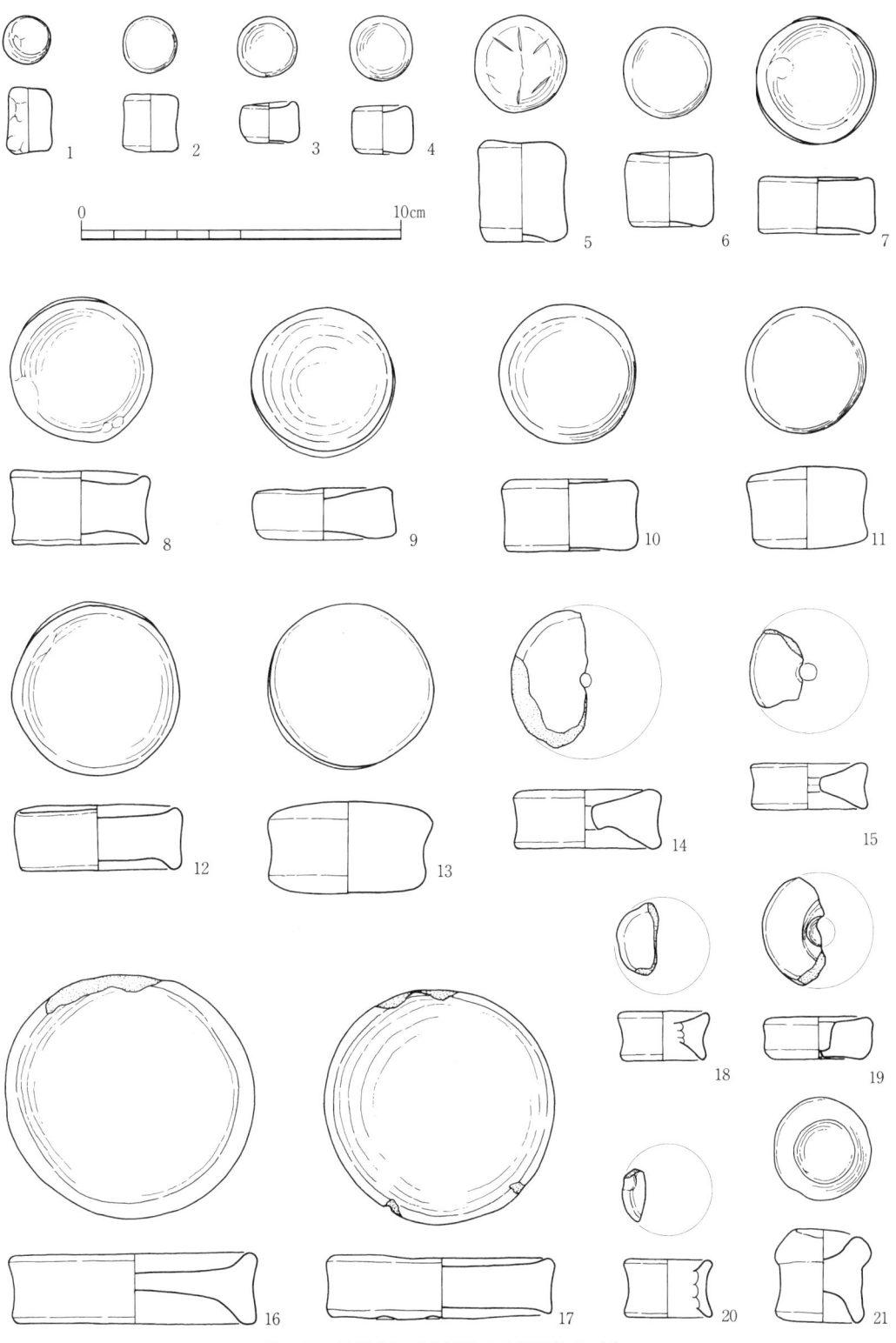

第6図　前橋市西新井遺跡の土製耳飾り (1)

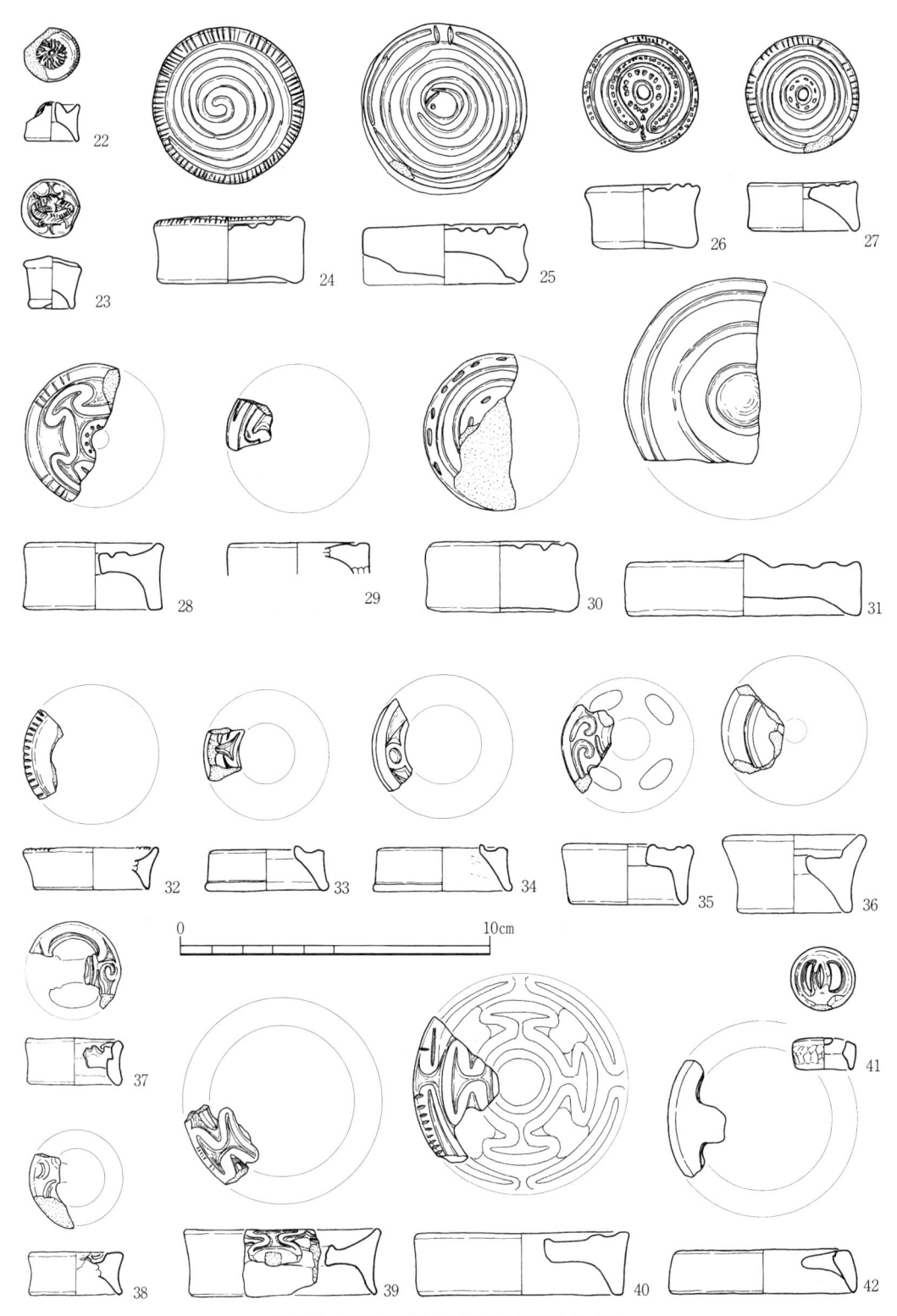

第7図　前橋市西新井遺跡の土製耳飾り (2)

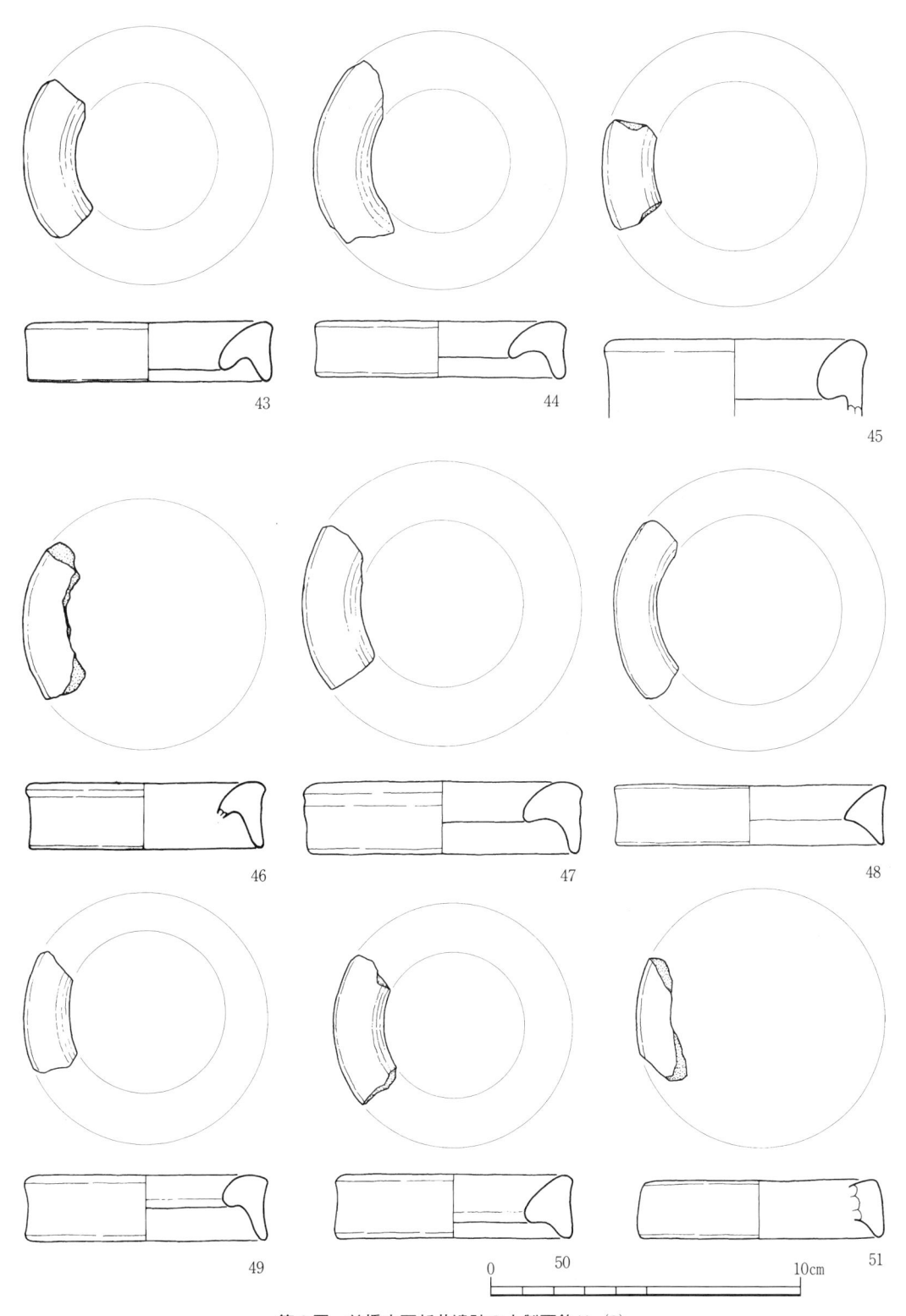

群馬県前橋市上沖町西新井遺跡の土製耳飾り 111

43 44 45

46 47 48

49 50 51

0　　50　　10cm

第8図　前橋市西新井遺跡の土製耳飾り (3)

第9図　前橋市西新井遺跡の土製耳飾り (4)

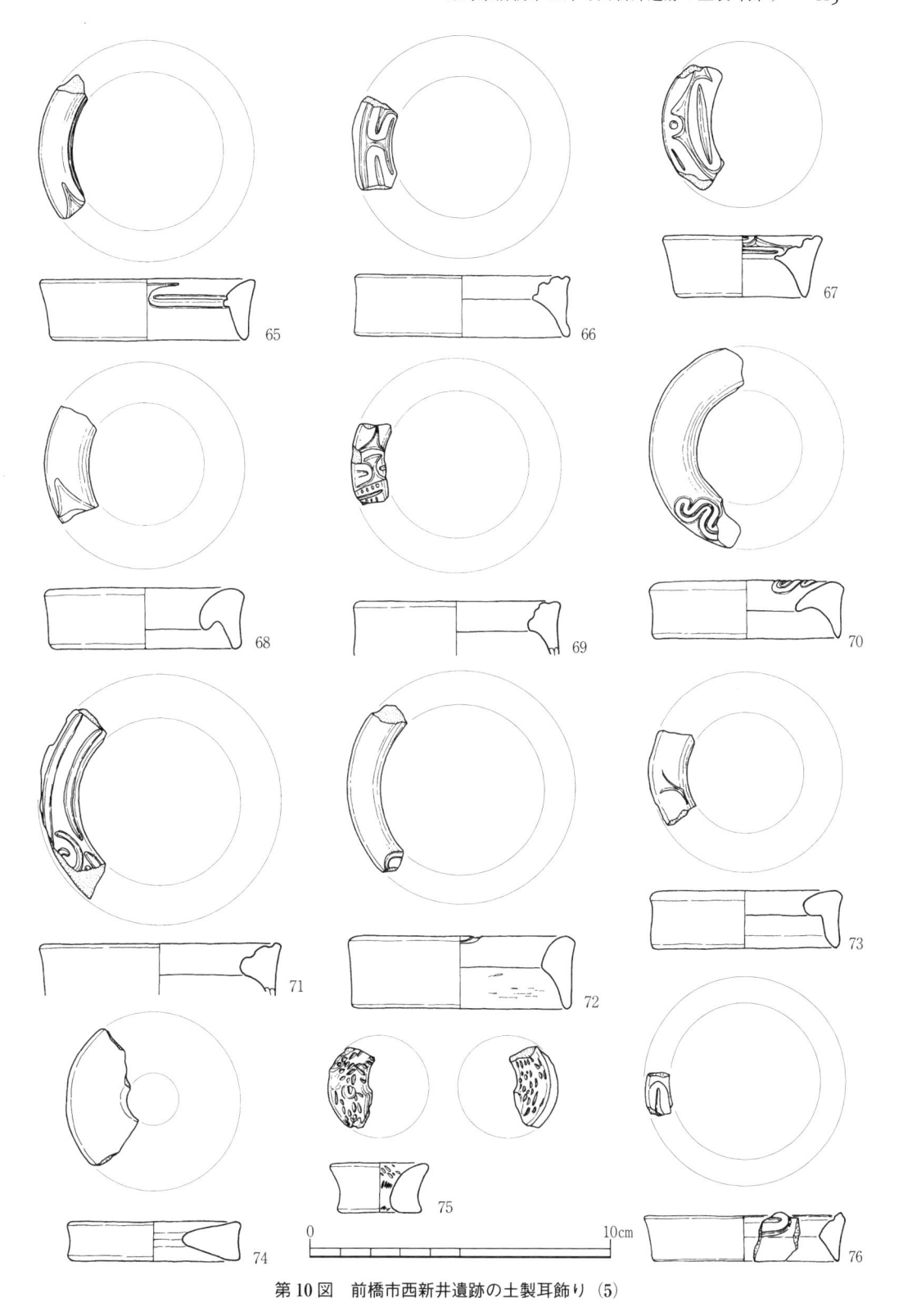

群馬県前橋市上沖町西新井遺跡の土製耳飾り   113

第10図　前橋市西新井遺跡の土製耳飾り（5）

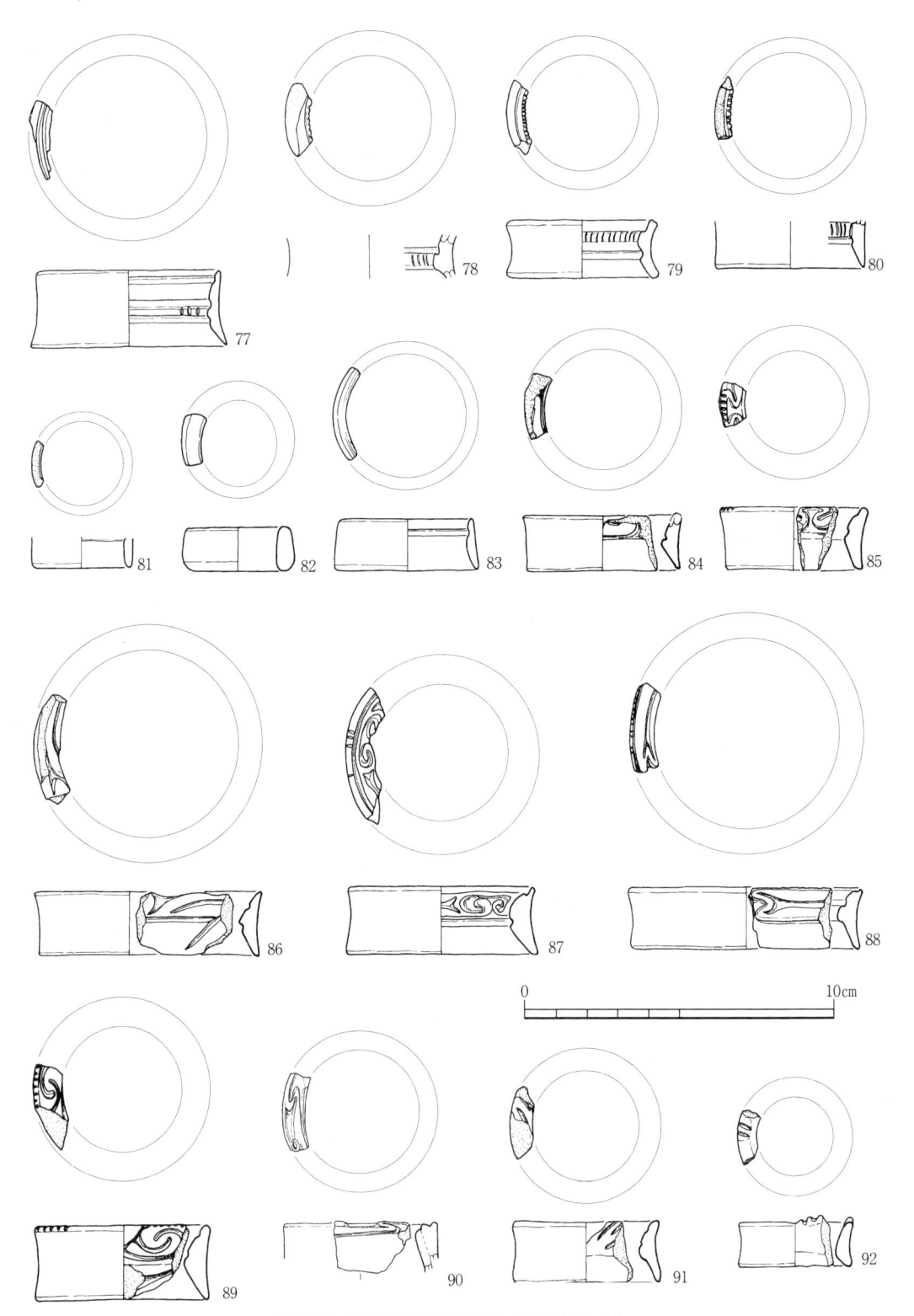

114

第11図　前橋市西新井遺跡の土製耳飾り (6)

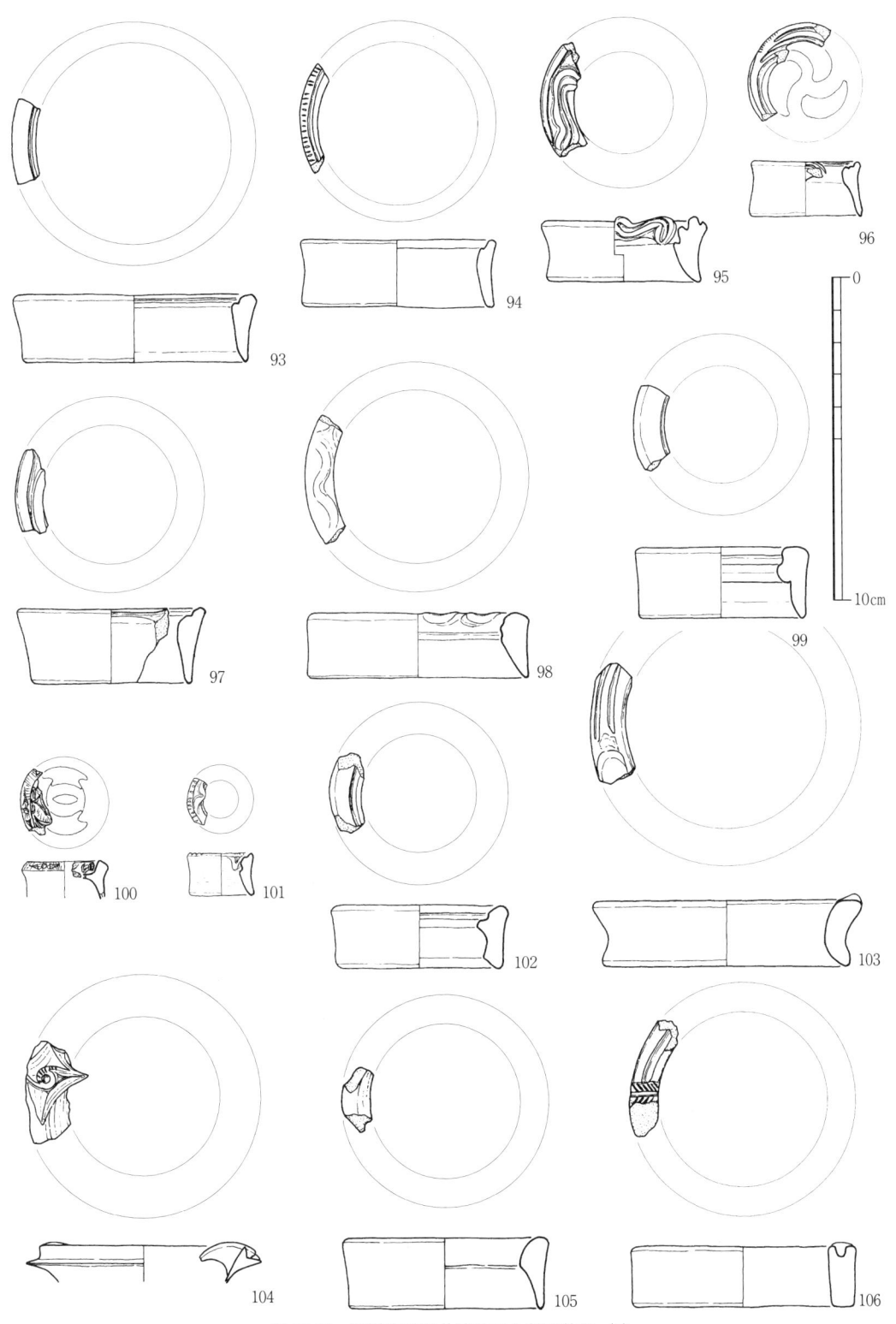

群馬県前橋市上沖町西新井遺跡の土製耳飾り 115

第12図 前橋市西新井遺跡の土製耳飾り (7)

第 1 表　前橋市西新井遺跡の土製耳飾り一覧

番号	形態	文様1	文様2	重さ（g）	中心径（cm）	上面径（cm）	高さ（cm）	赤彩
1	臼形 a	無文	—	4.71	1.3	1.4	2.0	
2	臼形 a	無文	—	6.95	1.65	1.7	1.8	
3	臼形 a	無文	—	5.54	1.8	1.8	1.3	
4	臼形 a	無文	—	7.43	1.9	1.9	1.5	
5	臼形 a	無文	—	33.1	2.6	2.8	3.1	
6	臼形 a	無文	—	21.55	2.7	2.8	2.3	
7	臼形 a	無文	—	29.16	3.7	3.7	1.8	
8	臼形 a	無文	—	49.83	4.2	4.4	2.3	
9	臼形 a	無文	—	36.22	4.3	4.4	1.5	
10	臼形 a	無文	—	54.46	4.1	4.3	2.2	
11	臼形 c	無文	—	46.09	3.5	3.8	2.5	
12	臼形 a	無文	—	63.23	5.2	5.3	2.0	
13	臼形 c	無文	—	87.15	4.8	5.1	2.8	
14	臼形 d（有孔）	無文	—	※17.08	(4.3)	(4.7)	1.8	
15	臼形 d（有孔）	無文	—	※4.96	(3.7)	(3.8)	1.4	
16	臼形 b	無文	—	89.21	7.6	7.8	2.2	
17	臼形 a	無文	—	107.21	6.9	7.1	2.0	
18	臼形	無文	—	※3.39	(2.4)	(2.8)	1.5	
19	臼形 d（無貫通孔）	無文	—	※7.85	(3.4)	(3.4)	1.3	
20	臼形	無文	—	※1.32	(2.4)	(2.8)	1.8	
21	漏斗形	無文	—	19.83	2.3	2.9	2.8	
22	臼形 d（有孔）	有文	貼瘤文	2.26	1.6	1.8	1.3	○
23	漏斗形	有文	玉抱三叉文	4.48	1.4	1.8	1.6	
24	臼形 a	有文	渦巻文	60.23	4.7	5.0	2.1	
25	臼形 b	有文	渦巻文・同心円文	※47.4	5.1	5.2	1.9	
26	臼形 a	有文	同心円文・列点文	25.47	3.2	3.6	1.9	○
27	臼形 d（有孔）	有文	同心円文・列点文	18.96	3.5	3.5	1.6	
28	テラス付	有文	雲形文・列点文	※18.43	(4.3)	(4.5)	2.1	
29	テラス付	有文	雲形文	※1.65	(4.7)	(4.7)	※1.0	
30	臼形	有文	同心円文・列点文	※30.42	(4.7)	(4.9)	2.2	
31	臼形 b	有文	同心円文・貼瘤文	※41.08	(7.6)	(7.6)	1.9	
32	テラス付	有文	刻目文	※2.65	(3.8)	(4.4)	1.3	
33	テラス付	有文	雲形文	※1.85	(3.8)	(3.7)	1.3	○
34	テラス付	有文	玉抱三叉文	※3.06	(4.1)	(4.2)	1.4	
35	テラス付	有文	弧線文	※2.85	(3.8)	(4.1)	1.8	
36	テラス付	有文	沈線文	※7.52	(3.7)	(4.7)	2.4	
37	ブリッジ付	有文	渦抱三叉文	※4.76	(2.9)	(3.1)	1.5	○
38	ブリッジ付	有文	貼瘤文	※2.37	(2.8)	(3.0)	1.4	
39	ブリッジ付	有文	雲形文	※5.50	(6.0)	(6.4)	2.1	○
40	テラス付	有文	雲形文	※14.24	(6.5)	(6.7)	1.9	
41	ブリッジ付	有文	沈線文	2.80	1.9	1.9	1.0	
42	厚手環状ブリッジ付	無文	—	※5.53	(6.1)	(5.8)	1.4	
43	厚手素環 a	無文	—	※13.43	(7.8)	(8.0)	1.9	
44	厚手素環 a	無文	—	※18.99	(8.0)	(8.2)	1.8	
45	厚手素環 a	無文	—	※11.72	(8.3)	(8.5)	※2.4	
46	厚手素環 a	無文	—	※12.64	(7.5)	(7.8)	2.1	
47	厚手素環 a	無文	—	※16.33	(8.5)	(8.6)	2.2	
48	厚手素環 a	無文	—	※16.57	(8.7)	(8.8)	1.9	
49	厚手素環 a	無文	—	※9.57	(7.6)	(7.8)	2.1	
50	厚手素環 a	無文	—	※12.94	(7.5)	(7.7)	2.0	
51	厚手素環 a	無文	—	※9.40	(8.1)	(7.8)	1.8	
52	厚手素環 a	無文	—	※11.50	(7.3)	(7.4)	1.9	

番号	形態	文様1	文様2	重さ（g）	中心径（cm）	上面径（cm）	高さ（cm）	赤彩
53	厚手素環a	無文	—	※11.89	(7.9)	(8.0)	2.1	
54	厚手素環a	無文	—	※21.72	(7.5)	(7.5)	2.0	
55	厚手素環b	無文	—	※8.96	(6.3)	(6.6)	2.0	
56	厚手素環a	無文	—	※8.91	(6.8)	(7.2)	2.4	
57	厚手素環a	無文	—	※4.64	(6.4)	(6.8)	※2.0	
58	厚手素環a	無文	—	※9.48	(6.6)	(6.8)	1.8	
59	厚手素環a	無文	—	※6.00	(6.0)	(6.3)	1.6	
60	厚手素環b	無文	—	※6.94	(6.0)	(6.3)	1.9	
61	厚手素環a	無文	—	※23.01	(6.0)	(6.0)	2.0	
62	厚手素環a	無文	—	※7.79	(5.7)	(6.0)	※0.9	
63	厚手素環a	無文	—	※2.73	(4.7)	(4.8)	1.6	
64	厚手素環b	無文	—	31.46	4.4	4.7	1.7	
65	厚手素環a	有文	雲形文	※8.49	(6.8)	(7.3)	2.0	
66	厚手素環a	有文	雲形文	※5.84	(7.0)	(7.2)	2.0	
67	厚手素環a	有文	雲形文	※9.39	(4.8)	(5.3)	2.0	
68	厚手素環a	有文	三叉文	※10.24	(6.4)	(6.6)	2.0	
69	厚手素環a	有文	雲形文	※5.18	(6.8)	(6.9)	※1.8	
70	厚手素環a	有文	弧状隆線文	※18.89	(6.4)	(6.5)	1.9	
71	厚手素環a	有文	弧線文	※12.82	(7.8)	(8.1)	※1.6	
72	厚手素環a	有文	弧線文	※14.85	(7.3)	(7.5)	2.4	
73	厚手素環a	有文	三叉文	※6.99	(6.3)	(6.5)	1.9	
74	厚手素環b	無文	—	※12.23	(5.6)	(5.8)	1.3	
75	厚手素環b	有文	列点文・貼瘤文	※5.03	(2.6)	(3.3)	1.6	
76	薄手素環a	有文	雲形文	※1.72	(6.4)	(6.8)	1.5	
77	薄手素環c	有文	内面刻目文	※2.29	(5.9)	(6.0)	2.4	
78	薄手素環c	有文	内面刻目文	※2.81	(5.4)	?	※1.1	
79	薄手素環c	有文	内面刻目文	※1.99	(4.4)	(4.8)	1.9	○
80	薄手素環c	有文	内面刻目文	※1.30	(4.9)	?	※1.5	
81	薄手素環c	?	?	※0.56	(3.2)	?	※1.0	
82	薄手素環c	無文	—	※1.65	(3.6)	(3.4)	1.4	
83	薄手素環c	有文	沈線文	※2.33	(4.6)	(4.4)	1.6	
84	薄手素環a	有文	雲形文	※1.89	(4.9)	(5.1)	1.8	○
85	薄手素環a	有文	雲形文	※1.57	(4.5)	(4.8)	2.0	
86	薄手素環a	有文	三叉文	※5.36	(7.1)	(7.4)	2.4	
87	薄手素環a	有文	雲形文	※7.32	(5.8)	(6.0)	2.2	○
88	薄手素環b	有文	雲形文	※3.67	(7.3)	(7.6)	1.9	○
89	薄手素環a	有文	入組三叉文	※3.47	(5.5)	(5.8)	2.4	
90	薄手素環a	有文	雲形文	※2.21	(5.0)	(5.0)	※1.6	
91	薄手素環b	有文	弧線文	※2.25	(4.5)	(4.8)	2.0	
92	薄手素環a	有文	貼瘤文	※1.81	(3.6)	(3.7)	1.4	
93	薄手素環a	有文	沈線文	※4.27	(7.4)	(7.8)	2.1	
94	薄手素環c	有文	沈線文	※3.63	(6.0)	(6.2)	2.1	
95	薄手素環a	有文	雲形文（浮彫り風）	※6.49	(4.8)	(5.3)	1.9	○
96	ブリッジ付	有文	沈線文	※4.45	(3.3)	(3.4)	1.7	
97	薄手素環a	有文	雲形文	※4.16	(5.3)	(6.0)	2.3	
98	薄手素環a	有文	弧状隆線文	※9.19	(7.0)	(7.0)	2.0	
99	薄手素環b	有文	沈線文	※5.42	(5.4)	(5.6)	2.2	
100	漏斗形a	有文	玉抱三叉文	※1.00	(2.5)	(2.7)	※1.2	○
101	薄手素環a	有文	三叉文	※0.93	(2.0)	(2.1)	1.3	
102	薄手素環b	有文	沈線文	※4.32	(5.3)	(5.7)	2.0	
103	薄手素環d	有文	沈線文・貼瘤文	※7.65	(7.6)	(8.7)	2.0	
104	漏斗形b	有文	浮彫玉抱三叉文	※3.28	(4.8)	(7.4)	※1.2	
105	薄手素環a	無文	—	※2.95	(6.3)	(7.1)	2.2	
106	薄手素環d	有文	沈線文	※7.76	(7.2)	(7.2)	1.9	

（ ）は推定径、※は現存の法量

第2表　前橋市西新井遺跡の土製耳飾り文様別個体数

形態	無文・有文の別			文様類型								
	無文	有文	計	同心円文	貼瘤文	三叉文	雲形文	隆線文	弧線文	刻目文	沈線文	計
臼形	20	7	27	6	1							7
厚手素環	23	10	33			1	2	4	1	2		10
薄手素環	2	25	27		2	3	8	1	2	4	6	26
テラス付	0	8	8			1	4		1	1	1	8
ブリッジ付	1	5	6		1	1	1				1	4
漏斗形	1	3	4			3						3
	47	58	105	6	5	10	17	2	5	5	8	58

い刻みをまじえて施した例 (23・100)，さらにそれが浮き彫りにされた大型品は，増田修が分析したように，安行3b式～3d式併行期にこの文様が継続していたことを示すものである。100は精選された灰色の胎土であり，搬入品であろう。

④ 雲形文 (28・29・33・39・40・65～67・69・76・84・85・87・88・90・95・97)

17点に認められるように，もっとも多くの個体につけられた文様である。28・39・40が典型的な例であるが，I字の三叉文の上下線を長くしてその外側に隆起した文様が蛙股状をなす。これらの例は，テラス付やブリッジ付の耳飾りに短いピッチの4単位の文様として展開させたものである。厚手素環の66は縄文晩期後半の工字文と同じモチーフであるが，晩期前半である。

28・39には外端面に刻目を入れているが，それが単位文の部分に限られている。このような刻目の入れ方は安行3b式，姥山Ⅱ式のいわゆる細線文土器などに典型的であり，この時期に併行することを示している。

雲形文は，薄手素環の外斜面を飾る沈線文にも多用される。入組三叉文の一種だが，88などに典型的なように，三叉文の外枠に隆起線を設けてやはり蛙股のように仕上げている点は39などの短い単位文が長い沈線と組み合わさっただけで，基本的には同じである。

雲形文は，長野県域の縄文晩期前半の佐野Ia式土器の文様モチーフである。群馬県域の土器にはこの特徴は明確ではないが，耳飾りではさらに南や東の地域にまで広がるように好まれた文様モチーフである。静岡市清水天王山遺跡では縄文後期終末の一括出土資料のなかに認められるので，後期終末～晩期前半という時間幅の長い文様といえよう。

⑤ 弧線文 (35・71・72・91)

4点に認められる。テラス付 (35)，厚手素環 (71・72) などにみられる。三叉文は用いられず，単調だが流麗な弧線とその組み合わせによる。房総地方など南関東地方の耳飾りに一般的な文様モチーフである。

⑥ 沈線文 (36・41・83・93・94・96・99・102・103・106)

多くは沈線を1本だけ外斜面に加えたものであるが，96はおそらく巴状になる三本のブリ

ッジの上にブリッジのカーブに沿う形で沈線を加えている。南関東地方からもたらされた可能性がある。

103・106 は外端面が水平で平坦になり，そこに文様を描く特徴的なものであり，北陸地方に系譜が求められる。この類型の耳飾りは東北地方に一般的だが，北陸地方から長野県域，静岡県域まで広がりを見せ，清水天王山遺跡では異なる文様をほどこした薄手素環ｄがバリエーション豊富に存在している。106 は胎土や色調が他と異なり，搬入品の可能性がある。

⑦ **刻目文帯**（77〜80）

薄手素環ａないしｃの外斜面と内斜面の境目に刻目文帯を加えたもの。中部地方との関係が深い類型である。79 は黒褐色でよくみがかれて光沢をもっており，他の耳飾りと異なる。

(3) **大きさ**（第13図）

耳朶の孔に接すると思われる部分，すなわち側面の中心部分の径は，推定復元を含めると 1.3〜8.7 cm である。この間に個体数のいくつかの

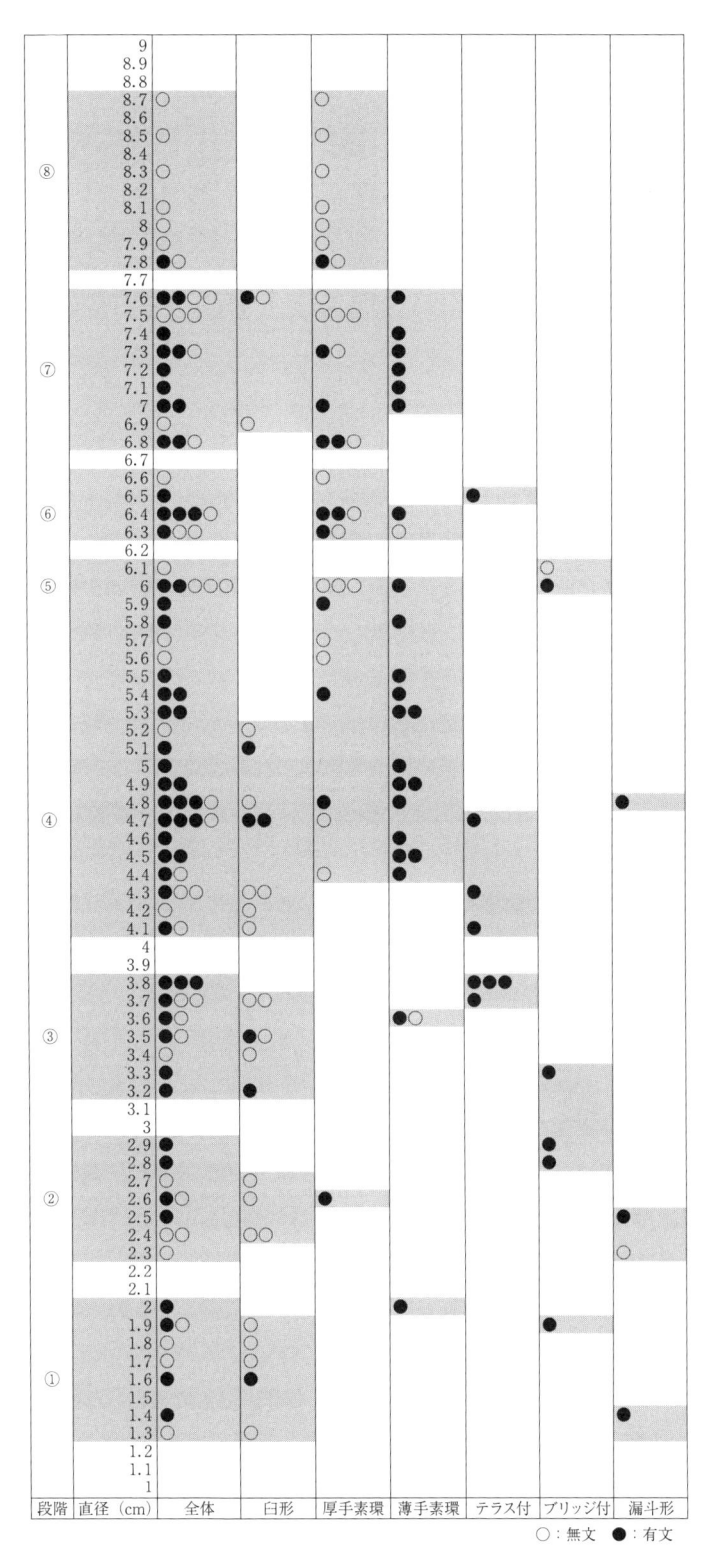

第13図　前橋市西新井遺跡の土製耳飾りの大きさ

○：無文　●：有文

まとまりが認められる。それは① 1.3～2.0 cm, ② 2.3～2.9 cm, ③ 3.2～3.8 cm, ④ 4.1～5.0 cm, ⑤ 5.1～6.1 cm, ⑥ 6.3～6.6 cm, ⑦ 6.8～7.8 cm, ⑧ 7.9～8.7 cm である。それぞれのまとまりのなかのピーク, ピークがないものについては中間の大きさをとると, ① 1.6 cm, ② 2.6 cm, ③ 3.7・3.8 cm, ④ 4.7・4.8 cm, ⑤ 6.0 cm, ⑥ 6.4 cm, ⑦ 7.5・7.6 cm, ⑧ 8.3 cm であり, ほぼ1 cm 刻みでまとまりが認められることになる。それぞれの段階の個体数は, ①が8点, ②が9点, ③が13点, ④が22点, ⑤が17点, ⑥が9点, ⑦が19点, ⑧が8点である。

　これを形態別に分解して, 文様の有無との関係を調べてみると, 以下のとおりである（第13図右側）。

　臼形は, ①～④段階と⑦段階に該当し, 無文品を中心とするがそれぞれにわずかに有文品が加わる。その際, 有文品は①段階にわずかにみられるが, ③・④段階で増加している点が指摘できる。

　これに対して素環は④段階の後半～⑧段階に該当する。すなわち, 素環は臼形がほぼなくなる時点で多くみられるようになる。厚手素環は有文と無文が半々だが, ⑧段階の超大型品は無文厚手素環にほぼ限られる。薄手素環は1点を除いてすべての有文品が④～⑦段階に集中し, ⑧段階にないのは注目すべきことである。

　漏斗形が①・②段階に, ブリッジ付が②～③段階に, テラス付きが③・④段階にそれぞれ多く認められ, 漏斗形→ブリッジ付→テラス付→素環と類型を変化させながら大型化しているように見える。しかし, 漏斗形にもブリッジ付にもテラス付にも集中範囲を飛び越した大型品が認められるので, 類型と大きさの関係は固定しているわけでもなさそうである。そのことは, 素環にも臼形にも①段階ないし②段階の小型品があることと関係してこよう。

4. 縄文後・晩期の土製耳飾りの特質

　以上, 本遺跡の耳飾りを紹介しながら分類してきたが, その特徴をまとめたうえで, 離れた地域の耳飾りと比較したうえで, 耳飾りが多量に出土することの意味や大きさの階梯について考えることにしよう。

(1) 西新井遺跡の土製耳飾りの特徴
① 採集した土製耳飾りは, 100点をこえる。
② 無文品と有文品の数の比率はほぼ均等。臼形と厚手素環と薄手素環の数の比率はほぼ均等だが, 文様の有無では差がある。
③ 直径は, 推定復元を含めて1.3～8.7 cm まである。個体数が多いのは, 径3.5～7.6 cm の範囲であり, 臼形の大型品と素環の大半に該当する。
④ 臼形は小型のものから大型のものまであるのに対して, 素環は大型品が多い。
⑤ 漏斗形・ブリッジ付・テラス付という装飾過剰形態のものと薄手環状はほぼ有文品に限られるが, これらはその順に大型化する。

⑥ 臼形，素環の小型品にもわずかながら有文品はあるが，臼形は小型の段階は無文がほとんどで，大型化すると有文が増加すると同時に素環にとってかわる。

⑦ 無文品，有文品ともに一つの文様類型のなかに小型から大型まである。

⑧ 長野県域を発祥とする雲形文が文様の主流を占め，素環，テラス付，ブリッジ付のいずれにも用いられている。臼形の文様は，渦巻文と同心円文に限られる。

⑨ 有文品のなかには胎土や色調が異なり，他の地域からの搬入品と推測できるものがある。房総地方との関係の深いものもあるが，その方面からの搬入品とは特定できない。

このように，西新井遺跡の土製耳飾りは長野県域方面と関係の深い在地品を中心として，他の地域のものが取り込まれて成り立っている。そこで，土製耳飾りが多く出土する関東地方のなかでも，少し離れた下総地方にある千葉市加曽利南貝塚と千葉県我孫子市下ヶ戸宮前遺跡，および駿河地方の静岡市清水天王山遺跡の土製耳飾りをとりあげて，比較をしてみたい。そして，大きさの変化に指摘できた興味深い傾向にどのような意味があるのか，考えてみることにする。

(2) 下総地方と駿河地方の土製耳飾り

加曽利南貝塚の土製耳飾り（第14図）　加曽利南貝塚は，千葉市にある縄文後〜晩期の環状貝塚である。総数25点の土製耳飾りが出土し，そのうち18点図示されている（小林1976）。臼形は小型のもの6点で，なかには堀之内2式や加曽利B式のものもある。厚手環状の2点は無文であり，それ以外はすべて有文の薄手環状品である。薄手環状品は貼瘤をもつもの（3〜8）と弧線文からなるもの（9〜12）によって構成され，大変斉一的な印象を受ける。

2のように直径に比して中央の孔が著しく小さい厚手環状品は，下総地方に特有の型式であり，西新井遺跡にはない。薄手環状品は貼瘤文と弧線文だけで構成されているが，西新井遺跡では客体的な存在である（第10図71・72，第12図98）。一方，西新井遺跡で主流をなしていた雲形文は一点もない。

下ヶ戸宮前遺跡の土製耳飾り（第15図）　下ヶ戸宮前遺跡は我孫子市にある縄文後〜晩期の集落遺跡である。土製耳飾りは，竪穴住居跡などから406点出土した。そのうち14号住居跡からは102点出土したが，この住居は壁に沿って焼土が認められ，火災にあっているとされる。

耳飾りはテラス付やブリッジ付を含む環状品が336点と圧倒的に多く，臼形が38点，漏斗形8点である。この比率は加曽利南貝塚と共通した房総地方特有の現象である一方，西新井遺跡の組成比率とおよそ異なっている。環状品の文様は，貼瘤文と弧線文を中心にしているのは加曽利南貝塚と同様であり，テラス付にも三叉文をもたない入組弧線文を多用している。三叉文が希薄な姥山II式という房総地方の土器型式の特徴と共通している。

その中にあって，きわめて優美な透し彫りをもつ漏斗形耳飾りや，雲形文を施した臼形やテラス付の耳飾りが客体的に認められるのは，加曽利南貝塚との大きな違いである。本遺跡の耳飾りを分析した杉山綾香によれば，これらは文様に加えて胎土が在地品と異なり，群馬県域方面からの搬入品の可能性を指摘している（杉山2010，71頁）。

搬入品とされたのは，総数9点である。第15図21の渦抱三叉文を一か所だけに施した厚手環

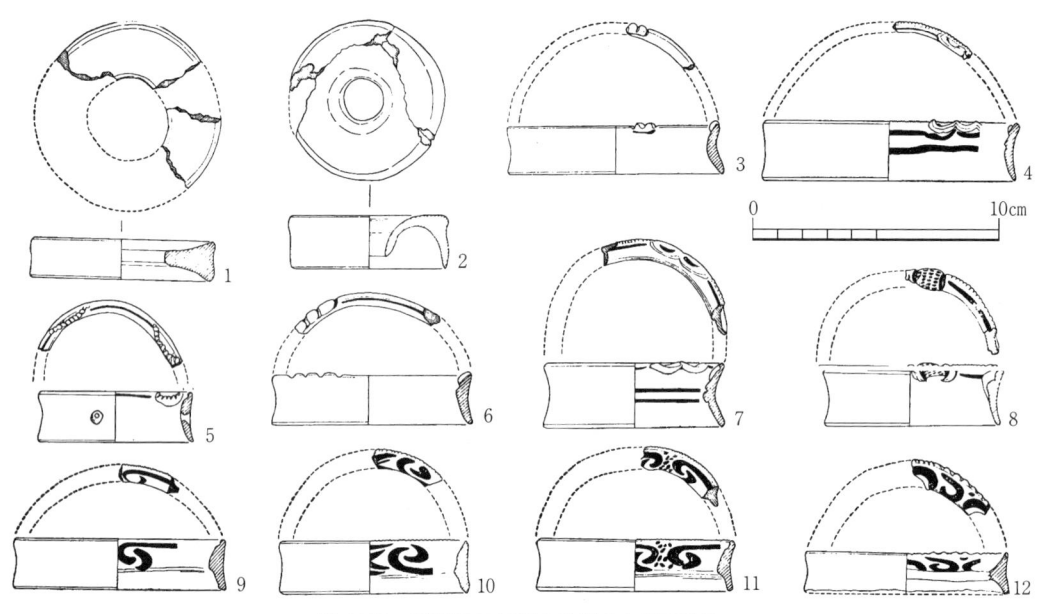

第14図　千葉県加曽利南貝塚の土製耳飾り

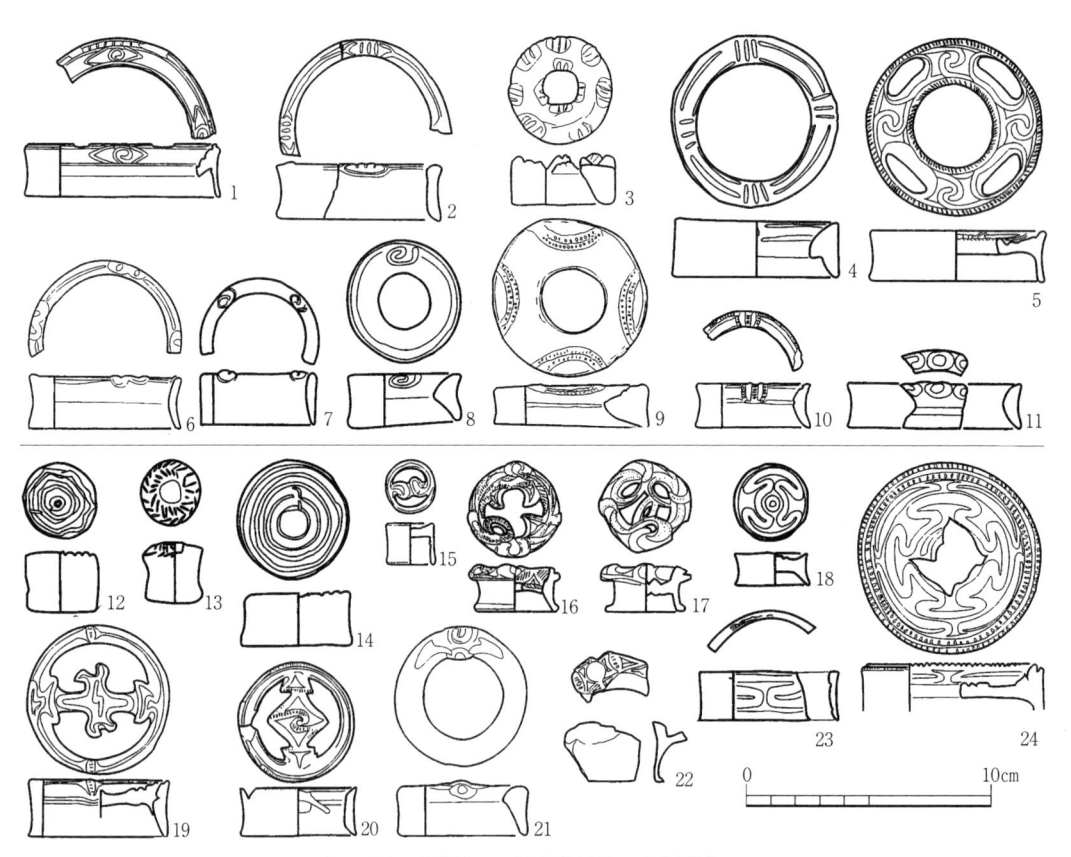

第15図　千葉県下ヶ戸宮前遺跡の土製耳飾り

状品は，貼瘤文をもっていることから在地生産かもしれないが，長野県域方面からの影響をうかがうことができる。房総地方の文様は4単位のものが多いが，第15図8のように1単位ではあるものの，三叉文をもたない弧状文をモチーフとする耳飾りも，中部高地地方の影響を受けながら在地化したものであろう。ただし，搬入品は群馬県域方面からとされていることや，西新井遺跡で主流を占めた雲形文は長野県域方面とつながりをもっていることからすれば，下ヶ戸宮前遺跡の長野県域方面からの影響は間接的なもので，直接には群馬県域方面からの影響といってよいだろう。西新井遺跡に，房総地方に典型的な文様②と⑤がわずかだが認められるのは，その逆方向の影響関係を示したものである。

清水天王山遺跡の土製耳飾り（第16図）　清水天王山遺跡は縄文後～晩期の集落遺跡であり，第4次調査で土製耳飾りは総数42点出土した（設楽2008）。縄文後期終末の土製耳飾りが19点ともっとも多く，晩期初頭10点，晩期前半4点である。

臼形と環状は20対19とほぼ拮抗している。臼形は無文品が圧倒的に多いが，有文品には同心円文が認められ（第16図17・19），環状品には雲形文が散見される。第16図20は西新井遺跡の第12図101と共通の文様で，清水天王山遺跡第3次調査では，文様⑦の内面刻文帯文様をもつ耳飾りが出土している。このように，いろいろな点で清水天王山遺跡の土製耳飾りの様相は，西新井遺跡の様相に近い。

（3）地域間交流と耳飾りの大型化の問題

地域間交流の諸相　西新井遺跡にとって遠隔地である3つの遺跡の耳飾りと比較してきたが，駿河地方との親縁性がうかがえた。群馬県域の縄文後期後半に高井東式土器が主流をなすようになるが，高井東式土器は近畿地方から東海地方西部の凹線文系土器およびそれと深い関係をもつ中部高地地方の土器を介して成立した土器型式であるという事情が反映しているのであろう。雲形文という中部高地地方で成立した文様が，駿河地方や西新井遺跡など群馬県域の耳飾りの主流をなしていることは，土器型式のありようとも関係した地域間交流を背景として理解することができる。

一方，房総地方との間にも交流が認められるが，姥山Ⅱ式土器があまり入ってこないのと関係するのであろうか，雲形文の動きとは対照的に，弧線文により構成される耳飾りはわずかにすぎない。房総地方のなかでも北関東地方系の耳飾りを伴う下ヶ戸宮前遺跡と，まったくそれを欠いている加曽利南貝塚という差が指摘できる。前者が埼玉県域に近いという地理的な傾向性を反映している可能性も高いが，もう一つは遺跡の規模としてはいずれも大型の集落であるものの，耳飾りの保有数が圧倒的に違うという差を反映してもいるのであろう。つまり，耳飾りを多量に出土した下ヶ戸宮前遺跡に，同じく多量に出土した西新井遺跡とより強い結びつきが存在していたと考えられるのである。

耳飾りの多量出土をめぐって　縄文後・晩期の土製耳飾りを多量に出土する遺跡を分析した吉田泰幸によれば，100点以上出土する遺跡は北海道・東北地方の5遺跡を除くと中部・北陸・関東地方に集中し，西新井遺跡を加えると新潟県（2遺跡）・栃木県（3遺跡）・群馬県（6遺跡）・埼

124

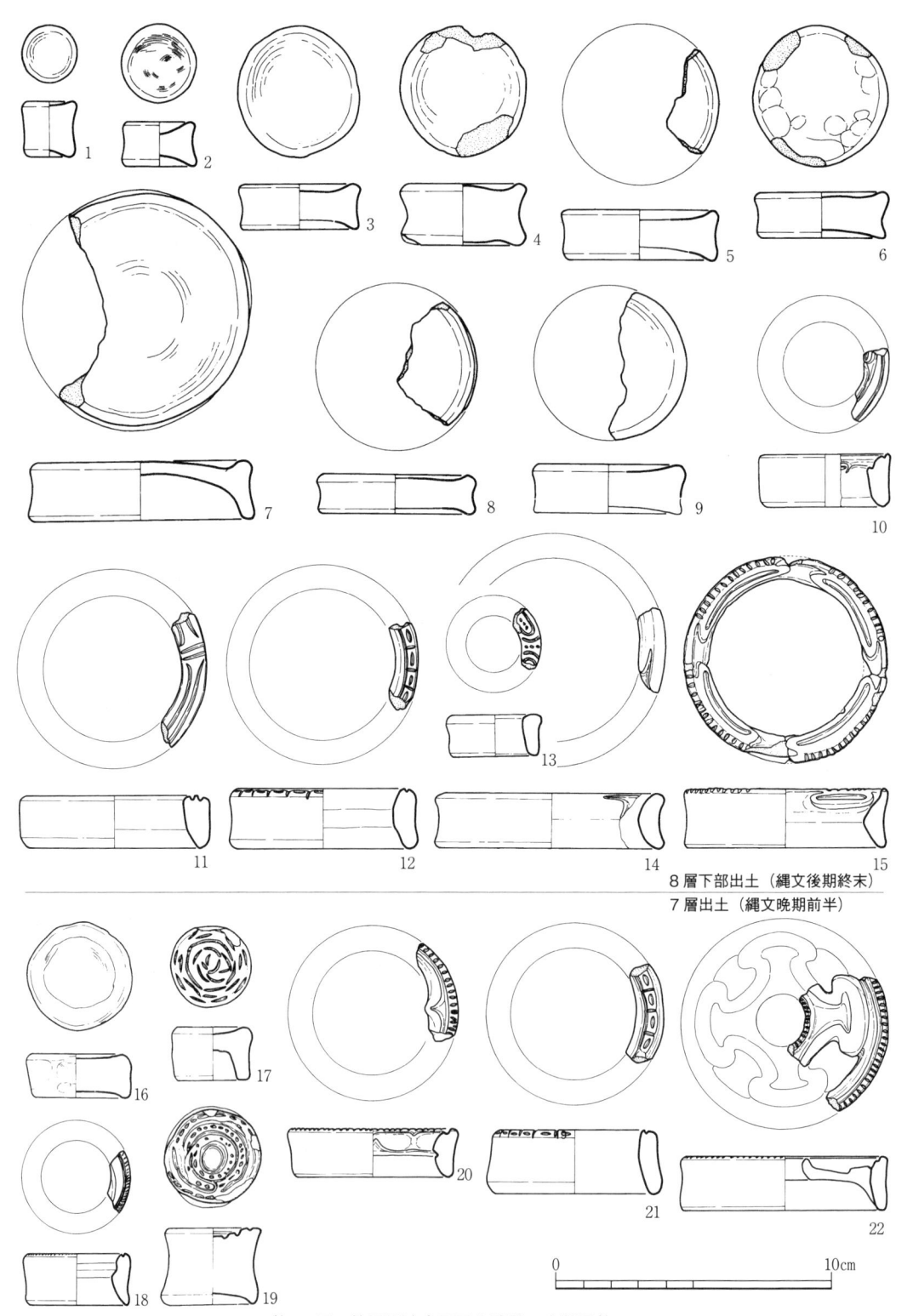

8層下部出土（縄文後期終末）
7層出土（縄文晩期前半）

0　　　　　　　　　10cm

第16図　静岡県清水天王山遺跡の土製耳飾り

玉県（6遺跡）・千葉県（3遺跡）山梨県（2遺跡）・長野県（5遺跡）と，甲信越北関東地方に分布の中心がある（吉田2003，32頁）。

このうち，もっとも多くの耳飾りを出土したのは長野県松本市エリ穴遺跡で，2534点を数える。この遺跡の土製耳飾りの出土状態に注目した樋口昇一の見解は重要である。これらの耳飾りは，居住域の北東にある窪地から1700点余りが土偶や石棒などの特殊遺物を伴って廃棄された状態で検出された。北西には火熱を受けた石や動物骨とともに，土偶・石剣・石刀などの特殊遺物が集中して出土する窪地が存在している（樋口1998，116-117頁）。大半は破片資料だが，「意外に」完形品が残っているとされる。樋口はエリ穴遺跡の土製耳飾りの大量出土を「廃棄行為」ととらえ，それは「耳飾り祭祀」とでも呼称すべき「祭祀行為」であると結論づけている。

縄文後・晩期には，焼けた竪穴住居の焼土のなかから土偶や石剣が出土し，あるいは配石遺構に焼けた獣骨が伴う例が関東地方や中部高地地方に知られている。新津健は石剣を分析して，石剣は最終的には破壊されて火に投ぜられるが，土偶や獣骨にも及ぶこの破壊行為を火で浄化して再生を願う儀礼としてとらえている（新津1985，36頁）。土偶が生命の誕生を担い，石棒類が死を担う縄文文化のコスモロジーからすれば，この儀礼は死と再生の役割を果たしたものといってよいのではないだろうか。下ヶ戸宮前遺跡のように，焼けた住居跡には土製耳飾りが伴う場合があり，そうなると耳飾りと死と再生の儀礼の関連性が注目されることになる。

土製耳飾りが人骨に伴って，あるいは土坑などから一対で出土した例はあるにはあるが，何千点も出土しているのに対して，あまりにも少ない。死者の多くは土製耳飾りを装着していなかったか，死に際してはずされたのであろう。祭祀ののちに取り外して廃棄されるという樋口の想定が妥当なものであれば，耳飾りは始終つけていたものではないのかもしれない。清水天王山遺跡では，土坑から一括廃棄されたような状態で耳飾りが複数出土した。この土坑には特殊な土器なども伴っており，儀礼あるいは祭祀ののちに耳飾りとともに一括廃棄されたと考えられるのであり，樋口の推測を支援する事例といってよい。

樋口はさらに廃棄儀礼の前提として「耳飾り着装による祭祀」を想定し，長野県域では土製耳飾りを多量に出土する遺跡がかなりの距離の間隔で存在していることから，それらは「中核的，拠点的集落」であって，異常ともいえるエリ穴遺跡の耳飾りの多さを，「領域内から」の「糾合」と考えた（樋口1998，120-123頁）。

樋口の考え方によると，耳飾りを多量に保有していた集落同士で結びつきが強いわけだから，先に想定した西新井遺跡と下ヶ戸宮前遺跡という100点以上耳飾りを保有している集落同士，加曽利南貝塚などよりも緊密な関係性を結んでいたことになる。樋口の言う「耳飾り着装による祭祀」は，当然小さなものから大きなものへとつけかえていき，ある段階では直径が5cmを超え，場合によっては8cm以上に及ぶものをつけていた人々が集合して祭祀行為がおこなわれたわけである。

かりに祭祀に参加するために下ヶ戸宮前遺跡から西新井遺跡に，あるいは西新井遺跡から下ヶ戸宮前遺跡に人がやって来たとしよう。彼・彼女らは，お互いの耳飾りの装飾が異なることに何

事かを感ぜずにはいられなかったであろう。つまり，耳飾りはお互いの帰属意識の象徴的な表現形態にほかならない。では，その帰属意識とはなんだったのだろうか。

耳飾りの諸類型とつけかえをめぐって　渡辺誠は土製耳飾りに 2～10 cm の直径の差があることから，成人式から死に至るまでの間，耳朶の弾力性の変化によってしだいに大きいものにかえながら着装されたとした（渡辺 1973, 148 頁）。そのことをより深く掘り下げた大塚和義は耳飾りの直径のグルーピングによって，耳飾り装着は 10 歳前後に開始され，その後 4 段階ほどの過程を経て大型化していくことを明らかにした（大塚 1988, 128 頁）。これをうけた設楽は，第 2 段階の直径の分布域に漏斗形過剰装飾の耳飾りが集中することに対して，婚姻に伴う財―婚資―として嫁ぐ際にもたらされたと考えた（設楽 1993, 128-129 頁）。

これに対して高山純は，小型に過ぎることからもっと幼い段階で着装したのではないかと考えているが（高山 2010, 51 頁），土製耳飾りの最小径は 1 cm ほどであり，耳朶穿孔後にすぐに土製耳飾りを着装するのは無理で，木の棒などにより一定期間孔を押し広げる必要がある。また，採集狩猟民である縄文人は子どもを早く産む必要から，結婚年齢は相当若かった可能性があり，この種の小型の耳飾りが結婚に伴うものとみなす考えは捨てきれない。

西新井遺跡の土製耳飾りは 1 cm 刻みに 8 段階ほどのつけかえが認められたが，壮年のうちに一気に押し広げて大きくしていくこともありうることであるから，この段階が年齢段階と必ずしも対応しているとは限らない。しかし，以下の点は傾向性として指摘できる。まず，臼形に小型品が多くあることは，それが初期段階に装着されていた耳飾りであった。そしてそれは無文品が多い。臼形が大型化すると素環にとってかわるが，これはよく言われるように重さを軽減する目的がまず考えられる。厚手素環と薄手素環は，径 4.5～7.6 cm の間すなわち④～⑦段階はほぼ共通した数装着されたが，最終の⑧段階では厚手素環のそれも無文に限られるようになる。⑧段階は最終段階だから，老人を多く含むとみてよい。⑦段階までが壮年～熟年であるとすれば，働き盛りが有文品を身につけていたわけであり，薄手素環が④～⑦段階に集中してほとんどすべて有文であることはその典型例といってよい。この事実から，老人はむしろ装身具や副葬品に壮年や熟年の者と比べて貧弱な傾向があるという山田康弘の指摘（山田 2008, 177 頁）が思い起こされるのである。

そうであれば，有文品と無文品にはステータスシンボルとしての差が反映しているという見方を取りたくなる。だがその一方で，有文と無文はいわゆるハレとケといったような状況の差が生み出したものだという理解もありうる。そこで，土製耳飾りの出土状況に目を転じれば，先ほど指摘した一括廃棄された可能性の高い清水天王山遺跡の土坑出土品には無文品も有文品もともに存在していることが重要であろう。共通の祭祀で両者が用いられていたのである。また，対で出土した耳飾りに有文のものもあれば無文のものがある（吉田 2003, 47 頁）のは，死という同じ状況下で二者が併存していることであり，これらから無文と有文はステータスにかかわる差異である可能性のほうが高いといえよう。

そこで問題になるのが，小型品の各種類型に有文品がわずかではあるが存在している点であり，

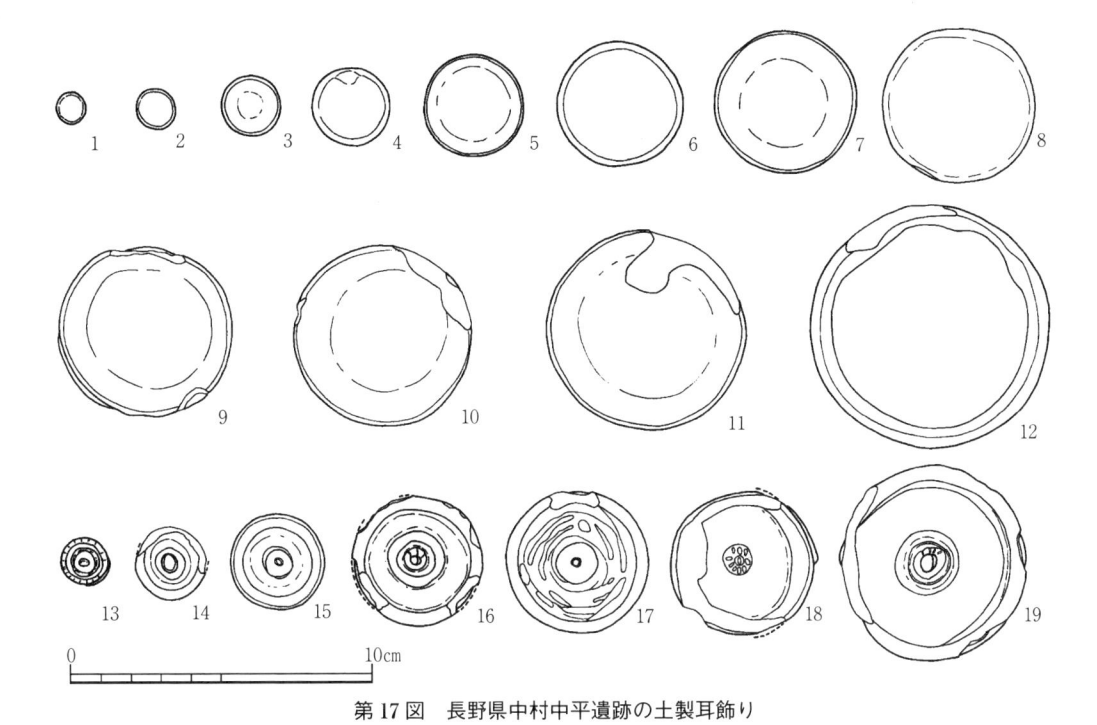

第17図　長野県中村中平遺跡の土製耳飾り

　無文品でも有文品でも形態や文様の共通した類型が，小型から大型まで一連のものとして認められる場合があることである。事例数が少ない西新井遺跡では，ブリッジ付やテラス付の有文品に，③・④段階の小型〜中型品と⑤・⑥段階の大型品が認められる程度で，連続的な傾向ははっきりしないが，長野県飯田市中村中平遺跡の例を図示した（第17図）。ブリッジ付にもこの傾向は指摘できる。このことは，無文のものをつけ続けた者と，有文の類型をつけ続けた者，ブリッジ付という装飾性の高いものを小さいころからつけられる者のあったことを示しているのではないだろうか。春成秀爾が叉状研歯の人骨を分析し，若くして叉状研歯がされた人物の存在やそうした家系のようなものがあった可能性を考えたこと（春成1991，124-125頁）が想起されよう。

おわりに

　耳飾りの類型には氏族表示のごとき役割があったこと，それが帰属意識の一端であったことを可能性の一つとして考えたい。祭りに際しては，そのことを表示した耳飾りを装着したメンバーが，お互いの権利とその継承の承認や祖先の祭りを挙行し，部族同盟のようなきずなを強めていたのではないだろうか。土偶がその祭りで重要な意味をはたしていたが，土偶に表現された耳飾りは耳飾り本体の巨大化と歩調を合わせて大きくなる傾向が，土偶の型式変遷のなかにうかがえる。縄文晩期には土偶や石棒類が焼かれて廃絶される儀礼がおこなわれ，そこに耳飾りが伴う事例が散見される。耳飾りが死と再生にかかわる儀礼とかかわりが深いとすれば，耳飾りをつける

ということ自体が死と再生にかかわる通過儀礼を通じて氏族の系譜に連なることの証であり，つけかえによる巨大化で視覚効果を高めることによって，ますます帰属意識がたかまっていったことであろう。

＊

　筆者が静岡大学人文学部に提出した卒業論文は，西新井遺跡の土製耳飾りを中心に縄文時代の耳飾りをテーマにしたものであった。このテーマは市原壽文先生のおすすめによるものであり，それは先生が清水天王山遺跡という耳飾りを多量に出土する遺跡をフィールドとされていたからであった。本稿の西新井遺跡の土製耳飾りの実測図は先生の考古学実習のご指導によって実測方法を覚え，卒業論文に使うためにとったものである。イラストレーターなどとんでもない，まだ，烏口で墨入れしていた時代である。今回，この実測図に墨入れして版下にした。清水天王山遺跡の土製耳飾りも数年前に報告書づくりでまとめさせていただいた実測図を使わせていただいた。右も左もわからないわたくしに考古学のイロハを教えてくださるとともに，卒業論文のご指導も賜ったことに対する，せめてもの恩返しである。

　残された課題も多い。今回は，西新井遺跡の縄文後期末～晩期前半という200年以上はある耳飾りを一括して分析した。本来ならば文様や一括品などによる類型区分を徹底し，型式学的な細別による年代の区分にもとづいて議論を展開しなくてはならない。また，分類にもとづいた分布論によるべき耳飾りの移動の問題は，ほとんど感覚的なあるなし論に頼った。その意味では，本稿は仮説であり，それもほとんど西新井遺跡の例だけに頼って組み立てたにすぎない。いずれ本格的な土製耳飾りの集成にもとづく分析に着手したい。

　図版の編集作業は，東京大学大学院博士課程の守屋亮氏のお手を煩わせた。記して感謝申し上げます。

参考文献

大塚和義 1988「縄文人の観念と儀礼的世界」『古代史復元2』縄文人の生活と文化，121-128頁，講談社
小林三郎 1976「加曽利南貝塚の装身具」『加曽利南貝塚』189-191頁，中央公論美術出版
設楽博己 1983「土製耳飾」『縄文文化の研究』第9巻　縄文人の精神文化，206-217頁，雄山閣
設楽博己 1984「前橋市上沖町西新井遺跡の表面採集資料（上）」『群馬考古通信』第9号，1-22頁，群馬県
　　考古学談話会
設楽博己 1993「縄文人の通過儀礼はどのようなものだったか」『新視点日本の歴史』第1巻，原始編，
　　124-131頁，新人物往来社
設楽博己 2008「土製品」『清水天王山遺跡第4次-第5次発掘報告（本文編第一分冊）』247-258頁，静岡市
　　教育委員会
杉山絢香 2010「デザインからみる縄文時代後期の土製耳飾り —千葉県我孫子市下ヶ戸宮前遺跡の事例か
　　ら—」『筑波大学先史学・考古学研究』第21号，65-86頁，筑波大学人文社会科学研究科歴史・人類学
　　専攻先史学・考古学コース
高山　純 2010『民族考古学と縄文の耳飾り』ものが語る歴史19，同成社

新津　健 1985「石剣考 ―中部，関東を中心とした出土状況から―」『研究紀要 2』23-42 頁，山梨県立考古博物館・山梨県埋蔵文化財センター

春成秀爾 1991「叉状研歯」『国立歴史民俗博物館研究報告』第 21 集，87-140 頁，国立歴史民俗博物館

樋口昇一 1998「縄文後・晩期の土製耳飾り小考 ―大量出土の遺跡をめぐって―」『國學院大學考古学資料館紀要』第 14 輯，115-126 頁，國學院大學考古学資料館研究室

山田康弘 2008『人骨出土例からみた縄文時代の墓制と社会』同成社

吉田泰幸 2003「縄文時代における土製栓状耳飾の研究」『名古屋大学博物館報告』第 19 号，29-54 頁

渡辺　誠 1973「装身具の変遷」『古代史発掘 2』縄文土器と貝塚，147-151 頁，講談社

吉備の古式土師器に関する一考察

平 井 泰 男

はじめに

　筆者が先年発表した吉備における古墳出現期の土器に関する論考（平井2010）では，畿内・讃岐・山陰など他地域系の土器や古墳出土土器および暦年代についても論及しているが基礎となっているのは土器編年である。この編年案については，出土資料について，事前に形態分類した器種ごとに時期的変遷を想定した形式変化と器種の組合せの変化を系統樹的に明示する記述方法をあえて用いなかった。なぜならば，形式変化は資料分析の結果として理解すべきであり，また器種ごとに変化の速度が異なり全ての器種が同時に変化するとは限らないのではないか，古い形式や新しい形式も常に一定量伴うのではないかという思考を意識していたからである。

　そこで，この地域で既に報告されている当該期の大量の出土資料について，どのような形態・調整の土器がどのような組合せで出土しているか，或いはどのような土器が伴っていないのかについて分析し，時期的なまとまりを抽出することを重視した。事前に器種ごとに形式分類し，それらがどのような組合せで出土しているのかを検証する方法と類似しているようではあるが，異なる形式を排除する方法ではなく一緒に出土していることを意識的に重視した。

　しかし，このような方法では竪穴住居や井戸，土坑，土器だまり，溝などから一緒に出土している資料について，全てが同一時期（製作時期）を示すのかどうかについての資料批判が重要であり，このことに注意を払ったものの，筆者が良好と判断したいわゆる一括資料の羅列という側面が強いのではないかと危惧している。一括出土資料であっても全ての土器が同一時期であるとは限らず，複数時期の土器が混在している可能性があることを前提として考証する必要があることは既に指摘されているとおりであり，この点も含めて，従来の資料は勿論のこと新たな資料の出現によっても繰り返し検証作業を進める必要があることは言うまでもない[1]。

　本稿では，第1に，前稿での資料分析の結果で得られた器種ごとの形式変化の理解について解説する。第2に，前稿においては触れることのできなかった出土層位関係について紹介する。これらは検証作業の一環である。第3に，編年案に基づいて吉備の代表的な古式土師器「型式名」について論評する。第4に，前稿では参考資料にとどめざるを得なかった「古・前・Ⅲ」期について編年案を提示し，いずれについても御批判を頂きたいと考えている。

1.「弥・後・IV」期～「古・前・I，II」期の編年案

　前稿で示した編年案について，それぞれの時期を代表すると考えている資料を抽出した編年図を提示し（第1～8図）形式変化の理解を示したい。なお，前稿では「古・前・I-1」期については資料不足であるとしていたが，新たに鹿田遺跡（岡山市）で出土した良好な資料が報告されたので参考としている（光本ほか2010）。

　いわゆる複合口縁の壺は，1-2→15→29・30→45のように変化する。「弥・後・IV」期では複合口縁部の形状は様々であるが，底部の平底が徐々に丸みを帯びるようになる。それに伴って体部最大径の位置も下がる場合が多い。「古・前・I-1」期になると45のように古墳時代前期を特徴づける複合口縁部が完成している。

　この形式の壺は，「古・前・I，II」期では45→60→79→98→119と変化する。複合口縁部の形状は，強く屈曲する45・60・79から98・119のように屈曲部が徐々に緩やかになる。加えて，体部は肩部の張りが弱くなり，「古・前・II-1」期では球形化すると共に丸底化している。さらに「古・前・II-2」期では後にのべる甕と同じく下ぶくれ形状を示すのが特徴である。

　吉備型甕とも称される吉備に特徴的な甕は，「弥・後・IV」期には成立しており，3～5→17・18→31～33→46～48→61～65→80～82→99～102→120～124のように変化する。ただし，この吉備型甕については同時期でも微妙な形状の違いが認められることから，指摘されている胎土の違いも含め製作集団の違いなど，その要因を追究する実証的な検証が求められる。

　「弥・後・IV-1」期では，体部の最大径は肩部にあり明確な平底に向かって直線的にあるいは反転気味におさめられている。「IV-2，3」期には体部は肩部の張りが弱くなると共に底部付近は丸みを帯びるようになり，「IV-3」期では底部内面付近にタタキ成形の際の痕跡と思われる凹み痕跡[2]が多く観察できるようになる。底部は，「IV-2」期までは明確な平底を残してはいるが徐々に小さくなり，「IV-3」期では丸底気味の平底に変化している。「弥・後・IV」期の口縁部は上方に鋭く立ち上がり，外面には浅く細い凹線やヘラ描き沈線の後ヨコナデを加えた文様が施されている。また，「IV-3」期になると口縁部の幅が徐々に縮小しているようである。体部内面のケズリの範囲は，IV期では頸部屈曲部まで及んでいない場合が多い。

　「古・前・I-1」期になると肩部の形状に顕著な変化は見られないが体部はより薄くなり，底部はさらに丸みを帯び径3cm前後の平底とは呼びにくいような凸面状の底に変化している。口縁部外面の文様は櫛描文に大きく変化し，以後「古・前・I，II」期を通じて吉備型甕を特徴づける文様として定着する。「古・前・I-2，3」期には肩部の張りが徐々に弱くなると共に球形化が進行するが，尖底風の底部が意識されている場合が多い。ただし，「古・前・I-1，2」期の甕は規格的とは言えず，現状では個々の個体を編年的に明確に区別することは難しい。

　「古・前・II-1」期では球形化した体部と丸底化が完成する。このことと関連して体部内面の凹み痕跡が中位にまで観察できる個体が多くなり，この特徴は「II-2」期まで継続する。また，

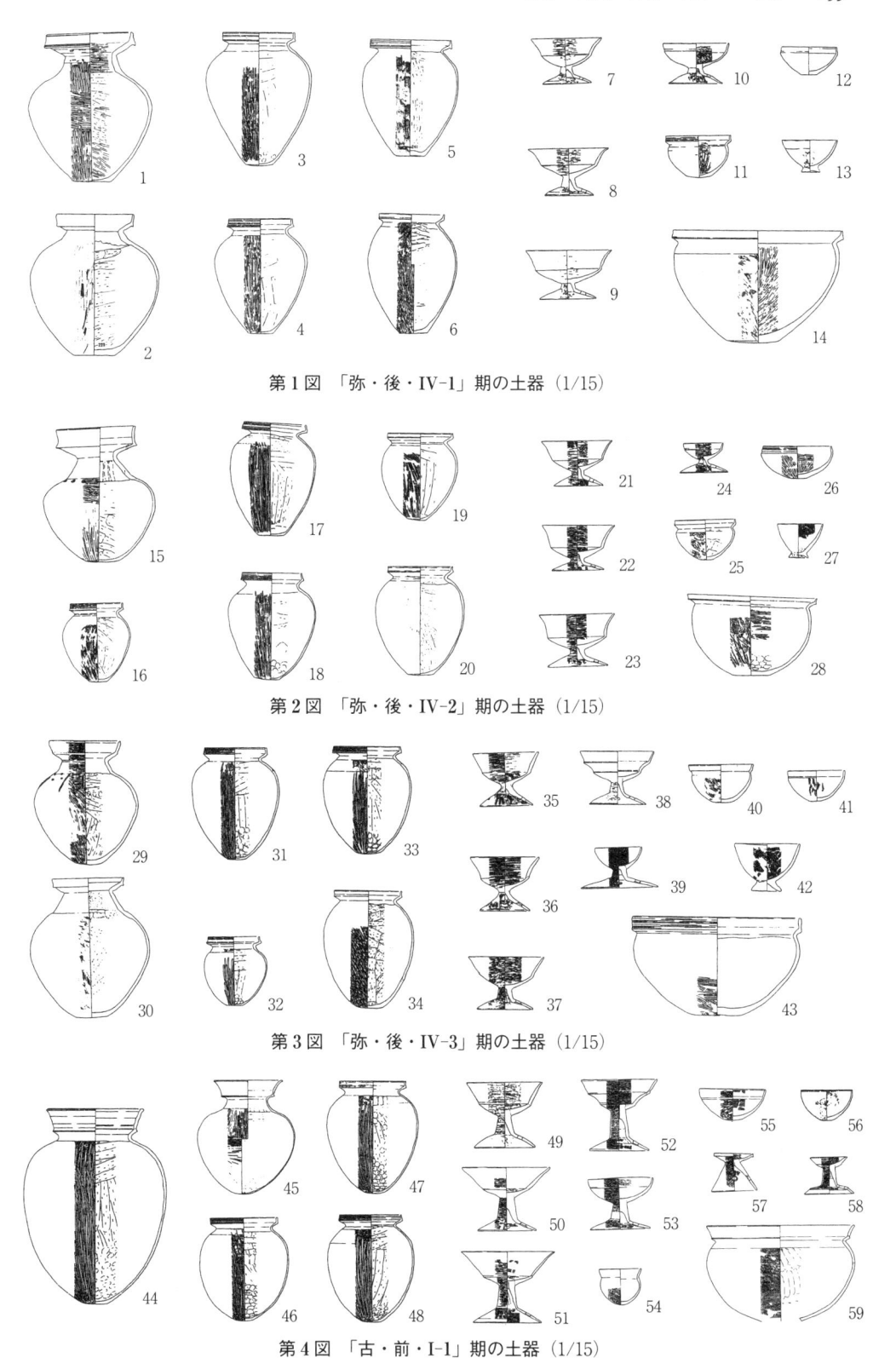

吉備の古式土師器に関する一考察　133

第1図　「弥・後・IV-1」期の土器 (1/15)

第2図　「弥・後・IV-2」期の土器 (1/15)

第3図　「弥・後・IV-3」期の土器 (1/15)

第4図　「古・前・I-1」期の土器 (1/15)

第5図 「古・前・I-2」期の土器 (1/15)

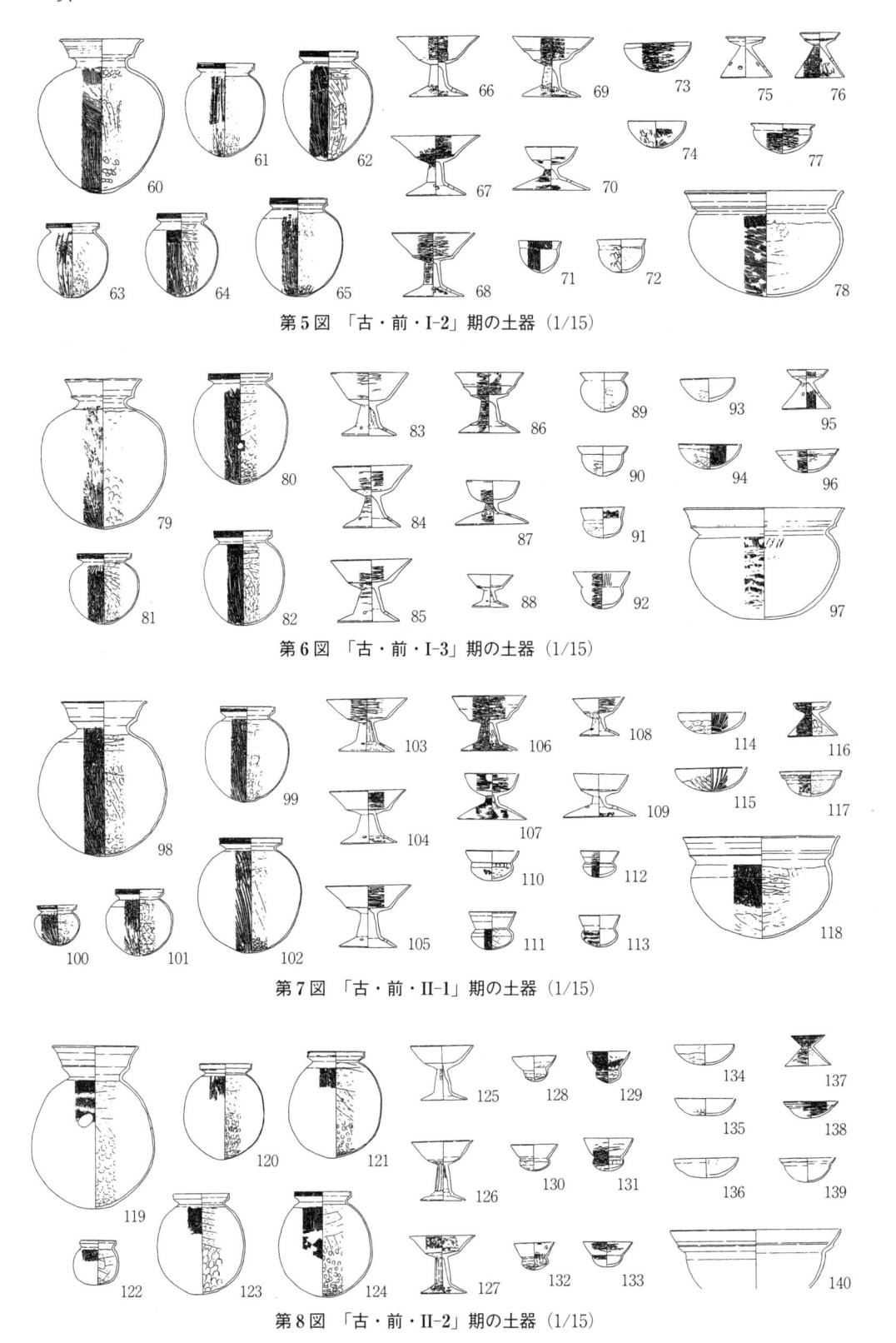

第6図 「古・前・I-3」期の土器 (1/15)

第7図 「古・前・II-1」期の土器 (1/15)

第8図 「古・前・II-2」期の土器 (1/15)

口縁部の上方への屈曲が弱くなり幅もより狭くなってくる。

「古・前・II-2」期では下ぶくれの体部が特徴的である。また，口縁部外面の櫛描文や体部外面下半部の縦のヘラミガキを省略した個体が多くなるのも特徴である。

なお，「弥・後・IV」期には6のような口縁部が短く立ち上がる甕が共伴しており，この器種についても6→20→34のように底部が徐々に丸くなっていく。

高杯については，「弥・後・IV」期では前段階に続いて短脚のままではあるが杯部の上半部が徐々に拡張していくことが特徴であり，7～9→21～23→35～37のように変化する。また，「IV-3」期では前段階に比べて脚裾部の割合が高くなると共に，脚部自体もわずかではあるが長くなる傾向を示し次段階に影響を与えるようである。

「古・前・I-1」期の高杯は，前段階に比べさらに長脚化し胎土・焼成も変化する。脚部断面形は49～51のような厚みを持つ形状（中実形状）から「古・前・I-2」期には，66～68のような薄い形状（中空形状）が多くなる。「古・前・I-3」期には脚部がハの字形になると共に，透かし穴がそれまでの4孔から3孔に変化するものが多くなる。

「古・前・II-1」期の高杯は前段階と顕著な変化は認められないが，103～105のように杯部底が直線的で浅くなる特徴を指摘しておきたい。

ところが，「古・前・II-2」期には大きく変化し，杯部が小型化すると共に脚が細長くなる。

吉備の特色とされる38のような有段杯部の高杯は「弥・後・IV-3」期には出現しており，38→52→69→86→106のように有段部が緩やかになり脚部も変化している。

10のような高杯は，「弥・後・IV-3」期には39のような形が完成している。その後の変遷は明確ではないが，70→87→107のように杯部が緩やかに屈曲するようになり，「古・前・II-1」期には109のように屈曲した杯部形状を示すのが特徴であろう。また，「古・前・I-3～II-1」期には88・108のような小型高杯が確認できるのも特徴である。

このように，基本的な器種である壺・甕・高杯は自立的な変化を示しているといえよう。

ところで，古式土師器の器種構成に関して議論されることの多い小型器種については，「古・前・II-1」期において丸底壺（110～113），器台（116），有段鉢（117），椀（114・115）が成立している。このうち，丸底壺・器台・有段鉢は布留式を代表する（規定する）小型三種土器として取り上げられる場合が多いことはよく知られているが，形式の変遷が辿られて最初に成立する地域が，畿内なのか或いは他のどの地域なのかについてはなお解決すべき課題であろう。

丸底壺については「古・前・I-1」期に確認できる54から71・72→89～92→110～113→128～133のように形式変化を辿ることができ，「古・前・II-2」期には体部が小さく口縁部が発達した形式が主流になる。ただし，54が吉備で出現するのかどうかは，11・25・40のような鉢から形式変化する可能性は考えられるものの良好な資料の出現をまって再考したい。

器台については，「古・前・I-2」期には75・76のような口縁部が屈曲する形が完成しており，その後は95→116のように顕著な変化は認められないが，透かし穴は高杯と同じように「古・前・I-3」期からは3孔が多くなるようである。また，「古・前・II-2」期になると137のような

X字形の中空器台が出現しているのが特徴である。

ところで，器台については，「古・前・I-1」期には57・58・(228)が共伴しているが統一された器形は示していない。このことはこの地域で独自に成立したのではなく他地域の影響を受けて製作された可能性が高いことを示しているのかもしれない。また，それ以前の「弥・後・IV-3」期にも脚部が中空を示す特徴的な(207)が共伴しており，どの地域で出現するのかについては，他地域の出土例との併行関係の検証などを今後進める必要がある。

「古・前・II-1」期の有段鉢117は「II-2」期には138・139のように浅くかつ有段部の屈曲が弱くなるが，それ以前は77→96を想定しているのみで明確ではなく今後の課題である。

一方，椀については吉備で形式変化が辿れる器種であると考えている。すなわち，12→26→41→55・56→73・74→93・94→114・115→134〜136を想定しており，大きな画期は「古・前・II-1」期にあり，器高は浅くなり，外面下半にはケズリ，内面には細いヘラミガキを施す特徴が確立している。その後，「古・前・II-2」期にはさらに小型化すると共に，外面のケズリや内面のヘラミガキが省略される傾向が強くなる。

大型鉢も，14→28→43→59→78→97→118→140のように形式変化を辿ることができる。大きな画期は「古・前・I-1」期にあり，壺と同じような複合口縁部が成立している。その後口縁部の屈曲部は弱くなり，体部の張りが徐々に弱くなっていくのも特徴であろう。

その他，13→27→42のような台付鉢は「古・前・I-1」期以降は主要な器種とはならないようで消滅していくのではなかろうか。

2. 出土状況による検証

土器編年を考える場合，出土遺構や地点ごとによる様相の違いや前述したような型式変化の変遷に矛盾が有るか無いかを検証することに加えて，出土する層位や遺構の切り合い関係の検証が重要なことは度々指摘されているとおりである。しかしながら，本稿で検討するような短期間（20年前後か）の編年については必ずしも良好な資料は多くない。

前稿の編年作業においても有効な資料を検索したが，切り合い関係については，竪穴住居同士や竪穴住居と土坑，或いは土坑同士の切り合いは多いが，双方の遺構に一定量以上の土器が伴っているといった良好な資料は殆ど存在していなかった。

また，竪穴住居の場合，床面直上の土器と埋土中の土器，埋土中の土器と埋土後に形成された土器溜りといった廃棄過程の時間差を示す事例も幾つか検出されているが，出土量の点で良好な資料は殆ど存在していなかった。なお，竪穴住居の場合，廃棄場所として利用されたため埋土中には複数時期の土器が混在していると判断した資料も多かった。

さらに，当該期においては井戸に多くの土器が廃棄される事例が多く，層位を異にして出土する場合も多いが時間差を検証できる資料は極めて少なかった。

こうした状況ではあるが，層位関係を示す次のような2つの事例を紹介しておきたい。

吉備の古式土師器に関する一考察　137

　まず，現在の旭川下流域の東側に位置する百間川遺跡群では，1977年から現在まで本発掘調査が継続されており，弥生時代終末期の洪水砂によって埋没した水田跡をはじめ全国的にも注目される成果が数多く得られている。この大規模な洪水によって堆積したと考えられる砂は水田面以外にも部分的に検出されており，出土遺物の時期を実証できる事例としても重要である。

　第9図は，洪水砂で埋没していると報告されている竪穴住居，井戸，土坑，溝などから出土した特徴的な土器で，検出状況からは遺構が途中まで埋まった時点で洪水砂によって完全に埋没していることから，洪水砂が堆積する以前には既に廃棄されていたと考えられる。埋土と共に廃棄された時期と洪水砂が堆積した時期との間にどのくらいの時間差があったかを推測することは難しいが，後述する「洪水砂中」出土土器との類似性から洪水砂堆積時期に近い土器であると考え

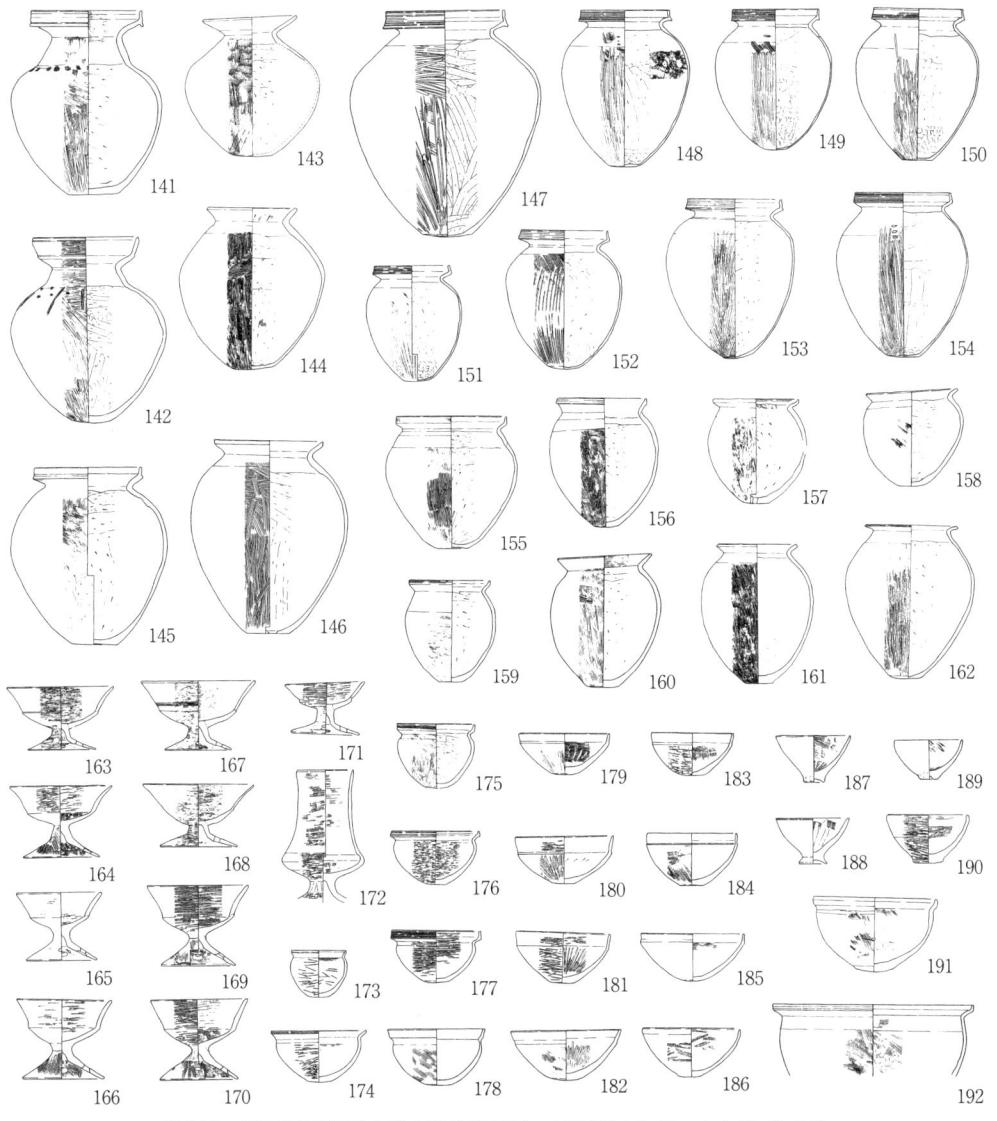

第9図　百間川遺跡群「洪水砂堆積以前」に廃棄されていた土器（1/12）

ておきたい。出土土器は，形状の特徴から「弥・後・IV-3」期に位置づけることができる。

　第 10 図は土坑と土器だまりの洪水砂中から出土している特徴的な土器である。なぜ洪水砂の中から出土するのかについては明確ではないが，土器溜まりについては洪水砂以前に露出していた土器が流されて溜まったのではないかと考えている。洪水砂堆積直前，あるいは洪水砂が堆積する時点の土器様相を示している可能性が考えられると共に，出土土器は形状から「弥・後・IV-3」期に比定することができる。

　これらに対して，第 11 図は，水田を覆った洪水砂の直上に形成されている土器溜まり，および溝の埋土のうち洪水砂直上の土層からから出土した特徴的な土器で，廃棄・埋没した時期が第 9・10 図に示した土器より新しいことが実証できる。これらの中に洪水砂堆積以前に存在していた土器が含まれている可能性は完全には否定できないが，壺・甕・高杯・鉢の形状は「古・前・

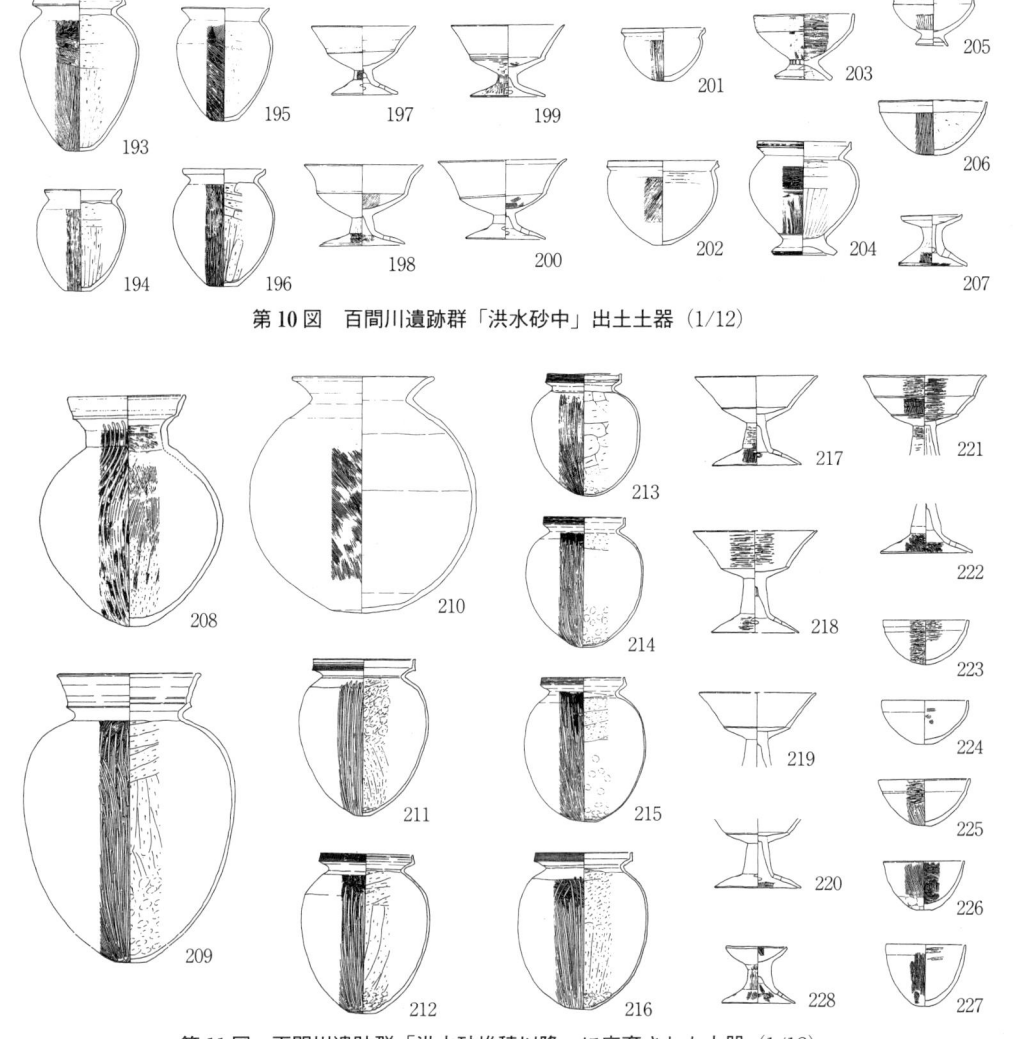

第 10 図　百間川遺跡群「洪水砂中」出土土器（1/12）

第 11 図　百間川遺跡群「洪水砂堆積以降」に廃棄された土器（1/12）

〈下層出土土器〉　　　　　　　　　　　　　　　　〈上層出土土器〉

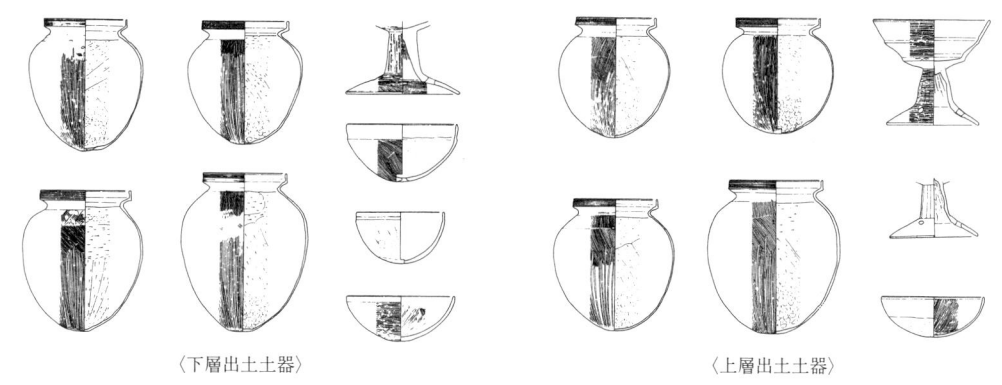

第12図　津寺三本木遺跡溝14出土土器（1/12）

I-1」期の特徴を示している。このことから，「古・前・I-1」期が「弥・後・IV-3」期より新しいと判断することができるのではなかろうか[3]。

次に，第12図は津寺三本木遺跡で検出された溝14の下層及び上層から出土した特徴的な土器である（高畑ほか1999）。いずれも完形に近い土器が出土しており，両者の間には「遺物の少ない間層」があったと報告されていることから廃棄時点で時期差が存在していたと考えることができる。壺・高杯・鉢については資料は多くなく，また溝出土であるため混在している可能性を全く否定することはできないが，下層出土土器が「古・前・I-1」期，上層出土土器は「古・前・I-2期」の形状を示しており，「古・前・I-2」期が新しいと判断できる資料ではなかろうか。

3.「王泊6層」，「酒津式」，「雄町13・14類」，「下田所式」，「亀川上層式」について

提示した編年案を研究史上に位置づけるために，これまでの型式名について論評したい。

第13図は，1956年に坪井清足氏によって報告された「王泊6層」出土土器である（坪井1956）。布留式併行期とされた「王泊5層」出土土器より層位的に古い最古の土師器として設定されたことに大きな意義があるものの[4]，7点の小片が図示されているのみで位置づけは難しい。また，遺跡の所在地である笠岡市高島の立地を考慮するならば，吉備型甕と考えられる●印についても搬入品の可能性を考えなくてはならないであろう。

さて，●印の甕については口縁部の立ち上がりの屈曲が鋭く幅が広いこと，および体部が完全な球形にはなっていないことから「古・前・I」期と思われるが，それ以上の言及は難しい。「王泊6層」については最古の土師器としての学史的な使用にとどめておくべきではなかろうか。

第14図は酒津遺跡出土土器，第15図は酒津新屋敷遺跡出土土器である。これらは，1958年に間壁忠彦氏，鎌木義昌氏によって「酒津式」と命名された土器である（間壁1958，鎌木1958）[5]。

酒津遺跡の壺・甕の体部下半から底部の形状の多くは，「弥・後・IV-1」期のような直線的や反転気味で明確な平底ではなく，また「弥・後・IV-3」期のように曲線的で小さな平底でもないことから「弥・後・IV-2」期の特徴と考えられる。しかし，高杯は杯部上半の拡張度合いが

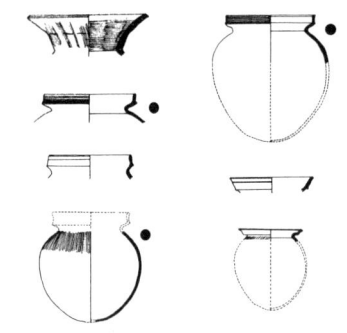

第13図　「王泊6層」出土土器（1/12）

一定ではなく長脚化したもの（●印）も存在している。加えて，甕はくの字口縁が多く，一点のみではあるが★印の口縁部には櫛描沈線が施されていると報告されている。旭川から足守川下流域までの資料に基づいて作成した本稿の編年案では，櫛描沈線の出現は「古・前・I-1」期と考えているので位置づけが難しいが，底部は「弥・後・IV-2」期の特徴を示している。

高梁川下流域に所在する酒津遺跡の立地からこうした組合せが地域的特色である可能性を考慮しなければならず，また，壁面に露出した約幅3m，深さ50cmの落ち込み状の黒色土中から極めて密集した状態で本来完形の土器を採集したことが報告されているものの，落ち込みか溝に廃棄されていた土器と想像できるため若干の混在資料が含まれている可能性も考えられる。

第15図の酒津新屋敷遺跡出土土器についても，壺・甕の体部下半部から底部の形状や●印のような長脚化した高杯，および一点のみではあるが口縁部外面に櫛描き沈線が施されていると報告されている★印の甕について，酒津遺跡と同様の指摘をすることができる。

酒津新屋敷遺跡の資料は掘削工事に伴う

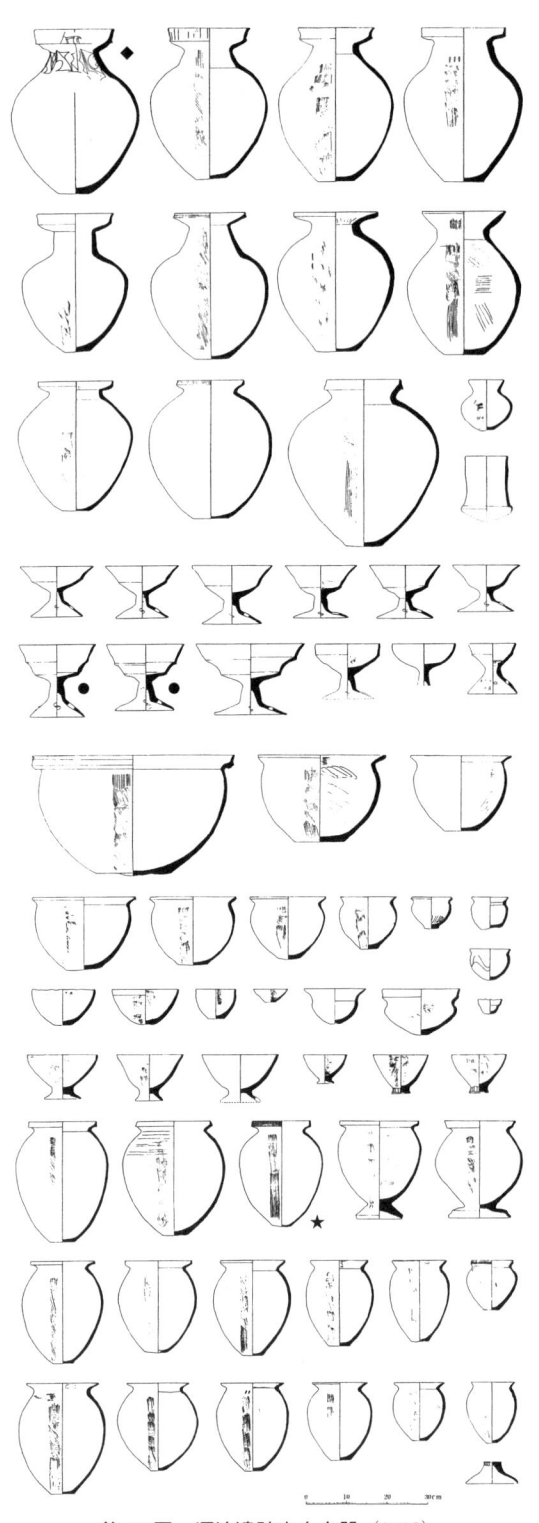

第14図　酒津遺跡出土土器（1/18）

採集品で，約 3×7 m，深さ約 30 cm の落ち込み状の遺構から貝層を伴って出土している。出土状況についても酒津遺跡と同様に若干の混在資料が含まれている可能性も考えられる。

以上のように，櫛描沈線を施した甕と長脚化した高杯を共伴と理解するかどうかの議論は資料の増加など今後の課題として保留した上で，多くの器種の形状から「酒津式」は「弥・後・IV-2」期に概ね併行すると理解することができる。

ところで，「酒津式」については，報告された当初から弥生土器か土師器かの理解をめぐって議論があった。

まず，上東式に続く弥生時代終末期の土器と考えた鎌木氏は，「これを土師器とせず，弥生式後期後半の土器としてあつかう理由は，わずかにそれが平底であるという一事によってである」と明記する一方，今

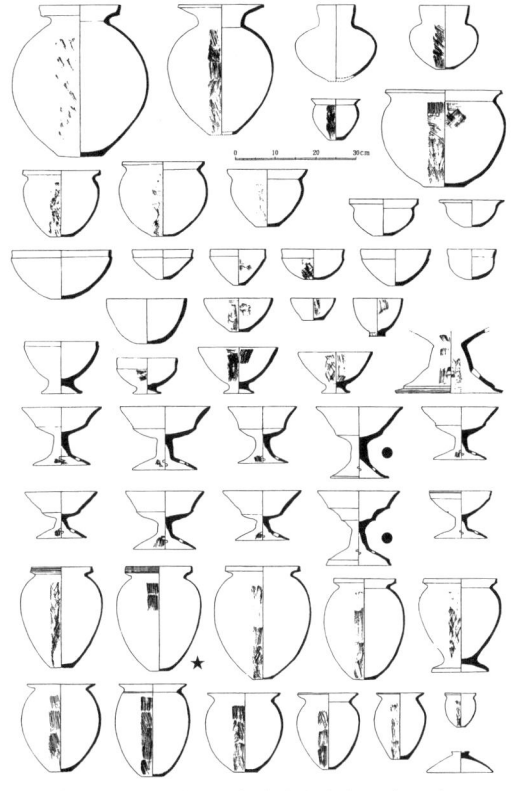

第15図　酒津新屋敷遺跡出土土器（1/18）

後の課題として「酒津式を弥生式としてあつかうきめ手としては，やはり古墳時代前期の土師器を明らかにする必要があるであろう」とまとめている。また，第14図◆印の壺の頸部の文様の解説として，「直線と弧線とを組み合わせて構成した文様の一単位をくりかえしたもので，古墳文化のある種の直弧文を思わせるものがある」とも記している（鎌木1958）。

間壁忠彦氏は，「弥生式土器と土師器が平底の普遍的存在という事をメルクマールとして区分出来ぬとすれば，土器製作上，酒津式土器は多くの土師器的な要素を含んで」おり，「酒津式土器を弥生式土器又は土師器のどちらかに決するには躊躇せざるを得ない」としながらも，結論として「平底の普遍的存在から最末期の弥生式土器と考え得る可能性がある事を指摘するにとどめたい」と記している（間壁1958）。

「酒津式」が報告された当時は，典型的な土師器として丸底の布留式が知られており，わずかではあるが報告されていた前期古墳出土土器も殆どが丸底を呈していたことから，このような理解として報告されたものと考えられる。

しかし，報告当初から口縁部外面に櫛描き沈線を施す甕の形状が「王泊6層」出土土器と類似していることや小型器種の存在などから，「平底の器形の多いことをのぞけば，土師器の諸特徴をすべてそなえているので土師器としてとりあつかうことにした」横山浩一氏の見解が発表されており（横山1959），こうした理解はその後も畿内の研究者には引き継がれていた（田中1978）。

吉備においても「酒津式」の位置づけは統一されていたわけではなく，1970 年代の王墓山遺跡群（間壁忠・間壁葭 1974）や幡多廃寺（出宮ほか 1975），上東遺跡（柳瀬・伊藤 1974，柳瀬 1978）の発掘調査報告書では土師器として位置づけられている。この理解には「王泊 6 層」式と「酒津式」両者に図示されている櫛描沈線甕の評価が関係しており，櫛描沈線甕が伴えば「酒津式」＝「王泊 6 層」＝土師器という理解が背景にあったのではないかと思われる[6]。さらには，畿内編年との併行関係の位置づけも影響していたのではなかろうか。

　こうした中，1980 年代に入って吉備の弥生土器，土師器編年を主導してきた高橋護氏は，弥生土器と土師器の区分は最古の古墳出土土器によって決定せざるを得ないとし，現状の古墳出土資料をもとに「10 期」からを土師器とし，「酒津式」は弥生時代終末期の「9b 期」に併行するとされた（高橋 1980・1988）[7]。

　弥生土器と土師器についてはこれまでにも様々な定義がなされているが，筆者は，基本的には弥生時代の土器を弥生土器，古墳時代の土器を土師器とすべきであると考えている。いずれも技法・焼成をはじめ製作技術において根本的な変化はないため，土器そのものから区別することが困難な場合が多いこともそのように考える理由である。

　しかしながら，古墳時代の土器をどのように決定するのかも容易なことではない。一般的には古墳の出現によって古墳時代の開始と考えるべきではあるが，どのような特徴の墓をもって古墳とするのか，あるいは地域ごとに古墳の出現期が異なるのではないかといった問題について諸説が存在している事は周知のとおりである。

　「王泊 6 層」の報告当初から「酒津式」が土師器ではないかと主張されている坪井氏は，近年においても，一人の首長のために弥生時代最大級の墳丘と排水溝を伴う木槨を築き，埴輪円筒の先駆的な祭器を供献していた「楯築遺跡」は古墳であると理解すべきであり，「楯築遺跡」に伴う土器から土師器と考えても良いのではないかと述べられている（坪井 2006）。坪井氏のように古墳の定義を理解するならば土師器の理解も異なり，楯築の時期より新しい「酒津式」を土師器と理解することも可能であることは当然であろう。

　そうした意味で，本稿でも古墳の定義を明らかにする必要が求められるが，現状では近藤義郎氏の理解を支持しており，不十分ではあるが前稿において古墳出土土器についても検証した結果，「古・前・I-1」期からを土師器としている。したがって，「酒津式」は弥生時代終末期の土器（「弥・後・IV-2」期）という理解である[8]。

　第 16 図は，1972 年に報告された「雄町 13・14 類」土器で，「王泊 6 層」併行期の古相を 13 類，新相を 14 類としている（正岡 1972）。13 類は，体部下半の形状が不明であるが口縁部が幅広く屈曲もしっかりしている甕，深く完全な丸底となってなっていない鉢，および高杯・小型丸底壺の形状はすべて「古・前・I」期の様相を示している。一方，14 類は，壺の屈曲が弱い二重口縁部，櫛描沈線を省略した口縁部と下ぶくれの体部を持つ甕，体部下半へヘラケズリで浅い椀，および小型丸底壺・高杯の形状は「古・前・II」期の様相を示している。

　このように，本稿での「古・前・I と II」期の区分は，櫛描沈線甕を指標とする「王泊 6 層」

併行期を細分した「雄町13・14類」の区分を踏襲していると位置づけることができる。

第17図は，「下田所式」の標識土器である（柳瀬1977）。図示した中には「弥・後・IV」期としても差し支えない土器（●印）を含んでいるが，櫛描沈線の甕に注目すると殆どが「古・前・II-1」期と判断できる。前稿で記

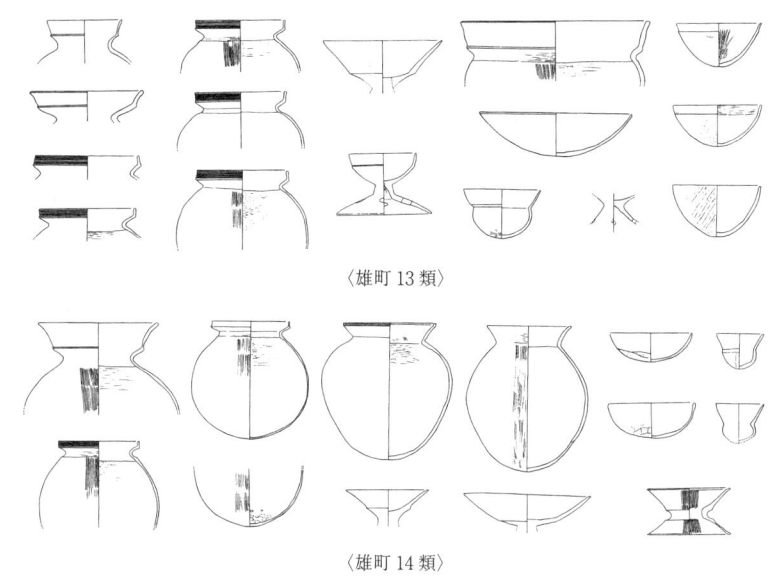

第16図　「雄町13・14類」土器（1/12）

したように，「古・前・I-1」期は「弥・後・IV」期の壺や鉢が伴う事例はいくつか存在するものの，その他の甕，高杯，鉢，椀では確実に変化した段階として設定しており，第17図の出土事例は，現在の段階では器種構成など必ずしも良好な資料とは考えられないが，概ね「古・前・I-1」期の特徴を示していると理解することができる。

第18・19図は，「亀川上層式」の標識土器である（柳瀬1977）。第18図の上東遺跡亀川調査区東斜面上層は三つの土層から（柳瀬ほか1977），亀川調査区上層は柳瀬氏の報告以降に調査された資料ではあるが二つの土層から（小林ほか2001）出土したと報告され，亀川調査区包含層上層は出土土器との対応関係は明記されていない（伊藤ほか1974）。いずれも旧河道に向かう傾斜地に廃棄された土器と考えられ，その一部が報告されていると理解できる。

さて，図示されている土器のうち櫛描沈線の甕は全体の器形が判明する個体が少ないものの，●印は球形化した体部と完全な丸底から「古・前・II-1」期の特徴を示している。一方，◆印の体部は「II-2期」の特徴である下ぶくれ形状を示している。くの字口縁部やいわゆる布留式系の口縁部をもつ甕と山陰系の甕，および壺，鉢の二重口縁部の形状は「古・前・II-1・2」期であろう。少量図示されている高杯には，「古・前・II-2」期の特徴である長脚高杯は含まれていない。小型器種のうち，有段鉢と椀は「古・前・I-1」期が主体であろう。

このように第18図に示した資料は，本稿の編年案では「古・前・II-1」期が主体で一部「古・前・II-2」期が混在していると理解できると共に，いくつかの層位からの出土土器が図示されていることが混在の要因の一つではなかろうか。なお，亀川調査区東斜面出土の★印の壺は讃岐系と指摘されているが，形状からは「古・前・I-3～II-1」期に伴うものであろう。

第19図のうち川入遺跡法万寺調査区P-2とH-4出土土器は量的に多くなく，かつ全体の形状のわかる土器も少ないが，長脚高杯が存在しないことと甕・小型器種の特徴から概ね「古・前・

II-1」期と理解できる（柳瀬ほか1977）。

これらに対して，川入遺跡法万寺調査区大溝Ⅳ層出土土器は，溝からの出土で混在資料を含んでいるが，壺，高杯，小型有段鉢・椀は「古・前・Ⅱ-2」期の特徴をよく示している。

以上のように，「亀川上層式」の標識土器とされた資料は，いずれも本稿で示した「古・前・Ⅱ」期ではあるが，「1と2」期の両方の土器が含まれており細分できると考えられる。

「下田所式」と「亀川上層式」は現在でも用いられる場合が多いが，この分類には「雄町13・14類」が意識されていると思われ，「王泊6層」併行期を古相と新相に区分した点で「雄町13・14類」と同じく研究史的に重要な意味があり，本稿の「古・前・Ⅰ・Ⅱ」期の区分も大区分として有効ではないかと考えている。

4.「古・前・Ⅲ」期の編年案

本稿の「古・前・Ⅱ」期に続く土器がはじめて設定されたのも1956年の坪井氏の王泊遺跡の報告で，「王泊5層」出土土器が，近畿地方の布留式の基準資料として紹介された大阪府小若江北遺跡出土資料との共通性から布留式併行期として位置づけられた（坪井1956）。同時に，さらに新しい段階として「王

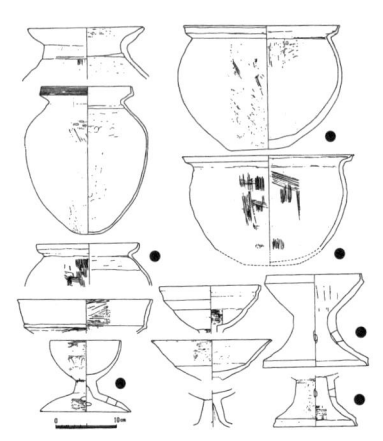

〈上東遺跡才の元調査区 P-1（伊藤ほか1974）〉

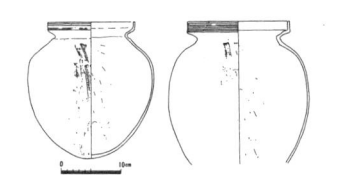

〈上東遺跡才の元調査区 P-2（伊藤ほか1974）〉

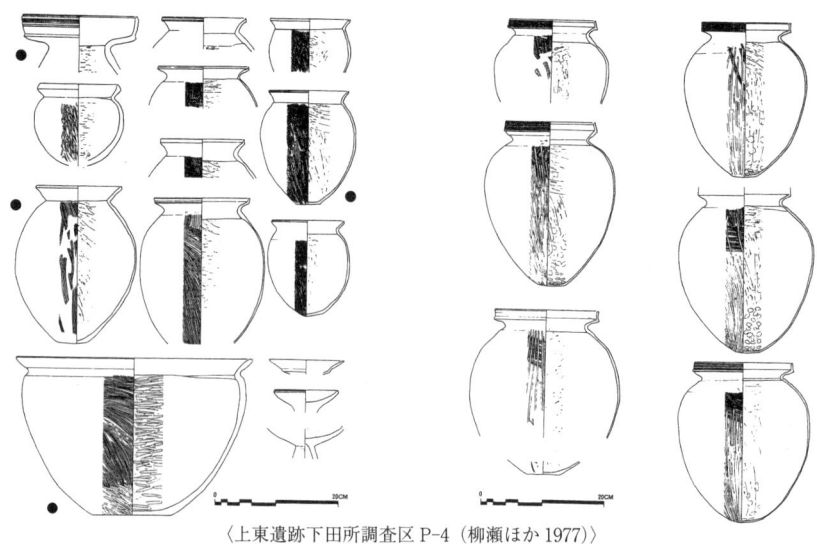

〈上東遺跡下田所調査区 P-4（柳瀬ほか1977）〉

第17図　「下田所式」土器（1/12）

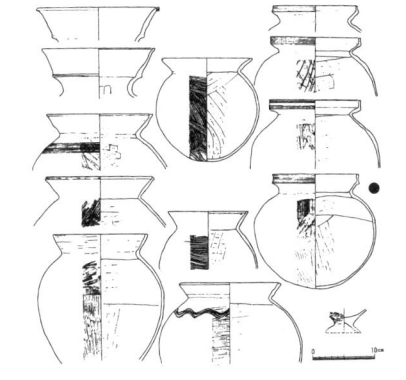

吉備の古式土師器に関する一考察　145

〈上東遺跡亀川調査区包含層上層（伊藤ほか1974）〉 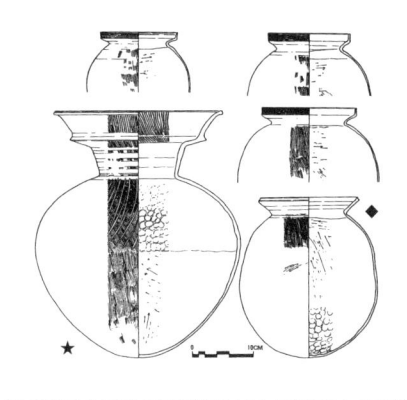　〈上東遺跡亀川調査区東斜面上層（柳瀬ほか1977）〉

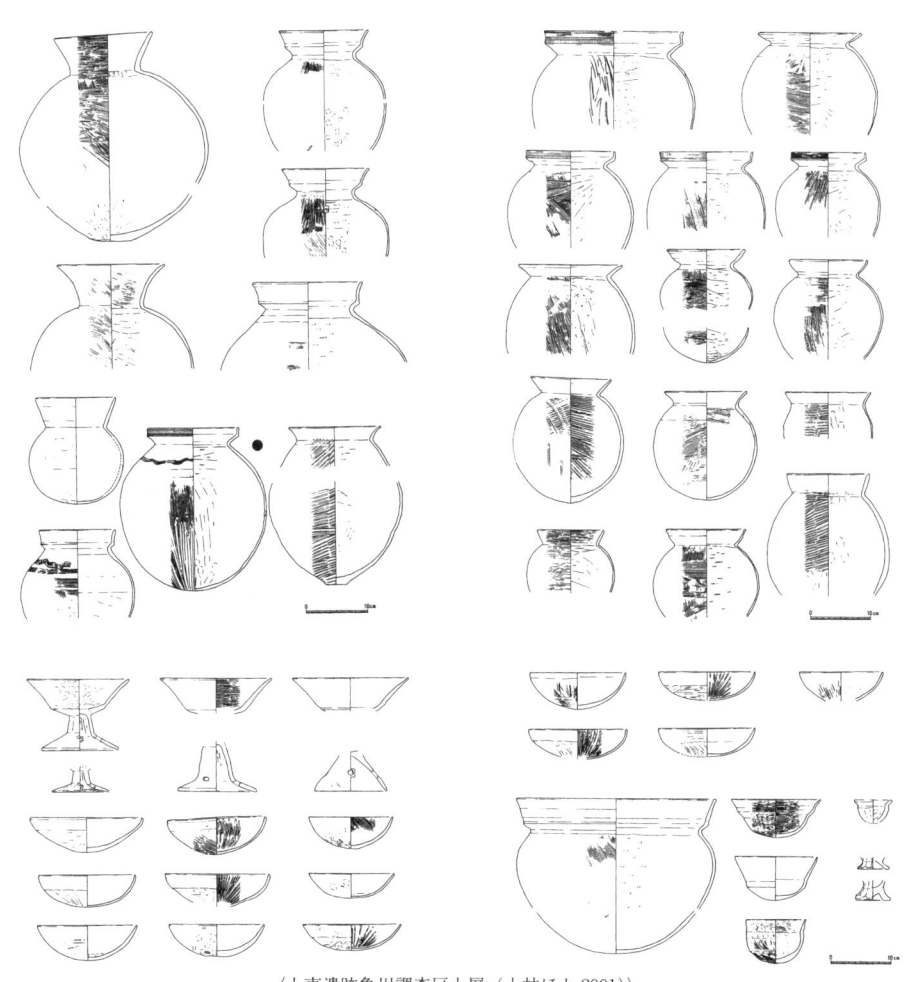

〈上東遺跡亀川調査区上層（小林ほか2001）〉

第18図　「亀川上層式」土器（1）（1/12）

〈川入遺跡法万寺調査区 P-2（柳瀬ほか 1977）〉

〈川入遺跡法万寺調査区 H4（柳瀬ほか 1977）〉 〈川入遺跡法万寺調査区大溝Ⅳ層（柳瀬ほか 1977）〉

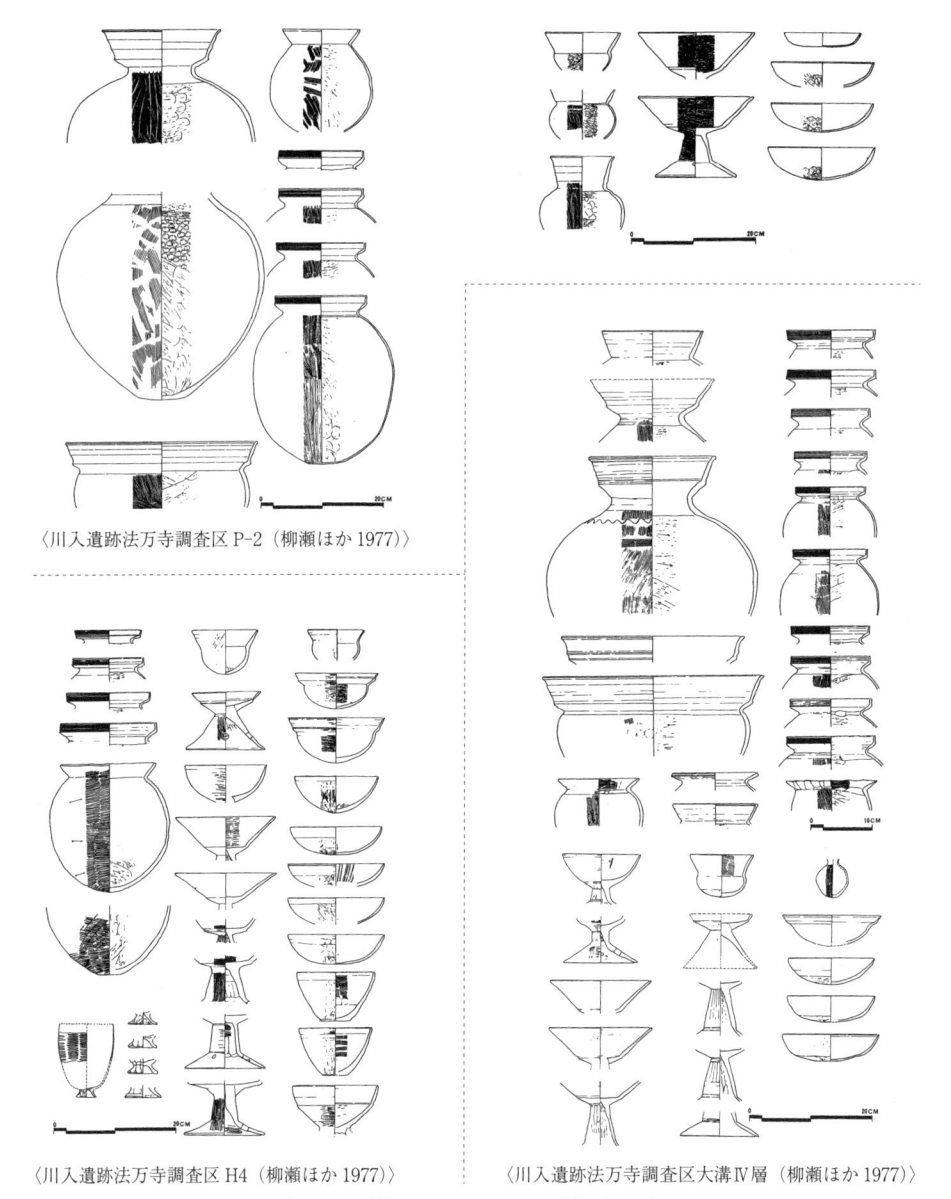

第 19 図 「亀川上層式」土器 (2) (1/12)

泊 4 層」，「王泊 3 層」も設定された。これらは，現在でも貴重な層位関係に基づく編年であると共に布留式との併行関係を示した点が重要で，その後の編年の基準となるものであった。

翌 1957 年には，三杉兼行・間壁忠彦両氏が備前原遺跡出土土器を報告し「王泊 6 層」と「王泊 5 層」併行期とした（三杉・間壁 1957）。

1966 年に，間壁忠彦氏は初期須恵器を伴う良好な一括資料である走出遺跡と山田・原遺跡（備前原遺跡）の土器を報告し，山田・原遺跡（備前原遺跡）は「王泊 5 層」，走出遺跡は「王泊 4 層」・「王泊 3 層」併行期とする共に，「酒津式」→「山田・原」→「走出」という土師器編年を

提起した（間壁 1966）。

1971 年に刊行された『土師式土器集成本編』では岡山県の前期土師器として，五万原遺跡，王泊遺跡，原遺跡，走出遺跡，権現山遺跡の土器が集成されている。このうち，権現山遺跡は鼓形器台のみの紹介であり，酒津式併行期とされた五万原遺跡出土土器を含めても資料は充分ではなかった（間壁・井上 1971）。

1977 年に刊行された川入・上東遺跡報告書の編年表では，川入遺跡「大溝上層」が，「王泊 5 層」より新しく「王泊 4・3 層」や走出遺跡併行期に位置づけられた（柳瀬 1977）。川入遺跡の溝に一括廃棄された出土資料は混在の可能性もあるが，多くの器種を含む点と初期須恵器以前の陶質土器を共伴している点で重要であり，その後の編年の基準資料とすることができた。しかしながら，畿内の布留式併行期とされる「王泊 5 層」併行期の実態は依然として不詳であった。

このように，1970 年代までは，層位関係に基づいて編年された「王泊 5 層」，「王泊 4 層」，「王泊 3 層」を，新しい出土資料によって補完することによって編年の大枠を設定しようとした段階であったといえよう。

その後も大規模な発掘調査の報告書が刊行されるようになったが，「古・前・I, II」期までに比べてそれ以降の土器資料の報告は多くなく，従って編年研究も低調であった。

そうした中，1991 年に高橋氏は，古墳成立以降から「伝統的な土師器は少数の椀形と特殊な用途に当てられたと推定される高杯に限定される」ようになる 6 世紀直前までを 11 小期に細分した編年を発表した。この論考では，本稿の「古・前・I, II 期」に相当する 10 期に続く 11 期は，「古典的な布留式に並行し，その後半期には韓国系軟質土器が伴出する」時期としている。また，「12 期は初期須恵器，陶質土器を伴出し始める時期であり，13 期からは定型化した須恵器と共存し，しだいに須恵器を中心とした組成に移行する」と解説されている（高橋 1991）。

高橋氏は，11 期から 13 期については，10 期に比べて「日常的な生活を支える炊事が，大形所帯共同体の厨屋から個々の竪穴住居に変化した」ことにより出土資料が少ないことを指摘すると共に，紙数の関係から少数の土器図面と簡潔な解説を記述しているのみで，高橋編年の詳細を理解・解釈することは難しいが，王泊遺跡の編年に合わせるのではなく，出土例が増加してきた朝鮮系軟質土器・陶質土器や須恵器との伴出関係とそれらを伴出しない布留式段階という大枠の理解をもとに組み立てられているのではないかと思われる。

1992 年に土師器集成として発表した平井らの編年では，櫛描沈線甕（吉備型甕）を伴出する時期である「I-1～5」期と，TK73・208 形式の須恵器を伴出する「III-2」期，TK23・47 型式の須恵器を伴出する IV 期を基準に，朝鮮系軟質土器・陶質土器が伴出する「III-1」期，朝鮮系軟質土器・陶質土器が伴出する以前の「II-1・2」期に区分しており，高橋編年が強く意識されていた（平井・高畑・柴田 1992）。

1993 年と 2000 年には朝鮮系軟質土器・陶質土器の出土が注目された菅生小学校裏山遺跡（中野ほか 1993）と高塚遺跡（江見ほか 2000）の報告書が刊行された。また柴田氏は，高塚遺跡のカマドをもたない住居，方形住居の隅にカマドを設置した住居，方形住居の一辺の中央にカマドを設

置した住居という，遺構別の出土土器に注目し分析した編年案を発表している（柴田2000）。

2003年には津島遺跡で，多くはないが布留式併行期の資料が報告された（島崎ほか2003）。

以上の研究略史を踏まえ，未だ資料不足ではあるが「古・前・III」期の編年案を提示したい。

まず，櫛描沈線甕（吉備型甕）を伴わず，須恵器も伴出しない時期として「古・前・III」期を設定する。そして，比較的資料が増加している朝鮮系軟質土器・陶質土器が伴出する時期を「古・前・III-3」期とし，それ以前については，おもに高杯と小型丸底壺の形式の違いから

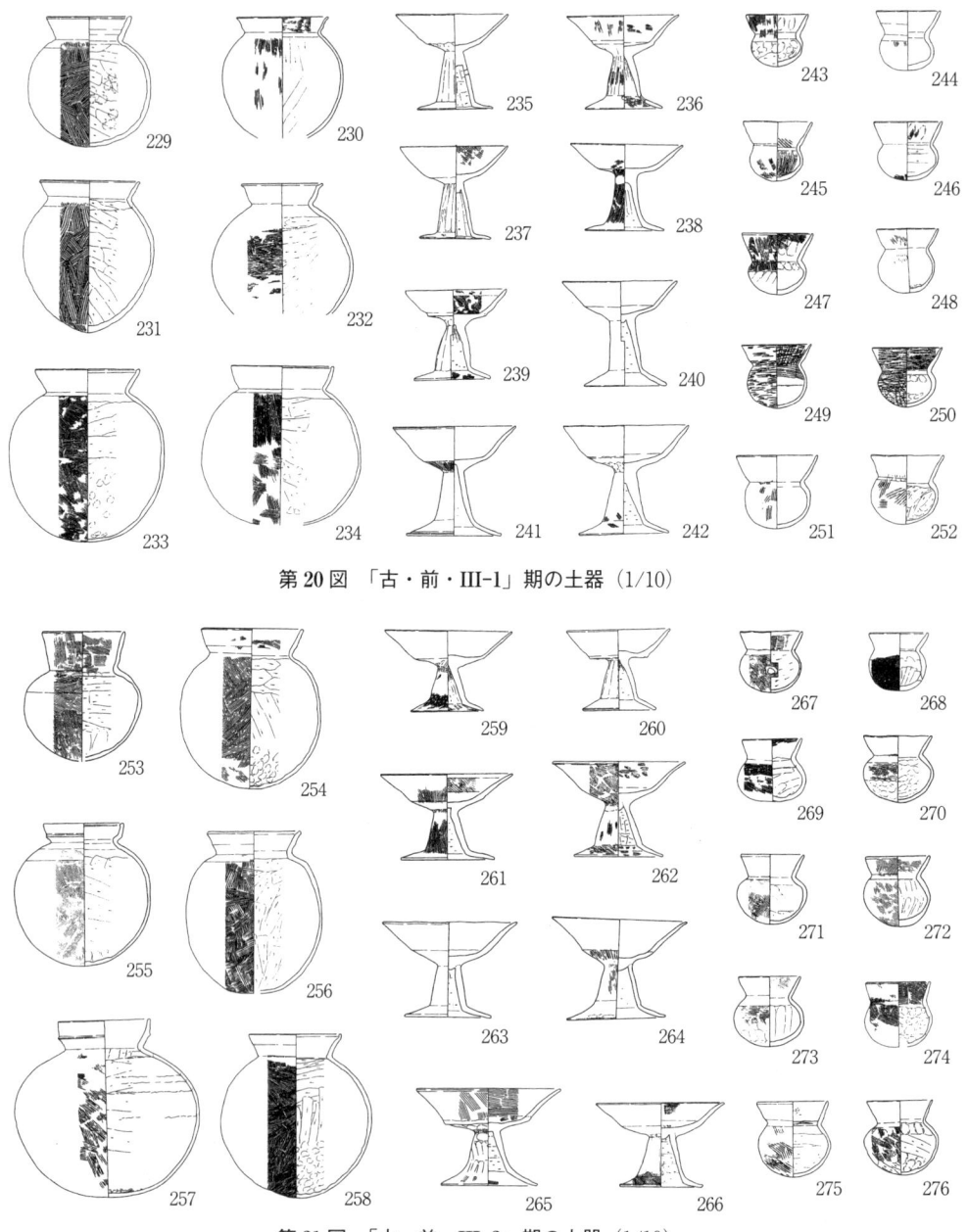

第20図　「古・前・III-1」期の土器（1/10）

第21図　「古・前・III-2」期の土器（1/10）

吉備の古式土師器に関する一考察　149

「古・前・III-1，2」期という2つの時期に区分することとした。

　第20図の「古・前・III-1」期の資料は多くない。高杯は，前段階と同じく長脚が特徴であるが脚部内面にはケズリが施される場合が多い。小型丸底壺は，口縁部と体部の比率が前段階と変化しており，ミガキを施さない調整が多くなる。甕は吉備型甕を製作しない事が最も大きな変化ではあるが，それに替わる甕については，体部外面がハケメ，内面がケズリの調整が多いが，口縁部形状や体部形状などについて特定の形式に統一されているとは現状では考えにくい。

　第21図の「古・前・III-2」期の資料も多くない。高杯は，脚部がハの字型を呈し短くなってくる。小型丸底壺は，さらに口縁部と体部の比率が変化し，口縁部が短くなると共に体部最大径が口縁部径を上回るようになる。壺・甕の資料は多くない。甕の口縁部の多くは，くの字形で内

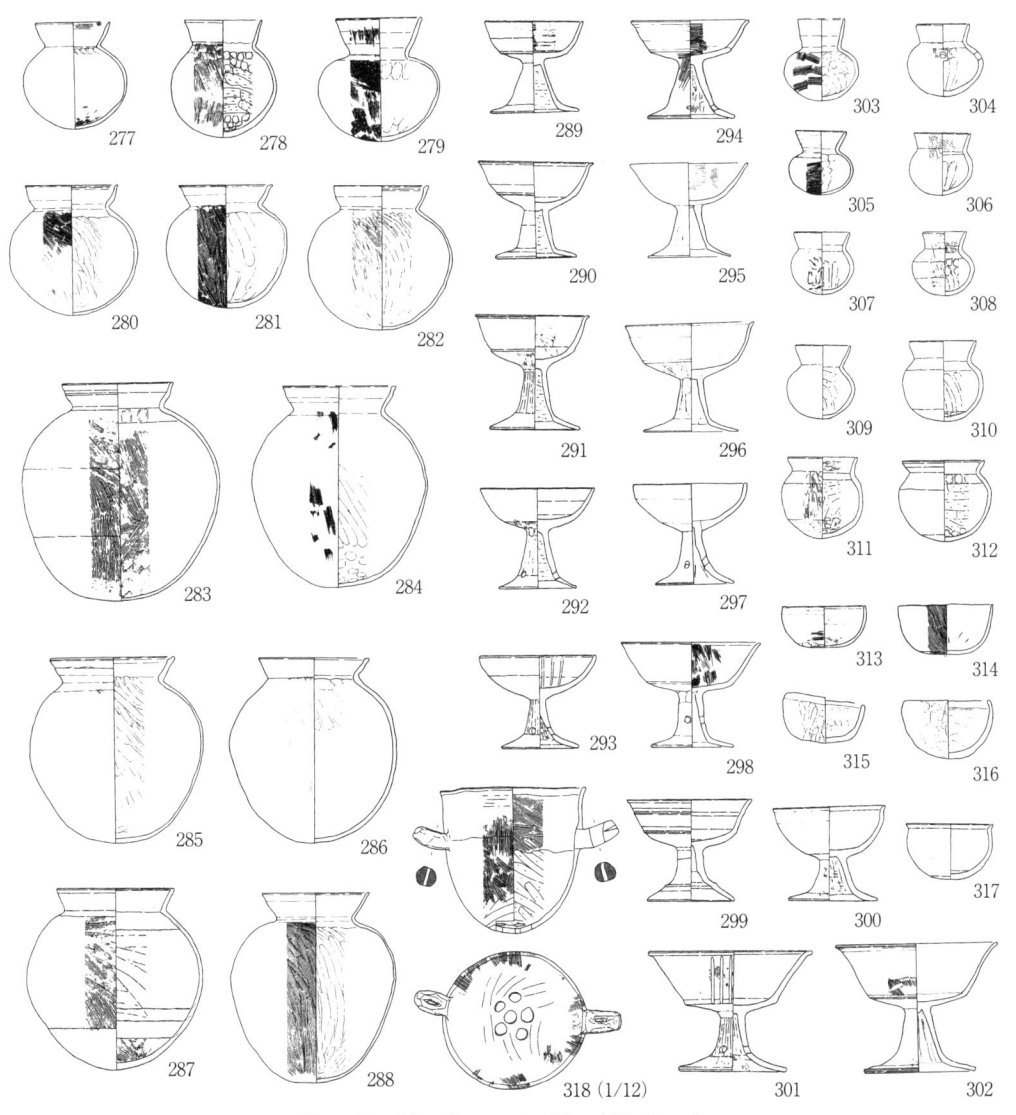

第22図 「古・前・III-3」期の土器 (1/10)

湾する口縁部は少なくなるようである。

　第22図の「古・前・Ⅲ-3」期の高杯には前段階からの変化が辿れられる器形のほかに，椀形の杯部を持つ293・297・300や大型の深い杯部の301・302などが出現する。また，すかし孔が復活しているがその場所は脚部に施される場合が多い。小型丸底壺はさらに体部が大きくなるが定型化は崩れ，310〜312のような小型の甕とも呼ぶべき器種も出現している。さらに313〜317のような小型鉢が出現するのも特徴で，300の杯部は317と類似している。壺，甕の資料は少ないが，体部内面調整がケズリではなく指でナデ上げたような痕跡を示す場合が多い。なお，高杯299や壺の一部には朝鮮系陶質土器の形態や技法の影響を受けるようになると共に，カマドの普及に伴い318のようなコシキの伴出も多くなる。

　TK73〜208形式の須恵器を伴出する「古・中・I-1」期，およびTK23〜47形式の須恵器を伴出する「古・中・I-2」期については，参考として第23・24図を示すにとどめておきたい。

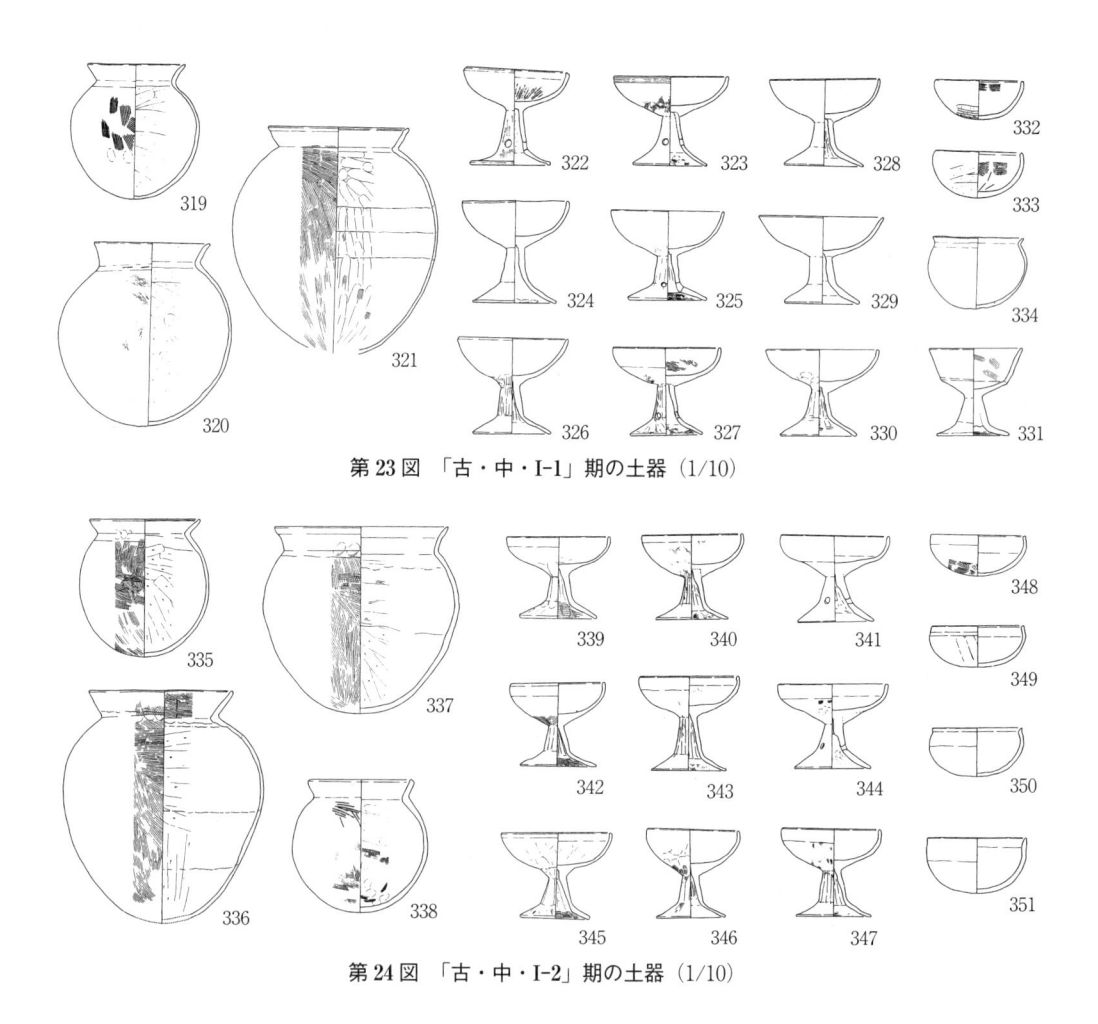

第23図 「古・中・I-1」期の土器 （1/10）

第24図 「古・中・I-2」期の土器 （1/10）

今後の課題

本稿では，「弥・後・IV」期～「古・前・I，II」期の土器について形式変化の理解と出土状況の検証を行った。また，これまでの「型式」について論評することにより本編年案を研究史上に位置づけると共に，「古・前・III」期に関する編年案も提示した。

さて，自明のことではあるが，現在出土している土器量は使用されていた当時に比べて極めて少量であり，これに基づく土器編年の充実には繰り返し検証を進めなければならない。検証作業の中心は出土状況にあると考えているが，層位，切り合い関係など参考となる資料は未だ多くない。また，墳墓に供献された資料は一括性を担保し，かつ出土状況によって埋葬時，追葬時といった時期差を推測することも可能であるが，吉備では未だ少ない。

こうした状況ではあるが，近畿・東海・山陰・四国・北部九州など各地域の良好な出土状況を示す資料との併行関係を検討することによって吉備の土師器編年を検証することと，暦年代の追

掲載土器一覧表

	遺跡名	遺構名	土器番号	文献
弥・後・IV-1	下庄遺跡	井戸1	1, 6	31
	上東遺跡	Pへ	2, 5	1
	加茂政所遺跡	土壙239	3, 4	27
	足守川矢部南向遺跡	土壙72	7～9, 11～14	16
	足守川加茂B遺跡	井戸1	10	18
弥・後・IV-2	加茂政所遺跡	竪穴住居27	15, 19, 25	27
	加茂政所遺跡	土壙262	16	27
	百間川原尾島遺跡	竪穴住居36	17	7
	足守川矢部南向遺跡	竪穴住居37上層	18, 26, 28	16
	足守川加茂B遺跡	土壙76	20	18
	足守川矢部南向遺跡	竪穴住居30	21～24	16
	足守川加茂B遺跡	土壙126	27	18
	百間川兼基遺跡	土器溜り4	29	39
	川入遺跡	井戸101	30	2
	鹿田遺跡	井戸12	31, 33	11
	百間川原尾島遺跡	井戸8	32, 41	7
弥・後・IV-3	川入・中撫川遺跡	井戸13	34	36
	百間川原尾島遺跡	溝45上層	35, 36	33
	中撫川遺跡	溝5	37	34
	加茂政所遺跡	竪穴住居66	38	27
	鹿田遺跡	土器溜り2	39	11
	百間川原尾島遺跡	井戸5	40	14
	奥坂遺跡	No.140袋状土壙	42	6
	百間川原尾島遺跡	溝43上層	43	33
古・前・I-1	百間川原尾島遺跡	溝44	44, 48	7
	津寺三本木遺跡	溝16	45	28
	鹿田遺跡	井戸1	46	11
	鹿田遺跡	井戸14	47	11
	津寺遺跡	土壙440（中屋）	49, 56	26
	鹿田遺跡	土器溜り1	50, 52, 53, 55, 57～59	44
	鹿田遺跡	土器溜り2	54	44
	鹿田遺跡	土器溜り3	51	44
古・前・I-2	百間川原尾島遺跡	西斜面土器溜り上層	60, 66, 72	4
	百間川原尾島遺跡	井戸7	61, 63, 67, 75	14
	津寺遺跡	竪穴住居40	62, 64, 69, 71	20
	百間川沢田遺跡	土壙117	65, 73, 74, 76, 77	13
	百間川原尾島遺跡	井戸11	68, 78	42
	津寺遺跡	土壙93（西川）	70	20
	百間川原尾島遺跡	土器溜り2	79	33
古・前・I-3	南方遺跡	土壙4	80, 94	37
	南方遺跡	井戸1	81	37
	津島遺跡	井戸3	82	35
	足守川矢部南向遺跡	竪穴住居62上層	83～90, 92, 93, 95～97	16
	津寺遺跡	竪穴住居141（中屋）	91	23
古・前・II-1	足守川加茂A遺跡	竪穴住居21	98～101, 106, 108, 110, 115, 118	17
	津寺遺跡	竪穴住居134（中屋）	102, 104, 113	23
	中撫川遺跡	たわみ1	103, 114, 116	34
	津寺遺跡	竪穴住居215（中屋）	105, 109	26
	中撫川遺跡	井戸13	107	34
	津寺遺跡	竪穴住居9（中屋）	112, 111	20
	津寺遺跡	竪穴住居111（中屋）	117	21
古・前・II-2	井出天原遺跡	竪穴住居7	119, 130, 134	30
	百間川沢田遺跡	井戸5	120	13
	百間川沢田遺跡	井戸6	121	13
	加茂政所遺跡	溝25	122, 125, 127, 136	27
	百間川沢田遺跡	竪穴住居21	123	9
	百間川沢田遺跡	井戸18	124	9
	百間川今谷遺跡	竪穴住居7	126	43
	百間川沢田遺跡	井戸11	128	13
	津島遺跡	竪穴住居46	129, 135, 138	32
	百間川沢田遺跡	井戸12	131	13
	津島遺跡	井戸1	132	35
	堂免貝塚	P1240	133	38
	窪木遺跡	竪穴住居8	137	41
	中撫川遺跡	溝12	139	34
	百間川今谷遺跡	竪穴住居9	140	43

	遺跡名	遺構名	土器番号	文献
洪水砂堆積前	百間川原尾島遺跡	井戸9	141	33
	百間川兼基遺跡	土器溜り4	142, 155, 162	39
	百間川兼基遺跡	竪穴住居16	143, 144, 179, 185	39
	百間川原尾島遺跡	竪穴住居5	145, 184, 189	14
	百間川原尾島遺跡	井戸2	146	42
	百間川原尾島遺跡	溝17	147	19
	百間川原尾島遺跡	井戸5	148, 149, 154, 178	14
	百間川原尾島遺跡	土壙53	150, 160, 183, 192	14
	百間川原尾島遺跡	溝45上層	151, 152, 159, 164, 165, 166, 169〜171, 186, 187	33
	百間川兼基遺跡	土器溜り5	153, 156	39
	百間川兼基遺跡	竪穴住居13	157, 161, 163, 167, 168, 190, 191	19
	百間川兼基遺跡	井戸1	158	39
	百間川原尾島遺跡	土壙34	172, 174	42
	百間川原尾島遺跡	竪穴住居7	173, 182	14
	百間川兼基遺跡	土手状遺構	175	39
	百間川原尾島遺跡	溝25	176	42
	百間川原尾島遺跡	竪穴住居5	177, 180, 181, 188	42
洪水砂中	百間川兼基遺跡	土器溜りE	193〜198, 200〜207	5
	百間川兼基遺跡	土壙16	199	42
洪水砂堆積後	百間川沢田遺跡	土器溜り1	208, 211, 216〜228	9
	百間川原尾島遺跡	溝44	209, 212	7
	百間川今谷遺跡	溝26	210, 214, 215	25
	百間川沢田遺跡	土器溜り2	213	9
古・前・Ⅲ-1	津島遺跡	土器溜り1	229, 231, 233〜235, 237, 238, 240〜248, 251, 252, 260	32
	津島遺跡	竪穴住居46	230, 232, 236, 249, 250	32
	津島遺跡	河道1	239	32

	遺跡名	遺構名	土器番号	文献
古・前・Ⅲ-2	高塚遺跡	竪穴住居46	253, 261, 267, 270, 272	29
	津島遺跡	井戸8	254, 258, 259	32
	高塚遺跡	竪穴住居44	255, 263, 264, 271, 273	29
	津島遺跡	井戸6	256, 274	32
	津島遺跡	井戸9	257	32
	南溝手遺跡	土器溜り4	262, 265, 276	40
	津島遺跡	井戸7	266, 268, 269, 275	32
古・前・Ⅲ-3	高塚遺跡	竪穴住居132	277, 286, 295, 296, 315, 316, 318	29
	鍛治屋遺跡	SA03	278	10
	百間川兼基遺跡	井戸2	279, 280〜282, 284, 285, 288, 298, 303	22
	菅生小学校裏山遺跡	溝1	283, 287, 289〜293, 299〜301, 304, 306〜312, 317	12
	川入遺跡	大溝Ⅲ層	294, 305, 314	3
	百間川兼基遺跡	竪穴住居7	297, 302, 313	22
古・中・Ⅰ-1	高塚遺跡	竪穴住居160	319, 320, 322, 332, 333	29
	窪木遺跡	竪穴住居30	321, 325, 326, 330, 331	41
	津寺遺跡	竪穴住居325	323, 327, 328, 329	26
	高塚遺跡	竪穴住居179	324, 334	29
古・中・Ⅰ-2	窪木遺跡	竪穴住居16	335, 336, 342, 346	41
	窪木遺跡	竪穴住居11	337, 339, 345, 348	41
	高塚遺跡	竪穴住居155	338, 344	29
	三手遺跡	粘質砂層中	340, 343, 347, 349〜351	15
	高塚遺跡	竪穴住居140	341	29

掲載土器一覧表の文献名

	遺跡名	文献
1	上東遺跡	『岡山県埋蔵文化財発掘調査報告第2集』1974
2	川入遺跡	『岡山県埋蔵文化財発掘調査報告第2集』1974
3	川入遺跡	『岡山県埋蔵文化財発掘調査報告16』1977
4	百間川原尾島遺跡1	『岡山県埋蔵文化財発掘調査報告39』1980
5	百間川兼基遺跡1	『岡山県埋蔵文化財発掘調査報告51』1982
6	奥坂遺跡	『岡山県埋蔵文化財発掘調査報告53』1983
7	百間川原尾島遺跡2	『岡山県埋蔵文化財発掘調査報告56』1984
9	百間川沢田遺跡2	『岡山県埋蔵文化財発掘調査報告59』1985
10	鍛治屋遺跡	『岡山県埋蔵文化財発掘調査報告70』1988
11	鹿田遺跡1	『鹿田遺跡1』岡山大学埋蔵文化財調査研究センター 1988
12	菅生小学校裏山遺跡	『岡山県埋蔵文化財発掘調査報告81』1993
13	百間川沢田遺跡3	『岡山県埋蔵文化財発掘調査報告84』1993
14	百間川原尾島遺跡3	『岡山県埋蔵文化財発掘調査報告88』1994
15	三手遺跡	『岡山県埋蔵文化財発掘調査報告90』1994
16	足守川矢部南向遺跡	『岡山県埋蔵文化財発掘調査報告94』1995
17	足守川加茂A遺跡	『岡山県埋蔵文化財発掘調査報告94』1985
18	足守川加茂B遺跡	『岡山県埋蔵文化財発掘調査報告94』1985
19	百間川原尾島遺跡4	『岡山県埋蔵文化財発掘調査報告97』1995
20	津寺遺跡2	『岡山県埋蔵文化財発掘調査報告98』1995
21	津寺遺跡3	『岡山県埋蔵文化財発掘調査報告104』1996
22	百間川兼基遺跡2	『岡山県埋蔵文化財発掘調査報告114』1996
23	津寺遺跡4	『岡山県埋蔵文化財発掘調査報告116』1997
24	百間川兼基遺跡3	『岡山県埋蔵文化財発掘調査報告119』1997
25	百間川今谷遺跡3	『岡山県埋蔵文化財発掘調査報告119』1997
26	津寺遺跡5	『岡山県埋蔵文化財発掘調査報告127』1998
27	加茂政所遺跡	『岡山県埋蔵文化財発掘調査報告138』1999
28	津寺三本木遺跡	『岡山県埋蔵文化財発掘調査報告142』1999
29	高塚遺跡	『岡山県埋蔵文化財発掘調査報告150』2000
30	井出天原遺跡	『岡山県埋蔵文化財発掘調査報告156』2001
31	下庄遺跡	『岡山県埋蔵文化財発掘調査報告157』2001
32	津島遺跡4	『岡山県埋蔵文化財発掘調査報告173』2003
33	百間川原尾島遺跡6	『岡山県埋蔵文化財発掘調査報告179』2004
34	中撫川遺跡	『岡山県埋蔵文化財発掘調査報告182』2004
35	津島遺跡6	『岡山県埋蔵文化財発掘調査報告190』2005
36	川入・中撫川遺跡	『川入・中撫川遺跡』岡山市教育委員会 2006
37	南方遺跡	『岡山県埋蔵文化財発掘調査報告196』2006
38	堂免貝塚	『邑久町史考古編』岡山県瀬戸内市 2006
39	百間川兼基遺跡4	『岡山県埋蔵文化財発掘調査報告208』2007
40	南溝手遺跡	『岡山県埋蔵文化財発掘調査報告214』2008
41	窪木遺跡	『岡山県埋蔵文化財発掘調査報告214』2008
42	百間川原尾島遺跡7	『岡山県埋蔵文化財発掘調査報告215』2008
43	今谷遺跡4	『岡山県埋蔵文化財発掘調査報告217』2009
44	鹿田遺跡6	『鹿田遺跡6』岡山大学埋蔵文化財調査研究センター 2010

求を今後の課題として意識している[9]。

  註
 1) 前稿の一覧表で示した「百間川沢田遺跡井戸4」と「津島遺跡井戸3」は「古・前・II-2」期に訂正しておきたい。
 2) 甕の底部内面を中心に観察できる円形状の凹み痕跡については，前橋（平井2010）では「指オサエ」という用語を用いている。この痕跡については，すでに，成形技法との関連でいくつかの見解が提示されているが，筆者は，希に観察できる年輪痕のような幅1mm前後の横方向の皺状の痕跡を根拠にすれば，タタキ技法によって体部を球形に仕上げる際に，土器を支えるために手を拳状に握った際の第二関節を内面に充てた痕跡ではないかと考えている。なお，すでに北野博司氏が布留式甕の内面痕跡について同様の指摘を行っている（北野1997）。
 3) 百間川遺跡群で検出されている洪水砂は大規模なものであり，他の遺跡でも注意深く観察する必要がある。たとえば，久田堀ノ内遺跡や中撫川遺跡で報告されている微砂層にはその可能性があるのではないかと考えており，出土遺物の時期の併行関係を考える上で参考になるであろう。
 4) ただし，報告書では，「王泊6層様式以前の土師器の存否の問題，あるとすればそれと弥生式土器との関係」の問題が残っていると述べられており，最古の土師器かどうかは今後の検証が必要であろうとされている。
 5) 本稿での掲載図は，鎌木氏の文献から転載している（鎌木1958）。
 6) 前述したように「酒津式」に櫛描沈線を施した甕が共伴するかどうかについては保留しているものの，櫛描沈線甕の共伴を「酒津式」の指標と理解することもできる。しかしながら，「王泊6層」と「酒津式」の櫛描沈線甕の体部形状は異なり，なで肩で球形気味の「王泊6層」が新しい様相を示しており，「王泊6層」は「古・前・I」期，「酒津式」は「弥・後・IV-2」期の特徴を示している。
 7) 高橋氏は，「酒津式土器を土師器とする考えには，この土器型式が畿内地域のいわゆる庄内式土器に対応するものと考える見方があった。酒津式土器の壺形土器の口縁部の形態や内面へら削り技法で作られたかめ形土器が，そのような見方の生じた原因をなしている」とも記している（高橋1980）。
 8) 前稿で記しているように，「弥・後・IV」期は新たな資料を加えてはいるが基本的には高橋編年を踏襲していると理解しており，「酒津式」の位置づけも同様の結論となっている。ところで，柳瀬昭彦氏によって設定されている「才の町II式」は「酒津式」併行期であり古式土師器として編年されている（柳瀬1977）。「才の町II式」は「上東遺跡才の町調査区P-ト」出土土器が指標とされているが，この資料を筆者は「弥・後・IV-3」期としており，鎌木・間壁氏が設定された「酒津式」標式資料よりは新しいが弥生時代終末期と位置づけている（平井2010）。
 9) 詳論は後日を期したいが，現段階の暦年代としては，加美遺跡・久宝寺遺跡（大阪市）での「韓式系土器」との共伴例から「古・前・I」期がA.D.250～275年，下田遺跡（堺市）出土の木製品年輪年代測定結果から「古・前・II」期がA.D.275～300，宇治市街地遺跡（宇治市）出土の木製品年輪年代測定結果から「古・前・III」期をA.D.300～400年と推測している。

引用・参考文献

伊藤　晃ほか 1974「上東遺跡の調査」『岡山県埋蔵文化財発掘調査報告』第二集　岡山県教育委員会

江見正巳ほか 2000「高塚遺跡」『岡山県埋蔵文化財発掘調査報告』150　岡山県教育委員会
鎌木義昌 1958「倉敷市酒津遺跡の土器」『弥生式土器集成資料編』 8-10 頁　弥生式土器集成刊行会
北野博司 1997「土器作りの歴史」『月刊文化財』409 号　46-51 頁　第一法規出版
小林利晴ほか 2001「上東遺跡」『岡山県埋蔵文化財発掘調査報告』158　岡山県教育委員会
柴田英樹 2000「古墳時代中期の土器」『岡山県埋蔵文化財発掘調査報告』150　1038-1044 頁　岡山県教育委員会
島崎　東ほか 2003「津島遺跡 4」『岡山県埋蔵文化財発掘調査報告』173　岡山県教育委員会
高橋　護 1980「入門講座弥生土器」『考古学ジャーナル』179 号　22-27 頁　ニューサイエンス社
高橋　護 1988「弥生時代終末期の土器編年」『研究報告』9　1-32 頁　岡山県立博物館
高橋　護 1991「土師器の編年　中国・四国」『古墳時代の研究』6　47-58 頁　雄山閣
高畑知功ほか 1999「津寺三本木遺跡」『岡山県埋蔵文化財発掘調査報告』142　岡山県教育委員会
田中　琢 1978「土師器と古墳時代」『世界陶磁全集』2 土師器須恵器　57-61 頁　中央公論社
坪井清足 1956『岡山県笠岡市高島遺蹟調査報告』　岡山縣高島遺蹟調査委員會
坪井清足 2006「学史の回顧と研究展望 ―坪井清足先生への一問一答―」『古式土師器と年代学』3-18 頁　財団法人大阪府文化財センター
出宮徳尚ほか 1974『幡多廃寺発掘調査報告』　岡山市教育委員会
中野雅美ほか 1993「菅生小学校裏山遺跡」『岡山県埋蔵文化財発掘調査報告』81　岡山県教育委員会
平井泰男 2010「吉備における古墳出現期の土器編年」『研究報告』30　1-45 頁　岡山県立博物館
平井泰男・高畑知功・柴田英樹 1992「土師器」『吉備の考古学的研究』（下）　585-606 頁　山陽新聞社
間壁忠彦 1958「倉敷市酒津新屋敷出土の土器」『瀬戸内考古学』第 2 号　17-28 頁　瀬戸内考古学会
間壁忠彦 1966「岡山県笠岡市走出の祭祀遺跡」『倉敷考古館研究集報』第 2 号　15-23 頁　倉敷考古館
間壁忠彦・井上裕弘 1971「五万原遺跡出土の土器，王泊遺跡の土器，原遺跡の土器，走出遺跡の土器，権現山遺跡出土の土器」『土師式土器集成本編』 118-122 頁　東京堂出版
間壁忠彦・間壁葭子 1974「V 女男岩・辻山田遺跡の問題点」『王墓山遺跡群』 87-121 頁　倉敷市教育委員会
正岡睦夫 1972「雄町遺跡　弥生式土器　土師器」『岡山県埋蔵文化財報告』 110-113 頁　岡山県教育委員会
三杉兼行・間壁忠彦 1957「備前，原遺跡の土器」『遺跡』第 26 号　4-10 頁　倉敷考古館研究部
光本　順ほか 2010『鹿田遺跡 6』　岡山大学埋蔵文化財調査研究センター
柳瀬昭彦 1977「V 結語　川入・上東遺跡の弥生式土器及び古式土師器について」『岡山県埋蔵文化財発掘調査報告』16　172-181 頁　岡山県教育委員会
柳瀬昭彦・伊藤　晃 1974「上東遺跡の調査　まとめにかえて」『岡山県埋蔵文化財発掘調査報告』第二集　231-235 頁　岡山県教育委員会
柳瀬昭彦ほか 1977「川入・上東」『岡山県埋蔵文化財発掘調査報告 16』　岡山県教育委員会
横山浩一 1959「手工業生産の発展　土師器と須恵器」『世界考古学大系』第 3 巻日本 III　125-144 頁　平凡社

渥美窯にみる中世刻文陶器の諸相
― 静岡県内出土例から ―

柴 垣 勇 夫

はじめに

　愛知県渥美窯の製品は東海から関東・東北地方（東日本）を中心に流通していることがよくいわれる。実際に出土地の分布をみてみると，渥美窯産の壺，甕類が東日本の太平洋岸沿いに出土している状況がある。静岡県においても生産地の隣接地であることから旧遠江国及び駿河国東部での出土例がかなり知られている。特に文字のあるものや，刻線文の刻まれた壺類の出土が点々と認められる。これらの出土例は，その地域でも主要な宗教遺跡（経塚ないし中世墓など）からの出土例が多い。ではその背景にどんなことがあるのであろうか。その分布現象を追うことによって陶磁器がどのように流通しているのか，またそれがどのようなルートをたどって運搬されたのか等この小論で考えてみたい。

　遺跡での渥美窯製品出土の集成例は個体数としての全国的な集計はないが，扱おうとする静岡県では，幸い中世墓及び集落遺跡等での出土数量が，『静岡県における中世墓』（静岡県考古学会1997）及び『陶磁器から見る静岡県の中世社会』（菊川シンポジウム実行委員会2005）においてまとめられており，両書からある程度の中世墓及び集落遺跡での出土数が把握できる。両資料集にこれまでに発刊された市町村史，展覧会図録などで紹介されている資料を加えて山茶碗を除く壺，甕，鉢の陶片を集計した数値は以下のごとくである（表および第1図）。すなわち静岡県西部での渥美窯製品の出土している遺跡数が37遺跡，集落遺跡での破片数を集計した点数が1,297点，静岡県中部での出土遺跡数が12遺跡，集落遺跡での出土点数が475点，静岡県東部での出土遺跡数が駿河東部6遺跡，伊豆で22遺跡の合計28遺跡であり，同様に集落遺跡での出土点数が1,183点で，圧倒的に静岡県西部のいわゆる遠江地区での出土が多い。これに次いで多いのが静岡県東部で駿河東部と伊豆の地域が含まれる。この数値は発掘調査された中世集落遺跡数の数量的な違いも考慮されなければならないが，全集計遺跡における渥美窯産陶片出土遺跡の比率を比べてみると，静岡県西部では，調査遺跡総数43遺跡のうちの86％，中部での調査遺跡総数17遺跡のうちの70％，東部では調査遺跡総数42遺跡のうちの67％であるが，このうち伊豆地方では28遺跡中22遺跡で79％を占めている。東部全体で占有率の少ないのは御殿場などを含む駿東郡地域で14遺跡中6遺跡で43％と少ないことに起因している。しかし富士川流域や沼津周辺

第1表　静岡県下渥美窯陶片出土遺跡数

地域名と調査遺跡	渥美出土遺跡数	渥美陶片	内出土甕片	経塚・中世墓数	渥美刻文陶器等
遠江　　43か所	37	1,297	1,085	11	7
駿河西部　17〃	12	475	252	0	0
駿河東部　14〃	6	98	89	4	1（外容器40あり）
伊豆　　　28〃	22	1,085	983	3	2
合計　　 102〃	77			18	

では大部分の遺跡で出土しており，先に述べたような出土傾向をある程度把握することができる[1]。そして出土事例のうち文様や刻文が施された製品のほとんどは静岡県西部及び駿河湾東部沿岸部の経塚や中世墓からの出土であることがこれらの資料などからみてとれる。すなわち，出土壺類はたとえ当初は貯蔵容器ないし酒器として流通したとしても，最終的に使用された形態は，経筒外容器であったり，火葬骨埋納用の蔵骨器として埋納されている傾向を読み取ることができよう。また完器での出土状態からみて，これらは当初から経筒外容器ないし蔵骨器として注文されていた可能性も高い。

　こうした渥美窯製品の出土分布現象については，生産地の三河と隣接の静岡県西部（遠江）を除くと，東海地方東部から関東地方，東北地方にみられ，この三遠地方を中心に東日本と，西に隣接する太平洋岸沿いの伊勢地方と紀伊半島東部が加わって分布していることが知られる。その反面，北陸地方や関西地方への流通は少ない現象がみられる。しかし少量ながら地方の拠点的な集落など主要な遺跡から刻文陶器の出土が報告されている（例えば，古くから知られる四国・愛媛県松山市の石手寺経塚出土の袈裟襷文壺や，北九州地方では，直方市帯田遺跡出土の蓮弁文壺など）。その他数少ない西日本出土例として，京都市北部の経塚である花背別所経塚や和歌山県新宮市那智山経塚の経筒外容器や，岐阜県揖斐川町の横蔵寺出土の袈裟襷文三耳壺がこれまでに知られている。しかし分布の全体量として見る場合には，やはり渥美窯製品は主として東日本と伊勢，熊野への供給が主体であったとみられる。この傾向は13世紀にはいると大きく変わり，尾張の常滑窯製品が汎日本的に各地へ運ばれ，やがて渥美窯は東日本での流通から姿を消していく。

　この過程で渥美窯製品には，主として壺類に特有の文様や刻字文が施された製品が12世紀から13世紀初頭にかけて流通することが知られる。その背景には何らかのまとまった流通圏があり，これを進める階層ないしは手を結ぶ集団が存在したのではないかと推定させるものがある。本稿は，それを静岡県の事例からとらえてみる。静岡県各地には，かなりの地域で渥美窯産の灰釉が掛けられた小型壺が出土しているが，やや大型の刻文壺とされる製品は，地域がある程度限られて出土する。東北地方へも遠州灘や駿河湾，伊豆半島を中継しながら供給されたとみられるが，それらは注文生産されたものか，主要豪族向けの生産だったのか，報告された渥美窯産資料をもとに，出土傾向を追って，その流通の特徴をみてみよう。

　静岡県内資料の出土事例について語る前に，まず刻文壺について説明する。渥美窯製品には他

の窯業地には少ない刻線文，絵画文，刻字文，記号文等 12 世紀代を中心にして生産された壺類がある。これらをまとめて表現するのに刻文壺といっている。この刻文には，文様として付された三筋文系装飾文（袈裟襷文，蓮弁文）や，刻画文，刻字文，記号文などがあり，その他に押印文がある。このうちここでは，袈裟襷文，蓮弁文，刻字文，記号文を取り上げる。この文様には窯単位の生産を示すとも，注文依頼品ともいわれているがその内実は不明部分が多い。しかし静岡県下には出土地に特徴があり，出土遺跡や出土状況を手がかりにして考えてみたい。

1. 静岡県西部の主要な渥美窯製品出土例

(1) 森町飯田遺跡における比丘尼経塚出土の渥美刻文壺[2]

　天竜川の東を流れる太田川は，河口に中世の今之浦の港町とされる元島遺跡が立地するところで，この上流左岸の周智郡森町飯田地区に飯田遺跡群がある。群集墳の築造された地域で，横穴群と円墳群で形成されている。その一角の比丘尼古墳群のうちの一基（比丘尼 2 号墳）の墳丘上に築かれた経塚が比丘尼経塚で，1975 年に実施された発掘調査により，墳丘から 9 か所の石積み埋納遺構と位置が確定できない陶製経筒 3 点の出土があって合計 12 か所余りの遺構が存在したと推定されている遺跡である。このうち 5 号遺構から渥美窯産の刻文壺が経筒外容器と同一の使用方法で埋納された状態で出土した。高さ 38.5 cm の広口壺の肩には報告書では半円を二つ重ねたヘラ刻文があるとされるが，観察すると釉下に円弧がみられ，ヘラは一度に書かれた形跡をもっている。すなわちひとヘラによる「万」の字を記号化したと思われる刻文が施されているものである（第 2 図左）。口縁から肩にかけては厚く灰釉が施釉されていて渥美窯特有の発色を見せている。なお，他の遺構から無文の渥美窯産小型壺が 2 個と発掘調査前に谷口中世墓で同じく渥美窯産小壺が 2 個出土している。

　さて刻文壺の器形は，渥美窯の汐川流域の南部で生産されたものに類似品があり，大きさも類品の多いタイプのものである。比較的需要の多い器形といえるものである。

　特に鴫森古窯にほぼ大きさ，容量とも一致する製品が生産されている。

(2) 三ケ日町（現浜松市）摩訶耶寺経塚出土の刻文壺[3]

　浜名湖北部の猪鼻湖北岸から 1.7 km にある摩訶耶寺経塚は，真言宗寺院の裏山に築造された経塚で，裏山出土という二点の刻文壺が摩訶耶寺に所蔵されている。これらは経筒埋納に使用されたとも中世墓出土ともいう小型の袈裟襷文壺と蓮弁文壺である。出土した袈裟襷文壺は，口縁の打ち欠かれた高さ 25.3 cm の壺で，肩から胴にいわゆる三筋文を付し上二段の間に四か所に配した襷掛け文とその間に一か所蓮弁を意識した「不」の字を二重の沈線で表した壺で，文様構成上袈裟襷の盛期に属するものとされる（第 4 図左）。12 世紀の中葉段階の製作と見られていて，比較的古い流通を示すと見られている。もう一方の蓮弁文小壺はほぼ完器の高さ 25.3 cm で，三筋文で作られた二段の帯部分に上向き蓮弁文を八か所に配したもので，袈裟襷文よりも後出的

な文様とみられ，12世紀後半の時期の流通とみられている。

(3) 伝・掛川市内経塚出土の蓮弁文壺[4]

磐田市在住だった鈴木繁男氏旧蔵品で，日本民芸館所有となっている大型蓮弁文壺で，灰釉が底部近くまで刷毛塗りされた肩の丸い高さ古式広口壺である。三本の複線間（三筋文）に上向き蓮弁文が二段に刻まれた壺で，蓮弁文様のなかでも最も整った蓮弁文の典型例といえる壺でもある。経塚出土といわれ，12世紀中葉でも比較的古い時期の製品。

(4) その他

一の谷中世墳墓群での渥美窯産刻文壺や無文の壺の出土がある。これらは12世紀後半から13世紀に掛る壺類で，蔵骨器として使用されているもので，当初は日常における貯蔵器または酒器などに使用されたのち，蔵骨器に転用されていったものであろう。

2. 静岡県東部の渥美窯出土例

(1) 沼津市三明寺経塚出土の経筒外容器[5]

沼津市の中心街から北方に2kmほどの市街地を望むやや高台にある大岡池畔北縁の三明寺という地名の一角から1935年頃発見された経塚からは，渥美窯産の身の高さ25cm前後の経筒外容器（蓋付で総高30cmほど）が多数出土した。随伴した経筒に年号が陰刻されていて，埋納時期が判明する遺物群である。建久2年（1195）の年号を付した銅板製経筒を一部に内包していた経塚で，経筒には施主に紀氏，伴氏らの名があり，駿河郡衙に関連する人物か，国衙在任の吏員一族かによる供養と安穏を祈願した埋経を示している。彼らの意志か勧進僧などの手によって40本ほどの渥美窯産の外容器がもたらされている。

(2) 沼津市香貫山経塚出土の蓮弁文壺[6]

沼津市を一望し，北には愛鷹山とその背後に富士山を望む香貫山の中腹にあたる西尾根に営まれた経塚が1918年に発掘調査され，渥美窯産のやや大型の高さ42.2cmの広口壺が出土している。この壺には複線文が三段に刻まれその間に上向き蓮弁文がやや不規則に二段に描かれている（第3図左）。この経塚からは，銅製経筒や和鏡，中国製白磁合子とともに渥美窯産の小壺（胴部に二筋の沈線文）と同じく渥美窯産の片口鉢が出土している。この片口鉢が同時期の製品とすれば，蓮弁文壺は，12世紀後半に置かれる。

(3) 三島市三ツ谷新田経塚出土の顕長銘短頸壺[7]

1932年三島市三ツ谷新田の経塚出土品で，壺とともに鏡，刀，火打石等が発掘されたが現在は短頸壺のみが伝わる。著名な刻文壺で肩に「正五位下行兵部大輔兼三河守藤原朝臣顕長…」

「従五位下　惟宗朝臣遠清…」の銘があり，『顕長・遠清銘壺』と称されている。この短頸壺は高さ 39 cm ほどであるが，同銘文の高さ 52 cm の短頸壺が山梨県南部町篠井山経塚で，また同銘文と推定される短頸壺の陶片が神奈川県綾瀬市宮久保遺跡で出土している[8]。また愛知県陶磁資料館には，「従五位下維（宗）朝臣遠清」銘の高さ 49 cm の短頸壺が所蔵されているが[9]，旧蔵者本多静雄は『古窯百話　幻の壺』の中でこの壺を所有するまでの経過を記している。それには昭和 13 年ごろ川崎の素封家から買い出し東京日暮里在住の愛好家へ世話したという古美術商の談話として，当時鎌倉出土という伝聞があったことを載せている。相模国内での出土の可能性があることを物語る。

　これらの壺（第 5 図）の製作年代は 1136〜45 年と 1149〜55 年の二期にわたったという藤原顕長が三河守の在任期間とされ，一部に久安元年（1145）待賢門院崩御の際作られたとする推定もある。いずれにしても此の壺の出土が富士山を取り巻く地域での経塚が多いことから，三河国司顕長につながりをもつ人々のなかで此の壺が駿河，甲斐，相模の経塚へ埋納されたとみられている。

(4) 東京都三宅島御笏神社出土の袈裟襷文壺[10]

　『伊豆国の遺宝』（MOA 美術館図録 1992）において，御笏神社境内出土の渥美壺として紹介されているもので，肩に二本の横二重沈線があり，これをまたいで四か所ほどの縦の二重沈線が刻まれている渥美窯産のいわゆる袈裟襷文壺である。口縁部が大きく欠損しているが径 23.0 cm とされており，これから推定される高さは 24 cm ほどの小型壺である。図録では鎌倉時代・13 世紀としているが 12 世紀代の刻文壺の一種である。使用形態は不明だが，御笏神社周辺から経塚がらみの和鏡が多く出土しており，この壺も経塚埋納品の可能性が強い。

3. 渥美窯における刻文壺類の出土例

　さて渥美半島におけるこれら刻文壺や銘文短頸壺等を焼成した窯跡が明らかにされている例を見てみる。発掘調査された古窯跡として次のものがある。

(1) 鴫森古窯群出土の刻文壺[11]

　渥美半島東部の田原湾に注ぐ蜆川と汐川流域には田原市東部の古窯跡が分布する。その汐川南地区の台地に位置するのが鴫森古窯群で 1992〜93 年にかけて発掘調査され，窯体 7 基分が検出された。5 基が窯体を確認できこのうち 2・6 号窯が古く 12 世紀後半，1・3・7 号窯がこれに続く 12 世紀末から 13 世紀初期とされる。いづれにしても時期差は大きくなく 1 号窯から「上」の文字が刻まれた壺（第 2 図右），2 号窯から袈裟襷文壺や円弧の崩れた刻文（万の崩しか）が刻まれた甕が出土している。灰原からは数種類の袈裟襷文壺や蓮弁文につながる刻文，草花文を描く刻画文壺などの破片が出土している。この北部にある院内古窯やでも蓮弁文壺が出土している。

(2) 坪沢古窯群出土の刻文壺，蓮弁文壺[12]

　鳴森古窯跡の5kmほど西にあって汐川北地区に属する古窯群で，10号窯が1921年に地元有志によって発掘され，多くの出土品が地元に保管されていたが，1964～68年にかけて1～5号窯の5基が発掘調査された。ここでの出土品は，12世紀前半代から12世紀末にかけての刻文壺や刻文甕が出土しており，10号窯から12世紀後半代の「万」字刻文壺や蓮弁文壺（第3図右）の完形品が出土している。周辺の灰原からは13世紀後葉に当たる山茶碗が採集されていて長期にわたる生産が行われていたとみられている。この古窯群一帯には，加治坪沢という地名が残り伊勢神宮の加治御薗の地域と推定されている。

(3) 大アラコ古窯群出土の顕長銘短頸壺[13]

　渥美半島の中央部にある芦ケ池南部の台地に築窯されたグループで，芦ケ池南地区の中心古窯群がこの大アラコ古窯群である。1956年に1号窯が，1964～65年にかけて2・3・6号窯が発掘調査された。これらの古窯は12世紀前半代に築窯されたものとみられ，壺，甕とともに灰釉の掛けられた古式の山茶碗が生産されていた。特に3号窯，6号窯から出土した短頸壺の肩に刻まれた「藤原朝臣顕長，惟宗朝臣遠清…」銘は，三河国守顕長の注文製品とみられ，その在任期間から1136～55年の間に製作されたものであることが判明することとなった。操業時期の実年代を示す古窯跡である。甕には押印文や「上」の字が刻まれたものや，6号窯からは草花やもみじの刻まれた刻画文壺が出土しており，奥州平泉の居館跡から出土する渥美窯製品にある刻画文壺との類似性を物語る。なお，灰釉が掛けられた四耳壺や小型壺，碗などが本窯周辺で採集されていて，灰釉技法が瀬戸窯で開始される以前に灰釉施釉の容器の生産が渥美半島に展開されたことを示していた。

(4) 伊良湖東大寺瓦窯跡出土の瓦経及び経筒外容器[14]

　渥美半島西部端の古窯群で，先端の伊良湖岬まで3kmの地にある。鎌倉初期の東大寺再建瓦を焼成した瓦窯群である。ここから大和への運搬は陸路とも海路ともいわれるが，重量からみれば，舟運が妥当に思われる。ところで渥美窯で焼成された経筒外容器は愛知，三重，静岡，和歌山，京都など各地で多量に出土しているが，焼成窯は伊良湖地区のこの東大寺瓦窯跡1・2号窯出土例と東3kmほどにある皿焼1号窯からの出土例が知られるのみである。注文生産で失敗品の少なかったものなのか不思議な現象である。しかし伊勢地方での出土瓦経はこの地域で生産されたものらしく，少量だが各種の瓦経片が出土している。また皿焼古窯群では陶製五輪塔や瓦塔などが焼成されていて宗教用具の生産を中心的に行っていたことを物語っている。

　以上が刻文壺などの主要な生産地だが，これらと静岡県下出土の事例を比べてみる。

4. 静岡県下出土の渥美窯製品と古窯跡出土品との比較

(1) 比久尼経塚出土の刻文壺と鳴森古窯出土の刻文壺（第2図）

比久尼経塚出土の刻文壺が高さ38.5 cm, 口径17.6 cm に対し鳴森1号窯出土の「上」の字刻文壺は, 高さ38.6 cm, 口径18.1 cm とほぼ同大で, 胴部のヘラ削り, 右上がり縦線文の押印が下胴部をやや不規則な形でめぐる点が類似する。両者の刻文び違いがあるが, 同3号窯から出土の甕類に比久尼経塚出土と同類の円弧状の刻文がある。器形の形状, 容量や成形方法に極めてよく似た様相がみられる。

(2) 香貫山経塚出土の蓮弁文壺と坪沢古窯出土の蓮弁文壺（第3図）

香貫山経塚出土の蓮弁文壺は高さ43 cm, 口径17.6 cm であるが, 胴径が39.2 cm と大きい。古窯跡で文様の一致する蓮弁文の出土しているものはないが, 大正年間に発掘された坪沢10号窯出土品に高さ42.7 cm と41.2 cm の2点の蓮弁文壺がある。共に下向き蓮弁であるが口径は20 cm と19.1 cm で2 cm ほど大きく, 胴径は35 cm と33.6 cm でやや小さい。しかし胴部のヘラ削りや下胴部の右上がり縦線文の押印が帯状にめぐる点に類似性をみる。

(3) 三島市出土の顕長銘短頸壺と大アラコ古窯出土の顕長銘短頸壺陶片（第5図）

三島市三ツ谷新田経塚出土の短頸壺は, 口縁を欠いた高さが39 cm の小型に属する短頸壺であるが, 肩部に「正五位下行兵部大輔兼三河守藤原朝臣顕長…」在銘の壺である。これまで渥美半島では芦ケ池南の大アラコ古窯と近隣の平岩1号窯, 1 km ほど南東にあって, 恐らく大アラコ古窯から陶片が運ばれて古窯の壁に使用されていた竜ケ原1号窯にしか出土例がない。大部分は大アラコ3号窯ないし6号窯で焼成されたとみられ, 三島市出土例も大アラコ古窯で焼成されたものとみられる。3号窯では, 流麗なものから雑なものまで3種類の字体例があって, 三島市例はやや雑な銘文の例に属する。

(4) その他の静岡県下出土品と古窯跡出土類似品

その他に浜松市三ケ日の摩訶耶寺経塚出土の袈裟襷文壺（第4図）の例は, 汐川南地区の院内古窯や鳴森古窯群で採集されている袈裟襷文壺の例系譜の中に置かれるものと思われる[15]。

このように静岡県への流通は経筒外容器を除くと, ほぼ田原市東部の伊勢神宮の御薗地区及び大アラコ古窯の三河国司の管轄下にある国衙領での焼成品が動いていることが推定できる。

5. 消費遺跡と焼成地域との関連性

既にみたように静岡県では西部の遠江国衙に近い太田川流域に沿う遺跡での刻文壺や経筒外容器の出土がみられることや, 東部では, 沿岸部の港湾や国衙, 郡衙などの主要な地域での遺跡から同様に刻文壺や経筒外容器が出土している。また上流部における統治上の主要な拠点遺跡や, 街道上の流通拠点遺跡などでの壺, 甕類の出土が目立っている。これに対し, 駿河地方西部の大

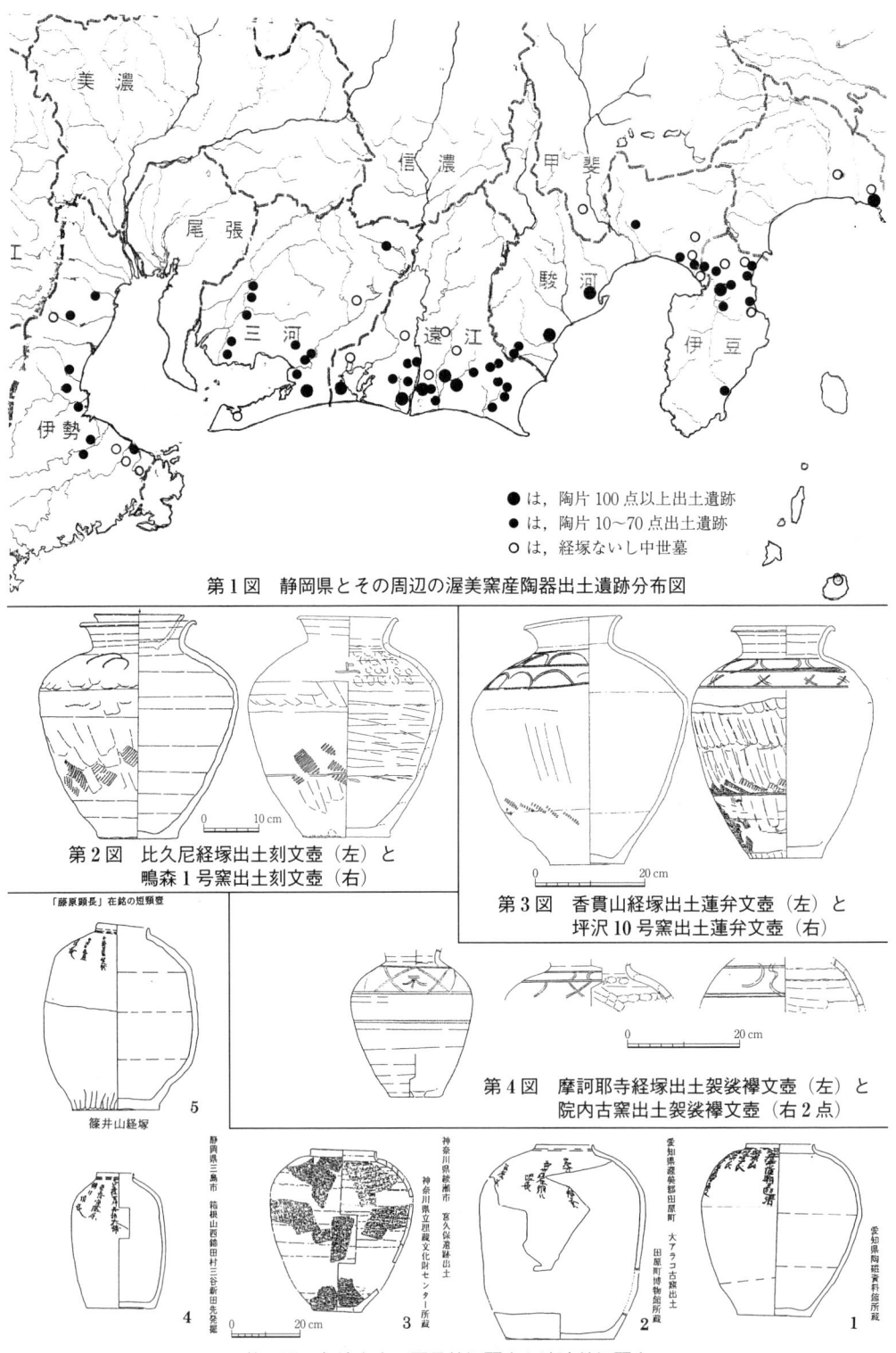

第1図 静岡県とその周辺の渥美窯産陶器出土遺跡分布図

● は，陶片100点以上出土遺跡
● は，陶片10〜70点出土遺跡
○ は，経塚ないし中世墓

第2図 比久尼経塚出土刻文壺（左）と
　　　鴨森1号窯出土刻文壺（右）

第3図 香貫山経塚出土蓮弁文壺（左）と
　　　坪沢10号窯出土蓮弁文壺（右）

第4図 摩訶耶寺経塚出土袈裟襷文壺（左）と
　　　院内古窯出土袈裟襷文壺（右2点）

第5図 各地出土の顕長銘短頸壺と遠清銘短頸壺

右より　1 愛知県陶磁資料館所蔵遠清壺，　2 田原市大アラコ古窯出土顕長銘壺
　　　　3 綾瀬市宮久保遺跡出土顕長銘壺　4 三島市三ツ谷新田経塚出土顕長銘壺
　　　　5 山梨県南部町篠井山経塚出土顕長銘壺
（図2〜4は各報告書から。図5は田代1997『山梨県史研究』5から。）

井川や安倍川流域ないし沿岸部では刻文壺の出土がほとんどなく，無文の壺，甕類の出土がみられる程度で，いわゆる注文品なし誂え物とされる壺類の出土はみられない。こうした背景には，遠江地域と駿河東部に渥美窯での生産に関わりをもつ政治勢力の存在を窺わせるのである。12世紀代以後の中世商品に関わる流通には地域勢力が積極的に乗り出すそんな一端を物語っている。国衙領とされる大アラコ古窯群で作られた顕長銘壺は駿河東部を中心に富士山を囲んで出土しているが，藤原顕長は，三河と遠江国司を歴任しながら，駿河国司の着任はない。にもかかわらず顕長銘壺と遠清銘壺の出土地はおおよそ富士川と相模川流域の地域に分布する。ここに国司層と結びつく地方土豪勢力の存在を窺わせるものがある。次いで刻文壺の生産地はほぼ伊勢神宮御厨に築窯された古窯群で生産されており，流通に伊勢御師の活動が見え隠れする。また生産の痕跡がなかなかみつからない経筒外容器は主としてこれらの古窯群に加えて半島先端の皿焼古窯や伊良湖東大寺瓦窯跡周辺での注文生産が行われた可能性が高い。こうした背景にある具体的な注文主などを考えるにはまだまだ資料が不足するが，今後の資料増加に伴い解明される部分も出てくるように思われる。

　市原先生には，静岡大学入学直後に，考古学へ足を突っ込むきっかけを与えてもらった。それが以後の人生を決めていくこととなった。どうぞ健康に留意され，教え子たちへのさらなる叱咤激励を飛ばしてください。

註
1)　静岡県考古学会編 1997『1996年度静岡県考古学会シンポジウム　静岡県における中世墓』及び菊川シンポジウム実行委員会編 2005『陶磁器から見る　静岡県の中世社会』資料編　菊川シンポジウム実行委員会
2)　遠藤才文・伊藤美鈴ほか 1996『静岡県森町　飯田の遺跡』静岡県森町教育委員会
3)　池谷和三 1968『静岡県遠江地方に於ける中世蔵骨器の研究』静岡県教育委員会
4)　小野田勝一ほか 1977『常滑　渥美　日本陶磁全集8』中央公論社
5)　鈴木裕篤 1981「三明寺経塚とその周辺」『沼津市歴史民俗資料館紀要5』沼市歴史民俗資料館
6)　原秀三郎編 2005『沼津市史　通史編　原始・古代・中世』沼津市
7)　清水吉彦 1933「箱根西錦田村三ツ谷新田地先発掘経塚様の物に就て」『静岡県史跡名勝天然記念物調査報告第9集』静岡県
8)　荒木敏夫 1996「藤原顕長の埋納経 —綾瀬市宮久保遺跡出土の経筒外容器片に関連して—」『専修考古学6』専修大
9)　本多静雄 1969『古窯百話　幻の壺』淡交社
10)　藤浦正行ほか 1992『開館十周年記念特別展　伊豆国の遺宝　図録』MOA美術館
11)　増山禎之・安井俊則ほか 1998『鳴森古窯跡群』田原町埋蔵文化財調査報告書8　田原町教育委員会
12)　吉田章一郎・小野田勝一ほか 1971『渥美半島における古代・中世の窯業遺跡』田原町教育委員会
13)　小野田勝一 1965「大アラコ古窯址群の調査」『郷土　田原の文化　1』田原町文化財調査会

14) 久永春男ほか 1967「東大寺瓦場古窯跡」『昭和41年度 渥美半島埋蔵文化財調査報告』 愛知県教育委員会
15) 本稿で引用した古窯群出土品実測図および摩訶耶寺経塚出土品実測図は，『愛知県史』別編 窯業3（中世・近世常滑系）（2012年3月刊）に掲載されたものである。

黒絵・赤絵土器の装飾技術と還元焔焼成

清 水 芳 裕

1. はじめに

　村田数之亮氏は，1974年に出版された著書『ギリシア美術』の中で，古代ギリシャの黒絵土器と赤絵土器の装飾技術について詳しく紹介している。その一部を紹介すると，「あの光沢のある深い黒色は釉薬に似ているが，厳密な意味での釉薬ではなく，アルカリを含まない。それは膠液状の陶土である」。「この黒色塗料については長く研究されながら不明であったが，近頃ようやく以上のような結論が得られた。元来それは陶土の濃い色に過ぎず，後にのべるような焼成の過程において，あのようなみごとな黒色に変じるのである」という。続いて，装飾の効果を発揮させる焼成について，「その焼成は酸化，還元，酸化の3つの過程をたどる」。「すなわち空気を入れて焼けば，十分な酸素をえて高熱になり，内部の陶器は赤化する。つぎに孔をとじて焼くと炭化作用がおこって黒色がえられる。そして最後にもう一度孔を開いて焼くと，厚い釉薬を塗った部分は黒色のままであるが，他の部分は再び赤色にかえる。このようにして黒色と赤色（地色）とが判然とあらわれる」と解説している[1]。

　紀元前7世紀後半に出現した黒絵土器は，主な装飾部分を光沢のある黒色で描いてその背景を赤色であらわし，一方，紀元前6世紀前半に考案された赤絵土器は，黒色と赤色の関係を逆にして，装飾部分を赤色で描写してその背景を黒色とするものである（第1図）。これらが釉を用いた装飾ではないことから，きわめて複雑な焼成技術を用いたものであろうと古くから注目され，器面の黒色部分の材料の特徴や焼成過程について，さまざまな復元が試みられた。そして村田氏の解説にみられるように，1960年代までにその技術はほぼ明らかになり，その大要が了解されるようになった。それによると，粘土を用いて酸化と還元の焼成によって2つの発色を生み出していること，器面の黒色は粘土の焼結作用など，還元焔焼成における特有の変化を熟知して生み出された装飾であることなど，窯業における高度な技術を駆使したものであった。

　しかし，具体的な復元研究の過程においては，さまざまな問題も提出された。たとえば，2番目の還元焔焼成で変化した黒色が，最後の酸化焔焼成で赤色化しないのは，焼結という作用によるものと考えられているが，その作用は最初の酸化の焼成においても生じるはずであり，そうであれば，2段階目の還元焔焼成による赤色から黒色への変化も同じように妨げられるのではないか，という疑問などである。また酸化，還元，酸化の3つの焼成過程のうち，製品の器面の色調

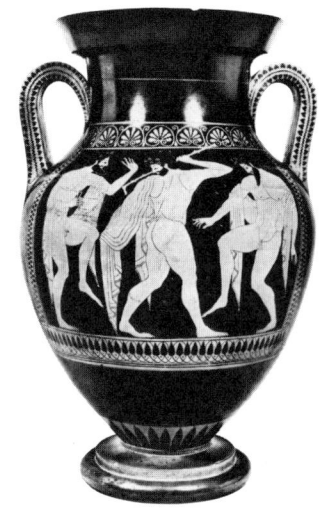

黒絵土器：高さ 40 cm
（図版 79）[1]

赤絵土器：高さ 57.5 cm
（図版 69）[2]

第1図　黒絵土器（左）と赤絵土器（右）

に関係するのは，2番目の還元と最後の酸化の焼成だけであるのならば，最初の酸化の過程は必要ないのではないかという指摘もあった。このような粘土の焼成技術に関する諸点は，当時の陶工にとっては経験から得られた知識であり，また今日の窯業技術の研究者たちの間では，自明の化学変化と捉えられがちな内容であることから，ことさら細部にわたって深く立ち入った説明が加えられることがなく，その具体的な内容は一般に理解しにくいという印象を与えた。

　ここでは，複雑な焼成技術を駆使して完成させた黒絵・赤絵土器の装飾について，採用された焼成法に焦点を当てて，還元焔焼成の特徴とそこから生み出された発色および焼結作用との関係を検討してみることにする。

2. ギリシャの黒絵・赤絵の装飾

(1) 古代地中海地域の土器の技術

　古代地中海地域の製陶技術のなかで，ひときわ華麗な装飾をもつ製品として注目されるのが，紀元前7世紀後半に登場した黒絵土器と，その後に赤と黒の発色の関係を逆にして，装飾効果を高めた赤絵土器である。これらは，アルカリや鉛に顔料を加えたガラスつまり釉で器面を飾る製品とは異なり，酸化鉄を多く含む粘土を用いて，酸化あるいは還元の状態に焼成環境を変えて，黒色と赤色による装飾を生み出したものである。したがって，製品を分類する上では陶器ではなく土器とよぶべきものである。

　古代の地中海地域においては，黒絵・赤絵土器以前の時期にあらわれるの幾何学様式，あるいはさらに古いミケーネおよびミノア時代の土器にみられる，赤褐色や黒色あるいは黄褐色で描かれた装飾も，すべて化粧土ともよぶべき泥漿を用いて，これを焼成によって発色させたものである。またのちのローマ時代にヨーロッパ各地に製作の中心地をもって作られた，テラ・シギラー

タ（terra sigillata・サモス土器）の器面を飾るあざやかな赤色も，同様に粘土による発色あった。

幾何学様式の土器においても，光沢のある黒色が用いられているが，黒絵・赤絵土器は，人物や動・植物を黒色あるいは赤色で写実的に描き出したすぐれた装飾をもつことから，とくに古くから強い関心がもたれ，その技術の復元が試みられてきた。黒絵土器は，主たる装飾部分を黒色で描いて背景を赤色とし，赤絵土器では，それらの色調の関係を逆転させたものであるという共通した要素をもっていることから，両者は類似した技術によって生み出されたものであろうと考えられるようになり，材料や焼成に関するさまざまな研究が続けられた。その結果，光沢をもつ黒色部分の化学成分，それに適合すべき焼成法，酸化と還元状態での焼成によって生じる粘土の物理的な変化と発色の関係など，今日では当時の技術のほぼ全容が明らかにされ，一般に了解されている。

(2) 黒絵・赤絵土器の装飾技術の復元研究

黒絵・赤絵土器の装飾に対する技術的な研究の始まりを記すのは，19世紀半ばに長くフランスの王立セーブル磁器製造所の所長をつとめ，またキュビエ（G. Cuvier）とともにフランス地質学の基礎を築いたブロニアール（A. Brogniart）であろう[3]。彼は器面の黒色部分の成分について化学分析をおこない，マグネシウム，鉄などの酸化物が関係していることを示したが，発色をうながす技術にまでは言及していない。その後，これが鉄の酸化物と焼成法との関係から生み出されたものであることを指摘したのは，デュラン・グルヴィーユ（E. Durand-Greville）で，1891年に，焼成のさいに酸素が十分供給されたか不足しているかによって，胎土は赤色と黒色に変化することを述べた[4]。こうした材料の特徴と焼成との関係に注目した研究の蓄積から，装飾の主要な要素となっている器面の黒色は，粘土に含まれる鉄が還元されたものである，ということが共通の認識とされるようになり，そのことによって，リヒター（G. M. A. Richter）が記しているような，さまざまな装飾法が復元されるようになった[5]。

粘土中の鉄の発色を変化させる焼成法の検討から，装飾技術をいっそう具体的に指摘したのは，ビンズ（C. F. Binns）とフレイザー（A. D. Fraser）であった。彼らは黒絵・赤絵土器の破片資料をさまざまな条件のもとで再焼成して，その変化をみる実験をおこない，焼成は次のような酸化・還元・酸化という異なる状態の3段階でおこなったと考えた。最初に600℃程度で酸化焔焼成，次に約950℃で還元焔焼成，最後に850℃くらいまで下がったのちに酸化焔焼成がおこなわれたという。そして2段階目の還元状態の焼成で黒色の部分はガラス状になり，還元された鉄はその中に閉じ込められて，最後の酸化焔焼成のさいに酸素はその鉄と接しないため，器面の黒色はそのままの状態に保たれるが，一方，気孔の多い胎土の部分の鉄には酸素が十分に供給されるため赤色に変化したという[6]。しかし，この実験的な復元から導いた考察には，いくつかの問題も含まれていた。その一つは，2番目の焼成における950℃程度の加熱でガラスが生成したかという点であり，他の一つは，最初の酸化焔焼成から次の還元焔焼成に移るさいに，およそ600℃から950℃への温度上昇を想定しているが，酸素の供給が低下していく中で，そのような温度の上昇

が可能であったかという点であった。

材料の特徴について具体的な進展を見たのは，1942年にシューマン（T. Schumann）によっておこなわれた，装飾の製作実験によるもので，微細粘土を用いて，酸化・還元・酸化という焼成をおこなうことなどを指摘した。このような試みによって，器面の黒色は，粘土中の鉄が2段階目の還元焔焼成で，酸化鉄（FeO）あるいは四酸化三鉄（Fe_3O_4）の形に変化することによって得られること，またそれは還元焔焼成のもとでは焼結した非常に緻密な層が形成されるため，最後の酸化焔焼成のさいには酸素と接触しないために，赤色には戻らず黒色を保つこと，などが次第に明らかにされるようになった。

こうした研究を経て，1960年にノーブル（J. V. Noble）は，焼成過程を次のような化学変化として説明した。2段階目の還元焔焼成においては，酸化鉄が赤色から黒色に変わり，その変化は，$Fe_2O_3 + CO \rightarrow 2FeO + CO_2$ としてあらわされる。さらに燃料中に水蒸気が含まれていると，いっそう黒い発色をうながす磁鉄鉱（Fe_3O_4）を生みだし，その化学反応は $3Fe_2O_3 + CO \rightarrow 2FeO + CO_2$ と表されて，土器全体が黒色になる。そして最後の酸化焔焼成で，多孔質の胎土の部分は再び酸化されて赤色に変化するが，2段階目の還元焔焼成で黒色の磁鉄鉱に変化した器面の微細粘土の部分は，焼き締まった焼結の状態で緻密になり，再び酸素が侵入することがないので，黒色のままで変化しない。その結果，器面の黒色と胎土の赤色という，2つの異なった色調の部分が生じたという[7]。

このように長い年月にわたっておこなわれた，黒絵・赤絵土器の装飾の復元研究は，今日ほぼ共通した理解が得られているが，この2つの発色に関係しているのは，還元焔焼成，粘土中の鉄，微細粘土，焼結作用という4つの要素である。粘土中の鉄は還元焔焼成のもとでは，黒絵土器の装飾部分と赤絵土器の背景となる部分を生み出す黒色と関係し，微細粘は酸化鉄とともに2段階目の還元焔焼成によって焼結作用を強くうながし，最後の酸化焔焼成において酸素の侵入を妨げて黒色を保つという要素となった。このように発色やその変化に重要な役割を果たしたのは，還元焔焼成という技術であった。

3. 還元焔焼成による土器の変化

(1) 酸化焔焼成と還元焔焼成

酸化とはある物質が酸素と結びついて酸素の含有量が多くなる反応であり，還元とは化合物から酸素が取り去られて減少する反応で，土器の焼成においては，燃焼の強さに対して十分な酸素の供給がある場合と，相対的に酸素の供給が少ない場合に生じる現象である。粘土に含まれる酸化鉄が関係する発色との関係でいえば，酸化では赤色へ，還元では黒色へという色の変化としてよく知られている。

酸化焔焼成のもっとも一般的な状態は，覆いとなる施設をもたずに地上で木や草などの燃料を燃やす野焼きの方法によるものである。そこでは酸素が絶えず供給されるため，燃料と製品の位

置関係によって，多少の色の差が生じることもあるが，多くの場合には粘土中の鉄が酸化されて赤黄色あるいは赤褐色を示す。また，野焼きによる焼成では加熱は常に放出されるため，容易に高い温度は得られず，窯を用いた焼成のような，還元の状態を生み出すことはできない。

それに対して還元焰焼成は，燃焼の強さに対して酸素の供給が少ない環境でおこなわれる焼成の技術で，燃焼に必要な酸素が空気中や焼成物から取り去られ，一酸化炭素や水素を含む焼成反応が生じる。とくに窯を用いた焼成は，野焼きの焼成と比較すると，第1に焼成熱の放射を抑えて高温の加熱が可能になること，第2に燃料の燃焼位置との関係で温度差は生じるものの，総じて長時間にわたって加熱を維持することができること，そして第3に酸素の供給量を制御することによって，還元状態へ焼成環境を変えることができること，などの優れた面がある。

この第3の焼成環境を変えることは，製品に対して次のような2つの大きな特徴を与える要因となる。そのひとつは，粘土中の鉄の酸化物との関係で生じる特徴で，酸化焰焼成による赤色化，還元焰焼成による黒色化など，胎土の色の差を生み出す要因となる。須恵器にみられるような暗灰色は，こうした焼成の過程で生じたもので，粘土に含まれる酸化鉄が還元されて変化した色である。他のひとつは胎土が固結する現象つまり焼結に関する特徴である。高い温度で焼成する方がより強く焼結して硬質の製品になることは一般的に知られているが，後述するように，還元状態の焼成で粘土中の鉄が還元されると，粘土の主要な成分である珪酸の溶融温度を下げる作用があり，それに対応して粘土が焼結する温度が下がるという結果を生む。したがって，類似した焼成温度であった場合には，酸化状態よりも還元状態での焼成の方が，粘土の固結作用はより強く生じることになる。

このように還元焰焼成がおこなわれる目的は，製品の色を変化させることと，焼き締まりを高めることにあり，いずれの場合にも，粘土に含まれる鉄の化学変化が関係して生じる現象で，この変化を巧みに利用して生み出されたのが，古代ギリシャの黒絵・赤絵土器の装飾である。これらの土器を焼成した窯の構造については，土器の装飾として描かれた製作場の風景，あるいは粘土板に描かれた窯の絵画などから推測することができる。それらには，焼成部が釣鐘形の外壁を

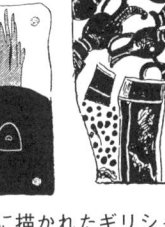

第2図　粘土板に描かれたギリシャの窯
(Fig. 73・79・80)8)

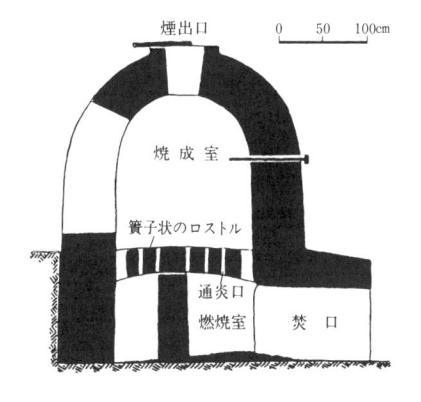

第3図　復元された窯
(Fig. 23)9)

もち，下部にトンネル状の焚き口が作り出された構造で，焼成室の頂部に煙出し口があって，そこから炎が吹き出している様子が描かれている。焼成室の側面には小さな開口部が設けられており，また焼成室に土器が窯詰めされた状態を描いた資料からは，一度に焼成する製品の数はそれほど多くないことなども推測できる（第2図）[8]。窯の規模については，古典時代のオリンピアで発掘された窯の一部から復元された資料からも知られており，それは石を積みあげて粘土で覆われた焼成室で，内部のロストルの直径が75 cm と小型で，高さも約1.5 m 程度であったと考えられている（第3図）[9]。

このような絵画や出土資料によって，採用された焼成法の概要もほぼ明らかにされてきたが，具体的な技術の細部については，なおいくつかの不明瞭な点も指摘されている。それはおもに還元焔焼成という技術によって導かれる，粘土の焼結作用の変化と発色との関係であった。

(2) 還元焔焼成による発色の変化

窯を用いた焼成で還元状態を生み出すには，焼成が持続するような高温を保つとともに，酸素分圧を下げるなどの焼成管理が必要である。たとえば須恵器の焼成では，まず酸素が十分に供給された燃焼で温度を上昇させ，その後半に空気の供給を減少させた還元状態の焼成をおこなうことによって，暗灰色あるいはセピア色と表現される色調がうまれたと説明されている。器壁の厚いものでは中心部が十分に還元されず，前半の酸化焔焼成による赤褐色の状態を示すものもある。これらは粘土中に三酸化二鉄（Fe_2O_3）の状態で含まれる鉄による発色と，還元された四酸化三鉄（Fe_3O_4）あるいは酸化鉄（FeO）などに変化した鉄による発色との関係を示している。

比較的大型の窯では，燃焼部に近い部分と遠い部分，あるいは焼成部の天井部と床面付近などでは，燃焼空気の流れや温度などが異なり，還元焔，酸化焔，場合によっては中性焔の状態が生じる。大阪府野々上1号窯に残されていた埴輪には，黄褐色，赤褐色，乳白色，灰色などさまざまな色調のものがある。焼成部の床面から出土した232点について発色の関係をみると，黄褐色がもっとも多く約50％で焼成部の中央に集中し，次いで赤褐色のものが約35％を占めて，その多くは後方に残されていた。乳白色の製品は10％程度で全体にわたって分布し，灰色のものは8点と少数で焼成部の前方にみられるという。これらの製品の色やそれらの窯内での分布状態は，全体に酸化状態に近い雰囲気で焼成されたことを示しているが，発色の差が大きいことや須恵質の製品が2点あることなどから，位置によって加熱の分布に大きな違いがあり，部分的に還元状態が生じていたことなどを示している[10]。

(3) 焼結作用と胎土の変化

還元焔焼成による発色の変化とともに，黒絵・赤絵土器の器面の発色に重要な効果を与えたのが，粘土の焼結作用であった。1000℃を超える高い温度で焼成された陶磁器などは，胎土の一部がガラス化して硬度が増したものであるが，こうした温度に達しない，素焼きの状態で焼成された土器が，水に触れても形を維持して，もとの粘土に分離しない状態となるのは，焼結という

粘土粒子が加熱によって相互に接着する作用によっているからである。それは材料が溶融する温度よりも低い温度で生じる現象で，素焼きの温度で粘土が固結するのは，この作用が重要な要素となっている。またその作用は，加熱温度だけでなく，材料が微細な粉体であることや，粘土に含まれる鉄の還元状態などによって大きく進むこと，などが知られている。

この焼結が生じはじめる温度は，材料が溶融する温度の1/2から3/4程度からであり，その中でも金属類の焼結はもっとも低い温度で生じる。粘土のような酸化物の焼結現象がはじまる温度は金属よりも高く，また素地にさまざまな成分が混在する土器の場合には，ある幅をもった数値を想定する必要があるが，高くても溶融温度の2/3程度であると考えられている。溶融温度と焼結が生じる温度との関係は，ケルビン温度で計算するように定められており，かりに溶融温度が1200℃の材料を用いた土器が焼結しはじめる温度を示すと，1473 Kの2/3の温度で982 Kつまり約710℃となる。塩基性の成分が多く混在する粘土の場合には溶融点はさらに低下するため，焼結現象はもっと低い温度で生じる可能性がある[11]。

このように，粘土粒子はそれが溶融する温度とは異なった低い温度域で，焼き締まる現象つまり焼結によって相互に接着して固結した状態を作り上げる。また焼結作用は，こうした温度との関係だけでなく還元された鉄によっても変化し，還元焔焼成された鉄は，粘土中の珪酸などの溶融温度を低下させる働きをする。その結果，粘土を還元状態で焼成すると焼結作用も容易に進行して，焼き締まりの作用が強まる。このような還元焔焼成と粘土中の鉄が関係する焼結現象が，ギリシャの黒絵・赤絵土器の陶工たちによって，黒色と赤色の装飾の効果を生み出す技術に巧みに利用されていた。

4. 黒絵・赤絵土器の焼成技術

(1) 黒絵・赤絵土器の焼成過程

ギリシャの黒絵・赤絵土器の製作技術の復元には，まだ解決されていない諸点はあるが，今日までの研究によると，鉄の酸化物を多く含む微細粒子の粘土を用いて器面の装飾を描き，3回の異なった焼成をおこなって，黒色と赤色の変化を導いて装飾効果を与えたものと考えられている。その焼成の部分を要約すると，次のような工程である。

最初にまず空気を十分に送って酸化状態で焼成すると，胎土も器面の微細粘土の部分もともに赤く発色する。次に燃焼の空気を減少させて還元状態において焼成を続ける。その温度は900℃あるいは950℃といわれているが，この段階で粘土に含まれていた三酸化二鉄（Fe_2O_3）は，還元焔焼成による一酸化炭素の影響で酸化鉄（FeO）に，また水蒸気の影響で黒色の四酸化三鉄（Fe_3O_4）などにも変化して，黒絵土器であれば器面の微細粘土による装飾部分と胎土の両者がともに黒色になる。最後に再び十分な空気を供給して焼成が続けられると，胎土の部分は酸素の浸透によって再び赤色になる。しかし器面の黒色部分は，2段階目の還元焔焼成によって酸化鉄が還元されたことによって，粘土の焼結作用が大きく進んで組織の密度が増し，外部からの酸素と

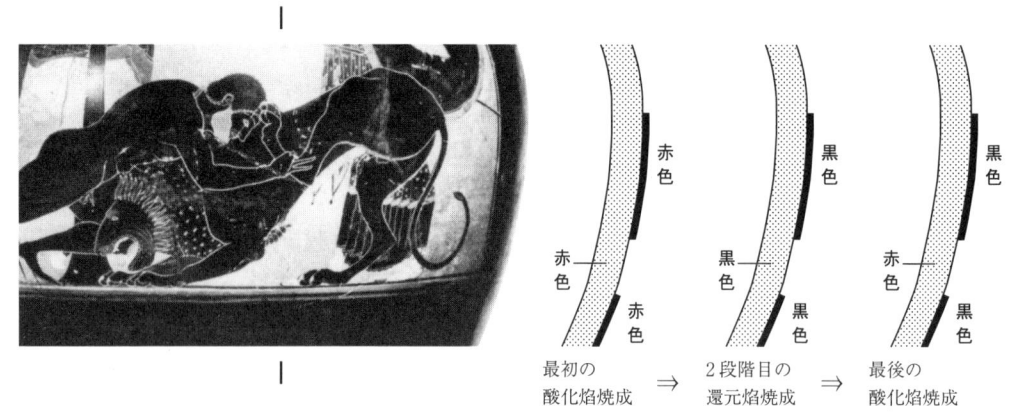

第4図 黒絵土器の焼成過程における発色の変化の模式図

接触しない遮断された状態となる。このことによって鉄が酸化する変化が生じず，黒色の状態が維持されることになった（第4図)[12]。

多くの復元研究の成果の概要はこのような内容であるが，その中においても細部にわたってはさまざまな解釈が提出された。たとえばビンズとフレーザーは，土器の再焼成実験から，器面の黒色層がガラスの状態に変化したため，還元された鉄はそのガラスの中に閉じ込められて，最後の酸化焔焼成において空気はそれらの鉄粒子へ到達しなかったと考えた[13]。しかしその後，ガラスの層は存在しないことが多くの研究で明らかになり，この還元された鉄による黒色は，ガラスの生成によってではなく，粘土の焼き締まりつまり焼結作用によって酸素が浸透しないために，その色が変化しなかったと，一般に理解されるようになった。

(2) 還元焔焼成の装飾への応用

この焼結という現象が，酸化，還元，酸化という3回の焼成変化の中で，どのように作用して黒色と赤色の装飾を効果的に生み出させたのか，なお十分に把握されていない部分もあった。たとえば次のよう事例があげることができる。器面の黒色は，2段階目の還元焔焼成で変化した鉄の色であるが，その発色はこの段階の焼結作用のために，最後の酸化焔焼成では酸素との接触が妨げられるため，胎土の部分は赤色に変化したにもかかわらず，この器面の部分は黒色に保たれたと説明されている。ところが，ビムソンが述べているように，焼結という作用が空気を遮断して発色の変化を妨げているであれば，最初の酸化焔焼成でも焼結という現象は生じているから，2番目の還元焔焼成で黒色へ変化する現象も，生じないのではないかという指摘もあった[14]。

このような点を含めて，黒絵・赤絵土器の装飾の重要な要素となっている，器面の黒色層の形成に関係したこの焼結という現象をとりまく2つの課題を取り上げてみよう。そのひとつは，器面の黒色と胎土の赤色が，それぞれ2段階目の還元と最後の酸化による焼成で生みだされたものであるならば，酸化・還元・酸化という3段階の焼成のうち，最初の酸化焔焼成がなぜ必要であるのかという点である。残るひとつは，器面の黒色は2番目の還元焔焼成によって生じて，この

ときの焼結作用によって黒色が維持されたと説明されている点である。それは上記のように，最初の酸化と2段階目の還元による焼成の間で温度の差がないならば，焼結作用は最初の酸化焔焼成の段階でもすでに生じているはずであるから，2段階目の還元焔焼成で粘土中の鉄の酸素が奪われて，黒色になる変化も起こらなかったのではないか，とも考えられるからである。

(3) 最初の酸化焔焼成

村田氏が解説しているように今日までの復元研究においては，黒絵・赤絵土器の焼成は3段階の異なった状態でおこなわれたと考えられている。その中で器面の装飾を生み出す重要な効果を担っているのは，2段階目の還元焔焼成で生じた器面の黒色と，最後の酸化焔焼成によって得られた胎土部分の赤色である。したがって，この2つの発色を求めればよいのであれば，還元と酸化という2つの焼成過程で十分であったのではないかということになる。つまり，最初の酸化焔焼成の効果は，製品に残る装飾には反映されておらず，この焼成がなぜ必要であるのかという指摘が生じるかもしれない。

その理由は，酸化焔焼成で十分な高温が得られることによって，はじめて還元焔焼成への変化が可能であり，2段階目の還元状態の焼成を持続させて，焼結という現象が進む上で十分な高温を得るためには，最初の酸化焔焼成が必要不可欠であったためである。つまり，空気の流入を少なく抑えた還元状態で焼成を開始した場合には，十分な高温を得ることはできないという共通の認識があり，いずれの復元研究においても，最初の酸化焔焼成を省略することはできないと考えられていたからである。

その場合，最初の酸化と2段階目の還元の焼成温度を比較すると，最初の酸化焔焼成の方が高いか，少なくとも両者は大きく異ならない温度でなければならないはずである。そうであれば，ビムソンが言うように，最初の酸化焔焼成で生じる焼結作用によって，胎土は十分に固結して空気の浸透が妨げられ，2番目の還元焔焼成で，粘土中の鉄の酸素が奪われて黒色になる変化は生じないのではないか，という指摘も出てくるかもしれない。しかし以下に記すように，酸化状態と還元状態の焼成では，粘土が焼結する変化に大きな違いがあり，このことを古代の技術者たちが熟知していたことを，赤絵・黒絵土器の技術から知ることができる。

(4) 還元焔焼成と焼結作用との関係

粘土に含まれる鉄は，酸素分圧の高い酸化焔焼成と，酸素の供給が少ない還元された状態の焼成とでは，化学的性質の異なった酸化物に変化する。酸化焔焼成では三酸化二鉄（Fe_2O_3）になり赤色に，また還元焔焼成では，一酸化炭素の影響で酸化鉄（FeO）や四酸化三鉄（Fe_3O_4）に変化して黒色になる。このような酸化状態の違いは，発色に影響を与えると同時に，粘土や砂の主な成分である珪酸との化合物においては，溶融温度の変化と深い関係をもっていることが知られている。

還元焔焼成と鉄を含む珪酸化合物の間には，次のような化学的な関係がある。鉄は酸素との結

合の仕方によって性質が変化し，酸素分圧の高い状態の化学組成のヘマタイト（Hematite・Fe_2O_3）から，還元作用が進行するにつれて，低い状態の化学組成であるマグネタイト（Magnetite・Fe_3O_4），ウスタイト（Wüstite・FeO）へと変化する。珪酸との化合物では，第5図で明らかなように，溶融する温度もそれに対応して低下する。つまり粘土中に含まれる鉄は，還元された鉄に変化すると，カルシウムやナトリウムのような塩基性の成分と同じように，珪酸化合物の溶融温度を低下させる媒溶剤として作用する[15]。粘土のような珪酸を主成分とする風化物からなる土器の素地においても同様である。また，上述したように焼結作用が生じる温度は，材料の溶融温度と深く関係し，粘土の場合にはその2/3程度の温度と考えられているので，それにしたがうと，その溶融温度が低下することは，それに対応して低い温度域で胎土の焼結が進行することになる。つまり鉄の酸化物を含む粘土や砂のような珪酸化合物を還元状態で焼成すると，還元された鉄の性質によって，胎土の溶融温度が低下するため，酸化状態で焼成された場合よりも，さらに強い焼結作用をうながすような化学変化をもたらす効果があり，それだけ焼き締まりの程度が高まるという結果が生じることになる。

このように，黒絵・赤絵土器の装飾に重要な役割を果たした器面の黒色は，還元焰焼成という

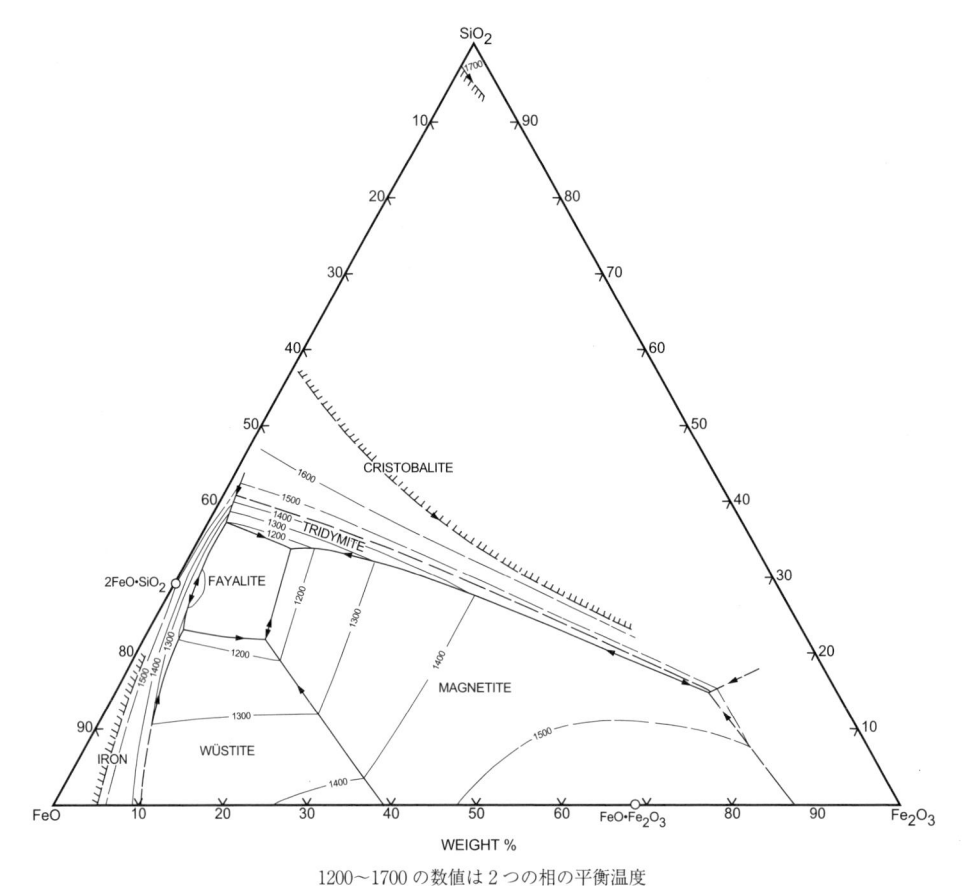

1200～1700の数値は2つの相の平衡温度

第5図　鉄と珪素の酸化物における液相・固相の等温線の投影図（注14，図38）

技術による2つの大きな作用によって生み出されたことがわかる。つまり，還元によってもたらされた鉄の酸化物による発色と，還元された鉄が胎土の溶融温度を低下させることによって生じる強い焼結作用である。この還元による焼結作用は，最初の酸化焔焼成においてよりも，2段階目の還元焔焼成においてより強く働くために，そこで変化した鉄の黒色が，最後の酸化焔焼成のさいには酸素との接触が妨げられるために赤色に変化せず，黒色が維持されたということである。最初の酸化焔焼成によって生じる焼結作用で，2段階目還元焔焼成による黒色への変化も妨げられるのではないか，という指摘については，還元状態と酸化状態の焼成では，焼結作用には大きな違いがあり，そのため最初の酸化焔焼成では空気はなお素地の中に浸透する状態にあり，2段階目の還元焔焼成によって生じた焼結によって，はじめて空気が遮断されたと理解する必要がある。つまり黒絵・赤絵土器においては，還元による発色と，還元された鉄の化学的性質によって焼結作用がより強く働くという現象を利用して，器面の黒色を定着させたものである[16]。

　黒絵・赤絵土器の器面の装飾は，このように還元焔焼成によって生じる粘土の化学変化を巧みに利用して，鉄の発色や胎土の焼結作用による変化を効果的に取り入れて完成させたもので，古代における優れた窯業技術を具体的に教えてくれる代表的な資料となっている。

　註

1)　村田数之亮『ギリシア美術』1974年, pp. 138-139
2)　松島道也「アルカイク時代」『大系世界の美術』第5巻, 1974年, 図版69
3)　A. Brongniart, *Traité des Arts Céramiques*, 1844
　　O. S. Tonks, "Experiments with the Black Glaze on Greek Vases," *American Journal of Archaeology*, Vol. XII, 1908, pp. 417-427
4)　E. Durand-Gréville, "Couleur du Décor des Vases Grecs," *Revue Archéologique*, Vol. XVIII, 1891, pp. 99-118
5)　G. M. A. Richter, *The Craft of Athenian Pottery*, 1923
6)　C. F. Binns and A. D. Fraser, "Genesis of the Greek Black Glaze," *American Journal of Archaeology*, vol. XXXIII, 1929, pp. 1-9
7)　J. V. Noble, "The technique of Attic Vase-Painting," *American Journal of Archaeology*, Vol. LXIV, 1960, pp. 307-318
8)　前掲5) Fig. 73・79・80
9)　中山典夫「古代地中海地方の陶芸」『世界陶磁全集』第22巻, 1986年, pp. 133-151
10)　中野卓「色調と焼成について」『古市遺跡群III』（羽曳野市埋蔵文化財調査報告書7）1982年, pp. 138-140
11)　清水芳裕「素焼きの土器が固結する作用」『考古学論集 —川越哲志先生退官記念論文集—』2005年, pp. 891-902
12)　G. M. A. Richter, *A Handbook of Greek Art*, 1967 (fifth edition), pp. 305-310
　　M. S. Tite, M. Bimson, I. C. Freestone, "An Examination of the High Gloss Surface Finishes on Greek Attic and Roman Samian Wares," *Archaeometry*, vol. 24, no. 2, 1982, pp. 117-126

このほか，タイツたちは電子顕微鏡，光学顕微鏡によって製品の組織や構造を，X線マイクロアナライザー分析によって化学成分を調査し，黒色層については，滑らかな不透過の組織をもち，酸化鉄の含有率が高く，またカリウムの含有率からイライトの成分を多く含んでいることなどを指摘するとともに，これらの調査から装飾は酸化・還元・酸化という焼成によって得られたことを支持している。

13) 前掲6)
14) M. Bimson, "The Technique of Greek Black and Terra Sigillata Red," *The Antiquaries Journal*, vol. XXXVI, 1956, pp. 200-204
15) A. ムアン・E. F. オスボン著, 宗宮重行訳『製鉄製鋼における酸化物の相平衡』1971年, p. 55, 図38
16) 清水芳裕『古代窯業技術の研究』2010年, pp. 63-64

平城宮跡・京跡保存の現状と課題
―平城遷都1300年祭が終わって―

杉 田 　 義

はじめに

　西暦2010年は，710年の平城京遷都から1300年目にあたった。これに向けて奈良県では平城遷都1300年記念事業が企画推進されてきた。2010年には記念イベントとして平城遷都1300年祭が行われ，第一次大極殿が復原・公開された平城宮跡を中心会場に，県下各地で様々な企画や行事が開催された。

　かつて私は，平城遷都1300年記念事業の全体構想について，その構想・企画段階からの過程を追い，とりわけ2000年に発表された「平城遷都1300年記念事業に関する基本理念・基本方針」の分析を通じて，関西財界が主導する文化遺産を利用した開発計画といわざるをえないものであると指摘した。また，記念イベントの主会場には，国の特別史跡で世界遺産にも登録された平城宮跡が予定されていたことから，平城宮跡の保存と活用をどうあるべきかが問われていると指摘した（杉田2000）。その後も，平城遷都1300年記念事業の具体化が進むごとに問題点を指摘してきた（杉田2001・2003・2008・2009）。

　記念イベントである平城遷都1300年祭が終了した今，以上の二つの問題点に即して平城遷都1300年記念事業全体の検証を行い，平城宮跡・京跡保存の現状と課題を整理したいと思う。

1. 平城遷都1300年記念事業全体構想の問題点

　平城遷都1300年記念事業（以下，記念事業）の全体構想について，あらためてその経緯と問題点を示す。

　記念事業は，1995年の「奈良県新総合計画」で打ち出され，1997年，柿本善也奈良県知事（当時）を座長に「平城遷都1300年を考える奈良の会」が設立されて本格化，1999年の「平城遷都1300年記念2010年委員会」（以下，2010年委員会）の設置以降，具体化が進められてきた。その後，2004年6月に2010年委員会が「平城遷都1300年記念事業計画」を策定し，この計画を実行する組織として，翌2005年5月，関西経済連合会会長（当時）秋山喜久氏を会長とする「平城遷都1300年記念事業協会」（以下，事業協会）が設立され，2006年2月には事業協会により実施基本計画が策定された。

2010年委員会が2000年3月に策定した「平城遷都1300年記念事業に関する基本理念・基本方針」によると，記念事業の全体構想は二つの柱からなる。一つは，2010年に平城遷都1300年を記念するイベント「歴史文化の祭典」を実施すること。もう一つは長期的視野から「歴史・国際文化交流ゾーン」の形成をめざすこと，である。そして，後者の柱の中に「グローバルな交流を視野に入れた都市機能の整備」を位置づけ，リニア奈良駅の設置促進による近畿圏の新たな玄関口の形成，京奈和自動車道の整備促進，関西国際空港全体構想の推進及び直通列車の実現，ホテル・コンベンション施設の誘致整備，JR奈良駅付近連続立体交差事業の推進，等々をうたったのである。

　ここには，1980年代後半からの懸案の開発計画がすべて盛り込まれていたといってよい。すなわち，「歴史・国際文化交流」の場として，「都市機能の整備」を名目に，懸案の開発計画を一気に推進しようということであろう。2010年委員会の委員構成も，こうしたねらいを反映して関西財界の占める比重が高いものになっていた。

　そういう意味で，関西財界が主導する，文化遺産を利用した開発計画といわざるをえないものである。記念イベントの華やかさと楽しさのみに目を奪われてはならない。記念事業によせる関西財界の強い要求をみておかなくてはならない。こうした開発が，世界遺産都市，古都奈良のもつすぐれた歴史的景観や文化遺産を破壊することにならないか。きびしい監視が必要である。以上のように指摘した（杉田2000）。

2. 京奈和自動車道大和北道路の平城宮跡・京跡通過問題

　文化遺産を利用した開発計画の中で，とりわけ焦点となったのが京奈和自動車道大和北道路の平城宮跡・京跡通過問題である。

　京奈和自動車道は，奈良盆地を南北に縦貫して京都と和歌山を結ぶ延長約120 kmの高規格幹線道路であり，自動車専用の高速道路である。奈良県は，この京奈和自動車道を「なら・半日交通圏道路網構想」を支える重要な道路と位置づけ，同構想の実現化プランを，平城遷都1300年となる2010年を目標に策定していた。しかし，この高速道路は「第四次全国総合開発計画（四全総）」（1987年閣議決定）のなかで高規格幹線道路網の長期構想に位置づけられたものであり，もともと関西国際空港計画，大阪湾ベイエリア構想，関西文化学術研究都市計画などの大プロジェクトを支える外郭環状道路として計画されたもので，奈良市民・県民の要求から出発した道路ではない。計画段階から関西財界主導のものといわなければならない。

　奈良県域においては，奈良市歌姫町から大和郡山市伊豆七条町に至る大和北道路のみルート決定がなされていなかった。その理由は，おそらく平城宮跡をはじめとする文化遺産の集中地域だからだろう。

　京奈和自動車道大和北道路の平城宮跡・京跡通過問題が表面化したのは，1999年12月。平城宮跡内4ヵ所を含む6カ所でボーリング調査が始まったことによる。平城宮跡の地下をトンネル

で通す工法を検討するための基礎調査だった。

　平城宮跡・京跡を通る地下トンネル案の最大の懸念は，地下水位の変化により，木簡をはじめとした木製品の遺物が腐食・消滅してしまうおそれがあることである。「平城宮跡発掘の最大の成果は木簡の発掘」という評価もあるほど，日本古代史研究にとって文字史料である木簡の大量出土が果たした役割は大きいものがある。木簡は地下水があってこそ保存される。平城宮跡は発掘調査されたのは全体の約3割といわれ，まだ多くの遺構と遺物が地下に眠っている。地下水位の変動に関する安全性の証明がないなかで，木簡などへの致命的影響が懸念された。地下トンネルだから遺構は守られるといわれたが，これも保障はない。開削工法となる出入り口付近の遺構は破壊される。地盤沈下のおそれもないとはいえない。また，地上にでた高架橋の高速道路は，世界遺産都市奈良の歴史的景観を大きく悪化させる。排気ガスや騒音・振動などの環境破壊も懸念され，市民の生活や健康を大きく損なうおそれがある。奈良市周辺の大気汚染の悪化は，世界遺産「古都奈良の文化財」全体にも悪影響を及ぼすことになる。

　1999年末の平城宮跡内ボーリング調査開始の新聞報道以降，こうした懸念の声が各方面に広がりはじめた。こうしたなか，「古都奈良の文化財」の世界遺産登録を市民運動として推進した奈良世界遺産市民ネットワーク（代表世話人浜田博生氏）などが中心となって，2000年6月4日，「世界遺産平城宮（京）跡と高速自動車道計画を考えるシンポジウム」が奈良市内で開催された。主催は同シンポジウム実行委員会で，県内外の8団体が参加した。このシンポジウムが高速道路から世界遺産平城宮跡・京跡を守る運動の出発点となった。

　その後，歴史学・考古学関係の学会の声明があいついだ。最初に声明を発表したのは木簡学会である。木簡学会は，木簡学のいわば原点ともいうべき平城宮跡・京跡における木簡，さらには遺跡自体の危機を看過できないとして，2000年6月9日付けで京奈和自動車道の平城宮跡地下トンネル計画の白紙撤回を求める声明を発表し，関係各機関に送付した。そして，関係各学会にも反対の声をあげてほしいと呼びかけた。

　こうした呼びかけを受けて，歴史学・考古学関係学会の平城宮跡地下通過計画の撤回を求める声明・要望があいついだ。声明や要望を発表した主な学会は，日本史研究会，歴史学研究会，考古学研究会，歴史科学協議会，歴史教育者協議会，奈良県歴史教育者協議会，奈良歴史研究会，京都民科歴史部会，古代交通研究会，史学会，大阪歴史学会，文化財保存全国協議会などである。さらに日本歴史学協会・日本考古学協会という全国の歴史学・考古学研究者の結集する両協会も撤回を求める要望書を発表し，平城宮跡地下通過計画に反対する声は学会の総意ともいえる状況になったのである。さらに，平城宮跡の発掘調査を担当する奈良文化財研究所の職員組合も，撤回を求める要望書を発表した。

　また，奈良市文化財保護審議会（会長伊達宗泰氏）は2000年8月，「『京奈和自動車道』奈良市内路線問題について」と題する意見書を奈良市長に提出した。そのなかで，「世界遺産に登録された段階での平城宮跡内での施工は（中略），単なる地域的な問題ではなく，国内問題を越える問題となり，国際信義にももとる行為にもなりかねません」と指摘し，「自動車道の平城宮跡内

通過は容認し難い問題であること」を奈良市長に上申した。

　2000年10月にはこの問題を危惧する県内外の市民団体と研究団体が集まって「高速道路から世界遺産・平城京を守る会」(事務局長小井修一氏，以下「平城京を守る会」) が結成され，高速道路の平城宮跡・京跡通過計画に反対し世界遺産を守る運動が粘り強く進められてきた。平城京を守る会には，次の15団体と個人が参加した。奈良県文化財保存対策連絡会，奈良県歴史教育者協議会，古都奈良の歴史的遺産と景観を守る市民共同フォーラム，奈良世界遺産市民ネットワーク，奈良歴史研究会，奈良合同法律事務所，やまと法律事務所，新建築家技術者集団奈良支部，奈良宗教者平和協議会，京都民科歴史部会，関西文化財保存協議会，文化財保存全国協議会，歴史教育者協議会，日本史研究会，日本考古学協会。

　「平城京を守る会」ではこの間，7回にわたって「守ろう！世界遺産・平城宮（京）跡の集い」を奈良市内で開催し，カラー版のリーフレットを発行して，高速道路から世界遺産・平城宮（京）跡を守ろうと広く市民・県民に呼びかけてきた。反対署名は5万7千筆を超えた（2011年7月現在）。

　東京でも歴史学・考古学関係の学会と「平城京を守る会」などが共同してシンポジウム実行委員会が結成され，明治大学で「高速道路計画で危機を迎えた世界遺産平城宮跡を考える」シンポジウムを2001年，2002年の2回にわたって開催した。シンポジウム実行委員会には次の23団体が参加した。大阪歴史学会，関西文化財保存協議会，京都民科歴史部会，考古学研究会，高速道路から世界遺産・平城京を守る会，古代交通研究会，古都奈良の歴史的遺産と景観を守る市民共同フォーラム，史学会，地方史研究協議会，難波宮址を守る会，奈良県文化財保存対策連絡会，奈良県歴史教育者協議会，奈良世界遺産市民ネットワーク，奈良文化財研究所職員組合，奈良歴史研究会，日本考古学協会，日本史研究会，日本歴史学協会文化財保護特別委員会，NPO東アジアの古代文化を考える会，文化財保存全国協議会，木簡学会，歴史学研究会，歴史教育者協議会（50音順）。

　こうして，研究団体と市民団体共同の取り組みが大きく前進した（杉田2003）。この取り組みの経過と成果は，直木孝次郎・鈴木重治編『世界遺産平城宮跡を考える』（ケイ・アイ・メディア，2002年）にまとめられている。

　また，今回の高速道路計画は古都奈良の世界遺産地域を南北に縦断するものであり，世界遺産保護の理念に真っ向から反するものである。そもそも平城宮・京跡に高速道路を通そうとする発想自体が，世界遺産をないがしろにするものといわざるをえない。こうした観点から，この問題をユネスコ世界遺産センターへも発信した。パリに本部をおくユネスコ世界遺産センターに高速道路計画と「平城京を守る会」の取り組みを英文で報告したのは2002年のことである。2003年にはパリ・ユネスコ本部で開催された第27回世界遺産委員会に16名の要請団を送り，以後2008年カナダ・ケベックシティで開催された第32回世界遺産委員会まで毎年，要請団を派遣してきた。要請団は毎回カウンターレポート『世界遺産委員会への日本NGO報告 —高速道路から世界遺産平城宮・京跡を守るために』（英文）を作成し，各国代表団に手渡してきた。こうして

「平城京を守る会」の活動は，文化財保存運動ではあまり例のない国際的な運動へと発展したのである（宮崎洋 2008）[1]。

このように，京奈和自動車道の平城宮跡・京跡通過が大きな問題となってきたにもかかわらず，2010 年委員会は沈黙を続けた。「平城宮跡は，先人たちの努力と検証により，（中略）ほぼ全域が広大な特別史跡として保存整備され，全国でも類をみない国民的財産となっています」（記念事業の基本理念）と 2010 年委員会は評価する。しかし，2001 年 6 月に策定された「平城遷都 1300 年記念事業構想指針」（以下，構想指針）はこの問題にいっさい触れなかった。それどころか，構想指針は，事業展開方向（例示）のなかで「『大交流都市・奈良』にふさわしい都市機能の形成」の一つとして，2010 年目標に「京奈和自動車道の整備促進」をあげ，長期展望として「京奈和自動車道の完成」をあげたのである。これはいったいどういうことか。

平城遷都 1300 年を祝い記念する事業であるならば，何よりもまず「先人たちの努力と検証により」保存整備された平城宮跡を将来にわたって保全継承していくという姿勢が前提でなければならないはずである。ところが，その平城宮跡を破壊しかねない計画に対して，何ら態度を表明しない。これでは記念事業を主催する資格が問われよう。2010 年委員会は，言葉の上だけでなく，現実の具体的な問題に対して，特別史跡・世界遺産平城宮跡を将来にわたって保全継承していくという立場が求められたのである（拙稿 2001）。

一方，国土交通省は慎重な対応をとらざるをえなくなる。国土交通省の設置した地下水検討委員会，文化財検討委員会，大和北道路有識者委員会などでの議論をへて，平城宮跡直下の地下トンネル計画は変更を余儀なくされたのである。これは平城京を守る運動の大きな成果といわなければならない。

しかし，大和北道路有識者委員会は，2003 年 10 月，平城宮跡直下の地下トンネル計画に変わって，平城宮跡の東側直近，世界遺産の緩衝地帯（バッファゾーン）内東端を地下トンネルで通過し，その後平城京域を高架道路で通過する推奨ルート・構造案を提言したのである。このルート・構造案に基づき，環境影響評価法による都市計画手続きが進められた。文化庁は，2008 年 1 月，世界遺産委員会に対する日本政府の報告の中で「大和北道路計画は，世界遺産の価値を減ずる結果となるような，考古学的に重要な地域におけるいかなる地下水位の変動も引き起こすことなく，また，埋蔵文化財と景観にもいかなる否定的影響も及ぼすものではない」と断定し[2]，世界遺産委員会もこれを容認した。文化遺産を守るべき立場にあり，高速道路計画に警鐘を鳴らすべき文化庁の役割放棄といわざるをえないものである。

こうして，2008 年 2 月，奈良県都市計画審議会は京奈和自動車道大和北道路の環境影響評価書とルート計画を承認し，同年 3 月，奈良県が都市計画決定を行った。さらに 2009 年 3 月，国土交通省は大和北道路の事業決定を行った。

ここに至って運動は大きな転換点を迎えることになった。失望感も広がった。しかし，「平城京を守る会」では，都市計画決定はされたがあきらめることなく，今後とも高速道路を平城京域内に建設しないよう，さらに運動を強めていく方針を確認したのである。

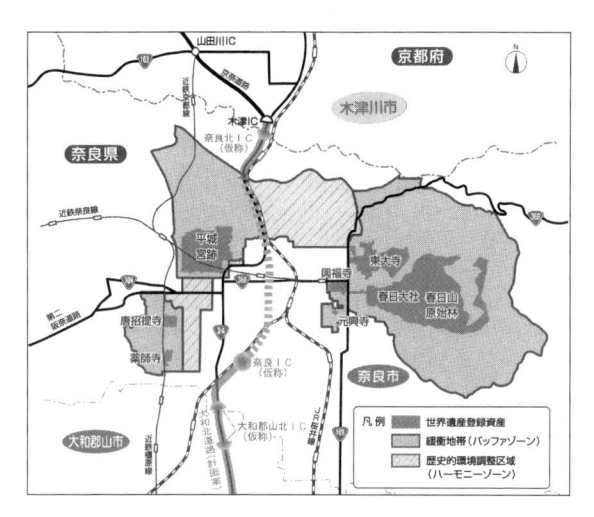

世界遺産「古都奈良の文化財」と大和北道路の位置関係
（「大和北通路」創刊号 2007 年 3 月より，国土交通省近畿整備局・奈良国道事務所発行）

大和北道路計画（同　左）

　2010 年度に入って新たな情勢が生まれた。荒井正吾奈良県知事が 2010 年 9 月の県議会本会議で，大和北道路の地下トンネル区間に該当する奈良インターチェンジ（IC）〜奈良北 IC 間について，国土交通省への新規事業化の要望を財政上の理由から当面見送る方針を明らかにしたのである。大和北道路は国の直轄道路だが，建設費用の地元負担は 3 割で，奈良 IC〜奈良北 IC 間だけで約 600 億円の県負担が生じる。その負担に耐えられないということであろう。財政負担は十分予測できたことなのに，なぜ都市計画決定を行ったのか，その責任が問われる問題であるが，これにより，地下トンネル区間が整備される可能性はかなり低くなったといえよう。

　あきらめることなく運動を継続してきた成果である。その成果を喜びあいたい。また，運動の継続の重要性をあらためて実感する。しかし，地下トンネル計画が完全に撤回されたわけではない。「平城京を守る会」では，引き続き地下トンネル計画の完全撤回を求めるとともに，高速道路を平城京域内に建設しないよう，さらに運動を継続していく方針である。

　以上，ここ 10 年ほどの運動の経過をまとめてみた。そこには巨大イベントを道路開発の契機に利用しようとする開発側の思惑を十分には果たさせていない運動の成果をみることができる。こうした成果をかちえた要因はどこにあったのだろうか。

　それはまず第一に，都市計画決定前のルート調査の段階から情報をつかみ，「高速道路計画で世界遺産平城宮跡に危機迫る」とすばやく運動を展開してきたことである。道路反対運動は都市計画決定後のルートが明らかになった段階から始まる場合が多いという。一度決定した都市計画を変更させることは困難が大きいともいう。この点，都市計画決定前から運動を始めたことは有利な条件となった。

　第二に，研究団体と市民団体の共同の取り組みが大きく前進したことである。とりわけ，平城

宮跡直下の地下トンネル案に反対する運動は短期間で大きな盛り上がりをみせ，この案を断念させることに成功した。これは1960年代後半の奈良バイパスの平城宮跡通過に反対する運動にも匹敵する，平城京を守る運動の大きな成果といわなければならない。

　第三に，ユネスコ世界遺産委員会に毎年要請団を送り，国際的な運動を展開したことである。世界遺産委員会は「地下水位に与える影響が最小限に保たれるような技術的解決策」を求め（第28回世界遺産委員会決議2004年），「環境アセスメントを（政府から）独立したコンサルタントにゆだねるように」求める（第30回世界遺産委員会決議2006年）など，日本政府に対してきびしい態度を示してきた。世界遺産センター長フランチェスコ・バンダリン氏は「平城京を守る会」からの書簡には必ず返書を送り，活動を励ますなど好意的対応を示されてきた（宮崎洋2008）。最終的な高速道路計画は容認されてしまったが，世界遺産委員会のこうした姿勢は日本政府に慎重な対応をもたらしたといえよう。

　第四に，都市計画決定後もあきらめることなく，粘り強く運動を継続したことである。それが，財政上の理由からとはいえ，奈良県の劇的な方針転換をもたらした。荒井県知事の「新規事業化の要望を当面見送る」という方針表明を知ったときの喜びと感動は忘れることができない。長く運動を続けてきた苦労が報われたようなうれしい気分にひたった。

　しかし，喜んでばかりはいられない。地下トンネル計画が完全に撤回されたわけではない。さらに新たにリニア中央新幹線計画が浮上してきた。

　2011年5月，国土交通大臣は交通対策審議会の答申を受けて，JR東海に対しリニア中央新幹線の建設を指示した。計画では，奈良市付近を通り，地下トンネルが基本だという。奈良市の通過地点はまだ不明だが，リニア中央新幹線の地下通過は，トンネル建設による地下水位低下により，世界遺産平城宮跡・京跡の木簡等木製品の遺物に新たな危機を招くことになる（小井2011）。今後の計画の推移を十分に注視しなくてはならない。

3. 平城遷都1300年祭開催の経緯

　次の問題は，記念イベントである平城遷都1300年祭（以下，1300年祭）の主会場となった平城宮跡にとってどういう意味があったのか，ということである。

　平城宮跡は，1960年代の2度にわたる国民的保存運動によって守られてきた国民共有の文化遺産である。その経緯をふまえ，何よりも遺跡の保全と継承が優先されなければならない。また，「遺跡が脆弱な土と木で構成されているため，その保存に特に留意し，長期間にわたる試験研究および調査研究に基づいた遺跡の保存整備が行われている」（奈良市ほか1999）と指摘されている遺跡である。遺跡の保存整備に悪影響を及ぼす計画は，絶対に避けなければならない。また記念イベント開催にあたっては，何より遺跡保存，文化遺産保護に資するものにしなければならない。こうした観点から1300年祭を検証する必要がある。

　1300年祭は，平城宮跡事業，巡る奈良事業，広域交流事業の三つの事業からなり，平城宮跡

事業では，平城宮跡を主会場として，2010年4月24日～11月7日の開催期間中に，復原・公開された第一次大極殿や平城京の姿を映像で紹介し遣唐使船が復原された平城京歴史館などに約363万人が訪れた。1日平均約1万8千人で，当初予測の約1.5倍だという。

巡る奈良事業では，「県内四エリア（北部の「玄武」，西部の「白虎」，南部の「朱雀」，東部の「青龍」）で，地域が持つ自然や文化，史跡などその土地の特質を生かしたイベント」が開催された。また「祈りの回廊」と題して県内各社寺の秘宝・秘仏などが1年を通して開帳され，県内各地に約1380万人が訪れた（1～10月）。大半の社寺で前年より約2～10倍の数字だという。

広域交流事業では「東アジア未来会議 奈良2010」などの各種国際会議が開催され，さらに全国ゆかりの各地等の連携イベントが開催された。

1300年祭は「昨年1年間，大いに盛り上がった」と評価され，来場者の満足度も「平城宮跡，県内各地ともに約5割の来場者が『大いに満足』『やや満足』と評価し，『普通』を含めると約8割であり，概ね高い評価」を得たとされている[3]。

テレビなどのメディアでも1300年祭は大きく取り上げられた。マスコット・キャラクター「せんとくん」をめぐる騒動は，1300年祭の知名度を逆にあげたともいわれている。全体としてはたしかに大いに盛り上がり，成功したとの評価が一般的である。

しかし，記念イベントである1300年祭の「成功」のみを評価するわけにはいかない。遺跡保全と継承の観点から，平城宮跡内のパビリオン建設が中止された経緯も含め，1300年祭全体の検証を行いたい。

1300年祭の中心は平城宮跡事業であり，主会場となった平城宮跡では，復原・公開された第一次大極殿を中核施設として様々なイベントが企画された。しかし，当初計画は9棟のパビリオンを建設する博覧会型の大イベントであり，それが今回の形に大きく変更された。この経緯については，2008年段階で報告したことがある（杉田2008）。

あらためてその経緯を示す。記念イベントがようやく具体化されたのは，2006年2月に発表された事業協会の実施基本計画によってである。平城宮跡事業の当初計画によると，平城宮跡を記念イベントの中核となる特設会場と位置付け，「平城京時空館」「天平文華館」「世界遺産・日本館」など9棟のパビリオンを建設する。朱雀門前から復原大極殿の間を幅70mの「平城京シンボルロード」とし，その周辺にパビリオンを配置し，営業施設の中核として「平城京バザール」を開き，物販・飲食の場を提供する，等の計画である。会期は半年間，500万人の入場者を想定した博覧会型の大イベントである。総事業費は350億円という巨額なものであった。

しかし，こうした計画は，特別史跡及び世界遺産である平城宮跡にふさわしいものだろうか。仮設とはいえ，9棟の巨大なパビリオン建設は地下遺構と木簡をはじめとした遺物を傷つけるおそれがある。付属施設の建設も多数にのぼるだろう。たとえばトイレ建設とし尿処理はどうなるのか。想定される500万人の入場者による踏み荒らしは遺跡にどのような影響をあたえるのか等，懸念されることばかりであった。さらに，「平城宮跡近傍での近鉄奈良線仮設駅」の建設が検討されていた。「仮設駅」とはいえ，乗客の安全確保のためにはかなり深い基礎工事が必要とされ

る。「平城宮跡近傍」には長屋王邸宅遺跡など，平城宮跡に劣らない重要な遺跡が存在している。また，長屋王家木簡や二条大路木簡などが出土した木簡の宝庫でもある。「仮設駅」の建設は，こうした重要遺跡や木簡などの遺物を破壊するおそれがあった。こうした野蛮な計画に対し，文化財保存全国協議会（文全協）は 2006 年度，2007 年度総会において，「世界遺産・特別史跡の平城宮跡を破壊する危険性の大きい『平城遷都 1300 年記念事業実施基本計画』の抜本的再考を求める決議」をあげてきびしく批判した。

　その後，新聞報道によると，宮跡中央部でのパビリオン建設に対し，文化庁が難色を示したことから，中央部でのパビリオン建設を断念したという。民間企業からの協賛金もほとんど集まらなかったという。内外の行き詰まりの中で，記念事業を強力に推進してきた柿本善也奈良県知事は，2006 年 12 月，4 期目の任期途中で突然辞意を表明し，2007 年 4 月，記念事業の見直しを公約した荒井正吾氏が新知事に当選した。荒井新知事は，パビリオンの建設を「基本的にやめたい」と述べ，博覧会型イベントを原則中止する考えを明らかにした。また，「平城宮跡近傍での近鉄奈良線仮設駅」の建設も中止するとした。これらは，遅きに失したとはいえ，特別史跡に指定され，世界遺産にも登録されている平城宮跡の地下遺構と遺物を守っていく上で，当然の方向として評価したのである。

4. 平城宮跡国営公園化をめぐる問題点

　しかし，一方，荒井知事は新たな提案として平城宮跡の国営公園化と施設復原を打ち出し，国営公園化される平城宮跡を主会場として，往時の再現された施設活用を中心に平城宮跡事業を実施するとした。荒井知事は，就任後，平城宮跡の国営公園化を精力的に国に働きかけ，異例の早さで 2007 年 12 月には国営公園化が政府予算に盛り込まれ，2008 年 10 月 28 日には閣議決定されるに至った。

　国営公園化にあたっては，すでに設置されていた「国営飛鳥歴史公園」に併合して，「国営飛鳥・平城宮跡歴史公園」の平城宮跡区域として位置付けられることになった。国営公園化が閣議決定された 2008 年 10 月 28 日には，同時に平城遷都 1300 年記念事業が閣議了解された。平城宮跡の国営公園化が記念事業の推進と一体化して進められたことは明らかである。

　平城宮跡国営公園化をめぐる問題点については，以前に分析したことがある（杉田 2009）。あらためてその内容を示す。

　すでに大部分の土地が国有地化され，文化庁の「特別史跡平城宮跡保存整備基本構想」（1977 年，以下「基本構想」）に基づき，「平城遺跡博物館」として整備が進んでいた平城宮跡を今なぜ国営公園化するのであろうか。

　国営公園とは，都市公園法に定められた，国家的な記念事業，我が国固有の優れた文化的資産の保存及び活用，広域的レクリエーションなどに対応する都市公園である。管理・整備は国土交通省が行う。現在，全国で 17 ヵ所の国営公園が設置されている。このうち，歴史的・文化的資

産を保存・活用した国営公園には，国営飛鳥歴史公園（奈良県），国営沖縄記念公園・首里城地区（沖縄県），国営吉野ヶ里歴史公園（佐賀県）がある。

おそらくは，文化庁と較べはるかに巨額の予算を扱う国土交通省管轄の国営公園になることによって，多額の整備費用を国から捻出したいということであろう。しかし，現在も発掘調査が続き，何よりも貴重な地下遺構と遺物を保護して後世に継承することが最大の使命である平城宮跡にとって，国営公園の性格はなじむのであろうか。

文化庁は，2008年5月，「特別史跡平城宮跡保存整備基本構想推進計画」（以下，「推進計画」）を策定した。1977年に策定された「基本構想」に基づく整備計画の相当程度が完了したことを受け，この間の平城宮跡に関連する状況変化をふまえて，今後おおむね20年程度の整備計画に対応するものとして策定されたものである。この「推進計画」は，国営公園として整備される際にもその基本的な方針として取り扱うことを求めている。

一方，国土交通省は，2008年12月，「国営飛鳥・平城宮跡歴史公園」平城宮跡区域基本計画（以下，「基本計画」）を策定した。平城宮跡が国営公園として事業着手されたことを受け，長期的な整備・管理を進めていく上で踏まえるべき基本的な内容を定めたものである。そこでは，公園整備・管理の基本理念として，文化庁が策定した「基本構想」の基本方針及び「推進計画」を踏まえつつ，「古都奈良の歴史的・文化的景観の中で，平城宮跡の保存と活用を通じて"奈良時代を今に感じる"空間を創出する」ことをうたい，さらに①特別史跡・世界遺産である歴史・文化遺産としての適切な保存・活用，②古代国家の歴史・文化の体感・体験，③古都奈良の歴史・文化を知る拠点づくり，④国営公園としての利活用性の高い空間形成を基本方針として事業を進めていくとする。

一見，見事な文化庁と国土交通省の連携。とりわけ，歴史・文化遺産としての適切な保存・活用を基本方針にうたい，特別史跡・世界遺産としてふさわしい「遺跡博物館」としての機能をもつ公園整備を実施するとしていることは重要である。しかし，国土交通省が策定した「基本計画」は，検討委員会が組織されて議論を重ねたとはいえ，わずか1年足らずでの決定である。専門家や関係者の意見を十分に踏まえたものになっているのだろうか。また，巨大な予算を持つ，開発至上主義の国土交通省が主導する国営公園管理・整備が果たして本当にそのように進んでいくのか，今後の監視が必要である。

内容面で問題になるのは，文化庁の「推進計画」が平城宮跡内の道路や鉄道の移設を協議・検討するとし，国土交通省の「基本計画」が平城宮跡内の道路や鉄道の移設を前提に立案されていることである。対象となるのは一般県道谷田奈良線（一条通り），市道大極線（みやと通り），近鉄奈良線などである。しかし，平城宮跡内の道路は地域住民の生活道路として重要な役割を果たしている。また，平城宮跡の国有化は，旧地権者の理解と協力があって実現したということも忘れてはならない。地域住民の理解と協力があってこその平城宮跡である。国営公園化にともない，県道，市道の移設のための都市計画決定が行われようとしているが，住民の意向を調査することもなく，一方的な押しつけになってはいないだろうか。拙速を避け，地域住民の意向を十分に踏

まえた対応をする必要がある。

　また，県道，市道の移設にともなう新たな開発計画も懸念される。一般県道谷田奈良線の移設計画路線は佐紀古墳群や松林苑に隣接しており，遺跡破壊の懸念もある。

　国営公園化は1300年祭推進と一体化して強力に進められてきた。しかし，国営公園化は1300年祭推進のためだけにあるのではない。特別史跡・世界遺産平城宮跡の将来設計にかかわる重大な課題である。拙速を避け，今後とも十分な議論と検討が不可欠であることを指摘したい。

5. 平城遷都1300年祭と平城宮跡

　以上のような経過をたどって，平城宮跡は2010年の1年間，1300年祭の主会場として使用された。この経過の中に遺跡の保存と活用をめぐる論点が示されている。当初計画がいかに乱暴なものであったか，ということも明白である。特別史跡・世界遺産にふさわしい遺跡の保護と活用のあり方がさらに探求されなければならない。

　もちろん，平城宮跡会場の施設整備にあたっては，その前提として「遺構・遺物の保護」と「歴史的景観との調和」を確保するために調査と検討が行われた。その具体的内容は，2010年度日本遺跡学会大会での事例報告「平城遷都1300年祭の会場施設整備と安全管理について」（福嶋俊和氏・平城遷都1300年記念事業協会事務局会場安全室長）でくわしく紹介されている。もちろん文化庁の指導があったのだろうが，平城京を守る運動の批判と監視も重要な役割を果たしたと考えている。（2010年度日本遺跡学会大会は，11月20・21日に奈良文化財研究所平城宮跡資料館で「史跡におけるアニバーサリー・イベントの意義と在り方～平城遷都1300年祭を中心として～」を大会テーマとして開催された。発表資料集をみると，興味深い報告が並んでいる。当日の発表資料と内容については，鈴木重治氏・小笠原好彦氏の提供と教示を得た。）

　1300年祭が予想を上回る参加者を得た大きな理由の一つに，復原・公開された第一次大極殿の魅力があったことは多くの方の認めるところであろう。基壇の高さ，柱の太さ，建物の巨大さ，正面からの平城宮跡の展望など，そのスケールの大きさと迫力は確かに大きなインパクトを与えるものであった。2010年度日本遺跡学会大会での記念講演「平城宮跡にとっての遷都1300年祭の意義とこれから」で田辺征夫氏（当時奈良文化財研究所所長）は，「巨額の予算を費やした実物大建物復原の価値はあったか」と問いかけ，「結論的には大きな効果が得られた」「遺跡の価値を国民的に認知させる上で強いインパクトをもった」とし，「第一次大極殿の復原は，調査・研究・保存150年の到達点」と位置づけた。また，「10年間以上にわたって，奈文研や奈良市が組織する解説ボランティア，あるいはNPO平城宮跡サポートネットワークなどの活躍が定着し，市民が直接平城宮跡を自らの手で守り育てる動きが強くなっている」と指摘し，遺跡を守り育てるのは市民だと強調した。

　たしかにこれほど多くの人々が，直接平城宮跡を訪れたことの意味は小さくないと思われる。遺跡に親しみ，遺跡の価値を実感し，遺跡保存の大切さを知る。それが今後の遺跡保存を支える

国民的基盤となるだろう。遺跡を守り育てるのは市民だという指摘はその通りであろう。「古都奈良の文化財」の世界遺産登録を市民運動の側から推進した奈良世界遺産市民ネットワークの活動もそうした一つである（浜田 2000）。市民的基盤をいかに広げていくかは，やはり今後の課題である。

なお，1300年祭後の遺跡整備については，2011年6月末に採択されたユネスコ世界遺産委員会の決議に注目しなければならない。同決議では，「平城遷都1300年祭のために平城宮に設置された仮設物は2011年3月末までに撤去される」と日本政府が報告しているにもかかわらず，一部の仮設物が残っているとして，復原された大極殿を取り囲む仮設の塀や駐車場など，すべての仮設物の撤去を求めている。

奈良県は，駐車場は平城宮跡の周囲に新たに整備するまでの5年ほど，仮塀は大極殿を囲む築地回廊の復原（2014年着工予定）まで維持したいとし，国もこれを認めているという[4]。しかし，仮塀は県も認めるように「本物」＝復原建物ではない。奈良時代の姿を復原したものと誤解されかねないので，早急に撤去すべきである。駐車場は本来史跡指定地外につくるべきで，史跡内に大規模に舗装された巨大な駐車場は遺構の保全にとってもよくない。また，世界遺産委員会への「約束」の履行という観点からも，平城宮跡内の仮設物は早急に撤去する必要がある（杉田 2012）。

6. 遺跡保存，文化遺産保護に資するものに

1300年祭開催にあたっては，何より遺跡保存，文化遺産保護に資するものにしなければならない。その観点から二つの提案を行ったことがある（杉田 2008）。最後にその検証を行いたい。

まず第一に，平城宮跡を遺跡としてさらに充実したものにする機会としたい。とりわけ，平城宮跡資料館の抜本的充実をはかりたい，と提案した。

「平城宮跡そのものを遺跡博物館として整備していく。それが，文化庁『特別史跡平城宮跡保存整備基本構想』である。そのなかで，遺跡及び遺跡出土品等を展示公開する施設の核となるのが平城宮跡資料館である。しかし，現在の資料館は，専任の学芸員もおかれず，平城宮跡にふさわしい規模と内容になっているとはいえない。これを抜本的にあらためる。展示内容も，平城宮跡からの出土品に限らず，広く東アジアやシルクロード地域も視野に入れた壮大なものにしたい。」と指摘した。

この点からもっとも期待したのが，平城宮跡資料館のリニューアル・オープンであった。どのような資料館に変わるのか，大いに期待したのだが，率直に言って大変がっかりした。いくつかの復原展示が目に付くが，何より実物の出土遺物展示が決定的に少ない。大量の出土遺物をもっと集中的に見せる工夫があってもよいのではないか。展示内容も国際的な壮大な規模とはとてもいえない。

1300年祭期間中の秋期特別展「天平びとの声をきく―地下の正倉院・平城宮木簡のすべて」は，有名な「長屋親王宮鮑大贄十編」木簡など，実物の木簡が多数展示され，レプリカではない

本物の遺物のもつ迫力に圧倒された。こうしたすばらしい特別展ができる出土遺物が豊富にあるのに，どうしてそれが常設展で生かされないのか。平城宮跡にふさわしい規模と内容をもつ資料館を期待したものとしては，何とも残念であった。

　第二に，平城京跡の現状についてもよく考える機会にしたい，と提案した。

　「無秩序な開発が進行する中で，平城京跡の破壊が進んでいる。現在，平城京跡内で保存措置がとられているのは，平城宮跡と興福寺，薬師寺，唐招提寺などの大寺院の旧境内を除けば，朱雀大路跡，左京三条二坊宮跡庭園などわずかである。長屋王邸宅遺跡の主要部分は旧「そごう」百貨店建設によって破壊されてしまった。史跡指定をめざして発掘調査が進められていた東市跡はどうなってしまったのか。

　大きな話題をよんだ十条関連条坊遺構や平城京羅城跡を検出した発掘調査は，大型ショッピングモール建設にともなう事前調査である。こうした遺跡の保存はどうなるのか。少なくとも羅城跡は羅城門遺構とともに史跡指定されるべき遺跡である。また平城宮跡北方に広がる佐紀古墳群は，西大寺や大安寺などとともに，世界遺産に追加登録したい。

　こうした平城京跡の現状を考え，保存措置を前進させる機会にしなければならない。今，必要な手を打たなければ，取り返しのつかない事態になるだろう。」

　以上のような指摘を行ったが，残念ながら，こうした観点は1300年祭を通じてほとんどみることはできなかった。平城京跡の保存をどう進めるかは依然として大きな課題として残っている（杉田2012）。

おわりに

　1300年祭に関して行政関係者が語った言葉にはある共通点がある。荒井正吾奈良県知事は多くの来訪者があった理由を問われて，「奈良の価値は『歴史そのもの』だということを県民が実感」し，また「その価値を県外の方々へ発信し続けてきた」からだと答えている[5]。また，平城遷都1300年記念事業協会事務局長の林洋氏は，1300年祭の特長を「本物路線」といい，奈良の持続的発展にとって「本物の歴史文化の魅力のアピール」が大事だと指摘している[6]。行政の側にこうした共通認識ができてきたことは，1300祭を開催した成果の一つであると考える。その到達点を素直に喜びたいと思う。

　もとろん，何が「本物」かは学問的・科学的に検証されなければならないが，「歴史そのものの価値」や「本物路線」「本物の歴史文化の魅力」といった言葉そのものはまったく正しい。しかし，これからも計画されてくるであろう多様な開発事業やイベント企画にあたっても本当にその価値が生かせるのか，その路線が貫けるのか，きびしく問われることになるだろう。1300年祭が真にどういう意義を持ったのかは，今後の経過の中で示されてくるだろう。奈良の開発計画や巨大イベント企画に注意しながら，これからも古都奈良の文化遺産と歴史的景観を守る運動を続けていかなくてはならない。

付記

　静岡大学人文学部日本史学・考古学研究室で，原秀三郎先生を指導教官として日本古代史を専攻し，考古学は市原壽文先生・藤田等先生から学ばせていただいた。不勉強な学生であったが，市原先生にはとりわけ目をかけていただいた。

　大学卒業後，奈良県の高校教員となった私は，高校時代の恩師である鈴木良先生から声をかけられ，奈良県文化財保存対策連絡会（奈文連）の事務局メンバーとして県内の遺跡保存運動に参加するようになった。最初に取り組んだのは，平城京西市跡の保存運動である。文化財保存全国協議会（文全協）の会員にもなり，文全協大会の会場などで市原先生とお会いすることが多くなった。市原先生は文全協創立時からの会員であり，遺跡保存に熱心なお姿を拝見して私も励まされたものである。2006年から2010年まで，私は文全協の事務局長を担うことになったが，市原先生には折に触れてお便りをいただくなど，気にかけていただいた。本当にありがたかった。このたび，大学時代の同級生らの尽力により『市原先生論集』が刊行されることを知り，市原先生からのお薦めもあり，文化財保存運動に関する論考で参加させていただくことになった。心よりうれしく思っている。

　なお，本稿は平城遷都1300年記念事業に関する今までの論考をまとめて整理したものである。ここ10年ほどの運動の私なりの総括である。

註

1) 「平城京を守る会」の取り組みや声明は，文化財保存全国協議会機関紙『文全協ニュース』に随時掲載されている。
2) 2008年1月22日付「第31回世界遺産委員会決議に対する日本政府の報告」
3) 『県民だより奈良』2011年1月号，奈良県広報広聴課発行
4) しんぶん『赤旗』2011年7月8日付近畿版
5) 『県民だより奈良』2011年1月号，奈良県広報広聴課発行
6) 2010年度日本遺跡学会大会記念講演「平城遷都1300年祭の話題 —平城宮跡の事業を振り返って—」

引用・参考文献

石部正志・杉田　義・浜田博生　2000『奈良世界遺産と住民運動』　新日本出版社
小井修一　2008「世界遺産を破壊する高速道路」『古都異変』　高速道路から世界遺産・平城京を守る会・奈良自治体問題研究所
小井修一　2011「リニア中央新幹線・奈良通過計画　世界遺産・平城宮跡・京跡に新たな危機」『文全協ニュース』No.190　文化財保存全国協議会
杉田　義　2000「平城遷都一三〇〇年記念事業をめぐって」『奈良世界遺産と住民運動』　新日本出版社
杉田　義　2001「『平城遷都1300年記念事業構想指針』を考える」『奈良民報』2001年10月21日〜11月18日緊急連載「危機に直面する世界遺産平城宮跡の保存を求めて」より
杉田　義　2003「平城宮・京跡の現状と課題」『歴史評論』2003年1月号　歴史科学協議会
杉田　義　2008「平城遷都一三〇〇年記念事業をめぐる問題点」『明日への文化財』59号　文化財保存全国

協議会
杉田　義 2009「平城遷都 1300 年祭と平城宮跡国営公園化をめぐる問題点」『建築とまちづくり』2009 年 11 月号　新建築家技術者集団
杉田　義 2012「平城遷都一三〇〇年祭が終わって ―遺跡保存の観点からの検証」『明日への文化財』66 号　文化財保存全国協議会
宮崎　洋 2008「京奈和自動車道とユネスコ世界遺産委員会」『古都異変』 高速道路から世界遺産・平城京を守る会・奈良自治体問題研究所
直木孝次郎・鈴木重治編 2002『世界遺産平城宮跡を考える』 （株）ケイ・アイ・メディア
奈良市ほか 1999『世界遺産古都奈良の文化財』 奈良市
浜田博生 2000「『古都奈良の文化財』の世界遺産登録と市民運動」『奈良世界遺産と住民運動』 新日本出版社
前　圭一・小井修一・杉田　義・宮崎　洋・浜田博生編 2008『古都異変』 高速道路から世界遺産・平城京を守る会・奈良自治体問題研究所

座談
先史考古学50年

語り手　市原壽文
聞き手　設楽博己　千葉　豊

　話は市原先生の考古学のあゆみの中で大きな位置をしめる静岡県清水天王山遺跡の土器の問題からはじめた。この遺跡の土器の内容を検討するにあたり，構成している精製土器と粗製土器の割合が取り上げられた。

清水天王山式土器について

市原壽文　設楽さん，あなたが愛知県馬見塚遺跡とか，例の渥美半島の伊川津貝塚とか掘られて，それで粗製土器とかの比率はどうですか？

設楽博己　馬見塚はちょっと時期が新しいですけど，圧倒的に粗製土器が多いです。

市原　やっぱり。

設楽　実は伊川津貝塚は僕が土器を報告しているのですが，土器をいじって報告しているわけではないのです。拓本だけで。大至急やってと言われたものですから。

千葉　豊　報告書では圧倒的に無文土器が多いと書いてあります。

市原　天王山的な現象というのは，東海のはずれでみられるようです。それともう一つは伊東の井戸川遺跡ね。あれの報告書が出るといいんだけど，あれを掘った人があまり意識していないのかな。製塩土器まで入っているというんだけど。あそこの比率やなんか，粗製土器はどうなのと聞くと，ありましたというのだけど。

　それから，静岡大学の下の蛭田遺跡。あれもあんまり粗製土器は多くはないようです。ただ，粗製土器は設楽さんなんかが見ていらっしゃって，どう思っているのですか。加曽利B式あたりから安行1，2式ぐらいにかけての，例の埼玉県の真福寺遺跡やなんかで古い世代の大先生たちが紐線文と言った粗製土器の比率はどうなんですか。

千葉　金子裕之さんが書かれていました（金子裕之「茨城県広畑貝塚出土の晩期縄文式土器」『考古学雑誌』第65巻第1号，1979年）。

設楽　結構な比率です。

市原　かなり高いでしょう。

設楽　まったくの無文というのは，後期の段階では多くないんですが。

千葉　まったくの無文というのは関東にはないと思います。全面縄文がついて加曽利B式あたりで例の紐線文になってゆくわけです。

設楽　それで縄文がとれて条線がついて，でも後期にはまったくの無文というのはあまりない

ですよ。紐線文の割合というのは，いわゆる精製土器よりもちょっと多いんじゃないですか。

市原　なるほど，ちょっと多いくらいですか。

設楽　かなり精製土器も目につくんですが。

市原　僕ら偏ったものを見たり見せられたりしているわけだけれども，南関東の場合，例の千葉県遠部台遺跡。あれはまるで紐線文が多いでしょ。特殊なんでしょうけど。ただし，最近土器まで輸出するというのも結構なんだけど，そんなことをして精製土器を作るのかな。それともう一つは東北かなんかで亀ヶ岡の本場でとか，僕や岡本勇さんと発掘に参加した福島県三貫地遺跡やなんかの，縄文時代後期の終わり頃の粗製土器の比率というのはどうなんでしょうか。亀ヶ岡や東北の粗製土器と言われているのは，結構立派だけど。

設楽　縄文がつきます。

市原　縄文がつくし，口縁部に文様がつきます。

設楽　それがどれくらいの比率であるかっていうのは，データとしてどれくらいきちんと出ているのですか。今回の清水天王山関係でも山梨県中谷遺跡（奈良泰史『中谷・宮脇遺跡』都留市教育委員会，1981年），神奈川県青山開戸遺跡（服部実喜・小川岳人『青山開戸遺跡　宮ヶ瀬ダム・津久井導水路管理用道路建設にともなう発掘調査』かながわ考古学財団調査報告29，財団法人かながわ考古学財団，1997年）でも全部の個体数とかは書いてあるんですけど，無文土器に対して何割とかはないです。

千葉　ただ，青山開戸遺跡は報告者におうかがいしたところ，無文の口縁部は極力載せたということです。

設楽　そうすると，無文土器は少ないです。有文のほうが多いです。

市原　そうですか。

設楽　中谷遺跡は何割くらいでしょうか？

千葉　半々いかないと思います。

設楽　有文のほうがやっぱり多い？

千葉　はい。

市原　そうですか。

千葉　そういうイメージです。

市原　最近は，いろんなことがわかってきて，遺跡の場所によって，掘っている地点によって違うとか。

千葉　その問題を言われると，廃棄場の性格とか関係してくると，大変です。

設楽　中谷遺跡なんか，廃棄場に大洞系の土器がないんですよ。これも不思議な現象ですけど。

市原　一点も出てない？

設楽　一点もないんです。

市原　それで関東風のものはあるんですか？

千葉　関東風のものもないです。

設楽　いわゆる清水天王山式だけという感じです。安行式もないし。

千葉　鍵の手文はありますけど。

市原　それはちょっと，ナショナリズムです。

設楽　不思議です。

千葉　ちょっとはあってもよさそうなのに。

設楽　一点二点あったっていいとは思うのに。

市原　そんなにきれいさっぱり？

設楽　まったくないんです。

市原　どういうことだろう。

設楽　粗製土器もちょっと違うんです，中谷遺跡と青山開戸遺跡で。

千葉　時期の問題もあるのかもしれないんですけど，青山開戸遺跡のほうが内面はなでている。外面は削っているのもあるんですが，器壁がちょっと厚いんです。

市原　中谷遺跡のほう？

千葉　青山開戸遺跡です。中谷遺跡のほうは，内面を削っているのが影響しているのか，器壁が薄いものが多いという印象を受けます。清水天王山遺跡でもう一度，確認しないといけません。

設楽　清水天王山遺跡は中谷遺跡に近い？

千葉　そこ，むずかしいと思うのですが，青山開戸遺跡は時期的に晩期初頭，中谷遺跡のほうは鍵の手文があるから時期的にやや新しいわけで。そのへんが清水天王山遺跡の層位のなかで，無文土器に多少変化が出てくるのかどうか。

設楽　器壁が厚いっていうのは，関東の安行3a式土器の無文粗製土器は厚いんです。

千葉　その影響があるかもしれません。安行系の土器が入ってますから。安行の粗製土器みたいなものも青山開戸遺跡にあります。口縁部に隆帯をつけて爪形をつけるようなのは粗製土器じゃないのか？

設楽　半精製？

千葉　あの手が数点入っていますから。

清水天王山遺跡の第1次から第3次の整理のころ

市原　だから率直に言って，清水天王山遺跡の第1次から第3次の報告は，僕もわからないで書いているんだけど。それと，僕自身が（山内先生から）破門される時期にかち合っていたという問題もあるんだけれど，山内大先生の総合研究でやっている一環なんだ。山内先生の縄文文化編年的研究特別委員会ってやつでやっていて。先生も整理している過程を夜な夜な見に来られたりしているわけです。やりとりしても返事がないんです。

設楽　答えていただけないんですか？

市原　自分自身でもずいぶん首をひねられたのでしょうか。それで僕に示された文献は，佐野（八幡一郎「信濃国下高井郡佐野の土器」『考古学』第3巻第3号，1932年）と山梨県の日野春村長坂上條（大山柏・竹下次作・井出佐重「山梨県日野春村長坂上條発掘調査報告」『史前学雑誌』第13巻第3号，

1941年)，あれしかないわけですから。それで，鍵の手文なんかは日野春の長坂上條遺跡のほうにちょっと出ていますね。類例はこれだなという言われ方までなんです。

　それで，僕がそこまで踏み込んで聞くだけの能力がなかったんだけど，ご自分自身の例の有名な亀ヶ岡式土器の模式図があるでしょ，あれ以外の器形ではどうなんだ，というとこまで，とうとう聞けなかった。ただ，山内先生ご自分が整理したものが僕のところのどこかにあるんだ。探したけど出てこないんだけど。亀ヶ岡式なら亀ヶ岡式のなかで，器形をどれくらい考えていらっしゃるのか。破片の写真で，大洞BからA′までの1セットあるのですけど。ご自分で，その後もより厳密にするために，時どき入れ替えていたようだけど。ただ僕らが言われたのはローカルなものだってこと。

　設楽　清水天王山遺跡ですか？

　市原　僕がまだ学生時代に調査に行きますっていったら，箱根山の向こうには条痕文が一杯出てくるからなって言われた。帰って，「条痕文はありません，亀ヶ岡はあります」というやりとりだけをしました。

　設楽　それは1949年が第1次調査の時ですか？

　市原　1949年です。その直後にご自分で愛知県吉胡貝塚やなんかを掘られるわけです。それでその比較もあって，ご自分でも非常に気になった。「だいぶ面つきが違う」と。山梨が主体ということは誰も考えなかったですね。清水天王山遺跡は山梨県のはずれということ。

　設楽　その当時はまだ，中谷遺跡も尾咲原遺跡も掘られてませんから。清水天王山式が山梨県で出ていると言えば，日野春の長坂上條遺跡に少しある程度ですか。

　市原　そうです。

　設楽　日野春の長坂上條遺跡は長野県に近いから，清水天王山式はあまり出ないです。

　市原　それで復元している口縁に凸帯のつくやつがある。あの沈線が滋賀県大津の滋賀里遺跡に何となく似ているなという程度です。それで岡本君はさすがだなって思ったけれど，あれを後期のどん詰まりだと考えていたみたいだけれど，あれが出た時に。第3地点だけど…。

　設楽　岡本先生の追悼集に出てきていました。どなたが書いてらっしゃいましたか？

　市原　田辺昭三君（田辺昭三「岡本さんの背中を見て」『岡本勇先生追悼集　岡本勇　その人と学問』岡本勇先生追悼集刊行会，1999年）がそう言うので，僕は聞いたことがないって言ったら，田辺君は生まれてはじめて専門屋たちの会話を聞いたので，非常に意識に残っている。これは間違いないと言うから，早く言えばよかったのにって言ったら，「今更」とか何とか言ってたけど。こっちはもっぱら亀ヶ岡風の土器で頭に血がのぼっているわけだから。

　吉胡貝塚の報告（文化財保護委員会編『吉胡貝塚』埋蔵文化財発掘調査報告第一，吉川弘文館，1951年）が出て，出るのは清水天王山遺跡より先かな，あれをひっくり返しても時期が違うし比較にならないんだ。苦労して最初の報告書を出すんです。矛盾の結節点みたいなことになってゆくんだが。そのあとで，永峯光一氏の佐野遺跡の再整理の報告書（永峯光一『佐野遺跡』長野県考古学会研究報告書3，1968年）が出てくるんです。

坪井清足さんの思い出

市原 あのころ，坪井清足さんも吉胡貝塚の報告書作成の問題で，山内清男先生のところに来ているんです。坪井さんは奥さんとの結婚の問題でカミナリ落されているらしくて，あんまり寄りつかなかったんだ。

坪井さんは大先生が吉胡貝塚を掘るっていうので，もちろん坪井さんも調査に行っているわけで，山内先生のところへ行ったり来たりしているわけです。

その前に，坪井さんは小林行雄さんの『日本考古学概説』（創元社，1951年）の遺物の図を全部坪井さんが書いている。あれは見事で，図というのはこういうものかと理解する糸口にもなっている。京都大学の考古学陳列室がもっているギリシアの濱田耕作先生のコレクションなんだろうけど，カップのイミテーション，クレタかどこかの，ハンドルのくっついた原図を見た。坪井さんが書いているんだ。例の牛だの闘牛士だのくっついている絵です。まあ，実測図というのはこういうものかって思って。と，同時にね，こんなものまで実測図にかけるのかって，まだハイティーンのころ見て初めて思うわけだけど。それで，坪井さんが長いロールのセクションペーパーに，東京大学人類学教室の亀ヶ岡式を実測してました。そういうものかなと思って，はたから見ていたわけだけど。

それやこれやで，考古学ではあまり食えないからやめようかなと思っていたら，なんて言ったのかな。なにをやっても食えないのは当り前さのような意味のことを言われました。だって君，考古学プロパーで月給もらっている研究者が日本中で20人いるかいないかの時代ですから。

それで，そういう雰囲気のなかで，坪井さんが清水天王山遺跡の鍵の手文を見ていたので，坪井さんどう思われますかって聞いたら，変なものがあるなっていう返辞でした。大洞C_1に伴っている例の台のついているやつです。

設楽 （『清水天王山遺跡　第1次─第3次発掘報告』第32図8を示して）これでしょうか。

市原 それは非常に印象的なものですから，沈線がずっとつながっているわけです。どうもこの手と大洞BC風の羊歯状文に伴う鍵の手文とどう違うのか，これ自体で推移があるようですと言うんです。すると，あのカミナリ（山内先生）がそれは言えるかもしれない，というやりとりがあるんです。

「土着の土器」は山内セオリー

市原 そうしたなかで，たしか土着の土器というのは，あれは山内先生のセオリーです。厳密には覚えていないんだけど，純粋に土着の土器っていうのは粗製土器なんだって，僕らに言ったりしてもいました。もちろん後・晩期の話です。そう言われてみれば，たしかにそうなんだけど。それで，群馬県千網谷戸遺跡の調査に連れて行かれるわけです。そこで例の網状の撚糸文のつく粗製土器，それこそ撚糸文がつくのです。「ほらみろ，南関東で亀ヶ岡は多くはないけど，こんなものないだろ」と。なるほどなと思って。これは東北の南まである。

一方で，福島県の三貫地貝塚の調査にも行くんだ。三貫地貝塚にもある。人骨がやたらめったら出てる地点で閉口するんだけど。なるほどなって思って，意識を植え付けられて行くわけです。そこで団子の串みたいに亀ヶ岡式が近畿までいくんだっていうわけです。これこそが編年の基準だと。言って見れば，地域性をこえた編年の基準だと。

　先生はその時点では，ご自分で西日本の資料を見てないわけです。人類学教室の所蔵資料だとか，京都大学の所蔵資料は見てらっしゃるわけだけど。あとわずかに鎌木義昌さんがもって来るような瀬戸内（吉備）の資料を若干みてらっしゃるという時分です。岡山県福田貝塚なんかを掘りに行くのは，縄文文化編年的研究特別委員会が終わったあとです。そのあとで，九州へ行かれるわけです。だから福田貝塚なんか掘られて，あれは編年委員会の研究費で掘られたのか，僕にはちょっとわからないんだけど，福田貝塚の資料はぼくが洗いました。だから，福田K2式のモティーフなんか，今でもよく覚えています。

　設楽　それは東京大学人類学教室に運んで，人類学教室で整理されたわけですか？

　市原　そうです。福田貝塚の資料は今は奈良国立文化財研究所にいったのかな。

　　岡山県福田貝塚の山内先生の資料は報告が刊行されている。泉拓良・松井章『山内清男考古資料2　福田貝塚資料』奈良国立文化財研究所史料第32冊，奈良国立文化財研究所，1989年である。

　千葉　いってます。

　市原　あれも縄文文化編年的研究特別委員会の中でやった仕事なんです。

　そこで，僕自身が一番閉口したのは，例のもうちょっと古い下の方の，口縁の近所に隆線文のつくやつです。それから入り組み文。悪戦苦闘したんだけど。ただ，今にして思えば，下に行くほどセット関係というのは，層位のまとまりっていうのは，中身のまとまりっていうのはよいようです。

　設楽　本当にそう思います。第1次から第3次までの結果と，第4次の結果が本当に同じようで，層位的にすごい資料です。

層位的発掘と和島先生

　設楽　厳密に層位で掘っていくというのは，山内先生に叩き込まれたわけですか？

　市原　遺跡そのものは和島誠一先生なんです。和島先生はモノは決して，とくに日本の資料は非常に苦手な方なんです。遺跡自体は徹底してというパターンで，それで田辺昭三少年や僕なんかが若造の頃やられる訳です。だから「層位をきちんと掘りなさい」っていうのは，発掘の時など朝から晩まで言われました。同時に，「層位っていうのは単純なものではありませんよ，自然環境っていうか自然地形によって変わるんだ」と教えられました。

　和島先生自身が東京大学理学部人類学教室の撰科生でいた頃，ほら麻生優君が層位論で書いているだろ，考古学自体の層位の認定が地質学の受け売りだっていうこと，それをやっぱりどっかで教えられるというか，注意されるんだろうな。地質学の教室に，またあの頃は贅沢な人がいられるので，大塚弥之助先生が地質の助手だったっていうんだから。それで地質学のフィールドワ

ークなんか大塚先生について歩いているんです。それで，地質の堆積はこのように見分けるんだっていうことを実際教られたわけです。それを遺跡での観察に持ち込んだらどうなるのかっていうことを，人骨を探して来いっていうんで，これは長谷部言人大先生です。酒詰仲男さんにくっついて一生懸命現場で，それを坪掘りみたいな発掘で東京湾沿岸の貝塚地帯でやるわけです。層位に関しては，あの人はきわめてやかましかった。

和島先生との出会い

市原 特に僕が東洋大学の学生になった敗戦直後の若造の頃，世間では日本史というのはダメなんだ，ダメなんだと言われていた。特に古代史はアカンと。皇国史観批判です。それが疾風怒濤もいいところで，朝から晩までですから。その頃和島先生にあって自分自身でもいろいろな歴史の本なんか読みながら，まあまともに読めるものなんかないわけです。皇国史観自身がダメだっていうことだけ鮮明で，古いとこ古いとこへいっちゃって，気が付いたら縄文時代に深い興味をもっていたということだから。和島先生との邂逅は僕にとっての大きな転機になっています。

和島先生は，若い学生にインターカレッジの雰囲気を経験させたいということで，静岡県登呂遺跡の調査を経験させたいと強く考えていました。先生は何も知らない僕達に必要な基礎知識をということで，毎日曜日，5万分の1の地図をもって，千葉県や埼玉県の遺跡をトコトコトコトコ歩くわけです。それで，小面積を掘ったりもするわけです。あの頃はのんきで，畑の隅っこ掘らしてくださいって言うと，空いているからいいですよという具合で，文化財保護法制定以前ですから。食いものもなかったです。

それで，遺跡というのはこういうものだと，上が新しくて下が古いというのを教えられるわけです。その一方で，ご自分自身は集落問題を考えていて，金のかからない方法で住居跡分布などを突き止めていくにはどうすればよいかを考えているわけです。人類学教室の助手をやっていた中島壽雄さんが物理探査，電気探査です。あれで住居跡の分布を確認しながら，集落遺跡での住居跡確認には物理探査と坪掘りを併行してやって行かなくてはいけないということになるのです。僕らの時代にはそれでも集落遺跡を本格的に掘るというところまではいかなかったのです。

僕が静岡に来てから，菊川の赤谷遺跡，あれは弥生時代後期ですね，田辺昭三少年なんかとの関わりがあって調査するんです。

市原 あそこらも田辺君と僕が死なないうちに報告書を書かなくてはならないんだけど，おそらく和島先生が敗戦後，本気で掘られた最初の集落ではないかな。

設楽 これは和島先生が掘られたのですか？

市原 そうです。片方で登呂遺跡の発掘がガンガンやられているわけです。その登呂遺跡に僕達を連れて行って，インターカレッジの雰囲気を経験させたいということと，集落全体，田圃まで含めて掘っているのですから，それに向けてのハード・トレーニングが始まるわけです。

僕は，和島誠一先生に言われて，縄文式をもっと勉強するにはどうしたらいいんですかっていうと，「山内さんがアルバイトの学生を探しているし，君行ったら勉強にもなるよ」と連れて行

かれるのです。

設楽 それが1948年。最初に和島先生の門をたたいて，それから山内先生を紹介されたわけですね。

市原 ところが，両先生の関係というのは後で知るんだが非常に難しい関係なんだ。その頃和島先生は率直に言って，東京大学理学部人類学教室の研究員という形でいるんだ。研究員という大学辞令で制度的な教官職じゃなくて教室雇いの身分なんです。それでも帝国大学っていうのはずいぶん偉いもので，ちゃんと食えるぐらいの月給くれていたというのです。有給の嘱託みたいな扱いです。インフレの中で。それで，そういう職種を切っていくという，助手から首切るというのと同じです。和島先生も整理されるわけですけど。整理といえば聞こえがいいけど首切られるわけです。それで東洋大学に来られるわけです。

原田淑人先生の思い出

市原 東洋大学では，原田淑人先生が考古学の講義をしていました。僕なんかも原田先生の講義を聴きました。あなた方もご承知のように原田先生は楽浪の調査をやられた方で，先生は東洋史のなかから出てこられた先生です。しかも中国を中心とした東京大学東洋史です。あの頃は，白鳥庫吉博士のような先生がいらっしゃる時代です。大先生が。だから，中国だけでなく，中央アジア，西アジアを東洋の歴史としてやっているわけです。そうしたなかで，原田先生は一翼を担っている方なんです。それで楽浪掘ったりするわけです。もちろん植民地下でそれで大変な成果をあげて，同時にシルクロードなんかにも手をつけていらっしゃるわけです。原田先生の場合には布，織物，絹，ガラスの問題をシルクロードでずっと追いかけていくわけです。文学部の，最近は整理してしまったかもしれませんが，東京大学の考古学の陳列室というのは行かれたことある？

設楽 あります。

市原 あの中に，あれ覚えてないかな，テーブルよりちょっと狭いくらいの衝立みたいなもので，ガラスの破片がひとつずつ入っているんです。光線通すと見えるようにしてある。それがシルクロードの各地域とか，ギリシア・ローマまで入っていたんです。そういう贅沢な資料を扱う調査なんです。だから僕らが東京大学に連れて行かれて，先生に見せられたことがあるんですけど，スライドっていったってキャビネの乾板くらいの大きなのを写すんですから。これがああだ，あれがああだって，ぜいたくな講義をされる時代です。これが考古学かって，それを右も左もわからない若造が講義で聴くわけです。

片一方で，古代史批判みたいな左翼の情報なんかが，ガンガン入ってくるわけです。原田先生の講義は夢の世界みたいな話だから，本気で聴かないんです。聴いときゃずいぶん利口になったと思うんだけど。そういう時代でした。

和島先生との発掘調査

市原 そこに和島先生が来られて，日曜日のたびに地図持って遺跡に出かけて，表面採集というのはこうやってやるんだ，遺跡単位に持って帰らなくてはいけないんだというところからはじまって，一番最初に連れて行かれる本格的な発掘調査は愛知県瓜郷遺跡です。これなんかは，死ぬまで岡本君が言っていたけれども，江川という豊川の支流ですけど，川の真中に土手をつくって，それで掘るんです。満潮の時遡上してくる海水を防ぐための土手です。上から流れてくるトレンチ内の水は我々がバケツですくい出すわけです。ああいう発掘は二度とやりたくないです。

設楽 今だったら鋼矢板を打って。

市原 瓜郷遺跡は報告書（『瓜郷』豊橋市教育委員会，1963年）が遅れちゃったので，ぼけちゃったのだけれど，低湿地の層位としてはものすごい。豊橋市は最初山内先生のところに瓜郷遺跡の調査の相談に来ているんです。山内先生は最初かかわっているんです。ところが，自分が行けないもんで，和島先生に行ってくれと言ってるんです。山内先生は見に行ってとんぼ返りで帰ってきて，どんな状態だったかを報告しくれるということを考えていたようでした。和島先生は行ったらなかなか調査が終わらない，調査途中では帰れないということで，瓜郷遺跡に居続けて調査を指導するわけです。それで弥生時代中期低湿地の竪穴住居やなんかが明らかになるわけです。ご自分も集落掘りたいわけだから，本気で調査を続けたんだ。

人類学教室では山内先生がさっぱり帰ってこないとかんかんになって待っているわけです。それで大変具合の悪い関係になっていくわけです。そんなこと僕などは知らないわけだから。山内先生は調査に行くなとは決して言わないわけです。土器の拓本をとって帰ってきたりすれば，それも一種の情報で，ちょっと見せてくれと言われて一生懸命見ていらっしゃる。それから，静岡県内の白岩遺跡とか，さっき言った赤谷遺跡とかが始まるわけです。もちろん，その途中に登呂遺跡が入るわけですけど。登呂遺跡には確か，東洋大学にいたわれわれは，2年目から参加するはずだけど。僕は最初の時は行けないわけです。同級生たちは行くんだけど，僕は3年目と4年目しか行っていないはずです。

登呂遺跡も整備にかかわっての再調査2年目だけれども，やっぱり水田域と集落域の間に溝が出てきた。集落域はどうも住居の数が増えるみたいです。一方で，清水天王山遺跡を掘っていくなどで鍛えられていくわけです。

東京大学人類学教室の教育体制

市原 片一方で，僕は山内先生のところのアルバイトに行っているんです。そうすると東京大学人類学教室の学生教育のための発掘調査などにも手伝いで連れて行かれるんです。これがまた贅沢で，地下足袋から軍手まで学生の頭数分みんな持っていくわけだから。それで人骨の掘り方を教育するわけです。その時行ったのは，千葉県曽谷貝塚。うまい具合に竪穴住居跡一軒にぶつかって，縄文時代前期の繊維土器の竪穴住居を掘るんです。住居のなかに小貝塚もあって，しか

も一体分の人骨も出てくるんだ。

　それとは別に報告書にはなっていないんだけど，鈴木尚先生が千葉県市川市の日本考古学研究所のグロート師が姥山貝塚で人骨を掘ったということで，鈴木先生も掘るんです。その頃まだ，岡田茂弘君も高校生かな，まだ学習院大学にいってなかったと思うけど，来てました。人類学教室の学生で来ていた中には，国立科学博物館にいる佐倉朔さんとか，札幌医科大学にいた梅原さんとか，埴原和郎さんも来ていた，そういう時代でした。姥山貝塚の人骨群，もちろん縄文時代中期の後半期の人骨なんだけど，あれなんかものすごかったです。

清水天王山遺跡の調査経緯

　市原　話が飛んで申し訳ないんだけど，清水天王山遺跡の報告はご承知のとおり，和島先生が書いているけれども，扇状地にある縄文遺跡なんてものを意識する人もいないし，掘る人もいなかったんです。わずかに，滋賀県の滋賀里遺跡が扇状地の縄文遺跡として知られていましたが，地形の状態などまるで違う扇状地です。それに比べて，ガラガラの礫だらけのところです。本当に出てくるのかどうか不安でした。僕が見にいったら，亀ヶ岡式土器を拾って帰って。晩期が出るらしいということになって，それじゃあ掘ろうということになって。

　千葉　先生が大洞的なものを拾ったのがきっかけなんですか？

　市原　一番最初は登呂遺跡です。そこに瀬古巌君という，静岡の県立工業高校の生徒が縄文土器持ってくるんだ。それで岡本君がちょっと来いって言って，二人で見たら，その中には亀ヶ岡式はないんだな。例の入組文の小さなかけらとか，無文の粗製土器ばっかりなんです。なんだか変な土器だなって。ただし，縄文式だなって。それと条痕文，水神平式があるんだ。

　とにかく行ってみようということで，登呂遺跡の発掘が始まる前に，朝4時に起きて二人で静岡から静岡鉄道の一番電車に乗って出掛けて現場を見るんです。最初見たのが遺跡のなかの第3地点，土を取ってへこんでいる。どうも層位も何とかありそうだし掘れそうだなと。岡本君の方が経験豊かだったということでしょう，「俺はこんな石だらけのところは掘らない」というわけですよ。僕は「層位が分かればそれで良い」と。そういう会話を現場でしました。「岡本君が掘らなければ僕が掘っていいか」って言って，それで岡本君は静岡県袋井市大畑の貝塚を掘るんです。それまで東海の縄文時代の住居跡なんてわからなかったんだけど，関東でいったら，堀之内式ぐらいのやつ。それこそ福田K2式かかったのも数点出てくるという。周堤をもった方形の平地住居を掘るんです。僕は清水天王山遺跡を掘ったら，どうも礫堤のある住居がある，しかもその時期は縄文時代後期ということはあまり強く言わなかったけど，どうも晩期らしいということで。後藤守一先生なんか，非常に喜ばれました，住居跡論なんかやってらしたので。東海地方の縄文時代の住居はみんな平地式だって言って，そういう言い方で，平地住居を平地式という言い方までされ始めるわけです。

　そんなことで清水天王山遺跡はいける遺跡だということが第3地点の層位と一緒に分かってくるわけです。第2次調査の時は，僕自身もまだ東洋大学の助手になっていなかったのかな。第2

次調査の時には，この報告書の中に折り込みの断面図で包含層を示している。なにしろ礫が多いものだから，なかなか下まで掘れないんです。予算もないし時間もないみたいなことで，とにかく平面的に包含層が分布するということを確認しようということになるわけで，それで良いということになるわけです。一つ一つの包含層がすべて住居跡で良いようです。第4次調査でも同じような状態が認められるわけです。まさに扇状地上の集落ですよ。第3地点だけが特殊ということになるわけですけど。山梨県のその後のものすごい遺跡なんかとは遺跡の性格が少し違います。第2次調査のあとに，九学会連合の能登の調査に山内先生に同行しました。

山内先生に破門される

市原 山内先生から「もう研究室に来なくていい」と言われるのは，人によっていろんな言い方されているんです。仁王様みたいに前に立ちはだかるように「もう来るな」と伝えられるケースとからはじまって。僕の場合は「明日から来なくていいからな」と非常に静かな言い方をされました。ああそうですか，長い間お世話になりました，みたいな話なんだけど。

設楽 それが，能登のあとですか？ 清水天王山遺跡の第3次調査が1953年の8月になってますが，その頃でしょうか？

市原 その頃です。だから，能登の後始末というのは全部，高堀勝喜さんに押し付けることになるんだけれど，九学会の『能登』という報告書（九学会連合能登調査委員会『能登』平凡社，1955年）がつくられ始めるところで，「明日から来るな」ということになるわけです。

設楽・千葉 それは一体どういう理由なのですか？

市原 あの先生は「二君に仕えず」のようなところがあるんだな。僕は東洋大学の学生なんだから，和島先生はレッドパージにはなっていたけれども，「若い学生を放置したままでいなくなることはできない」とのことで，和島先生と行き来があったってしょうがないわな。それで片一方で，山内先生だろ。和島先生ご自身は資源科学研究所に行ってらしたんだ。何かの用で，僕が資源科学研究所に行ったんだ。そうしたら，たまたまそこに農林省（現農水省）でお米をやっていた佐藤敏也さんが来て，和島先生とやりとりはじめました。佐藤さんは日本のイネのオリジンの研究をしていた人ですが，今はそのような問題はDNA研究で非常に明らかです。瓜郷遺跡の炭化米のことなどを話していた。佐藤さんが帰った後で，先生の聴講単位のことだったかを話をして，僕は失礼してきました。幾日かたって人類学教室に行くと，山内先生のところに佐藤さんが来ました。佐藤さんは山内先生に僕を和島研究室で見たことを話しているわけです。それで，「君は和島君のところへ行っているんですか」と言われたんだ。和島先生はすでに人類学教室を離れているわけです。

高橋護さん，磯崎正彦さんの思い出

市原 4年ぐらい前かな，東海大学で日本考古学協会の総会があった時に，N君が山内先生の奥さんから聞いてきたんです。僕が静岡大学では非常勤講師で食うや食わずだったんだ。山内先

生は僕を呼び出して以前のようにプライベートなアシスタントとして使うことも考えたらしい。「僕がいなくなって，非常に困った」と奥さんに話しをされたらしい。それを奥さんからN君が聞いてきて言うものだから，「僕は何も知らないよ」って言いました。

　そして，僕の後が高橋護君。高橋君は明治大学の二部に在籍していたので，昼間は山内先生のところに来ているわけ。高橋君はノイローゼみたいになっていた。山内先生の奥さんを囲む会の後で坪井清足夫人（坪井みゑ子さん）など数人でお茶を飲んでいたら，佐原眞君が喋りだしたんだけど，長谷部先生が山内先生の部屋に見えたんだって。お二人が話をしていたら，両先生の意見が食い違ってしまった。両先生の解釈の食い違いは有名な話なんだけど，意見が違ってしまった。そしたら，高橋君は，「そりゃあ長谷部先生の方が正しい」とお二人のいるところで言ったんだって。それで「明日から来るな」というわけです。僕も一度，高橋君のピンチの時に居合わせたことがあった。その時は金関丈夫先生が見えていて，金関先生も渋い顔で座っていらっしゃった。

　そんなことがあって，高橋君に代って磯崎正彦君が来るんです。磯崎君があそこにいて，例の青森県の岩木山の調査があるわけです。あの人は非常に出来た人で，十腰内の編年などもやられた。先生が学位論文を書いているときに一番近くにいるのが磯崎君です。先生の完成した博士論文を風呂敷に包んで京都大学に届けるのも彼がやったと聞いています。

山内先生に破門を解かれる

　市原　山内先生はご自分が育てた若い人を可愛がる人だけど，その人が成長してくるとどう扱ったら良いのか分からなくなるんだと言われた方もいました。そうなると爆発するんです，カミナリになって。それは子どものようでした。僕なんかは，雷を落とされるのではなくて，「明日から来るな」って言われるんで，「はい分かりました。さようなら」と言って帰ってくるわけだけども。

　それである日，7年が経って，麻生優君の結婚式に出席したんです。そしたら誰だったかからメモを渡されて，「山内」って例の特徴ある字で書いてあり，「帰りに寄ってくれるように」とありました。麻生さんの式後，夕方人類学教室の先生の研究室に行きました。北沢八重男さんという，人類学教室の3代だか4代の主任教授に仕えたという人だけれども，僕が先生のところにアルバイトに通っていたことなどを知っている人で，「お前，大先生が待っているゾ」って言うんだ。

　僕はそのメモをもらった場所が麻生君の結婚式だったということもあるんだけれど，岡本勇君に相談するわけにもいかないし，ほんとうに困ったんだ。いずれ先生のところに行かなくてはと思いながら，先生も勝手だという意識と両方なんだ。まだ東海道新幹線のない頃で，東京駅で東海道線の急行に乗って座るんだ。そしてまたワイシャツのポケットからそのメモを取り出してみて，先生が体調をくずして倒れられた後でもあり，先生が「来い」と言われるんだから，行くかという意を決する思いで，列車を降りて行きました。そしたら，北沢八重男さんが理学部の建物の玄関のところにいて，「お前早く行け」って言われて，走っていったんだ。

一人だけ，若い人がいました。研究室に入っていったら「よく来たな」と言われた。7年ぶりです，最敬礼して「ご無沙汰してます」と言って。「座りなさい」と言われ，座ったんだ。先生は体調がだいぶ弱っていらっしゃっていた。そして，後ろの書架から「これ」と清水天王山遺跡の報告書を出されて机の上に置き「出来たじゃないか」って言われた。また立ち上がって，「どうも不十分でして」と言って，また頭を下げた。

山内先生の蔵書のメモ

市原 あなた方も知っていると思うけど，山内先生の蔵書には自分の書き込みがあるんだ。清水天王山遺跡の報告書にもかなり書き込みがあるはずです。奈良国立文化財研究所にいった先生の蔵書を見られれば，どんな書き込みがあるかわかるはずです。たとえば，『北佐久の考古学的調査』のなかに，古式縄文土器の中で諸磯式の編年的位置づけが確定できなくて，八幡先生がななめ下に1本棒引っ張って，ここに諸磯式と書いているんです。そこに山内先生は鉛筆で，諸磯提灯って書いてあるんだ。山内編年からいったらそんな位置づけはないわけです。ある時，先生の書架に並んでいるその本を出して，そこを見たら諸磯提灯て書いてあるんだ。「諸磯提灯って何ですか」と先生に聞いたら，「提灯みたいにぶら下がっているだろ」と。なるほどなって思った。同じようなメモは唐古。例の突帯文がある。その脇にメモがあるんです。そういうの拾っていったら面白いでしょう。

　　唐古は京都帝国大学から出た報告書をさしている。末永雅雄・小林行雄・藤岡謙二郎『大和唐古弥生式遺跡の研究』京都帝国大学文学部考古学研究報告第16冊，京都帝国大学，1943年。

設楽 これ（清水天王山遺跡の報告書）なんか，なんて書いてあるのでしょうか。

市原 先生の蔵書は坪井さんがご苦労されて奈良国立文化財研究所に入りました。書庫だから難しいかと思うけれど，機会があったら先生の蔵書を見せてもらうことができるとよいのですが。

清水天王山の報告書作成の頃

市原 清水天王山遺跡では大量の無文粗製土器，要するに土着の土器があって，伴う亀ヶ岡式風の土器が編年の基準になってゆくんです。それとその頃，半精製なんて言葉が出て来はじめる時期です。本当は注で，土着の土器は山内先生に教わったと書かなきゃいけないのだけど。偉い人達に教わったことはきちんと書きなさいとよく言っていました。悪意があって書かないのではなくて，書いているつもりで忘れたんです。

設楽 土着の土器というのはどういうものを指しておられたのですか。無文も含めて，こういう手のものも？

市原 山内先生は関東地方の資料をあれだけ見て，東北・北海道を見ていて，ある程度中部地方も歩いていらっしゃる。それでもないわけです。こりゃいけるという意識は持っていられたと思うんだ。

それと第1次〜第3次の報告書は静岡大学が大岩にある時に作ったんだけど，議論する相手が

誰もいないんです。僕一人でやっているわけだし。どこかに類似資料を見にゆく旅費があるかといえば，そんなものない時代ですもの。清水天王山遺跡の報告をやっている頃，早稲田大学がさかんに東北地方の調査をやっている頃で，桜井清彦さんが蝦夷の問題をはじめるのです。その時，早稲田大学の方で亡くなったけど大田区にいた菊池義次さんていう人が津軽の亀ヶ岡式の遺跡を掘るんです。菊池さんは東京考古学会の残党の一員で，弥生式の久ヶ原遺跡のど真ん中に住んでいたんです。

　今でこそ，東京大学の資料は偏った資料にしかならないんだけど，京都大学の古墳関係の資料と，両方は最高なんです。

　設楽　山内先生の岩手県大洞貝塚の写真というのは，土器の破片も含めてですか。

　市原　そう，むしろ破片ばっかり。大洞BからA′まで。7年ぶりで帰りに寄れって言われた時は何だろうと思ったんだけど，清水天王山遺跡の報告書を出してお茶飲んで，開口一番言われたのは，そこにいた若い人に「お客さんがきたら挨拶ぐらいしろ」って言って，若い人を叱っているんだな。しょうがないからこっちが先に立って，「市原です，こんにちは」って若い人に言いました。

九学会の能登の調査の頃

　市原　それで，写真の印画紙の箱引っ張り出して「これ君が持って帰るように」と。能登調査の遺物写真でした。「書くのは高堀君が書いたから，これは君が持っていくように」って。九学会の調査の時に，石川県は高堀さんと沼田啓太郎さんの二人が石川考古学会の中心なんだけど，すごい計画立てたもので，あの頃知られていた能登半島の縄文遺跡を全部歩くという計画でした。富山県の氷見の湊晨さんのところを振り出しに，沿岸沿いをずっと歩くんです。もちろんバスは使いました。各遺跡の学校だとか個人で持っている資料を見ていくんです。上山田遺跡なんかは久保さんというお医者さんが所蔵していました。そういう資料を見ながら，主要な遺跡全部試掘していくんです。坪掘りです。それで，層位別に資料採集して，リュックに入れて次に向かうんです。

　千葉　山内先生が直々に指導して発掘されたわけですか？

　市原　そう。そのメモが能登の九学会の報告書に載っています。あれは僕のメモ。正式な日誌は先生のところに置いてきたんだけど。どこかに行っちゃったのかな。

東京大学人類学教室での仕事

　市原　僕がアルバイトとして人類学教室の山内先生の下でやった仕事は何かというと，太平洋戦争の終わりころ東京大学の各教室が疎開しました。人類学教室は飛騨に疎開したので，長谷部先生が主任教授でいらっしゃって蔵書も疎開するんです。ところがモノのない時代だから，遺物の入っている平箱をひっくり返して本を入れて荒縄で縛って移動するということをやったようです。また，人類学教室の平箱は贅沢なんですから。ヒノキの柾目材の平箱なんですから。中に入

っていた遺物は地下にひっくり返したようです。平箱単位で分類しておくとかではなくて，理学部2号館の中庭のコンクリートの床と地下に。

　それを『人類学雑誌』の初期のものに記載されている資料をはじめ大部分の考古遺物が野積み状態になっているわけです。持ち出した資料は疎開先に持っていったのは自分が手がけていた資料だけ持ち出したようです。たとえば和島先生なんかも飛騨に行かれるんですが，ご自分が採集してきた中国関係の資料を持っていくわけです。山内先生にしてみれば「和島君はけしからん。左翼のくせに日本軍国主義が侵略していた中国の調査へ行って」というわけです。「しかも中国の資料だけ持ち出して，日本の資料をひっくり返して」ということになるんです。ひっくり返した資料を元に戻すのは山内先生のわけです。それは山内先生でなければやれないし，あんな肺までほこりが入るような仕事をいくらアルバイトとはいえ，あの頃一日百円でやる人はいないですよ。それを朝から晩までやってた。

　設楽　山のようになっているモノを，これはあの遺跡，この遺跡と…。

　千葉　注記はしてあったんですか？

　市原　あるもの，ないもの。和紙のラベルが貼ってあったり，『人類学雑誌』に載っている資料もありました。その上，平箱自体が資料です。平箱の小口に貼ってあるラベルに，実にきちんとしたりっぱな字で，遺跡名が書いてあるんです。たとえば沖縄県萩堂貝塚とか。ある日，僕が平箱に雑巾をかけながら，ずいぶん上手な字だなと思って見ていたら，山内先生が「萩堂は松村瞭，これは小金井（良精）さんね，これは長谷部（言人）先生」と言われたんです。僕は平箱まで文化財だなと思った。そんなこと知っている人はもう今の人類学教室にはいないんだと思います。東京大学総合研究博物館ではどうしているんでしょう。

　設楽　そういう先生方がラベルを書いて。

　市原　優雅なもんだ。かろうじて知っていたのは，あの頃助手でいらっしゃった酒詰仲男さんや渡邊直経さんなんかだったんでしょう。

　設楽　その整理は先生お一人で，助手の形でやっていたんですか？

　市原　山内先生に言われる通りに。明治時代からの埃ですから，一通りのものではないんです。なかには朝鮮の瓦が出てくるし中国の遺物も入っている。ありとあらゆるものが出てくるんです。その点で最も冷遇されていたのは，普遍的な縄文遺物。茨城県陸平貝塚みたいな。あれなんかはどうしようもない状態で放り出されていた。

　僕はあるとき，非常に驚いたのは，一箱須恵器の大きな破片が入っていて，「この須恵器はどこに移しましょうか」って言ったの。そしたら「それは須恵器じゃないよ，珠洲焼というんだよ」って言われました。へえーと思いました。右も左もわかんない学生なんですから。あとで，珠洲焼が考古資料になるんだってわかったんだけど。山内先生はそれをちゃんと知ってらっしゃったんだ。あれはびっくりした思い出の一つだった。なにしろ，埃だらけの遺物の山の中にはモースの掘った東京都大森貝塚の資料まであったんですから。

　大森貝塚の資料，東京大学総合研究博物館に展示されているのは見ましたが，あれなど外側の

ケースにも意味があるんですよ。平箱の話と同様に。長谷部先生が大森貝塚専用の陳列ケースを作らせたと教えられました。中に報告書に載っている資料が並んでいて，下の扉を拓くと平箱が引き出しのように入るように作られていました。そういうものがあったにもかかわらず，大森貝塚の資料の一部までが疎開の時にひっくり返されていました。山内先生は「これはすぐ大森に戻そうね」といって，理学部の建物の3階に持ち上げました。

　設楽　東京大学総合研究資料館（現　東京大学総合研究博物館）で大森貝塚の資料は見たことがありますけれど，そういう棚に入っていたか。

　市原　今は違うんですか。何とも品のいい棚でした。半間くらいの幅で，上だけ観音開きになるガラスの入ったものだったんですけど。

　千葉　東京大学総合研究資料館に行った時，赤澤威先生に金属の鍵手状になっている棒で，棚に入っている木箱を引っ張って出すものがあって，山内先生が考案したと言ってましたが，先生がいた頃は使ってましたか？

　市原　それは知りません。ある時，僕が何かで怒られた直後に坪井さんが見えたんだな。僕が坪井さんに「なにしろ，おっかなくって」といったら，「どこだって同じだ」って。「ここはまだいいんだ」って言われました。梅原末治先生のことを言っていたのだと思います。

　いずれ，山内資料で出てくるだろうけど，ご自分で発掘されたのは滋賀県の安土遺跡の資料がその一部です。あれも科学研究費による縄文文化編年的研究特別委員会の最後ではないかと思います。

　　　滋賀県安土遺跡の資料については泉拓良ほか『山内清男考古資料15　滋賀県安土遺跡資料』奈良文
　　　化財研究所史料第70冊，独立行政法人文化財研究所　奈良文化財研究所，2005年がある。

山内先生と小林行雄さん

　設楽　山内先生は小林行雄先生のことで何かお話になったことはご記憶にございますか？

　市原　小林さんとは，肝胆相照らしていらっしゃいました。唐古の報告によって代表され，あるいは『弥生式土器聚成図録』なんかを「実質的には小林君がやったんだ」という言い方をしていました。小林さんは，あの頃，文化財保護委員会の委員やっておられて，国の文化財関係の審議委員の一員です。それで出てこられるんです。それと慶陵の仕事をやっている時期だから，何かと出て来られたんでしょう。山内先生の研究室に度々立ち寄っていらっしゃいました。

敗戦直後の生活状況

　市原　あの頃，敗戦直後は公的な仕事に就く人でないと東京に転居できないんです。山内先生は単身赴任で，研究室の机の上に寝起きしていました。朝から晩まで研究室で暮らしているのです。いくら山内先生でも風邪をひかれます。熱が出れば横になる必要もありますが，それも研究室でした。そこ以外に寝るところがないんだから。僕はさぼれないからそれでも行きました。研究室のど真ん中の大きなテーブルの上に畳一枚置いて布団敷いてそこで寝起きしていらっしゃい

ました。お客さんが見えればそのまわりに座るわけです。芹沢さんだったかな，ひょっこり現れて帰る時，僕とすれ違ったら，お通夜みたいだと言ったんです。僕は吹きだしちゃったんだけど，あれは困った。そういう生活をしていらっしゃいました。

千葉　自炊していらっしゃったんですか？

市原　そう。食い物がない時代です。奥さんとお子さんは仙台で生活されていて，先生は単身でした。米は配給制度で，ご家族がちょっとでも良い条件で生活されるようにと配慮されて，米の受給権利は仙台に置いたままで，パン食で生活していらっしゃいました。あの頃は，パンも配給で，配給チケットがないと売ってくれないんです。我が家にあったものだから差し上げていました。それで先生自身はパン食生活をしていらっしゃいました。

山内先生とビアズレイ

市原　そういう生活のなかで先生のところに来ていたのは，GHQの民間情報局員として来日していたミシガン大学のビアズレイさん。インディアンの先史時代をやっている人だけれど，『アメリカン　アンソロポロジスト』なんかに論文書いているんです。石器時代をやっていた人だから山内先生のところにずいぶん来ていました。例のサケ・マス論なんかもビアズレイとのやり取りのなかで確信をもっていかれるようでした。先生はすごい人で，山内先生の横文字は有名なんだけど，ビアズレイさんも日本語の読み書きと会話には困らない人でした。それでも先生は全部筆談していました。日本語のわからない外国人が来ると，「私は会話ができません」てメモして最初に渡して，全部筆談。だから後で日付と相手の名前書いていたから，あのメモどこかに全部残っているでしょう。ICUにいるキダーさんも一番最初に来た時に山内先生のところに見えました。

山内先生と八幡一郎先生

市原　人類学教室は先史学というのは専任講師だけなんです。その専任講師だったのは八幡一郎先生なんです。八幡先生が戦争の終わり頃，中国東北（旧満州）の調査に出かけて，そこで戦争が終わってしまうんです。江上波夫先生なんかも行っているんだけど，江上先生は早く引き上げてこられるんだけれど，八幡先生はチャンスを逸して戻れなくなったそうです。一時は生死もわからなくなり，大変な苦労をされたようです。

千葉　捕虜になったんですか？

市原　捕虜じゃなくて，食うや食わずで歩いて朝鮮まで帰って来られたらしい。

設楽　歩いて？

市原　薬草の知識があったから助かったとお聞きしたことがありました。薬草を中国の人相手に行商しながら帰って来られたそうです。その間，長谷部先生が困られて，八幡先生が担当していた人類学講座の先史学担当として仙台にいらっしゃった山内先生を呼ばれたとお聞きしました。八幡先生は上野の東京国立博物館に行かれて考古室にいらっしゃいました。そして，敗戦後日本

で最初の考古展をやられ，そして東京教育大学に移られる。さらに東京大学文学部に移られました。

甲野勇先生

　市原　その時期に，もう一人は甲野勇先生。戦後の早い時期ですが，甲野先生は「博物館を10つくる」とさかんにおっしゃっておられました。なんで10つくるのかというと，国民が歴史を学ぶために役に立つ博物館，歴史―郷土博物館的なものを夢にもっておられたわけです。それで井の頭公園の都立武蔵野郷土館を発足させて，がんばっていろいろやっていらっしゃるわけです。時々山内先生のところに現われていらっしゃいました。甲野先生も山内先生が代表だった日本考古学協会の縄文文化編年的研究特別委員会の一員でいらっしゃるので，その仕事として福島県三貫地貝塚の発掘や，埼玉県真福寺泥炭層遺跡の発掘など行なわれるわけです。甲野先生の下には吉田格さんがいらっしゃるのだけれど，発掘の働き手は岡本勇さん，大和久震平さんと僕なんです。

低湿地遺跡の調査 ―瓜郷遺跡―

　市原　あの頃の泥炭層の発掘なんかは，排水方法など今と全く違うんだから推して知るべしです。僕らが人力でダルマポンプで排水するしかないわけでした。和島先生が資源科学研究所に移られてからもあっちこっちの調査に引っ張っていかれました。瓜郷遺跡もその一つでした。

　和島先生は稲作を生産経済の問題として意識していて，その解明という大きな目的をもって低湿地遺跡を掘っているわけです。人類学教室の終わり頃から瓜郷遺跡なんかにも関係しています。瓜郷遺跡には弥生時代の貝塚があるわけですから，そうしたことから本当にコメをつくっていたのかという問題が出てくるわけです。現在でも海水が遡上してくる地域に立地する遺跡です。ここで弥生時代に米がつくれたかどうかという疑問が出てきます。自然堤防の上に集落が位置して，まわりに湿地があるけれど，周囲の低湿地が稲作の可耕地かという問題から取り組んでいくわけです。

　その判断には貝の生態が手がかりになるらしいということから，貝類学者の大山桂さん（大山柏の息子さん）という方が資源科学研究所にいました。貝についての大変な専門家だったようです。特に分類の。その人のところに和島先生が瓜郷遺跡から出た貝をもっていくんだ。瓜郷遺跡の調査には後に同志社大学に行かれた酒詰仲男先生が人類学教室の一員として参加していました。酒詰先生はその貝をウミニナの幼貝だと言われるんです。ところがそうじゃないんだ。大山さんの同定では別個の種類で鹹度の低い汽水域に生息している淡水貝だということがわかって，それをもって帰って酒詰さんの判断は疑問だと言って戻ってくる。

　そのことは瓜郷遺跡の古水域環境で米ができるんだという問題にもかかわってくるんです。そして米をつくっていた瓜郷遺跡の地形はどうだったんだということで，井関弘太郎さんなんかが埋没地形をやるわけです。それには古地形探査のボーリングが必要なんだけど，ボーリングの働

き手は僕と岡本君くらいしかいないんです。ほかの人たちは見向きもしなかったから。1mの継ぎ手4～5本とボーリングを担いで，古地形復元のデータ集めにどこまで行くのかわからない地点に向かって歩くわけです。あのときは二度とこんなことはやりたくないと思いました。

それで，瓜郷遺跡の報告書に井関さんが人為的な高まりがあると書かれていますけど，瓜郷遺跡の場合には田圃の縁の方に意識して土手までつくっているようです。そこまで調査して水田をつくっているということを突き止めるわけです。和島先生が人類学教室にいて，地質学，地理学，動物学という自然の基礎的な専門家が大勢いるなかで，見たり聞いたりしていた知識がプラスになっているんだと思います。

設楽 先生の古文化財のプロジェクトをつくってやられた科学研究費のチームも，そういう和島先生のつくられた環境が影響しているのですか？

市原 そうなんです。だから和島先生の調査には資源科学研究所というところがそうだったのだけれど，地理学の人とか，植物学の山内文さん，千葉大学にいらっしゃった木材の亘理俊次先生なんか必ず見えていたから。地理でいうと井関さんなどみんな多田文男先生のお弟子さんなんだから。そのような人たちが必ず一緒に行ったのです。非常に面白かったです。

地学団体研究会が一方で旧石器研究，岩宿が始まるんだけれども，当然石器の包含層である関東ロームの調査なんかが必要になってくる。僕なんかも資源科学研究所にいた地学の人達と一緒に歩いているんだ。

資源科学研究所のこと

千葉 先生，資源科学研究所の嘱託でいらっしゃったんですか？

市原 東洋大学をクビになってね。それで行くとこがなくて和島先生が引き取ってくれたんです。最初の頃は先生が手当てのようなものを工面してくれましたが，数カ月でストップでした。学生時代の時から資源科学研究所関係の人たちはずいぶん来ていたからね。静岡県の白岩遺跡や赤岩遺跡なんかみんなそう。そういう点では，研究所の自然科学の人達と一緒の調査は僕なんか当然の雰囲気として育ってきた。

設楽 資源科学研究所は財団法人だったんですか？

市原 太平洋戦争が終わって連合軍が来る。それでその直後にね，太平洋戦争中につくった国の研究機関というのはすべて戦争政策に結びついてスタートしたはずだ，と。だから国の機関であることは認めないというふうにGHQが日本に対して言うわけです。なんと資源科学研究所の発足が太平洋戦争が始まる12月8日が開所式だったんだ。それで国から切り離されていくわけ。君たち資源科学諸学会聯盟というの聞いたことあるかな。これは文部省の外郭団体です。文部省専門学務局科学課と協力して設立にとり組みます。そこに帝国大学を定年になった大先生方がいました。その機関をゆくゆくは国立の自然博物館にしていくっていう方向で，国立資源科学研究所がつくられた。

それで，連合軍の12月8日以降つくったものは全部つぶせというのに，資源科学研究所も引

っかかっちゃうんです。文部省の配慮で独立財団になったといってもそのままで，文部省があすからはいサヨウナラ，というわけにいかないので，科学研究費，特定研究費を支給して運営する機関として資源科学研究所を養うわけ。財団法人として。そのかわり，諸学振興会が主に理学系，鉱物，動植物関係の先生方がかたまっている機関として面倒をみますということで財団法人となって資源科学研究所が残ったのです。

だから，土壌学の松井健さんなんかは応用がきく領域だから自分でコンサルタントはじめちゃうわけ。そうでない人は国立科学博物館の研究部に残ったの。資源科学研究所の建物自体は本来国有地，敗戦までは陸軍の施設だったんです。それらを取り壊して，新宿区百人町に国立科学博物館の研究部が建てられたんです。陸軍のどういう施設だったのかというと，毒ガス研究所だったんです。

　設楽　このあいだ頭蓋骨が見つかった，あそこですか。

　市原　それで人間てのは食うや食わずの時いい研究するんだ。GHQ はそう言ってつぶしながら占領政策の一部として資源調査をやっているわけなんだ。それにはどこへ行くかというと，東京大学にはあまり行かないで，資源科学研究所みたいなところが来やすかったようです。だから地質なんかずいぶんやり取りがあったようです。で，相手も軍服を着た研究者だから，かなり水準の高いことやっているということを理解してやり取りがあったようでした。

　設楽　資源科学研究所というのは食料だけではなくて，いろんな。

　市原　文部省は太平洋戦争で占領するつもりだった東南アジア各地から石油をはじめとして資源を組織的に収奪してくるのにも，研究者の専門知識が必要と考えたのでしょうね。だから戦争に負けてちょうど良かったのかもしれない。

　設楽　今はないんですか？

　市原　解散しました。

　千葉　自然に消滅したのですか？

　市原　国立科学博物館の研究部があそこにできることによって，残った少数の研究者は吸収合併されたんですよ。東京大学で薬学部長とか理学部長をやってらっしゃった偉い先生方々が，代々所長をやっておられた。長谷部先生なんかも理事でした。『資源科学研究所彙報』というのが出ているんだけれども，中身は非常に質の高い研究です。

戦後もだんだん落ち着いてくると，資源科学研究所もぼつぼつ体質改善が必要な時期となってきます。池田内閣の頃になって，和島先生は岡山に行かれることになる。僕が資源科学研究所に行くのは，東洋大学の助手をクビになって行く先がなくなり，資源科学研究所に来いということなんだ。資源科学研究所自体はもちろん僕に払ってくれるようなキャッシュはないわけ。

先生が中国の資料を整理したいという目的で，お父さん（郷誠之助）の関係の企業家が，若い頃お父さんに世話になったので，研究面で役に立つことがあったら援助したいと声をかけてくれたんです。それでそれならと言って，食えない若いものがいるので，その人たちに資料整理をやらせたいということで，援助を受けることになったようです。その人が月々出してくれるのは一

人分なのですが，それを二人で使えというわけ。半分を李進熙君がやはり食えなくて彼のところに，残り半分が僕のところに来るという状態だった。ところが，実際はそれも1年くらい続いて駄目になっちゃう。昔の人だから，ちょっとした感情の食い違いから，それが続かなくなったのです。その時は非常に困ったです。和島先生が科学研究費か何かをとって，その一部を支出してくれて最低限の生活です。ですから資料見に行きたくても行きようがない。そういう状態です。

その頃の日本は敗戦後の開発，電源開発なんかが盛んで，大井川上流にもダムがつくられることになって，井川の割田原(わんだばら)遺跡などの調査は静岡大学の内藤晃先生が関係していて，その調査に行くことになったんです。静岡の内藤先生が心配してくださるから，ということです。だから行きなさいということなんです。自分がやっている仕事は続けられるし，静岡大学では仕事も続ける場所も心配ないということで。そのようなことで清水天王山遺跡の資料なんかは，静岡だからっていうこともあり荷造りして送ったんです。

われわれは東洋大学の中国史の明清をやっている山根幸夫さんがご自分のことを中心に書いている(『過ぎ越し方—中国史家として—』1990年3月)けど，山根さんもクビになってしまうんです。無茶苦茶なレッドパージです。山根さんなんかはクリスチャンで，五井直弘さんなんかとほぼ同年で，右だ左だって方じゃないんです。あそこらずいぶん苦労しました。なんかその頃，「山内先生が言ってたぞ」って。誰だったかに言われたんだけど，僕がクビになったことを「俺の言うことを聞かないで，左翼みたいなことをやるからクビになるんだ」って言われたそうです。

山内先生のお使い

市原　ただ，あの山内先生の縄文文化編年的研究特別委員会の総合研究というのは，自分自身が科学研究費をもらうようになってから，ずいぶん大変な研究だったんだなと理解できたんだけど。あの事務能力のない山内先生が，総合研究の書類をご自分で書かれるんです。それは僕は字がへたくそで，だいたいからして戦時中の中学生だから，誤字が多くてけしからんというわけだ。一度人類学教室を人数学教室と書いてカミナリ落とされて，それ以後，僕には字は絶対書かせないんだ。へたなんです。

総合研究関係の事務の一切，ご自分でやってるわけで。メンバーへの連絡など手紙を書けばいいのに，僕が書類持ってハンコもらいに行くんです。「夜行で京都大学に行って，坪井君を訪ねなさい」と。「そうすれば，坪井君が連れていってくれる」というので，坪井さんのところに行くわけです。行く先は角田文衛，それからもう亡くなられた藤岡謙二郎さんね。それから金関丈夫先生。金関先生が台北から帰国されて，京都に住んでいらっしゃったんです。お三人とも，いずれ劣らぬ特徴のある先生方なんだな。変わり者。で，僕が一番びっくりしたのは藤岡先生。名前と業績だけ知っていたのだけど，どういう方が出てくるのだろうと思ったら，あの方はなにしろズボンを紐でシバっているのがチョッキの下から見えるんだよ。あんたが本当の藤岡さんかと聞くわけにいかないから，それは聞かなかった。

それから角田文衛先生ってのは大変な人だなと思ったのは，坪井さんに自宅に連れられて行っ

たんだよ。ご自分ちの生活の本拠は米軍に接収されていた。米軍の将校が家族と住んでいて，ご自分たちは車庫の2階に住んでいたんだ。大変な家に住んでんだなと思いました。『考古学論叢』の時代に東北の縄文なんかやってるのです。その関係でハンコもらって来いということ。それで角田さんってのはこういう人なのか，と思ってハンコもらって帰ってきたんだ。

いちばん困ったのが金関先生。坪井さんに連れられて，ご自宅まで行って。山内先生とはポン友だっていうんだな。それは結構なんだけど，書類にハンコもらって帰らなきゃ書類が間に合わないんだ。で，いくら話しても，「わかりました，送ります」なんだ。困ったなと思って。そのくせお茶を出してくださったりするんです。だったらハンコ捺して下さいと言いたいんだけど，だめ。なぜだかわからないんだけど。こちらは厳命されているから。隣の坪井さんも変な顔して見てるんだ。仕様がないから失礼してきた。案の定，「君は！」というわけでやられた。そしたら速達でギリギリ届いたんだ。どういうことだったんですかねえ。

それで帰ってきたら，祖母のお通夜で葬式なんだよ。藤岡さんと角田さんの書類を先生に渡してから家に帰ってきたら「おばあちゃん亡くなった」というわけで葬式をすませて一休みしろって家で言われてから人類学教室に行くでしょ。そうすると，今度は仙台に行ってこいっていうわけですよ。で，あなた方は名前知らないだろうな。むかし，大山史前学研究所にいた大給 尹（おおぎゆうただし）さんという方が仙台にいらっしゃって，県庁だったかにいたんです。元華族です。

それから伊東信雄先生はもちろんです。東北大学にお訪ねすると伊東先生が「わかってます」，「今書類あれします」って言って，ああいう方ですからきちんとやっていただいて，「君，何か見て帰りたい資料がありますか」とおっしゃるので「あれ見せてください」と言うんです。あれは北海道の住吉町遺跡の土器。それで，うんと言って出してきてくれて，「拓本とらしてもらっていいですか」と言うと「ああいいよ」と言われ，拓本をとったりメモをとったりした。その時一片割っちゃったんだ。変な顔していらっしゃったけれど，最敬礼して勘弁してもらったんだ。住吉町の土器は田戸下層式と併行させながら，ずいぶん違います。あれ，いまだに覚えてる。

小林行雄さんと杉原荘介さん

市原　だけどもそうして走っていったりしているなかで，小林行雄さんのハンコはもらう必要はないんです。坪井さんに行きなさいって言われて連れて行かれ，小林さんに挨拶したんだ。坪井さんが「山内さんところからこういう使いが来てます」って口添えしてくれた。奥の方にあの梅原末治大先生が座っていて，チラッと見えました。ああおっかねえなと思って，モジモジしていると出てこなかったからよかった。小林さん，それでもあの時でした。「君，なんか見たい資料ありますか」って言われて，僕あれ見せてくださいって言ったんです。九州の熊本県轟貝塚，あの京都大学文学部の報告書（浜田耕作・榊原政職・清野謙次「肥後轟貝塚発掘報告」『京都帝国大学文学部考古学研究報告　第5冊』京都帝国大学，1920年）にある。そしたら，「ああわかりました。いいだけ見てらっしゃい」って。角田さんとこから帰って夕方まで見せてもらって，拓本なんかとったりした。だから，あれ今だって坪井さんがあの話になるというんだ。「みんな，わかったよう

なこと言ってるが，本気で掘った轟の資料見ていったのは山内さんとお前だけなんだ」と言って，拓本とらせてもらったんだ．

　山内先生はさっき話が途中で途切れちゃったけど，日常的にも『弥生式土器聚成図録』はよくひっぱり出してこられた．それから唐古の報告書，「これは小林君の仕事なんだから」とことあるごとに言っておられました．

　その時かならず一緒に出てくるのが駿河台の先生なんで，「人の仕事，名前変えて出すだけなんだから」って言っていました．例の弥生式の古いところの問題で青森県砂沢遺跡なんかを杉原荘介さんも一時期やられたでしょ．そのことで，山内先生のところに聞きに来るんだ．そうすると，ああいうやり取り，見ている人はいないんだからどう言ったらいいのか，僕だけがそこにいたんだよ．天下の杉原さんが鼻先であしらわれているのを見ているんだ．こちらは何も関係ないんだけど，あいつが側に居やがった，なんてことになるんだろうな．そりゃまあ，なんて言ったらいいのか，山内先生，お前なんかにわかるもんかって調子．そのやり取りのなかで杉原荘介氏が食らいついて，大洞A′のことなんか一生懸命聞いているんだ．

　僕が非常に印象深く残っているのは，お二人の会話ではなくて，杉原さんがあしらわれている一方でそれでも杉原さんの一歩も引かない態度には頭が下がった．山内先生は「あいつはまた人の仕事に別の名前くっつけやがった」って言うんだけども．あの漢字の匹の字．大洞A′の文様にあてて匹字文という言い方するんだけど，大洞A′がどこまで波及したんだっていう質問をするんです．というのは，モチーフが動く，波及するわけです．で，杉原さんが「この文様はどこまで行っている」と聞けばいいのに，「A′の西のはずれはどこまで」と聞いたんです．そしたら「君ねA′式土器というのは非常に小さな分布」と言ったか「地方的な土器だよ」という言い方をヒョコッとされた．「俺がつけた純粋な大洞A′式土器というのは，分布範囲が限定される」ということを言っておられるわけです．その中に他のモチーフだけではなくて，大洞A′式を構成する器形から文様なんかのアセンブレージから全部言っておられるのだと思うんだけど，たしかにその条件を100％整えているところを突き詰めていったら小さな範囲になるわけです．それをヒョッと言われるわけです．

　杉原氏はその時何といったかというと，これも忘れちゃったほうがいいんだろうけど「山内さん，東海地方だって出てくるんだよね」というわけ．ただし，東海地方でも出てくるんだよねって言っている片方じゃ，ご自分自身が愛知県西志賀貝塚を掘り，そしていわゆる大洞A′式土器のなれの果てはこういうもんだっていうのを見て，それから東海のあそこらへんで，尾張あたりでさかんに出てくるいくつかの遺跡のあの時期の資料は，紅村弘君を媒介にして山内先生は見ているわけです．だから，「あんなものは大洞A′の純粋なものじゃない，似て非なるものだ」という意識を山内先生，十分もっているわけです．対比の資料にはなるけれども，イコールじゃないって言おうとしているわけです．こういうやり取りを側で聞いているわけです．そりゃねえ，字で残ってないけど，その内容はある意味では大変なやり取りです．

　そういう点ではなにしろ小林さんは信用が厚かった．ご自分自身でも帝国大学の中での専任で

はあっても講師という立場であり，小林さんだって50歳くらいまで助手であるわけです。そうした点で心情的にも理解しあったのでしょう。小林さんは何についてもいいんです。で，文部省の会議なんかに小林さんが出てこられた時は，夜行で来るんだ。研究室に寝泊まりしていることも小林さんは意識して，早く着く夜行に乗られていたようです。僕が朝先生のところに行くのが9時ころです。もう小林さんが上野の駅から東大まで歩いて来られるようです。「東大まで歩いて来る」と言っていたから。山内先生の研究室で朝飯を食べるんです。二人でトーストを食べてるんだ。食べ終わって二人でやり取りしているところに僕が行く時間になるんです。小林さんは何かいろいろな相談をして，仕事その他の話が一区切り終わって，それじゃ失敬しますといって，そのタイミングとして小林さんと僕が入れ替わりになった機会が何度もありました。直接会わなくても，小林さんが来るとわかるんだ。研究室へのお土産で柚子餅を持ってくるんだ。それが置いてあると「小林君が来てね」とよくそう言ってました。

　そういう人間関係の一方で，小林さんは『日本考古学概説』を書かれるんです。その資料に東京大学人類学教室の資料も使いたいというやり取りが，山内先生と当然あったのだと思う。それで資料の実測に坪井さんが来られるということになったんだろう。ある時ね，僕が入っていったら小林さんが出てくるタイミングと一緒で，たいていサヨナラと言ってそれだけなんだけども，「君は卒業論文に何やるの」と，山内先生が「これもぽつぽつ卒業論文で」と言ったら，「君は何をやるの」と言われたのです。僕がどぎまぎしていたら，山内先生がヒョコッと，「僕が土師器をやれってすすめてるんだ」と一度もすすめたことないのにそう言ったんだ。アレアレってと思って，本当にキツネにつままれたように思った。要するに，和島先生が発掘して未報告の東京都志村小豆沢遺跡の資料。「原始聚落の構成」（和島誠一「原始聚落の構成」東大歴史学研究会編『日本歴史学講座』学生書房，1948年）の時に紹介しているあれをやれということを言っているんです。そういいながら，「縄文式ばっかりやるのが能じゃないんだから」とそう言われました。そしたら小林さんが，「それはいいですね。君ね，ぜひおやんなさいね。いくらでも助けてやる」と。中味は分んなかったけど，ことほど左様で。大先生と小林さんの人間関係は，非常によかったんだ。それでいて平凡社の何とか論集っていうの…。

　千葉　『論集日本文化の起源　1　考古学』（1971年）。あれには山内先生のは載っていません。

　市原　小林さんは『日本遠古之文化』をあれに載せたいんだ。小林さんがかなり口説くんだ。ところが，とうとうクビを縦に振らないんだ。それはご自身が暇になったら，かつての先史考古学の仕事として復刻したいという気持ちがあったからっていう。それほど肝胆相照らしながら，ウンとは言われなかった内容だ。あれは。それは亡くなってからよそから聞いて，ああなるほどなって。ずいぶん小林さんが口説いたそうだ。

甲野勇先生のカード

　市原　それとね，長谷部先生が人類学教室の主任教授になって来るとき，人類学教室自体でのコレクションだけでなくて，ご自分が東北大学にいらっしゃったときに調査された亀ヶ岡式土器

関係の資料とか，円筒式土器の資料なんかをずいぶん持ってきていらっしゃるわけです。それを甲野勇先生が整理されているんです。今ではどうなっているか知らないけど，とくに1ケース亀ヶ岡式土器ばっかりはいってるケースがありました。それが2段の図書カードが入り，その分類の記録が全部入っているわけ。廊下のその陳列ケースの脇にそのカードボックスが置いてあって，これは「甲野君がやったんだ」と言って，「この分類はいいよね。あれは甲野君でなければできない」っていうのを何回か聞かされたことがありました。残念だったのは，僕がついに一度もケースを引っ張り出してカードをのぞくことはしなかったことです。

そういう，あの甍を並べるような形での競り合っていた編年学派の三巨頭の間の「八幡君はこれを読んでいた」と言って，ドイツ語の文献を示されたこともありました。ご自分が読む機会に恵まれなかったということなんだろう。その頃読めなかった悔しさもあるのかもしれないけど，ヒョッとした機会に口にしていましたけど。そういう類の話はずいぶん聞きました。

低湿地への関心

市原 僕が静岡に来て宿舎住まいの内藤晃先生のお宅の2階に居候暮しをしました。先生には本当に世話になったわけだけど，それと同時に国立大学専任の若手教員の間でも日本教職員組合大学部などを通して待遇改善要求してたけども，まるで研究者たちのストレスを国が一生懸命こさえていたようなものです。さまざまな雑用を増やして，落ち着いたら勉強させないっていうのはよくないです。図書費やなんかだって不十分。ちょっと増やしたら敗戦後日本の学問はずいぶん発展したと思うんだ。

千葉 ところで，先生が静岡大学に赴任して，低湿地に関心をもたれていきますが，その理由はどんなところにあるのですか？

市原 さっきもお話したように，学生時代に瓜郷遺跡の調査や白岩遺跡の調査から受けたインパクトはやっぱり大きかったです。登呂遺跡もその一つだけど，こんなこと二度とやるまいと思いながら，瓜郷遺跡で岡本君と二人で10mのハンドオーガーボーリングをかついで井関さんにくっついて歩いたような時代に身についていったものというかな。

その後，清水天王山遺跡を掘ったら，一番下のところで泥炭まがいのドロドロなのがでてきてね。で，その中に土器まで入っている。因縁話みたいなもんです。そんなことがあって，なんだかあまり専門家が言わない変な遺跡があると。泥炭遺跡です。わずかに青森県是川遺跡とか埼玉県真福寺貝塚のような泥炭遺跡といわれたものが，特殊視されていたという。だから，日本海側の低湿地の遺跡をもっと地形学的な沖積地の堆積の問題と一緒になったような。それと考古遺物の編年とを結び付けたような編年整理というのはいずれ可能になっていくというか，きちんとやらなくてはいけないんじゃないか。

僕は静岡県の巴川流域の縄文低湿地遺跡というのは，県下だけでも，狩野川下流域，それから静岡清水平野，それから榛原地域，それから磐田あたりの低湿地にかけてなどでもそうした研究ができるだけの材料がそろってきているのではと思っている。それらを今不十分でも積み上げて

いけば，先々役に立つんじゃないかと思っているんです。

日本海側の低湿地遺跡

設楽　日本海側に目をつけられたのは？
市原　あれは，福井県の浜島遺跡。福井大学の地理の大西青二さんが和島先生に引っ張り出されて。大西さんは本来東南アジアの地理の専門家なんですよ。道守荘(ちもり)やなんかやってらっしゃったんです。あんなにものすごい低湿地で，いくら東大寺開田図があるからと，奈良朝の荘園を発掘して確認するなんてことを考えた人はいないんですから。どこを掘ったらいいかわからないんだから。大西さんは京都大学の地理学科出身なんだけど，また和島先生の相棒となってやられたんです。パーフェクトな報告書になっていないけど，大西さんが雑誌『日本歴史』にだいぶ長いもの（大西青二「東大寺領道守庄遺跡調査報告―その経過を中心にして―」『日本歴史』244号，日本歴史学会，1968年）を書いていらっしゃるから，井上光貞さんなんかも本気になって調査をバックアップされた。

一方で，福井大学の学生が浜島遺跡で縄文土器を拾ってきて，掘ってみようということになったらしいんだな。その時僕はもう静岡大学に来ているのだけども，道守荘の調査に和島先生のお付き合いで，君らの先輩諸君や内藤先生もいっているんだ。

道守荘遺跡を掘るので人手を貸してくれって言ってくるんです。それで行ったんだ。そしたら，何んとも変な立地なんだ。とくに裏側に続く湿地が変な地形だなと思った。確かに縄文土器がでてくるんだけども。福井県で教職についていた廣嶋一良さんなんだけど，彼に浜島遺跡の報告書つくるときには，縄文土器に関しては千葉君に相談なさいって言ってある。そうすれば心配ないからと。廣嶋君に，君は福井市教育委員会から報告書つくる予算だけとってくりゃいいんだからって言って。それがチャンスで福井県に行くんだ。廣嶋君の息子さんはそれが契機かどうかは分からないけれども東北大学の考古学に行き，大学院にまで行ったんだ。で，その後に岡本さんが立教大学で鳥浜貝塚を掘って帰ってくるんだ。

山内先生の晩年と菊池義次さんのメモ

市原　福井の資料というのはこういうものですと言って，山内先生に写真送ってあげたんだ。そしたら，あのあたりの資料をはじめて目にされたんだろう。「あれ非常におもしろかった」と，後で言われたんです。その頃から後の山内先生の手紙ってのは文章が決まってるんだ。最初に体が不自由になったことがまず書いてあるんです。たまにお茶をお送りしますと「お茶うまかった」というのと「写真があったら送ってくれ」ということ，それが必ず書いてあった。

忘れないうちにこれも話として聞いていただきたいのは，さっき話題になった菊池義次さんという人は，非常によく記録を残された方で，山内先生との会話されたことを丹念に記録で残していたようです。菊池さんは女子高の先生やっていたから，暗くなると現れるわけだ。それで，亀ヶ岡式土器の実測するわけだけども，先生との会話，あの人はほとんど記録していたっていうん

だ。

　あの人の野帳と記録は一括して大田区の区史資料館に所蔵された。久ケ原に住んでいたから。それで，全部残っているらしいんだ。菊池さんの記録のなかには，山内先生との会話がそっくり出てくると思います。あれはぜひ一回そのつもりで訪ねてごらんなさい。菊池さんのそういう資料というのは，いっさい大田区のあの図書館に入っているそうです。それは非常に貴重なことなんで，ぜひ一回あたってごらんなさい。菊池さんは東京考古学会員ですから。その世代の人だから片一方で小林行雄さんと非常に懇ろな人だから。意外や意外，こんなことがって話が浮上してくる可能性がある。

若手の台頭と山内先生

　市原　それと，今の話じゃ出てこなかったけど，明治大学の芹沢長介さんを頂点にした縄文文化のオリジンが編年的に解明されていく問題です。これはあの研究グループのピラミッドの頭は芹沢さんなんだけど，実質的な推進役には岡本勇さんがいた。これは僕が何も言わなくても早期の古いほうで平坂式土器が，いかなる意味をもつのかということはもうあなた方の方がお分かりと思う。それから大丸式に関しては，芹沢さんの報告（芹沢長介「大丸遺跡の研究」『駿台史学』第7号，1956年）があるわけだけど，岡本君自身が近藤義郎さんに話したことを書いていた（近藤義郎「広畑貝塚 ―岡本さんを想う」『岡本勇先生追悼文集　岡本勇　その人と学問』岡本勇先生追悼文集刊行会，1999年）。万鈞の重みをもっているそういうちょっとした記載が，このあいだ武井則道君にそのところだけ赤インクかなんかで印刷して売り出したら売れるんじゃないかと言ったら，そんなことできませんよって。

　ただ，学問的と人間的に山内先生が怖い存在であるだけではなくて，片一方で敗戦後の考古学自体が疾風怒濤の時期であるわけです。で，あの青年考古学協議会みたいなものが，東京と関西で動きが始まるとか，それから科学運動としての月の輪古墳の発掘調査がはじまっていくということやなんかがあって，僕は静岡に身柄が移っていたのかな。その直前から直後にかけて，若手の動き。それは確かにありました。それから岡山の近藤さんなんかが，やっぱり群集墳をとりあげて佐良山古墳群なんかで，やった仕事から受けたインパクトというのは，相当なものです。あれは僕が大学を卒業して1年目くらいだったかな，近藤さんの佐良山古墳群の報告書（近藤義郎・中島寿雄『佐良山古墳群の研究』津山市・津山郷土館，1952年3月）が出たのは。

　その明治大学の早期のグループなんかの動きがはじまって，山内先生は縄文文化編年的研究特別委員会の総合研究が終わった直後くらいかな。非常に意欲的に考えていらっしゃって，先史考古学会を復活されようと考えられて，それの研究会までやられるんです。で，東京大学の山上御殿で岡本君が大丸だったか平坂までの縄文早期の報告をしたのです。ご自分自身も岡山の福田貝塚の報告をそこでしていらっしゃる。で，僕もそこに出てて，その時のメモがどっかにもぐっているんですけど。明治大学では考古学の研究報告を東京考古学会としてやってもいました。で，そこで芹沢さんが神奈川県夏島貝塚の報告をしたのとか，岡本さんが大畑遺跡の報告やってんだ。そ

ういうの山内先生と聞きに行きました。そういう動きはあの頃ずいぶんありました。

　　ここでのべられている山内先生と岡本さんの発表は1951年4月26日に東京大学山上御殿第3号室でひらかれた原始文化研究会4月例会でおこなわれた。山内先生が「岡山県の後晩期縄紋式土器の年代区分」，岡本さんが「田戸下層式以前の縄紋式土器」である。

岡本勇さんのこと

市原　吉田格さんは野口義麿君と茨城県花輪台貝塚なんかをやってたのだけど，野口君は慶応大学の大学院です。松本信広さんに首根っこを押さえられて，勉強が忙しくなって身動きできなくなるわけです。それで，岡本君と僕が始終発掘調査に引っ張り出されて。吉田さんは山内先生のところに調査というと僕を貸してください，と言ってくるんです。それで花輪台貝塚にもついていく。岡本君のことは杉原さんや後藤先生に頭下げて引っ張り出されるのです。「君，吉田君が来たからいっていらっしゃいよ」とそう言われていくんだ。

　君たちにはあれ，送りましたか。岡本君の追悼文を海老名の市史研究に書いたのを（市原壽文「岡本さんを偲んで」『えびなの歴史　海老名市史研究』第10号，海老名市企画局，1998年）。まあ，あれしか書けないんだな。あれから先，たとえば立教大学をやめる時の経緯とか。明治大学をやめた直後のこととか。どうもだんだん聞いてみると岡本君のことをかぶりつきで知っていたのは僕くらいになっちゃってるみたいだ。もうしばらくしたら，岡本君の追悼の特集号を出すと言って，海老名のに書いた後のをかけって言われてちょっと書きました。それは原稿を送った。3月中には出すと言ってました。あれにはかなりいろいろなことを書いた。1972年の日本考古学協会は最初に豊島公会堂でやって，僕が議長をやらされてたんだ。そうしたら，協会解体をいう学生たちになんだか変なことをやられて。会場で，あの煙が出るやつ。

　　市原先生は『えびなの歴史　海老名市史研究』第10号の「岡本さんを偲んで」を書いた後のことを書いたように思われているが，「二つの縄文社会論―岡本さんの考古学―」（『貝塚』56号，物質文化研究会，2001年）で岡本さんの学問について論じている。

設楽　発煙筒です。

市原　それで議事がストップしちゃった。

設楽　先生が議長でいらっしゃったんですか。平安博物館のあとですか？

市原　後，後。誰とやったのかな。会場に着いたらとたんに，岡本君が，「君，今日は議長だからあそこに行って」と。何も聞かされないで。一部学生のそういう行動があるってのは，どうも東京の人達にはわかってたんだ。それで，議長席に座ってたらはじまって，"この野郎め"と思ったけど，議長が逃げ出すわけにもいかないので終わるまで議長席に座ってたんだ。芹沢長介さんは東北大学で，大学闘争の時に学生委員かなんかやってたんだって。

　その頃，和島先生は資源科学研究所から岡山大学に行くことになるんだ。資源科学研究所の解散にともなって，和島先生の送別会を資源科学研究所でやるんです。その時僕も行きました。先生がここからいなくなっちゃうと思うと，ちょっとさびしかった。藤間生大さんがその送別会に

見えていて,「都落ちじゃなくて,和島君は岡山に栄光をもたらしに行くんだ」と言ってくれてたけど。うまいはげましを言われるものと聞いていた。

> 和島先生の岡山大学赴任と資源科学研究所の解散とは関係がない。和島先生は1966年6月に資源科学研究所を退職して,岡山大学法文学部史学科考古学の教授として赴任されている。武蔵地方史研究会が主催した送別会は1966年9月10日に資源科学研究所の会議室で催された。資源科学研究所は1971年3月に諸般の事情により閉鎖された。形としては国立科学博物館と吸収合併で,職員の一部と土地建物が博物館に移管された。

岡本さんと鳥浜貝塚

市原 岡本君は死ぬのがちょっと早かった。鳥浜貝塚なんかも,発掘報告書がああいうモノグラフになっちゃった。そうじゃなくて,もうちょっとまとめた形になってくれるといいんだけど。僕が鳥浜貝塚の第1次調査というのは立教大学が掘ったのだから,立教大学と森川昌和君できちんとまとめればいいんじゃないですかって岡本さんに言ったんだけど。

> 鳥浜貝塚の第1次発掘調査は発見の経緯から立教大学と同志社大学の合同調査でおこなわれた。1962年7月24日から30日までであった。A・Bの2本のトレンチがいれられ,立教大学はAトレンチを担当した。この調査については森川昌和氏の概要報告と問題点を示したものがあるだけである。それは森川昌和「福井県鳥浜貝塚をめぐる2,3の問題」『物質文化』1,物質文化研究会,1963年,である。第2次発掘調査は1963年8月1日〜7日の間,立教大学主催で行われた。その概要は『福井県鳥浜貝塚のあらまし No.3』立教大学史学研究会考古学ゼミナール,1963年で示されている。

あれはあなた方もある程度見ていらっしゃると思うけども,僕は岡本君にある日呼びつけられるんだ。呼びつけられるって言葉はよくないけども,何でもいいから僕を呼び出してという気で,彼呼んでくれたんだと思うんだけども。20〜30cmくらいの木材の棒やなんか全部をバットのなかに水漬けにして置いてあるんだ。「これ水の中から出していいから見ろ」と彼言うんだ。そして,「スタンドの電気つけてみろ」と言って。変なこと言うなと思って見たら,こう丸い棒の面取りしてんだ。で,ハッと思ったのは,鉛筆の2倍くらいの棒の面取りしてんだけど,幅が1mmか2mmくらいの面で長く削っている。岡本君がこりゃ木の文化だと言い出して,それで見に来いって言ってくれたらしいんだ,彼が。僕に何でもかんでも見せると言っていた。僕に見せるということは同じようなものを掘ってこいっていうことなんだ。こっちはそういうものは掘らないで,低湿地のほうにいっちゃったんだけども。

だから,あすこの中味ってのは本当に『自然科学と考古学』の報告であったように,縄文のマメの存在がはっきりするのも貴重だけれど,本来の考古学の領域として学問的な中味はものすごいはずなんだけど。

あの山形県の押出遺跡もせめて遺跡全体の範囲なりがわかるような内容になっているといいんですけど。また,地形的にも非常におもしろいところです。だいぶ迷惑かけたみたいだ。僕らがボーリングした。あれはあれで結果は非常におもしろかったんだけど。10mボーリングするっ

ていってやったろ。そうしたら，関連領域の連中がどうも地学関係なんかが山形県教育委員会でまた声がかかったらしい。要するに，お客さんが10mボーリングを遺跡周辺でもしているのに，あなた方は遺跡の中でしかしないんですかっていうことを言われたらしい。会った時，変な顔してた。何だろうなと思ったらだんだんわかった。あとで県に寄ったらそう言われて。だから「我々が特殊なんで，そんなにやらないのが普通ですよ」と言ったら，「あーそうですか」って。

低湿地遺跡の景観

市原　それから浜島遺跡と亀ヶ岡遺跡が非常に立地のパターンが似ているというのは，あのわれわれのプロジェクトに井関弘太郎さんが参加してくだすって，浜島遺跡に来られた。そしたら非常におもしろいと言ってくださった。井関さんはさっき話題になった大西さんなんかと京都大学の地理学教室で同じ仲間で。ヒョッと言ったのは，「市原君，こりゃ亀ヶ岡と同じだ」と言い出した。僕は亀ヶ岡遺跡が出てくるとは夢にも思わなかった。それで亀ヶ岡遺跡に行ってこいっていう話になって，行ったら遺跡の裏におーみ谷ってのがあって，「こりゃ確かにそうだ」ということになった。それで亀ヶ岡遺跡周辺のボーリング調査をやったのです。たしかにああいう浅水域が展開している地形とセットになったような埋没地形がみられる遺跡立地は静岡の方でも完全にあるんです。去年（1999年）3月に書いた巴川流域のあれ（市原壽文「巴川流域の埋没低湿地帯における縄文遺跡」『静岡・清水平野の埋没古環境情報』静岡県埋蔵文化財調査事務所，1999年）なんかでも，要するに結論は非常に単純であって，縄文時代の後・晩期海退で，汽水域から淡水域に変わっていく時の変化が実に敏感にみられる。やっぱり縄文人の痕跡ってのが，水域にまで出てくるって言えるようです。だから年代測定のデータなんか対比していったら，きちんと整理できますね。表と裏とある程度時間のずれやなんかあるかもしれないけど，まだまだ何か言えそうです。そこら辺の問題点をはっきりさせていく必要があると思います。

これからの環境史研究

市原　それとトータルな形での最近の動き。一体縄文時代の植物の栽培の問題がどこまで評価できるのかという，やっぱり出てきます。この問題もこれからどうなっていくんですか。まあ，われわれの世代は縄文時代には基本的には採集経済の時代でございでつっぱり通すよりしようがないんですけれども，あの問題はちょっと気になります。そういう問題がどうなっていくのかな。

　そういう意味で最近読んだ本として非常になるほどなって思ったのは，あの坪井さんが『考古ボーイ70年』っていうのを書いていらっしゃる。坪井さんは本を奥さん（坪井みゑ子さん）と本を競争で出してんだ。あの中でプラントオパールについて書いているのです。意味深長なこと書いてました。稀かどうかをプラントオパール単独ではなかなか決定的に結論を出すことは難しいから，いくつかの分野が協力してクロスチェックをする必要があることをのべられている。これいいこと言ってくださったと僕は思った。難波塾というところで話された記録なんです。受講者の名前が後ろに出てきます。

坪井さんが坪井清足・大阪府「なにわ塾」編『考古ボーイの70年　研究と行政のはざまにて』なにわ塾叢書72，株式会社ブレーンセンター，1999年，を出された前後につぎのような本が出されている。坪井三笑子『花それぞれ —女四人ものがたり—』草風館，1996年。坪井清足『東と西の考古学』草風館，2000年。坪井みゑ子『ハワイ最初の日本語新聞を発行した男』朝日新聞社，2000年。

　静岡では蜆塚以降の貝塚も掘られてもいるんです。そのなかで，貝塚を残している縄文遺跡の周辺の環境，とくに湿地の利用の仕方などについてもかなりのことを言えます。それと，今の考古学では当たり前になっているんですけど，環境に結びつくような人工的な考古遺物以外のデータの分析やなんかで。これは最先端の場所での研究結果は出てくるんだけども，ローカルな調査でもそういうデータがきちんと活かされてくるようになったら大変な成果ですね。しかもこれ層位，各遺跡での層位を媒介にして，そういうデータが本当に集約されていくような結果をたどっていったら大変な成果になっていくんだろうと思うんだけど。

　特にコンピューター世代の人達がそういうものを取り上げるようになったら，こりゃもう予想しなかったようなことがいくらでもまとまっていくってことになるんじゃないかなと思わざるをえない。そこらへんにまだ手がでないってところにローカルな地域での現実問題がまだあります。そういうところを，どうやって克服していくか，あるいは乗り越えていくのかっていうことです。そこいら，これから本当に考えていかなければならない問題になってくるんじゃないでしょうか。

和島先生のこと

　市原　それと，偉い先生に教えられるってのは大変ありがたいことなんだけれども，偉い先生からかなりのことを聞いているつもりでも，とてもではないけどごく一部しか吸収できないってことなのね。田辺昭三君としゃべっていると，よくそういう話になったんだけども。たとえば田辺君なんかは和島先生と中学生の頃からの行き来があるわけです。ところが僕なんかが全然和島先生との会話で予測もしなかったような点を，田辺君がずいぶん先生と話している。で，それがヒョコっと出てくるわけです。僕はそんなことは一度も聞かされたことはないっていうと，向こうもひっくり返したような言い方で，僕は市原さんが言っているのは聞いたこともないっていうわけだけど。

　何か，ああいう先生方というのは，山内先生もそうなんだけども，自分じゃ一生懸命に食らいついているつもりなんだけども，もうほんの狭いところにとどまっているの。そういうものなんだろうと思ってあきらめているんだけども。それだけじゃなくて，たしかに先生方は偉いもんです。

土器型式について

　設楽　話が最初に戻りますが，清水天王山遺跡で出た土器のどこまでを清水天王山式として設定すればよいのか，どの範囲までを言ったらいいのか，どういう考えをしていこうか，千葉さんと悩んでいます。

市原　さっきお話ししたような意味での組み合わせというのは，山内先生流の一つのセオリーでありながら，山内先生ご自身もそのアセンブレージのすべてを型式というふうには言ってらっしゃらないのであって，やっぱりある程度のものは除外して，これが何々式土器だ，というふうに言ってられることは確かなんで，ある意味じゃ考え方としては切り離したまんまでいいとは言われなかったけれども，たしかに整理した形で言っていられるわけだから。ただし，入り組み文だけを取り出して，これが何々式という言い方はされていないのであって，そこんとこは整理されて当然であると，叙述なり何なりとして言及されていればいい問題であると思うんですけど。

設楽　ローカルなものを取り上げて，清水天王山式とするような。そうなると，そのなかから亀ヶ岡式なんかははずされるのですか。山内先生流にすると。

市原　それはいわば団子の串に相当する。先生流の言い方をすれば。その場合に，団子の串のほうを前に出して言ってらっしゃらないというか，あくまでローカルなものを中心において，そっちは叙述なんかではネーベンな資料として扱われるわけだけど，表に出ない実態としては，そこのところは入りまじっていると思います。整理した形でやっていらっしゃるわけだから，そこらへんはおのずと整理されるものだと僕も思っていますが。

設楽　特徴的な巴入り組み文だけを取り上げて清水天王山式と言うと，じゃこういうものを何と呼べばよいのかということになると思います。雷文もそうですし。

市原　そうおっしゃっていただくと，僕は非常に助かります。まさにその通りで。これがそれぞれの時期にあって，のちになってもこうなってくる。

設楽　その時に亀ヶ岡式土器はどうすればよろしいのですか？

市原　外来系的なって言い方は仕方がないんじゃないですか。その辺のところはあまりやりすぎると，あの問題がでてくる。坪井清足さん流の畿内発生説が。自己発生的な問題が。ほら東北地方がなくても亀ヶ岡式土器のあるものは出てくると，あの岩波の日本歴史に書いていました（坪井清足「縄文文化論」『岩波講座日本歴史　1　原始および古代1』岩波書店，1962年）。

千葉　木葉文の。

市原　遠賀川の問題が出てくる。あれ，へたに首突っ込むと，今，進化論自体が難しい時期に来ているから，にっちもさっちもいかなくなるので，それは設楽さんのおっしゃったような，何々系の混入なり混じり込みなりで。

千葉　いちばん主体になるものと脇役みたいなものが構造として。

市原　何かいい考え方ありますか。

設楽　ひとまずそれは土着のものと外来のものに分けておきたいのです。遺跡から出て来る外来のものは，故郷からの搬入品のように見えても地元でつくったものか持ち込まれたものかの識別はなかなか容易ではありません。そこで，何々系として明言を避けておくのが慎重なやり方だと思うのです。

市原　極端な地方化した亀ヶ岡風のモチーフってのも，ここでは見られないです。ですから，せいぜい何々系的な表現で悪くないんじゃないかということになるんですけども。

千葉　様式論的な型式です。

設楽　下層と中層は分かれます。aとbは一つに考えたいのですが，aとb，aの方がちょっと古いです。そのなかで，天王山下層の古，新という言い方をしてもよろしいかなと思っています。下層と中層は層位としても分かれます。

先生は，このなかで清水天王山式という型式名をつけられなかったのは，やはり慎重に構えられたからなのですか？

市原　なにしろね，こういうことだったんです。比較の材料がないのです。で，本当に言えるのかどうか，たしかにシンボライズしているのは事実だけれども。こういって一地域内に普遍性をもっているって言えるのかどうかっていうのが不安なわけです。で，僕はその時こういうやり取りを大先生とかわしたんです。「土器型式はどういう条件が整っていれば言えるんですか」と，むちゃくちゃな質問したんだけれど。そしたら「まとまった土器がリンゴ箱一杯あれば型式だよな」って言われたんだ。

千葉　わかりやすいです。そうやって型式を設定されたのでしょう。山内先生は。

市原　そう言われて，こりゃと思って，まあこれはあかんなと。たしかに面付きは似ているけど，こりゃ型式にはならんと思った。願い下げにしてしまったんだ。だけど，まさかリンゴ箱一杯もないから型式とはいえませんとは書けないから。そういうことです。もうちょっと清水天王山類似の資料が出てこないかという，出てこない時期が長かったのです。そして，急きょ出はじめたら，次々と出てくるわけだから。ここいらです。岡本勇君が滋賀里風だと言ったのは。今でこそそんなことは言いませんが。

山内先生と歴史叙述

市原　山内先生は大変緻密であると同時に，天才的なんだけど，非常に感覚的なところもある。僕が加曽利B式土器を教え込まれる時に，先生は写真を積み上げ，これが，1式，2式，3式というように示し，何日までに覚えなさい，というので，こっちは必死にメモする。そういう教え方をされたこともあった。

先生はご自分の手元の写真を示しながら，文様のモチーフからはじまって器形と文様のセット関係まで一切合財意識のなかに入っているんだろうけど，質問すると，文様のモチーフを前面に押し出された返事をされることがしばしばあった。文様の一部にこれがあるからダメとか，文様のモチーフがこういうあり方をしているから古いとか新しいとかということにも関わってくるんだろうけど，モチーフにポイントを置いた言い方はずいぶんされました。

だけど他の人にはあまりそういう言い方はしていないようで，場合によっては人を見て言い方が違っていたのかもしれない。そのへんがあとで系統論なんかに整理されたのをみると，こういうことを言っておられたのかと思うことがチラッとある。

設楽　山内先生は進化論者なのでしょうか？

市原　山内先生自身はご自分のことを進化主義者とは決して言わない。先生がよく言っていた

のは，晩年になって言われるわけだけど，八幡君はディフュージョニストだと。それはウィーン学派だというんです。甲野君はエボリューショナリストだと。進化主義者だと。甲野先生の仕事をみればわかるし，八幡先生も例の雑誌『考古学』の奥羽南漸資料を見ればまさに言えることです。それで誰が聞いてきたのか，俺はカタログメーカーだ，というような言い方を絶えずしていた。

　　ここで市原先生がのべられている元になったのは，岡田淳子さんの書かれたものである。岡田淳子「山内清男と先史考古学」『画龍点睛―山内清男先生没後25年記念論集―』山内先生没後25年記念論集刊行会，1996年。この中で「甲野勇はEvolutionist（進化論者），八幡一郎はDiffusionist（伝播論者），私は単なるCatalog-makerですよ」と言ったと書かれている。

ただし，山内先生の意識の根底には自然科学的な進化の図式だけじゃない，進化主義思想というような，社会のメカニズムまで含めた考え方ってのは牢固としてあったんじゃないんですか。たとえば若い頃大杉栄なんかに傾倒するなかで，身につけられたものと思う。僕がいろんな人に聞いてみると，大杉という人は非常にものの考え方がフレキシブルであると同時に，大きな意味では歴史というものは発展していくという考え方のはっきりしていた人のようです。そこいらがあの頃の早熟な人たちにはかなり影響を与えていたのではないですか。

ところが山内先生が書いたもののなかには，それはとうとう最後まで出てこない。『日本原始美術　1　縄文式土器』のなかに土器文様の分布の問題，たとえば亀ヶ岡式の分布が部族ではないかということを書いているが，あれだけなんです。後にも先にもああいう表現は…。

片一方で，縄文文化の手本はアイヌ文化なんだな。アイヌのことはご自分では直接書かないし，言われないんだが，意識の底にはアイヌがあり，アイヌの文様なり物なりがあり，人類学教室のコレクションにずいぶん首っ引きなんです。人類の一部屋に土俗資料室というのがあって，そこには一杯いろいろな土俗品がつまっていました。そこから時々ヒョッとアイヌの工芸品なんかをもってきて，「これ，アイヌの何々だ」などといって見せて下さった。杉浦健一先生というエスノロジーの方の大先生が一人，その方も専任講師でいるんだが，宗教学出身の方で，その部屋には積極的にコンタクトしないんだが，山内先生は時どきそういう資料を引っ張り出してきてはいました。

あからさまな形で縄文時代や弥生時代にかけての歴史の叙述を，設楽さんが今質問されたようなかたちで答えられるようなもの，聞いたり見たりしていないのだけれども，問題点のとらえ方の根底にはやはりそれがあるんじゃないかと思う。だから，僕は山内先生の『日本遠古之文化』は残されたんだけど，それだけではなくて，簡単にいえば，甲野先生の『縄文土器のはなし』（考古学シリーズ2，世界社，1953年。後に学生社から再刊されている）的なものを山内先生がもしも書いて残していらっしゃったら，ずいぶん大きな意味があったろうにと思うんですけど。

そういうものは残されなかったけれども，子ども向けの本というのは強く意識していらっしゃいました。敗戦直後には，教科書をつくろうと考えられていたようです。「日本の古い教科書は悪かったんだ」と，戦時下の教科書たくさん集めていらっしゃいました。そういうのではないよ

うな教科書をつくらなければいけないんだっというので，古本屋で二束三文で買い集めたんです。本当にそういうもの残していたら，啓蒙書っていうのかな，非常に意味のあるものだったと思うんですけれども。

それと，弥生時代の青銅器について，今は鋳造遺跡も確認されているからそんなことは言えないんだけれど，鋳造技術をもった人間がいて，それが各地に動いて鋳造したのじゃないかというのを『日本遠古之文化』に書いていました。ああいう意識はやっぱりあるんです。ああいう形で『日本遠古之文化』の第二弾みたいなものを本当に書いていらっしゃったら面白かったと思うんだけど。それ以上のものは書き残されなかったです。

設楽 遺伝学を最初に学ぼうとされたようですが。

市原 本来は。それも人間の染色体だっていうんです。だから，ある意味では今でこそ花が開いているようなところに目がついているわけであって。

去年（1999年）の春，小さな集まりがあって，山内先生の奥さん（山内清子さん）と，それから坪井清足夫人（坪井みゑ子さん）と，もうお一人。作家で上林暁という人のお嬢さん（徳広いね子さん）と，それからもう一人，今は鈴木さんというのかな，有楽町のビルの一回の「おだう」っていう有名な骨董屋があるんだけど。あそこに座っているご婦人なんだけど。山内先生の奥さんとお嬢さん（山内ひみ子さん）を囲んでの同窓会があったんだ。それが終わった後で，佐原眞君がすべてわかったみたいなことを言ってたのだけども，京都大学の哲学（倫理学）の田中美知太郎さんと山内先生は小学時代の同級生なんですね。佐原君は田中さんなんかにいろいろ聞いていたんだろうけども，同じようなことを聞いているらしい。だから佐原君は大杉栄との関係なんかも。そのような山内先生を取り巻く人々のことも聞いていた。田辺昭三君なんかに言わせると，どこまで理解していたのかわかんないっていうのだけど。佐原君は岩波新書で山内先生を書くって言ったんだ。あれ，早く書きゃいいのに。

> 佐原さんは山内清男先生の人物論を書いている。「山内清男論」『縄文文化の研究　10　縄文時代研究史』雄山閣出版，1984年がそれである。これは前半までしか書かれず，大事な部分が残ってしまったので，佐原さんは岩波新書で全体像を出すと言われていた。しかし，その佐原さんも2002年に亡くなられ，それもかなわぬことになってしまった。

聞き手 今日は長い時間，いろいろなお話をお伺いしました。ありがとうございます。

この座談は2000年2月19日に市原先生のお宅で行われたものである。先生の古稀にあたり，お話をおうかがうということでひらかれたのである。設楽・千葉両氏のほかに羽二生保氏も参加されている。

市原壽文先生年譜

1929 年 12 月 27 日		東京市小石川区指ヶ谷町 122 番地（現　東京都文京区白山 1 丁目 34-6）において廣界・すずの三男として出生
1937 年　4 月　1 日		東京市立（現　東京都文京区立）誠之小学校入学
1939 年　4 月　1 日		東京市立（現　東京都文京区立）明化小学校に転校
1942 年　3 月 31 日		同校卒業
	4 月　1 日	私立駒込中学校入学
1944 年　9 月		太平洋戦争敗戦まで勤労動員（理研科学，東京製鋼所）
1946 年　3 月 31 日		私立駒込中学校四年終了
	4 月　1 日	東洋大学文学部予科入学
1947 年　5 月		守屋美都雄先生の指導により千葉県検見川泥炭遺跡の縄文時代独木舟の発掘に参加
	8 月	三上次男（鎌倉アカデミア）・守屋美都雄両先生の指導により，鎌倉市姥ヶ谷横穴古墳群の発掘調査に参加
1948 年　4 月		和島誠一先生の考古学概論聴講
		東京大学理学部人類学教室・山内清男先生の下で資料整理のアルバイトに従事しながら指導を受ける（1954 年まで）
1949 年　3 月 31 日		東洋大学文学部予科終了
	4 月　1 日	東洋大学文学部（史学科）入学
		在学中，和島誠一先生の指導により，東京都大田区観音塚古墳，豊橋市瓜郷遺跡，静岡市登呂遺跡，静岡県小笠郡白岩遺跡，清水天王山遺跡第 1 次発掘の調査等に参加
	4 月 22 日〜 5 月　5 日	豊橋市瓜郷遺跡第 4 次発掘調査に参加
1950 年　4 月		酒詰仲男・江坂輝弥両先生の千葉県安房郡稲原貝塚の発掘調査に参加
	4 月	山内清男先生の山梨県米蔵山遺跡の発掘調査に同行
	11 月	吉田格先生の指導する静岡県熱川町峠遺跡の発掘調査に岡本勇氏と参加
1952 年　3 月 31 日		東洋大学文学部（史学科）卒業
	4 月　1 日	東洋大学文学部助手
	7 月	九学会連合「能登」総合調査先史班（代表・山内清男）第 1 次調査に沼田啓太郎・高堀勝喜両氏と参加
	8 月	清水天王山遺跡第 2 次発掘調査に参加

1952年10月21日～ 　　　 11月 5日	愛知県五貫森貝塚の発掘調査に参加
1953年 7月	九学会連合「能登」第2次発掘調査に参加
8月	清水天王山遺跡第3次発掘調査に参加
10月	岡山県月の輪古墳の発掘調査に参加
1954年 3月31日	東洋大学文学部助手退職
4月 1日	㈶資源科学研究所研究嘱託（1960年3月まで）
4月	静岡県小笠郡菊川町赤谷弥生時代集落遺跡の発掘調査に参加
8月	内藤晃・和島誠一両先生の指導により，静岡県安倍郡井川村（現　静岡市井川）割田原・下島両遺跡の調査に参加
1955年 4月 1日	静岡大学文理学部非常勤講師（1961年3月31日まで）として，考古学関係の講義・実習担当
5月28日	山根幸夫先生（中国史学）を原告とする，東洋大学不当解雇取消訴訟の原告側証人として東京地方裁判所法廷に立つ
8月	和島誠一先生の指導する神奈川県横浜市南堀貝塚の発掘調査に参加
11月	近藤義郎先生の指導する岡山県山陽町南方前池遺跡の堅果類植物種子貯蔵穴群の発掘調査に参加
12月	後藤守一先生の指導する静岡県浜松市蜆塚遺跡第1次発掘調査に，内藤班の一員として参加（1958年の第4次発掘まで継続して参加）
1956年 8月	和島誠一先生の指導する神奈川県横浜市市ヶ尾横穴古墳群の発掘調査に参加
11月～12月	後藤守一・内藤晃両先生の指導する磐田市堂山古墳発掘調査に参加（1957年3月の第2次調査にも継続して参加）
1958年 4月	後藤守一・内藤晃両先生の指導する静岡県清水市三池平古墳の発掘調査に参加
1959年 5月24日	古牧久代と結婚
1961年 4月 1日	静岡大学文理学部専任講師
1962年	文部省科学研究費各個研究「縄文時代集落の研究」により，静岡県磐田市石原貝塚（8月），浜名郡雄踏町長者平遺跡（10月），磐田市西貝塚（11月），静岡市丸子セイゾウ山遺跡（1963年1月）を発掘
1963年10月 1日	福井大学教育学部非常勤講師（1964年3月31日まで）
1964年12月 1日	静岡大学文理学部助教授
1965年 4月 1日	静岡大学文理学部改組により人文学部に所属がえ。人文学科内に考古学学科目として発足。
1966年 4月 1日	静岡大学教職員組合執行委員長（1967年3月30日まで）

1967 年 10 月 7 日	長男・眞記出生
1973 年 4 月 1 日	静岡大学人文学部教授
1973 年 4 月 1 日	文化庁文化財対策調査会専門委員（1974 年 3 月 31 日まで）
1975 年 4 月 1 日	静岡大学人文学部学生委員会委員長（1978 年 3 月 31 日まで）
1976 年 10 月	文部省科学研究費特定研究『自然科学の手法による遺跡古文化財の研究』（以下『古文化財』と略記）（代表者・江上波夫）の「古環境」グループの研究班代表。研究班として福井県福井市浜島遺跡周辺低湿地のボーリング調査実施
1977 年 4 月 1 日	文部省国際局科学研究費補助金第一段審査配分委員（1979 年 3 月 31 日まで）
6 月	フランス・スペインに研修出張
10 月	文部省科学研究費特定研究『古文化財』研究班として，福井市浜島遺跡周辺低湿地のボーリング調査継続
12 月 1 日	広島大学文学部及び大学院文学研究科非常勤講師（1978 年 3 月 31 日まで）
12 月	静岡県袋井市大畑遺跡第 2 次発掘調査
1978 年 4 月 16 日	新潟大学法文学部非常勤講師（1979 年 3 月 31 日まで）
10 月	『古文化財』研究班として，青森県西津軽郡亀ヶ岡遺跡周辺低湿地のボーリング調査
12 月	静岡県袋井市大畑遺跡第 3 次発掘調査
1979 年 10 月 1 日	信州大学人文学部非常勤講師（1980 年 3 月 31 日まで）
1980 年 8 月	文部省科学研究費特定研究『保存科学による古文化財と人文・自然科学の研究』（代表者・渡邊直経，以下『古文化財』と略記），「古環境」グループの研究班代表。研究班として青森県亀ヶ岡遺跡周辺低湿地のボーリング調査継続
9 月	同前，『古文化財』研究班として新潟県西蒲原郡巻町大沢遺跡低湿地の調査
12 月	静岡県袋井市大畑遺跡第 4 次発掘調査
1981 年 8 月	同前，『古文化財』研究班として青森県亀ヶ岡遺跡周辺低湿地の調査継続
1982 年 1 月 18 日	静岡大学学長選挙管理委員会委員長（同年 4 月 1 日まで）
7 月	同前，『古文化財』研究班として青森県亀ヶ岡遺跡周辺及び屛風山一帯の調査
10 月	同前，『古文化財』研究班として島根県斐伊川下流低湿地巡検
1983 年 4 月 1 日	静岡大学人文学部学生委員会委員長（1984 年 3 月 31 日まで）
4 月 12 日	静岡市文化財保護審議会委員（1992 年 3 月 31 日まで）
5 月 1 日	㈶静岡県埋蔵文化財調査研究所評議員（以後現在）
1984 年 4 月 1 日	岡山大学文学部及び法文学部非常勤講師（1985 年 3 月 31 日まで）

1985年 4月 1日		千葉大学文学部非常勤講師（1986年3月31日まで）
1985年 5月 1日		静岡県史編さん専門委員会考古部会専門委員（1998年3月31日まで）
1985年11月		文部省科学研究費総合研究A「縄文時代の低湿地性遺跡を対象とした古環境変遷の総合的研究」（以下「総合研究」と略記）研究代表者。「総合研究」グループとして，島根県出雲市矢野遺跡発掘調査
1986年 7月		「総合研究」グループとして，岩手県北上市九年橋遺跡において遺跡低湿地の試料を採集
	8月	「総合研究」グループとして，新潟県五泉市薬師堂遺跡低湿地のボーリング調査
	9月	「総合研究」グループとして，山形県東置賜郡押出遺跡において，試料採集及び周辺低湿地のボーリング調査
	11月24日	清水市草薙1036-91に転居
1987年 1月12日		静岡大学学長選挙管理委員会委員長（同年4月1日まで）
1989年 4月 1日		大学入試センター試験（静岡地区）実施委員長（1990年4月1日まで）
		静岡大学人文学部就職委員会委員長（1990年4月1日まで）
	11月10日	静岡市国指定史跡賤機山古墳保存整備委員会委員（1997年3月まで）
1991年 4月 1日		静岡大学人文学部就職委員会委員長（1992年3月31日まで）
	6月 5日	静岡市文化財保護審議会会長（2002年3月31日まで）
1992年 4月 1日		清水市文化財保護審議会委員（2002年3月31日まで）
	10月 1日	千葉大学文学部非常勤講師（1993年3月31日まで）
1993年 1月29日		静岡大学人文学部最終講義「先史遺跡の古環境復元について」（人文学部301教室）
	2月10日	静岡市国指定特別史跡登呂遺跡整備委員会委員（2012年3月31日まで）
	3月31日	定年により静岡大学退官
	4月 1日	静岡大学名誉教授
		常葉学園短期大学付属環境システム研究所客員教授（2000年3月31日まで）
1994年 1月28日		清水市指定文化財三池平古墳整備基本プラン・アドバイザーグループ・アドバイザー
	2月	静岡日赤病院入院（4月退院）
	4月 1日	千葉大学文学部非常勤講師（9月30日まで）
	6月16日	静岡市登呂博物館協議会委員
1997年 4月 1日		静岡市有功者表彰
1999年 3月26日		静岡市教育委員会歴史博物館基本構想検討委員会委員（2002年3月まで）
2009年 5月		静岡平和資料館をつくる会運営委員会委員
2011年 5月		静岡平和資料館をつくる会代表

市原壽文先生著作目録

【学術論文】

題目	掲載誌	発行年月
室内調査・土器	和島誠一編『日本考古学講座 1 考古学研究法』 河出書房	1955年2月
磐田市西貝塚出土資料の再吟味―編年的考察を中心として―	『静岡大学文理学部研究報告（人文科学）』8号 静岡大学文理学部	1957年3月
縄文時代の共同体をめぐって	『考古学研究』第6巻第1号 考古学研究会	1959年6月
採集	奈良本辰也編『図説 日本庶民生活史 1 原始―奈良』1章 河出書房新社	1961年6月
石器と骨角器	浜松市教育委員会編『蜆塚遺跡 総括編』第七 浜松市教育委員会	1962年12月
静岡県の先土器文化	『静岡県の古代文化 I』静岡県文化財調査報告書第3集 静岡県教育委員	1963年3月
縄文文化の発展と地域性 東海	共著 鎌木義昌編『日本の考古学 II 縄文時代』 河出書房新社	1965年7月
遠江石原貝塚の研究 縄文後期における地域性の問題をめぐって	『人文論集』18号 静岡大学人文学部	1967年12月
縄文後・晩期の低湿性遺跡と環境復元	共著 文部省科学研究費特定研究「古文化財」編集委員会・江上波夫編『考古学・美術史の自然科学的研究』 日本学術振興会	1980年11月
津軽七里長浜の縄文遺物包含層について	共著 『考古学研究』第29巻第4号 考古学研究会	1983年3月
「低湿性」および関連する用語の定義について	共著 『考古学研究』第30巻第2号 考古学研究会	1983年10月
和島誠一論	加藤晋平・小林達雄・藤本強編『縄文文化の研究 10 縄文時代研究史』 雄山閣出版	1984年4月
縄文後・晩期の低湿性遺跡の特殊性について	共著 文部省科学研究費特定研究「古文化財」編集委員会・渡邊直経編『古文化財の自然科学的研究』 同朋舎	1984年7月

縄文時代環境研究の現状と課題	『考古学研究』第31巻第2号　考古学研究会	1984年9月
考古学的立地論	加藤晋平編『岩波講座日本考古学　2　人間と環境』　岩波書店	1985年12月
遺跡と地形環境	『静岡県史研究』2号　静岡県	1986年12月
先土器時代	『静岡県史資料編1　考古一』第1章　静岡県	1990年3月
先土器時代遺物の概観	『静岡県史資料編3　考古三』第1章　静岡県	1992年3月
巴川流域の埋没低湿地帯における縄文遺跡	『静岡・清水平野の埋没古環境情報』　静岡県埋蔵文化財調査研究所	1999年3月
二つの縄文社会論 ―岡本勇さんの考古学―	『貝塚』56号　物質文化研究会	2001年2月

【発掘調査報告書】

武蔵国田園調布四丁目観音塚古墳発掘報告	『白山史学』第1巻第1号　白山史学会	1953年12月
蜆塚遺跡　その第一次発掘調査　第四（一）第二トレンチ第三区の発掘調査	共著　後藤守一編『蜆塚遺跡』　浜松市教育委員会	1957年3月
蜆塚遺跡　その第二次発掘調査　第二第二トレンチ第三区の発掘調査	共著　後藤守一編『蜆塚遺跡』　浜松市教育委員会	1958年3月
静岡県安倍郡割田原遺跡	日本考古学協会編『日本考古学年報　7　昭和29年度』　誠文堂新光社	1959年3月
静岡県安倍郡下島遺跡	日本考古学協会編『日本考古学年報　7　昭和29年度』　誠文堂新光社	1959年3月
清水天王山遺跡 ―その第1次～第3次発掘調査―	共著　宮本延人編『清水天王山遺跡』　清水市郷土研究会	1960年8月
蜆塚遺跡　その第三次発掘調査　第二第一貝塚南部区域の発掘調査	共著　後藤守一編『蜆塚遺跡』　浜松市教育委員会	1960年9月
西貝塚	共著　麻生優編『西貝塚』　磐田市教育委員会	1961年1月
静岡県遺跡地名表・埋蔵文化財包蔵地一覧	共著　『静岡県文化財調査報告』第一集　静岡県教育委員会	1961年3月

蜆塚遺跡　その第四次発掘調査　第二第一貝塚南部区域の発掘調査	共著　編集委員会編『蜆塚遺跡』　浜松市教育委員会	1961年9月
第Ｖ支群における一・二の問題	金井塚良一編『三千塚古墳群発掘調査中間報告』　三千塚古墳群調査会	1962年8月
清水市午王堂遺跡及び午王堂山第一号墳及び第二号墳発掘調査概報	『静岡県文化財要覧　Ｉ』　静岡県教育委員会	1966年3月
清水市東山田第一号窯・第二号窯跡発掘調査概報	『静岡県文化財要覧　Ｉ』　静岡県教育委員会	1966年3月
小笠郡菊川町白岩遺跡発掘調査概報	『東名高速道路（静岡県内工事）関係埋蔵文化財発掘調査報告書』　静岡県教育委員会・日本道路公団	1968年6月
浜名湖弁天島海底遺跡発掘調査概報	共著　静岡大学人文学部考古学研究室編　静岡県浜名郡舞阪町教育委員会	1972年3月
長者平遺跡発掘報告	静岡県浜名郡雄踏町教育委員会編　静岡県浜名郡雄踏町	1973年3月
清水天王山遺跡第4次発掘調査略報	編著　清水市教育委員会	1975年3月
袋井市大畑遺跡 ―1977年度の発掘調査―	袋井市教育委員会	1978年3月
清ヶ谷古窯跡群白山窯跡 ―1978年度の発掘調査―	編著　静岡県小笠郡大須賀町教育委員会	1979年3月
袋井市大畑遺跡 ―1978年度の発掘調査―	編著　袋井市教育委員会	1979年3月
春野の石器時代	編著　静岡県周智郡春野町教育委員会	1979年3月
中村遺跡	編著　岐阜県中津川市教育委員会	1979年10月
清ヶ谷古窯跡群見水ヶ谷奥窯跡 ―1979年度の発掘調査―	編著　静岡市小笠郡大須賀町教育委員会	1980年3月
袋井市大畑遺跡 ―1951・1977・1978・1980年度の発掘調査―	編著　袋井市教育委員会	1981年3月
袋井市大畑遺跡 ―1981年度の発掘調査―	編著　袋井市教育委員会編・袋井市教育委員会	1982年3月
静岡県磐田郡佐久間町半場遺跡Ｂ・Ｃ地点の発掘調査	共著　静岡県磐田郡佐久間町教育委員会	1984年3月
浜名湖弁天島海底遺跡 ―第二次発掘調査概報―	静岡県浜名郡舞阪町教育委員会	1984年7月

遠江諏訪原城大手曲輪発掘調査概報	共著	静岡県榛原郡金谷町教育委員会	1987年3月
三貫地貝塚 ―福島県立博物館調査報告書第17集	共著	福島県立博物館	1988年3月
寺の谷三号墳発掘調査報告書		静岡県小笠郡小笠町教育委員会	1991年3月
遠江堂山古墳	共著	静岡県磐田市教育委員会	1995年3月
南方前池遺跡 ―縄文時代木の実貯蔵穴の発掘―		岡山県山陽町教育委員会	1995年9月
清水天王山遺跡　第4次―第5次発掘報告	共著	静岡市教育委員会	2008年3月

【研究発表要旨・文部省科学研究費結果報告・辞典項目】

磐田市西貝塚調査概報	日本考古学協会第23回総会研究発表要旨　日本考古学協会	1959年5月
遠江における縄文後・晩期貝塚群の研究	日本考古学協会第25回総会研究発表要旨　日本考古学協会	1960年4月
縄文海進以後における九頭竜川下流域の埋積地形と低湿性遺跡に関する研究	共著　文部省科学研究費特定研究「古文化財」総括班『自然科学的手法による遺跡・古文化財の研究　昭和51年度次報告』	1977年3月
縄文時代の低湿性遺跡をとりまく先史地形の復元研究 ―福井市浜島遺跡の調査例―	日本考古学協会昭和52年度総会研究発表要旨　日本考古学協会	1977年4月
縄文時代の低湿性遺跡及びその周辺における埋積地形の実証的研究	文部省科学研究費特定研究「古文化財」総括班編『自然科学的手法による遺跡・古文化財の研究　昭和52年度次報告』	1978年3月
赤谷遺跡・縄文式土器・天王山遺跡・割田原遺跡	『静岡大百科辞典』　静岡新聞社	1979年3月
縄文時代の低湿性遺跡及びその周辺における埋積地形の実証的研究Ⅱ	共著　文部省科学研究費特定研究「古文化財」総括班編『自然科学的手法による遺跡・古文化財の研究　昭和53年度次報告』	1979年3月

縄文後・晩期における低湿性遺跡の研究	共著　文部省科学研究費特定研究「古文化財」総括班編『古文化財に関する保存科学と人文・自然科学　昭和55年度次報告』	1981年3月
縄文後・晩期における低湿性遺跡の特殊性と昆虫遺体の鑑定保存に関する研究	共著　文部省科学研究費特定研究「古文化財」総括班編『古文化財に関する保存科学と人文・自然科学　昭和56年度次報告』	1982年3月
縄文後・晩期における低湿性遺跡の特殊性と昆虫遺体の鑑定保存に関する研究	共著　文部省科学研究費特定研究「古文化財」総括班編『古文化財に関する保存科学と人文・自然科学　昭和57年度次報告』	1983年3月
縄文時代の低湿性遺跡を対象とした古環境変遷の総合的研究	共著　文部省科学研究費総合研究A『研究結果報告』昭和62年度　静岡大学	1988年3月
和島誠一	『現代日本朝日人物辞典』朝日新聞社	1990年12月
山内清男	『現代日本朝日人物辞典』朝日新聞社	1990年12月

【評論・随想・追悼・その他】

東海地方考古学研究の現状と問題点　東部（静岡県）の現状と問題点	共著　『私たちの考古学』第4巻第4号　考古学研究会	1958年3月
無土器文化・縄文文化	遠山茂樹・佐藤進一編『日本史研究入門』II　東京大学出版会	1962年3月
史学研究室から	『静大だより』4号　静大だより編集委員会	1966年2月
放置される国民の文化財「登呂遺跡」	季刊『静岡県労働時評』8　静岡県社会問題研究所	1966年4月
静岡大学周辺の遺跡と古墳	『静大だより』17号　静大だより編集委員会	1969年5月
破壊される埋蔵文化財　―静岡県東半部における考古学の現状―	『東京新聞』夕刊	1970年7月25日
山内清男先生の逝去に思う	『考古学研究』第17巻第2号　考古学研究会	1971年9月
和島誠一先生の思い出	『考古学研究』第18巻第3号　考古学研究会	1971年12月

和島誠一先生を追悼して	『歴史評論』263号　歴史科学協議会	1972年6月
現代文化人類学と歴史認識　上・中・下	『学生新聞』540・541・542号　学生新聞社	1974年2月
小笠郡清ヶ谷窯灰釉陶器の流通をめぐって	『読書会通信』4号　静岡大学人文学部日本史読書会	1975年5月
発掘調査 ―見学者には親切な説明を―	『学生新聞』641号　学生新聞社	1975年7月
水中考古学の必要性 ―小江慶雄著『琵琶湖水底の謎』紹介	『静岡新聞』	1975年9月12日
弁天海辺は季節的漁村だった	『歴史読本』12月号「古代水底遺跡の謎特集」　新人物往来社	1975年12月
移転計画と実施	『静岡大学二十五年史』III章三節四　静岡大学二十五年史編集委員会編　静岡大学	1976年3月
考古学的遺物の探求	甘粕健編『地方史マニュアル　6　考古資料の見方・遺物編』　柏書房	1976年6月
野村宣行君を偲んで	野村宣行君遺稿集刊行委員会編『よき日のために』	1977年2月
フランスに文化財を訪ねて　上・下	『静岡新聞』昭和52年8月13・20日	1977年8月
くり返す歴史	『読書会通信』7号　静岡大学人文学部日本史読書会	1978年5月
教育論に滲む真理 ―内藤晃著『文化と教育』紹介	『静岡新聞』	1980年2月
山頂の研究室から	『読書会通信』10号　静岡大学人文学部日本史読書会	1981年11月
私の駿府城界隈	『四十雀歳事記』四十雀会誌1	1981年11月
岩本義雄君を偲んで	『古代文化』第34巻第5号　古代学協会	1982年5月
研究室の良き遺産を継承して	『読書会通信』13号　静岡大学人文学部日本史読書会	1984年5月
大畑遺跡	『静岡の美術と文化』　学習研究社	1985年5月
40年目の8月15日に	『考古学研究』第32巻第2号　考古学研究会	1985年9月
ヒトと環境破壊	『静大だより』85号　静大だより編集委員会	1986年7月

平井健一君を偲んで	平井健一氏追悼集刊行委員会編『輝いて今』 平井健一氏追悼集刊行委員会	1986 年 8 月
不快感の追究『読書会通信』15 号	静岡大学人文学部日本史読書会	1986 年 10 月
縄文時代の耳飾り	『静大だより』90 号　静大だより編集委員会	1987 年 10 月
「石川考古」をありがとうございます	『石川考古』200 号　石川考古学研究会	1990 年 8 月
静岡県庵原郡由比町阿僧遺跡出土縄文中期土器	『静岡大学学報』334 号　静岡大学庶務部庶務課	1991 年 4 月
余裕と幅の広さ	『河内清先生追悼文集』大地特別号　大地の会	1992 年 2 月
戦時下中学生の回想	『地に玉蘭の』 駒込中学校入学半世紀記念文集刊行会	1992 年 4 月
山頂の研究室から II	『読書会通信』21 号　静岡大学人文学部日本史読書会	1992 年 10 月
花輪台貝塚から三貫地貝塚の頃	吉田格先生古稀記念論文集刊行会編『武蔵野の考古学』 吉田格先生古稀記念論文集刊行会	1992 年 11 月
北陸に高堀在り	『石川考古』217 号　石川考古学研究会	1993 年 3 月
釜江君，安らかに	『尚想 ―秀典の思い出―』	1993 年 3 月
脚光を浴びる秋葉道 ―故沖和雄氏・本格的な研究に先べん―	『静岡新聞』平成 7 年 3 月	1995 年 3 月
古代文化の宝庫・登呂を訪ねて	静岡文化情報『街かど』4 号　㈶静岡市文化振興財団	1995 年 12 月
池谷和三著『漁業の民俗考古学』書評	㈶静岡県埋蔵文化財調査研究所年報 XII』 ㈶静岡県埋蔵文化財調査研究所	1996 年 5 月
1948 年頃の資料整理 『画竜点睛 ―山内清男先生没後 25 周年記念論集―』	山内清男先生没後 25 周年記念論集刊行会	1996 年 8 月
近況報告に代えて	『地に玉蘭の』 駒込中学校同期会文集	1997 年 11 月
岡本さんを偲んで	『えびなの歴史 ―海老名市史研究―』第 10 号　海老名市企画部市史編さん室	1998 年 10 月
戦中戦後に青春を過して	昭和 21 入学東洋大学予科同期会会誌	1999 年 4 月
新井啓司さんを追悼して	『鶏声台』第 4 号　東洋大学予科同期会	2004 年 7 月

執筆者一覧（執筆順）

白石　浩之　愛知学院大学教授

岡本　東三　千葉大学名誉教授

羽二生　保　静岡県立掛川西高等学校教諭，静岡大学卒業生

千葉　　豊　京都大学文化財総合研究センター助教，静岡大学卒業生

設楽　博己　東京大学大学院人文社会系研究科教授，静岡大学卒業生

平井　泰男　岡山県古代吉備文化財センター所長，静岡大学卒業生

柴垣　勇夫　愛知淑徳大学文学部教授，静岡大学卒業生

清水　芳裕　元京都大学教授

杉田　　義　奈良県立添上高等学校教諭，静岡大学卒業生

日本先史学考古学論集 —市原壽文先生傘壽記念—

2013年6月20日　初版発行

編　者　市原壽文先生傘壽記念論文集刊行会
発行者　八木　環一
発行所　株式会社　六一書房
　　　　〒101-0051　東京都千代田区神田神保町2-2-22
　　　　TEL　03-5213-6161　　　　FAX　03-5213-6160
　　　　http://www.book61.co.jp　　E-mail info@book61.co.jp
　　　　振替　00160-7-35346

印　刷　株式会社　三陽社

ISBN 978-4-86445-026-3 C3021　Ⓒ 市原壽文先生傘壽記念論文集刊行会 2013
Printed in Japan